2018年度大连外国语大学学科建设专项经费资助项目

U0571301

国际商务管理

International Business Management

时秀梅 / 编著

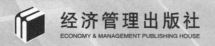

经济管理出版社
ECONOMY & MANAGEMENT PUBLISHING HOUSE

图书在版编目（CIP）数据

国际商务管理/时秀梅编著 . —北京：经济管理出版社，2019.3（2023.8重印）
ISBN 978 – 7 – 5096 – 6424 – 7

Ⅰ.①国… Ⅱ.①时… Ⅲ.①国际商务—商业管理 Ⅳ.①F740.4

中国版本图书馆 CIP 数据核字（2019）第 035909 号

组稿编辑：高　娅
责任编辑：朱江涛　高　娅
责任印制：黄章平
责任校对：张晓燕

出版发行：经济管理出版社
　　　　　（北京市海淀区北蜂窝 8 号中雅大厦 A 座 11 层　100038）
网　　址：www. E – mp. com. cn
电　　话：（010）51915602
印　　刷：北京虎彩文化传播有限公司
经　　销：新华书店
开　　本：787mm×1092mm/16
印　　张：17.5
字　　数：404 千字
版　　次：2019 年 4 月第 1 版　　2023 年 8 月第 2 次印刷
书　　号：ISBN 978 – 7 – 5096 – 6424 – 7
定　　价：49.00 元

序

国际商务管理人才属于一种复合型的管理人才。国际商务管理是一门综合的学科，它综合了经济学、管理学、国际商法等学科关于国际企业经营管理的基本理论精华，涵盖了国际商务活动中全球商务环境和区域商务环境的评估、跨国投资、国际贸易、国际金融、市场营销、发展战略，以及跨文化管理等业务内容，阐述了国际商务实践中世界贸易组织（WTO）、区域经济合作组织，以及各项规则对国际商务的影响，分析了我国企业"走出去"、践行"一带一路"倡议，以及对外贸易与投资的现状与发展趋势，研究了国际企业经营管理中的投资、战略、财务、营销及文化差异等问题。本教材从全球经济的宏观层面，到国际企业运营的微观角度，从基本理论的分析，到业务实践的操作，深入浅出地、由表及里地阐述了国际商务的理论知识与实务操作方法。本书作为商务英语专业及相关专业的本科生教材，一定能开阔学生的国际视野，巩固经济学、管理学及国际商法学等基础知识，使学生掌握国际企业经营管理的方法和技巧，增强防范跨国经营的风险意识，以及提高驾驭国际企业经营与管理的能力。

马克思唯物辩证法认为，世界上的一切事物都处在永不停息的发展变化之中，这种发展变化不管多么曲折，其发展的实质都是事物的前进和上升，是新事物的产生和旧事物的灭亡，并且总的趋势是从低级向高级发展的。国际商务的大环境、世界贸易组织和规则正是如此。自2001年11月启动多哈回合至今，WTO谈判举步维艰，WTO贸易规则框架面临的挑战日益严峻，西方发达国家对现行的WTO规则多有不满。美、欧、日在最近的多次联合声明中表达了改革WTO的迫切愿望，希望解决不公平贸易问题，推动在公平竞争环境、知识产权保护、技术转让、产业补贴、国企行为等方面的改革。

我们知道，以世界贸易组织为核心、以规则为基础的多边贸易体制是经济全球化和自由贸易的基石，这一多边贸易体制为推动全球贸易发展、促进经济增长和可持续发展做出了非常重要的贡献。我国支持对世界贸易组织进行必要的改革，以增强世界贸易组织的有效性和权威性。但是，同时也主张世界贸易组织的改革应该维护多边贸易体制的核心价值，保障发展中成员的发展利益，遵循协商一致的决策机制。

随着经济全球化和一体化的深入发展，多边贸易体制被越来越多的国家和地区所认可，世贸组织及规则的改革一定会符合世界绝大多数国家的意愿，世界各国经济将迎来互通有无、相互合作、共同发展的美好局面，人类社会也将步入一个新时代。

栾华

2018 年 12 月 22 日

前　言

　　随着世界经济一体化进程和企业国际化步伐的加快，世界商业活动正在快速发展变化着。当企业（公司）走向世界成为国际企业（跨国公司）时，尽管国际市场给它提供了更多的机遇，但它也将面临一系列的挑战。国际商务管理人员除了需要掌握基本的经济学和管理学的知识外，还需要了解和掌握国际商务过程中的各种战略战术、政策法规和方法技巧，只有这样才能立于不败之地并获得成功。

　　国际商务管理是在跨国公司管理的基础上发展起来的一门主要研究国际商务活动一般规律及管理方法的经济与管理的交叉学科。跨国公司是国际商务活动的运作载体，国际商务活动（包括但不限于国际贸易、国际投融资、海外并购等）是跨国公司经营的主要内容。

　　第二次世界大战之后，随着科学技术和国际分工的发展，以及关贸总协定（GATT）、国际货币基金组织（IMF）、世界银行（World Bank）等国际经济组织的建立和以欧盟为代表的各种区域经济一体化组织的建立，国际商务活动变得日益频繁和重要。特别是进入20世纪80年代以来，随着科学技术的迅猛发展、国际分工的日益深化，以及国际经济合作的蓬勃兴起，国际商务合作已经成为当今世界经济发展中一种不可阻挡的趋势和潮流。1995年1月1日正式建立的世界贸易组织更是为全球国际商务活动的发展奠定了制度基础和发展平台。

　　我国在改革开放之后也开始融入世界经济体系，特别是1992年社会主义市场经济体制发展方向的确立和2001年加入世界贸易组织（WTO），一方面使我国市场成为全球市场的一个重要组成部分，另一方面也为我国企业跨出国门、走向世界，开辟国际市场、拓展国际商务活动奠定了制度基础。随着我国企业自身实力的提升和我国国内市场竞争的日益加剧，以及"一带一路"倡议的提出，越来越多的中国企业开始走上国际化经营的道路。今后一段很长的时间内，我国企业在对外贸易、国际投融资等方面将会取得巨大发展，企业的国际商务活动也会更加频繁、深入。

　　与国内商务活动相比，国际商务活动所面临的市场环境更加复杂，业务活动所受到的影响因素和不可控因素更加繁多，经营风险更大，涉及资金更多，一旦决策失误，损失也更为严重。因此，国际商务活动对企业经营管理能力的要求更高。

　　本教材基于我国对外开放和"一带一路"的大背景下，以国际商务相关理论和基础知识为指导，探讨国际商务活动的环境、开展业务的步骤及其规律性，聚焦国际商务活动的实务层面，即开展国际商务具体业务的规则、技巧和方法。培养学习者充分认识国际商务活动的综合性、复杂性和特殊性，并学会在不同的国际商务环境下全面、系统地应用所掌握的知识，不断地提升有效管理国际商务活动的能力。

本教材在兼顾相关理论研究的同时，特别强调了教材内容的实践性、应用性和创新性。在内容的编排和组织形式上，尽量靠近国际商务管理活动的实际业务程序、方法和技巧，对国际商务活动中经常用到的名词、概念都注明其英文，便于商务英语专业学生学习之用。概括而言，本教材具有如下特点：

第一，理论性强。在教材的编著过程中，重点介绍了管理国际商务活动所需掌握和运用的基本理论，如国际贸易理论、对外投资理论及企业国际化理论等，同时注重将经济学、管理学、投资学、心理学、金融学等理论融入到教材的相关章节之中。

第二，内容完整。本教材系统覆盖了国际商务活动的各个业务领域，涉及全球及区域国际商务环境、经营方式、商务伦理、跨文化管理、营销管理、财务管理及战略管理等各个方面。

第三，通俗易懂。本教材通过一些具体的实例来通俗地解释基本理论和业务操作流程，方便学生提高分析问题和解决问题的能力。

本教材由时秀梅教授根据其攻读跨国公司管理方向博士学位及做工商管理博士后期间的研究成果，并结合多年来给本科生及研究生开设跨国公司管理、国际商务管理文献翻译等课程的教学实践经验编著而成。其中，上海银枫股权投资基金管理有限公司武伟先生，大连海洋大学经济管理学院刘谦老师，中央财经大学研究生张佳坪、吴震雄、周彤和余晨同学在资料收集、图表绘制、英文翻译及初稿形成的过程中投入了大量时间和精力，出色地完成了许多工作。栾华教授对本教材做了最后审定。本教材在编著期间得到大连外国语大学商学院的大力支持，并获得大连外国语大学学科建设经费资助出版，同时经济管理出版社第六编辑室申桂萍主任和高娅女士也为本书的出版做了大量细致的工作，在此一并感谢。

限于编著者的水平，本教材仍有许多不尽如人意的地方，错误之处恳请读者不吝批评指正，以便不断修改完善（E－mail：Shixiumei@ dlufl. edu. cn）。

时秀梅

2018 年 11 月于大连

目 录

第一章　国际商务管理绪论

第一节　国际商务的内涵和特点

国际商务作为一种跨国界的经营活动，是在一定的历史条件下产生和发展起来的，有其内在的客观演进规律。国际贸易是最古老的国际商务活动，随着它的发展和世界统一市场的形成，以及活跃的生产力摆脱了国家边界的束缚，实现资本的国际化流动，跨国公司成为国际商务活动的主体。目前，国际商务已经不再局限于单纯的商品交换，还包括了商品、资本、投资、技术，以及劳务的国际流动，并且这种趋势随着经济全球化的发展和各国经济相互依赖程度的加强而不断深化。

一、国际商务的含义

国际商务学（International Business Studies）是一门研究为满足国家、企业或个人需求而进行的以经济利益为目的的跨国界交易的学科。这些交易可以采取多种形式，各种形式之间往往相互关联。国际商务（International Business）最主要类型是进出口贸易和对外直接投资，其辅助类型包括租赁经营、特许经营和管理合同。该定义有三层含义：一是国际商务学研究的是跨国界的活动，具有与国内商务活动不同的环境并蕴含着更大的风险；二是国际商务学研究的是国家、企业或个人以经济利益为目的而进行的商业性经济活动，非商业性经济活动不在国际商务学的研究范围之内（如国家的对外经济援助），其目的是在国际市场寻找商业机会，因此会涉及如何选择国外目标市场、进入国外市场的方式，以及如何管理跨国经营活动等；三是国际商务既可以是国家行为，也可以是企业行为和个人行为。

国际商务学是 20 世纪 50 年代开始发展起来的一门年轻的综合性、跨专业的边缘学科。它涉及面很广，与其他学科（如经济学、管理学、人类学、社会学、组织学及心理学等）有很多交叉。

对于国际商务的含义，不同的学者给出了不同的定义。英国著名国际商业理论学家约翰·H. 邓宁（John H. Dunning）给出了国际商务的广义定义，他接受了《牛津英语词典》关于商务的定义，即商务是商业、买卖、采购及销售、交易及交换活动。国际商是跨国的商务活动，它涉及的主体不仅仅是企业这一经济主体，还包括行业、区域、国家乃至整个世界。国际商务涉及经济全球化过程的不同阶段，包括货物与服务的进出口、国际生产制造和对外直接投资等，涉及的层面包括全球性、区域、国家、地区，以及产业和企业。国际商务既不能在主体上简单界定为企业层面的活动，因为它与流行的工商管理从一开始就显示了主体性差异，也不能在外延上简单地贴上"国际"标签，而是有着特定内涵和外延的经济活动。

美国学者克里斯托弗·科斯（Christopher Kos）认为，国际商务包括越过国界的任何形式的商业活动，几乎包括任何形式的经济资源——商品、劳务和资本转移。

美国著名国际商务管理专家迈克尔·R. 辛可塔（Michael R. Czinkota）在《国际商务》一书中指出，国际商务包括那些为满足个人和组织需求而进行的跨国界交易。这些交易可以表现为相互关联的不同形式，其基本形式有进出口贸易和对外直接投资，以及许可经营和管理合同。

英国学者詹姆斯·H. 塔戈特（James H. Taggart）、麦克·德莫特（Michael Dermott）认为，国际商务是跨越国界的商务活动，所有这些活动可以发生在个人之间、公司之间，以及其他公共与私人团体之间。国际商务的关键点包括技术、政治、职能、竞争与环境影响，所有这些因素都会直接影响跨国公司战略。

加拿大学者艾伦·M. 鲁格曼（Alan M. Rugman）和美国学者理查德·M. 霍杰茨（Richard M. Hodgetts）在《国际商务：一种战略管理方法》（1999）中认为，国际商务是一门研究为满足个人及组织需求而进行的跨国界交易的学科。这里的交易包括贸易，如进出口，以及对海外企业的直接投资。

国内学者梁能（1999）从两个层面来理解国际商务：第一，国际商务研究的是跨越国界的经济活动；第二，国际商务研究的是商业性的经济活动，而不是非商业性的跨国经济活动。

国内学者张海东（2002）在其编著的《国际商务管理》一书中写道："国际商务是一种跨越国界的活动，是在不同国家之间进行商品、劳务、资本、技术和信息等资源的国际转移。"

总之，国际商务的本质是"跨国界"，最基本的国际商务活动是跨国界的经济交易活动。国际商务学研究的主要对象是跨国公司。跨国公司是在两个或两个以上国家设立分支机构或子公司进行跨国生产经营活动的企业。

二、国际商务活动的要素

国际商务活动的要素主要包括国际市场、跨国公司、国际条约和国际组织四项内容。

（一）国际市场是国际商务活动的主要载体

在世界范围内的所有国家或地区之间形成的国际市场，是基于国际分工基础上交换商品、交换劳务和进行资源配置所形成的统一体，是国际各种资源流动、交换的场所。随着社会生产力的发展，以及国际分工和交换规模的扩大，国际市场的规模也越来越大。国际市场是促进国际商务活动的重要动因，它从多个方面打破了单一国家对商务活动能力和效率的限制。

国际市场在国际商务中的作用主要体现在两个方面：一方面，国际市场为国际商务活动的发展提供空间，打破了单一国家经济体的封闭性；另一方面，国际市场成为商务活动规避风险的重要场所。

（二）跨国公司是国际商务活动的重要主体

首先，跨国公司是从事跨国生产经营活动的经济组织，其标准一般包括以下三点：①结构标准。一般认为跨国公司应该具有相当广泛的地理分布。从企业资产所有权来看，一个企业只有拥有国外企业的股份所有权，才能构成跨国公司。②经营业绩标准。企业在海外的资产、产值、销售额、利润和雇员人数必须在整个企业业务中达到一定比例，才能称为跨国公司。③行为特征标准。跨国公司应实行全球化经营战略，公司最高决策应从公司整体利益出发，以全球范围内利润最大化为目标，而非局限于某个地区市场的盈亏得失。

其次，跨国公司是推进国际商务活动的重要主体。这主要基于：①跨国公司安排在全球范围内的各子公司与分支机构的生产活动、投资活动和资金配置，促进了国际商品、资本和人员的流动与交换。②跨国公司为了获取强大的技术创新能力，从全球视野安排技术生产的国际分工，促进了技术生产的商品化。③跨国公司也是国际信贷市场、债券市场、股票市场、期货或期权市场的重要交易者，极大地促进了国际资本借贷和金融交易等活动的发展。④跨国公司需要面对各种决定人际关系的价值观、态度和行为方式，这种文化竞争力通过企业间的相互学习而不断增长，制约国际商务的文化风险也随之降低了。

（三）国际条约和国际组织为国际商务活动提供体制框架

伴随着国际商务活动范围的扩大和加深，需要建立一系列双边、多边的国际条约和组织，为国际商务活动制定一般规则、运行规定、冲突处理规范等内容。这些国际条约和国际组织包括：

1. 贸易条约和协定

贸易条约和协定（Commercial Treaties and Agreements）是两个或两个以上的主权国家为了确定彼此的经济关系，特别是贸易关系方面的权利和义务而缔结的书面协议。在贸易条约和协定中，通常所适用的法律待遇条款是最惠国待遇条款（Most Favored Nation Treatment，MFN）和国民待遇条款（National Treatment）。

2. 国际经济组织

国际经济组织（International Economic Organization）是国家之间的组织，调整国际经济组织成员间关系的基本原则是国家主权平等原则，调整国际经济组织成员间关系的法律规范是国际经济组织法。

当代最重要的国际经济组织是世界贸易组织、世界银行和国际货币基金组织。这三大组织被视为世界经济体系的三大支柱，对国际商务的运行有着极为深刻和广泛的影响。三大组织的运行规律及其制定的规则是当代世界经济运行的重要组成部分。

三、国际商务的类型

随着经济全球化的发展，国际经济交往活动日趋频繁，国际商务的形式与内容越来越多样化、复杂化。特别是在科学技术迅猛发展的推动之下，伴随着国际投资，以及企业经营组织、经营形式的日益专业化，国际商务活动的范围不断扩大，一些新型的国际商务活动不断涌现，国际技术贸易、国际劳务合作、国际工程承包、特许经营、服务外包等，使国际商务活动的内容越来越丰富，国际商务的类型亦不胜枚举。

概括起来讲，国际商务可以分为三大类：①国际贸易，即货物与服务的进出口；②国际直接投资；③特许经营、合作经营、合作开发、工程承包与劳务合作、国际信贷与融资等国际贸易和国际直接投资以外的其他国际经济活动。

四、国际商务的特征

国家间的经济贸易往来实践形成了国际商务。世界经济全球化迅猛发展，国际商务从原来单纯的货物进出口贸易，发展到服务贸易、技术贸易及各国间的经济合作。国际商务的特征主要有如下几个方面。

（一）国际商务是企业国际化战略的综合反映

国际商务扩展为围绕跨国经济交易活动产生的事务性活动。在经济全球化的今天，国际商务不再是企业被动地遇到的一个个孤立的偶然事务的集合，而是企业以战略的高度，将国际化生产、投资、贸易进行统筹安排，形成一个全盘性的事务整体，其核心表现为通过对国际经济、政治、法律、文化等环境的利用，以达到经营的最优化和利润的最大化。

（二）国际商务以进入和开拓国际市场为目标

国际市场的存在是解决国内市场狭小、需求有限而供给过剩的矛盾，以及产品差异化与规模经济之间的矛盾的主要出路。由于在一个国家中，市场需求有限，而要大量生产某种产品，必然会出现供过于求的矛盾。同时，由于需求的多样性和产品的差异化，任何一个企业都不可能生产同类中的所有产品，完全独占市场，而且生产的产品种类越多，就越难以达到规模经济，产品差异化与规模经济是相互矛盾的。如果进行国际分工，各国的企业只生产一种或少数几种产品，并在国际市场销售，这样既扩大了市场，又降低了生产成本，且都可以达到规模经济。

（三）国际商务复杂多变、风险大

国际经济活动要比国内经济活动复杂得多，也具有更大的风险。国际商务与国内商务比较，有很多不同点，主要体现如下：经济活动范围不同、受制约或市场化程度不同、经济调节程度不同、经济运行的媒介体不同、经济运行的环境与条件不同、风险大小不同。因此，国际经济活动要比国内经济活动复杂得多，困难大得多，风险也大得多。

第二节　国际商务发展的历程

国际商务作为一种跨国界的经营活动，是在一定历史条件下产生和发展起来的，而在这一活动中起决定性影响作用的是国际分工的发展和变化。国际分工的不同阶段是世界经济发展的不同时期的必然产物，不同的社会生产能力水平要求有不同形式、内容和范围的国际商务活动。

从18世纪中期第一次产业革命到19世纪末是商品贸易的国际化阶段。18世纪60年代至19世纪中叶，英国、美国和一些西欧国家陆续完成了以纺织机和蒸汽机的发明和广泛使用为标志的产业革命，从工场手工业过渡到机器大生产，人类社会的生产力获得空前发展。国内有限的市场空间已无法满足机器大生产创造出来的巨大生产力，社会化大生产要求社会分工国际化和市场国际化，形成统一的世界市场。伴随着这种以主要资本主义工业国为中心的垂直型国际分工体系的逐步形成，国际贸易的规模迅速扩大。因此，商品贸易的国际化，即商品的国际交换成为这一阶段国际商务活动的主要形式和基本特征。

19世纪末直至第二次世界大战前夕是货币资本的国际化阶段，即向国外进行以证券投资为主的资本输出。19世纪70年代以后，内燃机、铁路、汽车等科技成果促进了世界经济迅速发展，并形成第二次科技革命，自由竞争的资本主义逐渐向垄断资本主义过渡，"过剩资本"的大量形成直接成为资本国际移动的动力和源泉，西方国家的某些大企业开始向国外投资，资本输出成为这一阶段的主要经济特征。垄断组织通过资本输出把资本主义生产方式扩大到殖民地与半殖民地国家，从而使得传统的垂直式工农产品分工体系进一步深化。与此同时，发达国家间工业部门内各部门和各产品间水平分工的不断发展和深化，如英国发展纺织、造船和铁路机械业，美国发展汽车、农机和电器业，德国发展钢铁、化工业等。这时的国际投资以证券投资为主，直接生产投资的比例不大，且都是主要经营殖民地和附属国的资源开发项目及农业种植园等，只有极少数企业在工业发达国家从事工业生产性投资。因此，这一时期国际商务活动的表现形式为货币资本国际化，以及由货币资本国际化带动的商品资本国际化。跨国公司带有政治使命的外衣已经脱下，而以公司利益为主的使命已经建立。

第二次世界大战以后到20世纪80年代是生产资本的国际化阶段。以计算机技术、核能、航天航空等为代表的第三次科技革命推动了世界生产力的空前增长和产业结构的巨大变革，国际商务进入以生产和劳务合作为基础的生产资本的国际化阶段。这一阶段的国际分工体系完全以工业部门的水平分工为主，产品分工由部门间分工和产品系列分工转入以产品内部分工为主，即产品与组件、技术、劳动力、管理等生产要素间的分工，并进一步发展到以组件与组件，组件或产品与劳务间分工为主的国际分工。不同社会制度、多种经济发展水平国家间工商企业的大规模、全方位的多元化、多层次、多极化的合作使资本、土地、资源、劳务、技术、信息管理等多种生产要素实现复合性国际转移和重新配置，许多国家的厂商通过所有权控制和其他国家联系，发展为跨国公司。跨国公司的全球战略是在世界范围内将营销和生产融为一体。所以，这一阶段的特征是科技和生产国际化带动资本国际化和商品国际化，跨国公司不断成长壮大，国际直接投资迅速增长，成为世界经济发展的主导因素。

从20世纪80年代起，信息技术、网络技术和通信技术变革性的发展，以及经济全球化的推进，使得国际商务进入了生产经营一体化的阶段。随着产品构造日益复杂化，各国企业独立开发零部件的意义越来越低，而且这种硬件的竞争越来越没有必要。这就使各国大公司重视产品的标准化，把竞争的重点放在产品的综合性能、质量、可靠性和售后服务等方面，所用标准件则采用外包形式。同时，由于产品的关键零部件已相当复杂，单独开发耗资越来越高，且存在极大风险，独立开发很不经济，因此不少公司宁愿采用共同投资、共担风险、共享成果的方式进行开发。国际战略联盟成为企业共生的形式。信息化和网络化的发展破除了工业社会生产场所的固定性，消除了工业生产经营的地理界线，拓宽了市场范围。现代通信技术和运输技术使企业可以利用全球范围内的物资、技术、资金、劳动力等资源生产产品，并通过全球信息网络销售产品和提供服务。经济活动的国内和国外界线变得模糊，产业布局在世界范围内重组。信息革命使企业内部和企业之间的信息交流突破了地域空间的限制，从而可以对遍布全球的生产和经营进行控制。信息的高速传输与反馈，为实现全球化经营提供了成本低、高效率的信息交流网络。新的财富创造体系正是由一个全球性的市场、银行、生产中心和研究机构的网络系统组成。

第三节 国际商务管理的基本特征

一、国际商务管理的概念

管理的概念至今没有一个统一的定义。美国管理学家哈罗德·孔茨（Harold Koontz）和海因茨·韦里克（Heinz Weihrich）在其编著的《管理学》第十版一书中认为，"管理是人类各种活动中最重要的活动之一。自从人们开始组成群体来实现个人无法达到的目标以来，管理工作就成为协调个体努力必不可少的因素了。由于人类社会越来越依赖集体的努力来完成任务，以及随着许多有组织的群体的壮大，管理人员的工作也就越发重要。管理就是设计并保持一种良好环境，使人在群体里高效率地完成既定目标的过程。这一定义需要展开为：第一，作为管理人员，需完成计划、组织、人事、领导、控制等管理职能；第二，管理适用于任何一个组织机构；第三，管理适用于各级组织的管理人员；第四，所有管理人员都有一个共同的目标——创造盈余；第五，管理关系到生产率，即效益和效率。"

国际商务活动（International Business Activities）是指一切跨国交易活动，这些跨国交易活动的直接参与者是国际企业，而为这些跨国交易活动提供企业资格认证和交易规则的则是各国政府和国际经济组织。因此，广义上的国际商务管理（International Business Management）既包括了外部国际机构和各国政府对国际交易者的管理，同时也包括国际企业自身的管理。但本书在这里不讨论外部国际机构和各国政府对国际交易者的管理问题，只讨论国际企业自身的管理问题。从这个意义上讲，本书中的国际商务管理是指国际商务微观层面的管理，即以国际企业为主要研究对象，主要从管理职能和不同国际商务活动类型角度来研究国际商务管理。因此，我们把国际商务管理定义为：国际商务管理是指从事国际化经营的公司和企业依照一定的原则、程序和方法，有目的地计划、组织、协调和控制其在国际范围内的生产经营活动，以实现预定目标的过程。国际商务管理作为一门既古老又年轻的学科，它主要研究公司和企业在国际化经营活动中的经营管理理论和原则，管理的规律性及其方式与方法。

二、国际商务管理的职能

国际商务管理的职能可以分为基本职能和具体职能两方面。

（一）基本职能

马克思曾经提出了企业管理的二重性，并认为这种二重性是通过"指挥劳动"和"监督劳动"两种基本职能体现出来的。国际商务管理中的指挥劳动，可以认为是对国际企业的国内外资源进行优化配置，合理组织生产力的过程。这种一般职能对于任何制度下的国际企业都是适应的，反映了管理的科学性。国际商务管理中的监督劳动，则是一种维护和完善现有生产关系的特殊职能。这种职能对于不同社会制度下的企业管理作用是不同的，反映出不同社会制度下的社会生产关系，具有阶级性。在企业管理的实践中，这两种职能总是结合在一起发生作用的。因为生产经营过程本身就是生产力和生产关系的统一体，人与物的关系同人与人的关系是密切相连、不可分割的。当它们结合作用于生产经营过程中时，又表现为管理的具体职能。

（二）具体职能

法国古典管理理论学家亨利·法约尔（Henri Fayol）提出了管理是由计划、组织、指挥、协调和控制五大因素构成的观点，即后来人们常说的管理的五大具体职能。

计划（Plan）是指对未来经济活动进行规划和安排，是企业管理的首要职能。要做好国际企业的管理，不但要对企业的人、财、物条件有充分的了解，而且还必须对企业在国际市场的发展目标、国内外经营环境，以及国际流通渠道中的各个环节都非常熟悉。要充分利用市场预测与决策的理论与技术做好国际商务管理的计划工作。包括对国际市场和目标市场的供求关系，投资动态及发展趋势，国际市场价格走向，甚至包括对商品品种、规格、款式、质量、包装、装潢等内容进行全面的调研和预测。在此基础上，通过定性和定量分析，确定企业发展的近期和远期目标，并根据这些目标制订出若干个方案，经过比较分析，选择最优的方案实施管理工作。

组织（Organization）是企业管理者为实现企业发展目标和经营方案而采取的重要手段。国际商务管理的组织职能主要包括两个方面：一方面，按照国际企业的既定目标和经营方向，合理设置国内外机构，建立有效的管理体制，确定各职能机构的分工与作用，规定它们的权利与职责范围，明确上下级之间、各部门之间、个人之间的领导相协作关系，同时还要对人员进行合理安排、考核和培训，实行合理的工资和奖励及津贴制度；另一方面，根据国际企业各个时期所规定的任务和达到的目标，合理地组织人力、财力和物力，保证母与子公司之间、国内外管理机构之间、各部门各环节之间的良好衔接与合作，以取得企业和公司整体的最大经济效益和社会效益。

指挥（Command）是按决策的要求通过组织结构对过程进行控制与对人进行激励，率领下属共同为实现决策目标而努力的活动。为了保证国际企业的国内外各级管理机构和管理者与员工之间的有效分工与协作，共同为实现企业的发展目标和经营方案而努力，国际企业必须建立起有权威的统一指挥中心，以充分调动各方面的主动性和积极性。在行使指挥职能的过程中，必须遵循以下两个原则：一是目标协调原则，即指挥应使每个职工的工作都能与企业的整体目标、计划要求相协调，为完成企业计划任务和目标而卓有成效地工作；二是统一指挥原则，即指挥要统一、命令要统一，避免多头领导或越级领导，建立起逐级领导、层层对上负责的有效指挥机制。指挥是一种带有强制性的活动方式，应强调令行禁止、雷厉风行、准确及时，以提高企业管理的时效和质量。当然行政命令也要注意适当地与教育和鼓励措施相结合。

协调（Coordinate）是指完成企业计划目标和实施经营方案而对企业内外各部门、各环节的活动加以统一调节，使之配合得当的管理活动。国际企业在执行计划以及检查监督的过程中，常常会发现某些不太协调甚至于相冲突的地方，这时企业的管理者就必须根据实际情况发展变化的需要，或调整原来的计划方案，或对各部门、各环节、各方面的力量做新的综合平衡，重新调整和部署实现计划的力量。协调包括内部协调和外部协调。外部协调是指管理系统与周围环境的协调，对于国际企业来说，主要是同东道国政府和企业以及其他方面的协调，保持一种和谐的内外关系。内部协调包括了纵向协调和横向协调两方面。纵向协调是指管理系统内上下级之间的协调，横向协调则是指管理系统内各部门各环节之间的协调。

控制（Control）是指企业管理者根据发展目标、经营计划与经济原则对企业的业务活动及其成果进行监督、检查，使之符合于计划，以及为消除实际情况与计划之间的差异所进行的管理活动。国际企业的活动空间和可能遇到的风险远远超过了国内企业，因此，国际商务管理的控制职能尤其重要。要想实现有效的控制管理，首先，必须有明确的标准，包括管理的目标、具体的方针政策、规章制度、定额指标、工作程序等。其次，要有可靠的信息反馈渠道。最后，要有纠正偏差的有效措施，当出现问题时，及时查明原因，消除隐患，使企业的人、财、物都能得到有效的运用，保证企业发展目标能顺利地实现。

三、国际商务管理的基本特征

国际商务管理与国内商务管理相比较，最大的不同之处就在于它面临的是一个复杂多变的国际环境。在一个政治、经济、文化背景完全不同的经营环境中从事商务活动，既有在国内环境中难得的机遇，也有很多甚至于意想不到的困难与挑战。因此，如何战胜那些可能由环境不同而带来的威胁，选择符合于企业在它所要经营的环境中占据优势的战略，始终是国际商务管理者必须首先解决的问题。只有对国际商务管理的主要特征有了明确的认识，才能及时地识别风险和有效地管理风险，才能发挥优势，克服劣势，顺利地实现企业的经营目标。国际商务管理的特殊性，主要表现在以下几个方面：

（一）经营环境特征

由于国际商务活动是跨国界进行商品、劳务、资金、技术、信息和管理等要素的转移，它必然涉及不同的主权国家，其经营环境有着很大的特殊性，这些不同之处可通过表1-1加以概括。

表1-1 国内外经营环境差异对照

国内经营环境	国际经营环境
单一货币	各种货币的稳定性与比价不同
相同的财政金融与商业环境	不同的经济环境
相对同质的市场	市场分散且多样化
统一的法律与会计制度	各种各样的法律与会计制度
政治相对稳定	政治变化无常
文化习俗与价值观念基本相通	文化习俗与价值观念难以沟通
获取信息相对容易	有效信息的收集十分困难

从表1-1可以看出,在国内外经营环境的差异中,主要表现以下几方面的差异:

第一,货币与货币制度的差异。货币的比价不同并经常不断地上下波动,会使得企业在国际商务活动中的收支难以操作,影响到企业的现金流及预期利润。因此,在国际商务管理中,汇率的预测以及外汇风险的管理,无论是对大型跨国企业还是对小规模经营的国际企业来说,都是十分重要的。

第二,企业不仅要关心其商品和劳务的国际市场需求,而且还要考虑工资、材料、税收和利润等因素,因而从事国际商务管理的经理们必须考虑国际经营的经济环境问题。由于各国的工资水平、利润条件以及其他价格不完全一致,企业管理者不能简单地认为各国的利润率会以同一模式增长。如何在不同的经济环境中实现利润最大化,这就是国际商务管理的重要任务。

第三,国际商务管理者在不同国家所面临的市场需求和消费者偏好是不尽相同的。比如,美国消费者喜欢去超级市场和大百货公司购物,但日本人都青睐零售小商店。

第四,由于各国的法律与会计制度不同,相应的财务报告制度和公司税收法令都有很大不同,这会使国际商务管理的难度加大。除此以外,各国还有各自的关税和非关税壁垒、商标法令、产品标准和劳保条例等限制。

第五,在国外经营,政治动荡与政治制度不稳定是经常发生的,作为这些影响的结果,轻则使得企业的运行困难,利润下降,重则可能导致企业在国外的投资被吞食、冻结,甚至被没收。

第六,各国的文化习俗与价值取向有着明显的差异,这会使国际商务管理的困难大大超过国内商务管理。文化的内容十分广泛,包括物质文化与精神文化,其中精神文化又以语言文字、教育程度、宗教信仰、美学观念、价值取向、社会结构的差异尤为突出。这些差异会使得国际企业在雇佣员工、推销产品、与政府沟通、与客户联系等方面产生许多意想不到的困难。

第七,国际企业的经营常常与东道国企业在利益上发生某些冲突,特别是开始时。因为对环境还不太适应,所以从事国际商务管理的经理们很难获取准确而有效的信息,信息来源非常有限。

（二）经营风险特征

在企业的国际经营活动中，风险是普遍存在的。这些风险主要来自于社会、政治、经济、法律以及自然和企业管理本身。国际商务管理既有一般商务管理的风险特征，也有其独自的经营风险特征。从一般经营管理的风险特征来说，其主要包括了自然风险、政治风险、经济风险、技术风险、行为风险等。这些风险如若发生在国内商务管理中，相对于国际商务管理而言，无论是风险程度还是预防与处理的难度都较小，可控性和可操作性更强。但从其特殊性来讲，国际商务管理将会面临国内商务管理所没有的或者说很少碰到的经营风险，主要包括以下风险：

1. 市场风险

由于国际市场相对分散，各种不稳定性因素较多，信息的可获得性和准确性较低，因而国际企业所遇到的市场风险会要大得多。比如在进行生产和销售预测时，国外竞争对手市场占有率的变化如何，消费者偏好会产生哪些变化，宏观经济环境和总需求是否有利于投资，产品的品种、数量和质量对市场的适应程度如何，政府和行业对进出口贸易和外来投资有哪些限制等，都会程度不同地影响到国际企业的市场份额和经营效益，甚至于决定着它能否在某一市场立足与发展的问题。

2. 外汇风险

在全球从事贸易、投资与金融活动的国际企业，通常要在国际范围内收付大量的外币，或保有外币的债权债务，或以外币表示其资产负债的价值，但由于汇率的变化，在它们的经营活动中随时都会存在着外汇风险。

3. 财务风险

国际商务管理的财务风险主要来自于三个方面：一是市场价格波动太大，影响到企业财务（预算）计划的完成，外汇收支出现困难；二是在一个相互还不太熟悉和了解的环境中经营，企业难以取得和扩大自身的信用，融资能力十分有限；三是企业作为债权人，因债务人的破产或无力偿债而蒙受损失。相比之下，发生在国外的坏账或呆账往往难以收回。

4. 储运风险

国际贸易中货物的存储、运输、装卸环节多，路程遥远，储运时间长，很容易招致各种风险，使货物受到损失。

第四节　跨国公司与国际商务

一、跨国公司的定义

跨国公司（Transnational Corporation）又称多国公司（Multi‐national Enterprise）、国际公司（International Firm）、超国家公司（Supernational Enterprise）和宇宙公司（Cosmocorporation）等，是指由两个或两个以上国家的经济实体所组成，并从事生产、销售和其他经营活动的国际性大型企业。跨国公司主要是指发达资本主义国家的垄断企业，以本国为基地，通过对外直接投资，在世界各地设立分支机构或子公司，从事国际化生产和经营活动的垄断企业。联合国跨国公司委员会认为跨国公司应具备以下三要素：第一，跨国公司是指一个工商企业，组成这个企业的实体在两个或两个以上的国家内经营业务，而不论其采取何种法律形式经营，也不论其在哪一经济部门经营；第二，这种企业有一个中央决策体系，因而具有共同的政策，此等政策可能反映企业的全球战略目标；第三，这种企业的各个实体分享资源、信息，以及分担责任。

跨国公司的发展可以追溯到 19 世纪 20 年代，当时的一些经济发达国家的垄断企业就开始在国外建厂，就地进行生产，跨国公司的雏形已经形成。但第二次世界大战前，跨国公司无论从数量、规模还是对世界经济的影响上看都较为有限。第二次世界大战后，特别是从 20 世纪 50 年代后期起，在生产和资本国际化、科技革命及各国经济政策的背景下，跨国公司得到迅速发展。目前，跨国公司已经成为国际投资、国际贸易及其他国家经贸活动最重要支柱和载体。

二、跨国公司的经营特征

跨国公司是在国内外拥有较多分支机构、从事全球性生产经营活动的国际企业，与国内企业相比较是有一些区别的，这些区别表现在以下几方面：

（一）全球战略目标

早期的跨国公司多属于贸易型公司，并且只是在局部地区设立公司进行生产和销售活动。第二次世界大战后，随着科学技术的发展及生产和资本国际化程度的提高，跨国公司在资本、生产、技术及劳动力等方面高度集中，其自身实力也得到迅速扩张。在此阶段，跨国公司的子公司、分公司已遍布世界各个地区，其经营领域也涉及生产、流通、投资、服务等各个方面。跨国公司新的发展特点决定了它必须实施全球战略目标，即以全球视野来安排投资、生产、销售、服务、技术开发等经营活动，以全球利润最大化为目标，而不能仅考虑某一区域、某一公司的得失。

（二）全球一体化经营

为实现全球战略目标，跨国公司必须实行全球一体化经营，即总公司对分支机构设立、产品生产与销售安排、资金流动、人员配置、技术开发等公司重大活动拥有绝对的控制权。只有这样跨国公司才能在全球范围内实现资源的合理配置，充分利用公司的比较优势，合理安排公司内的产业结构和制定合理的发展战略，从而使跨国公司的经济效益达到最大化。

（三）经营方式的不断发展和创新

影响跨国公司经营方式选择的因素很多，例如国际经济与政治形势、东道国政策、跨国公司自身实力及不同行业的特点等。跨国公司之所以能够在多变的经营环境中快速发展、不断壮大，其中一个重要的因素就是其经营方式能够随着经营环境的变化而变化，并不断地进行创新，以保持其在竞争中的优势地位。以对外直接投资为例，跨国公司的股权参与方式就在不断变化和创新中，从早期全部拥有股权的独资企业到合资经营，后来又发展到非股权安排如技术许可、技术转让、管理合同、补偿贸易、国际战略联盟等。经营方式的不断发展和创新使跨国公司降低了经营成本，规避了经营风险，从而保证了全球战略目标的实现。

三、跨国公司对国际商务的意义

第二次世界大战后，国际直接投资增长迅速，跨国公司在世界经济中地位显著上升。根据联合国贸易发展组织 1993 年世界投资报告的统计，1986～1990 年的 5 年间，跨国直接投资额以每年 30% 的速度增加。1990 年，全球跨国公司在海外子公司和合资企业的总数达到 17 万家，总产值为 5.5 万亿美元，首次超过了国际贸易总额。联合国贸发组织数据显示，截至 2017 年底，全球跨国企业海外分公司的国际生产活动仍在扩张，国有跨国企业在全球经济中的作用不断扩大。全球大约有 1500 家国有跨国企业，仅占全球跨国企业的 1.5%，但它们拥有 86000 多家海外分公司，相当于全球总数的 10%；在投资方面，国有跨国企业公布的绿地投资在 2016 年占全球总数的 11%，高于 2010 年的 8%；在产出上，2017 年跨国公司海外分支机构出口值占世界出口总值的 33.6%。另外，跨国公司海外分支机构销售额是世界出口总值的 2 倍；跨国公司所进行的研发活动和研发经费占世界总量的 75% 以上；跨国公司的海外分支机构还创造了 5739 万个就业岗位。

毫无疑问，跨国公司已名副其实地成为当代国际商务活动的主角和世界经济发展的重要推动力量。

第二章　国际商务基本理论

第一节　国际贸易理论

一、重商主义

重商主义是资产阶级最初的经济学说，产生并发展于资本主义生产方式准备时期，反映了这一时期商业资本的利益和要求，是对资本主义生产方式进行的最初的理论考察。

（一）重商主义的产生背景

15 世纪末，西欧封建社会逐步瓦解，资本主义生产关系开始萌芽和成长；地理大发现扩大了世界市场，极大地刺激了商业、航海业和工业的发展；商业资本促进了各国国内市场的统一和世界市场的初步形成，推动了对外贸易的发展；西欧主要经济体相继建立了专制的中央集权国家，并开始运用国家力量支持商业资本的发展。商业资本的迅速发展和国家支持商业资本政策的实施，客观上产生了从理论上阐述这些经济政策的需求。在此背景下，逐渐形成了重商主义经济理论。

（二）重商主义的主要观点

重商主义主要有以下两类观点：

第一，货币（以金银为代表的贵金属）是衡量一国财富的唯一标准，增加财富的唯一办法就是增加货币拥有量。国内贸易的结果仅仅是社会财富在国内不同利益集团之间的再分配，而不会增加社会的总财富；对外贸易则可以使一国从国外获得金银货币、增加国家财富。因此，除了开采金银矿产以外，对外贸易是货币财富的真正来源。要想使国家变得富强，就应该尽量多出口、少进口，因为只有贸易出超（又称贸易顺差，Favorable Balance of Trade）才会导致贵金属的净流入。因而在政策方面，政府则竭力鼓励出口，不主张甚至限制商品，尤其是奢侈品的进口。

第二，贸易参与国不可能同时出超，一国的贸易出超必然意味着另一国的贸易入超（又称贸易逆差，Balance of Trade Deficit），而且任一时点上的金银总量是固定的。因此，一国在贸易中获利总是以其他国家的损失为代价，即国际贸易是一种零和博弈。

（三）重商主义的发展阶段

1. 早期重商主义：货币差额论（15 世纪末至 16 世纪中叶）

早期的重商主义者强调绝对的贸易出超，也被称为重金主义，其代表人物为英国的威廉斯·塔福（Williams Tafo）。早期重商主义者主张国家采取行政手段禁止货币的输出，控制商品的输入，以贮藏尽量多的货币。一些国家甚至要求外国人来本国进行交易时，必须将其销售货物所获得的全部款项用于购买本国货物或在本国消费。

2. 晚期重商主义：贸易差额论（16 世纪下半叶至 17 世纪）

晚期重商主义认为，从长远来看，在一定时间内的贸易入超是允许的，只要最终的贸易结果能保证出超，保证货币最终流向国内就可以。晚期重商主义的代表人物英国的托马斯·孟（Thomas Mun）认为，对外贸易必须做到商品的输出大于商品的输入（即卖给外国人的商品总值应大于购买他们的商品的总值），以增加货币流入量。为了达到此目的，政府应该实施"奖出限入"的政策措施，即通过关税和配额限制进口，并对出口实施补贴，以保证对外贸易的出超。

（四）对重商主义的评价

从历史的观点来看，重商主义理论及其政策主张促进了商品货币关系和资本主义工厂手工业的发展，为资本主义生产方式的确立与成长创造了必要的条件。然而，其局限性也是非常明显的，具体如下：

第一，错误地将货币（金银）与财富等同起来，从而将高水平的货币积累与供给等同于经济繁荣，并以贸易顺差与货币流入作为其唯一的政策目标。

第二，与第一条局限相关，重商主义理论体系存在内在的矛盾。按照英国古典经济学家大卫·休谟（David Hume）的说法，如果英国对法国有贸易出超，金银将流入英国，国内货币供给将增加，英国必然产生通货膨胀；法国则因金银的流出而导致国内货币供给减少，物价将会下降。英国与法国之间商品价格的相对变化将使法国人购买较少的英国商品，而英国人则购买较多的法国商品，于是英国贸易收支恶化，而法国贸易收支改善，直至英国的贸易顺差完全消失。因此，在休谟看来，没有任何一个国家能够像重商主义所设想的那样，长久地维持贸易的出超和流入。

第三，重商主义把贸易看成一种"零和博弈"的观点显然是错误的，正如后来的亚当·斯密（Adam Smith）和大卫·李嘉图（David Ricardo）等许多经济学家所证明的，国际贸易是"正和博弈"，即所有国家都能从国际贸易中收益。

二、绝对优势理论和相对优势理论

（一）绝对优势理论

18 世纪的英国流行着重商主义，认为一国积累的金银越多，国家越富强，因而主张国家干预经济生活，减少进口同时增加出口，保护国内市场。在这样的背景下，英国古典经济学家亚当·斯密在 1776 年出版了《国民财富的性质和原因的研究》（又译《国富论》）。他提出以自由贸易为核心的国际贸易学说，对重商主义零和博弈的贸易观点进行了驳斥。

亚当·斯密认为，一个人所需要的东西，不要样样都靠自己去生产，而应利用其特长，生产其最擅长生产的东西，以此与别人来交换，取得他所需要的产品。这样花费最少，最为有利，比他生产个人所需要的一切东西更为有利。

他认为，分工可以提高劳动生产率，降低产品成本促进财富的增加。理由是：一是分工能使劳动者的熟练程度提高，从而提高劳动生产率；二是分工可使每个人专门从事某项工作，从而节省与生产没有直接关系的时间；三是分工可使专门从事某项工作的劳动者比较容易改变工具和发明机械。

亚当·斯密运用实证论的方法，由个人之间的经济关系推及各个国家之间的经济关系，论述了国际分工和国际贸易的必要性。他认为个人之间可以进行分工，国家内部也可以进行分工，国家之间也可以进行分工。每个国家都应该充分利用其在生产上的优势，进行专业化生产，向国外输出产品。对于生产成本高的产品，则可以通过进口来获得。通过贸易，各国都可以获利。

绝对优势学说认为，在某一种商品的生产上，如果一个国家在劳动生产率上占有绝对优势，或其生产所消耗的劳动成本绝对低于另一个国家，如果每个国家都从事自己占有绝对优势商品的生产，然后进行交换，那么双方都可以通过交换从中获得绝对的收益，从而整个世界也可以获得分工的好处。

下面举一个简单的例子来解释绝对优势理论。假设世界上只有两个国家（A 国和 B 国）、两种产品（食物和衣服），两国之间的运输费用为零。最初，A 国和 B 国都各自生产并消费食物和衣服。表 2−1 列出了各国之间生产 1 单位食物或衣服所耗费的资源数量。在 A 国，生产 1 单位食物需要 2 单位资源，生产 1 单位衣服需要 4 单位资源；在 B 国，生产 1 单位食物需要 5 单位资源，生产 1 单位衣服需要 3 单位资源。

表 2−1 各国之间生产 1 单位食物或衣服所耗费的资源数量

	食物	衣服
A 国	2	4
B 国	5	3

也就是说，A 国使用 1 单位资源可以生产 0.5 单位食物，而 B 国使用 1 单位资源仅能生产 0.2 单位食物，因此，A 国在食物的生产上具有绝对优势（B 国在食物生产上具有绝对劣势）；B 国使用 1 单位资源可以生产 0.33 单位衣服，而 A 国使用 1 单位资源仅能生产 0.25 单位衣服，因此 B 国在衣服的生产上具有绝对优势（A 国在衣服生产上具有绝对劣势）。

现在，假设两国依据各自的绝对优势进行专业化生产并相互开展贸易，即 A 国专业化生产其具有绝对优势的食物，并通过贸易交换所需要的衣服；B 国专业化生产其具有绝对优势的衣服，并通过贸易交换所需要的食物。如果 A 国和 B 国同意按 1∶1 的比例进行交易，即用 1 单位食物交换 1 单位衣服，于是，A 国多使用 1 单位资源，就可以多生产 0.5 单位食物，并以此换取 B 国的 0.5 单位衣服。这要比 A 国自己生产衣服好得多，因为它投入 1 单位资源只能得到 0.25 单位衣服。因此，A 国从专业化生产和贸易中获得了利益。同样，B 国多使用 1 单位资源就可以多生产 0.33 单位衣服，并以此换取 A 国的 0.33 单位食物，这也比自己投入 1 单位资源生产食物仅得到 0.2 单位的产量要多，因此，B 国也从专业化生产和贸易中获益。由此可见，贸易双方都能从贸易中获得好处。

亚当·斯密第一次证明了国际贸易是一场双赢交易，即贸易双方都能从交易中获得利益，从而在理论上驳斥了重商主义的关于国际贸易零和博弈的观点。然而，亚当·斯密的绝对优势理论有一个必要假设，即一个国家想要参与国际贸易，就必然要有至少一种以上产品在生产上与贸易伙伴相比处于劳动生产上的绝对优势，否则该国就不具备参与国际分工的条件，或者在国际贸易中就没有任何利益只有伤害。这一点过于绝对，在实践中不符合实际情况。按照亚当·斯密的理论，只有那些在生产某种商品方面具有绝对优势的国家，才能参与国际分工和贸易。因此，亚当·斯密的绝对优势理论只能解释世界贸易中的一小部分贸易，如发达国家与发展中国家之间的一些贸易。

（二）相对优势理论

英国古典经济学家大卫·李嘉图在其于 1817 年发表的《政治经济学及税赋原理》一书中，以英国和葡萄牙之间的贸易为例，提出了比较优势理论（亦即相对优势理论），认为比较优势是分工和贸易的依据。比较优势理论是对亚当·斯密的绝对优势理论的重大补充和发展，成为自由贸易理论体系建立的标志。

大卫·李嘉图认为，即使一个国家在所有产品生产上都处于绝对劣势，也可以通过参与国际贸易来实现更多的利益。贸易得以产生的原因在于，各国劳动生产率之间的绝对差距并不是在任何产品的生产上都一样，于是处于绝对劣势的国家应专业化生产并出口其具有比较劣势的产品。同样，对于在每种产品上都拥有绝对优势的国家而言，也不必生产全部商品，而只需选择其绝对优势较大的产品进行专业化生产并出口，同时进口绝对优势较小的产品。此外，对于生产技术上的相对差异导致了相对劳动生产率的不同，进而导致相对生产成本和相对价格不同，两国劳动生产率的相对差异构成了贸易的基础。

为了更直观地说明比较优势理论在国际贸易中的作用，在此继续沿用以上 A 国和 B 国的例子。现在，假设 A 国同时具备生产食物和衣服的绝对优势，表 2 - 2 给出了两个国家在生产食物和衣服过程中所耗费的资源情况。在 A 国，生产 1 单位食物需要 1 单位资源，生产 1 单位衣服需要 2 单位资源；在 B 国，生产 1 单位食物需要 10 单位资源，生产 1 单位衣服需要 5 单位资源。

表 2 - 2　两个国家在生产食物和衣服过程中所耗费的资源情况

	食物	衣服
A 国	1	2
B 国	10	5

也就是说，A 国使用 1 单位资源可以生产 1 单位食物，而 B 国使用 1 单位资源仅能生产 0.1 单位食物，因此 A 国在食物生产上的效率是 B 国的 10 倍；A 国使用 1 单位资源可

以生产0.5单位衣服，而B国使用1单位资源仅能生产0.2单位衣服，因此A国在衣服生产上的效率是B国的2.5倍。也就是说，尽管A国在两种产品的生产上都具有绝对优势，但在衣服生产上绝对优势更小。于是，A国在食物生产上具有比较优势，B国在衣服生产上具有比较优势。

现在，假设两国依据各自的比较优势进行专业化生产并相互展开贸易，即A国专业化生产其具有比较优势的食物，B国专业化生产其具有比较优势的衣服。两国仍然按照1:1的比例进行交易。从而，A国多使用1单位资源，可以多生产1单位食物，并以此换取B国的1单位衣服。这比A国自己生产衣服好得多，因为它投入1单位资源只能得到0.5单位衣服。因此，A国从专业化生产和贸易中得到了收益。同样，B国多使用1单位资源可以多生产0.2单位衣服，并以此换取A国的0.2单位食物，这也比自己投入1单位资源生产食物仅得到0.1单位的产量要多，因此，B国也能够从专业化生产与贸易中获益。

比较优势理论成功解决了绝对优势理论无法回答的问题，然而，对于比较优势的来源，即到底是什么原因造成了各国在生产不同产品时的比较成本差异，大卫·李嘉图的理论并未给出合理的解释。

三、要素禀赋理论

1929～1933年，由于资本主义世界经历了历史上最严重的经济危机，此次危机使资本主义国家工业生产下降了37.2%，也使得各国对国外市场的竞争加剧，导致了激烈的关税战和贸易战，各国力图对外倾销本国商品的同时提高进口关税以维护本国垄断资本的利益。国内市场狭小，对国外市场依赖很大的瑞典对此深受影响，瑞典人民深感不安。

在此背景下，作为瑞典经济学家，贝蒂·俄林（Bertil Ohlin）继承了其导师伊·菲·赫克歇尔（Eli F. Heckscher）的论点，于1933年出版了《地区间贸易和国际贸易》一书，深入探讨了国际贸易产生的深层原因，创立了要素禀赋理论。而在美国经济由中盛走向极盛、再走向衰落的时代背景下，1941年保罗·萨缪尔森（Paul Samuelson）与斯托尔珀（Wolfgang Stolper）合著并发表了《实际工资和保护主义》一文，用数学方法论证了俄林提出的自由贸易引起的生产要素价格均等化理论。接着萨缪尔森对上述观点作了进一步的论证，建立了要素价格均等化学说，丰富并发展了要素禀赋论。为此，国际贸易界有时又将俄林的生产要素禀赋理论称为赫克歇尔—俄林—萨缪尔森模型（H－O－S Model）。

要素禀赋理论的基本内容：

生产要素（Factor of Production）是指生产活动必须具备的主要因素或在生产中必须投入或使用的主要手段。通常指土地、劳动和资本三要素，加上企业家的管理才能为四要素。

要素禀赋（Factor Endowment）是指一国所拥有的两种生产要素的相对比例。如果一国拥有的生产要素只有资本和劳动，其中资本的数量为K，劳动的数量为L，故该国的要素禀赋为K/L。进一步假设A国的要素禀赋（K_A/L_A）大于B国的要素禀赋（K_B/L_B），则称A国为资本丰裕或者劳动稀缺国家，B国则为劳动丰裕或资本稀缺国家。

要素密集度（Factor Intensity）指产品生产中某种要素投入比例的大小，如果某要素投入比例大，称为该要素密集程度高。根据产品生产所投入的生产要素中所占比例最大的生产要素种类不同，可把产品划分为不同种类的要素密集型产品（Factor Intensity Commodity）。在只有两种商品（X 和 Y）、两种要素（劳动和资本）的情况下，如果 Y 商品生产中使用的资本和劳动的比例大于 X 商品生产中的资本和劳动的比例，则称 Y 商品为资本密集型产品，而称 X 为劳动密集型产品。

据要素禀赋理论，一国的比较优势产品是应该出口的产品，是它需在生产上密集使用该国相对充裕而便宜的生产要素生产的产品，而进口的产品则是它需在生产上密集使用该国相对稀缺而昂贵的生产要素生产的产品。简言之，劳动丰富的国家出口劳动密集型商品，而进口资本密集型商品；相反，资本丰富的国家出口资本密集型商品，进口劳动密集型商品。

俄林认为，同种商品在不同国家的相对价格差异是国际贸易的直接基础，而价格差异则是由各国生产要素禀赋不同，从而要素相对价格不同决定的，所以要素禀赋不同是国际贸易产生的根本原因。

具体来说，国家间的商品相对价格差异是国际贸易产生的主要原因。在没有运输费用的假设前提下，从价格较低的国家输出商品到价格较高的国家是有利的。而国家间的生产要素相对价格的差异决定商品相对价格的差异。在各国生产技术相同，因而生产函数相同的假设条件下，各国要素相对价格的差异决定了各国商品相对价格存在差异。进一步，国家间的要素相对供给不同决定要素相对价格的差异。俄林认为，在要素的供求决定要素价格的关系中，要素供给是主要的。在各国要素需求一定的情况下，各国不同的要素禀赋对要素相对价格产生不同的影响：相对供给较充裕的要素的相对价格较低，而相对供给较稀缺的要素的相对价格较高。因此，国家间要素相对价格差异是由要素相对供给或供给比例不同决定的。

综上分析，俄林提出了著名的赫克歇尔—俄林定理（H－O 定理），即在开放条件下，根据比较优势，一国应该出口密集使用其相对丰裕要素的产品，进口密集使用其相对稀缺要素的产品。

另外，国际间因生产要素自然禀赋不同而引起的生产要素价格差异将通过两条途径而逐步缩小，即要素价格将趋于均等。第一条途径是生产要素的国际移动，它导致要素价格的直接均等化；第二条途径是商品的国际移动，它导致要素价格的间接均等化。国际贸易最终会使所有生产要素在所有地区都趋于相等。同时，俄林认为生产要素价格完全相同几乎是不可能的，这只是一种趋势。这就是要素价格均等化定理。

赫克歇尔、俄林、萨缪尔森的要素禀赋理论和要素价格均等化定理是在比较优势理论的基础上的一大进步，有其合理的成分和可借鉴的意义。大卫·李嘉图假设两国交换是物物交换，国际贸易起因于劳动生产率的差异，而赫克歇尔、俄林是用生产要素禀赋的差异寻求解释国际贸易产生的原因和国际贸易商品结构以及国际贸易对要素价格的影响，他们认识到了生产要素及其组合在各国进出口贸易中居于重要地位。但是，赫克歇尔、俄林、萨缪尔森的理论有明显的局限性。要素禀赋论和要素价格均等化定理忽略了国际国内经济因素的动态变化，使理论难免存在缺陷。例如同种要素在不同国家的价格，全然不是要素价格均等化定理所指出的那样会随着商品价格均等而渐趋均等，发达国家与发展中国家工人工资的悬殊、利率的差距，足以说明现实世界中要素价格无法均等。

四、新贸易理论

20 世纪 60 年代以来，国际贸易格局出现了一系列新变化：技术密集型产品贸易比重迅速上升；发达国家之间的贸易成为世界贸易的主要部分；产业内贸易迅速发展，工业国传统的"出口制成品，进口初级产品"的贸易形势逐渐变化，出现了大量的同一产业内既有出口又有进口的产业内贸易；跨国公司空前发展，其内部贸易成为工业国总贸易量的主要组成部分；等等。为了能对国际贸易的新变化做出科学的解释，需要对传统贸易理论进行补充与发展，进而促成了新贸易理论的产生。

新贸易理论主要是指"二战"结束后，特别是 20 世纪 80 年代以来，为解释新的贸易现象而产生的一系列国际贸易理论学说。其主要代表人物包括迪可西特（Avinash K. Dixit）、保罗·R. 克鲁格曼（Paul R. Krugman）、赫尔普曼（Helpman）、斯宾塞（Spencer）和布兰德（Brand）等。其中最主要代表人物是克鲁格曼。

传统贸易理论是古典经济学的产物，是以一些严密的理论假设为基础的，主要包括：市场都是完全竞争的、规模报酬不变或递减、各国的需求偏好相似且不变、模型分析的是两个国家、两种商品、两种要素，即 2×2×2 模型。但新贸易理论认为，因为这些前提不符合当今社会经济生活，所以传统贸易理论无法解释现实。为建立更符合实际的前提假设，学者们打破了传统贸易理论中"完全竞争"和"规模报酬不变"这两个关键假设，为解释贸易动因与贸易基础开辟了新的路径，新贸易理论得以发展壮大。

产业内贸易、发达国家之间的水平分工与贸易的迅速增长成为当今国际贸易的主要现象。新贸易理论认为这是因为产生国际贸易的动因与基础发生了变化，不再仅仅是因为技术和要素禀赋的差异带来了贸易。新贸易理论从供给、需求、技术差距论等不同角度分析了国际贸易的动因与基础。

首先，从供给角度，新贸易理论揭示了规模经济性和不完全竞争市场结构下的企业的垄断竞争行为成为贸易产生的重要动因与基础。克鲁格曼建立了规模经济理论，得出结论为：贸易并不需要是技术或要素禀赋差异的结果，而可能仅仅是扩大市场和获取规模经济的一种途径。国际贸易的意义就在于能够形成一个一体化的世界市场，厂商可以打破单一狭小的国内市场限制，在世界范围内扩大产品销售市场，并从别国进口其他差异性产品，以满足消费者需求。关于贸易发生的原因，新贸易理论从供给角度分析，认为在不完全竞争市场结构下，规模经济就成了引起专业化与国际贸易的重要原因。即使各国的偏好、技术和要素禀赋都一致的情况下，也会产生差异产品之间的产业内贸易，并且国家间的差异越大，产业间的贸易量就越大，而国家间越相似，产业内的贸易量就越大。

其次，新贸易理论还强调需求因素对贸易产生和贸易结构的影响。从需求角度进行探索，填补了贸易动因研究视角上的一大空白。瑞典经济学家林德（S. B. Linder）提出的代表性需求理论，将需求与产品差异结合起来解释了产业内贸易产生的原因。他指出，一国平均的收入水平或者大多数人的收入水平就是一国的代表性需求。生产者只有专门生产代表此水平的商品才有可能达到规模经济。因此，一国应集中生产本国代表性需求的产品，出口该产品，并从与本国收入水平相似的其他国家进口相似产品，以满足本国其他收入水平消费者的消费需求。该贸易理论表明，规模经济容易在各国代表性需求的产品上产生，因此收入水平越相似，国家之间的产业内贸易越多。

而技术差距论以不同国家之间的技术差距为分析前提，认为技术差距和模仿时滞决定了现实的贸易格局。1959 年，美国经济学家波斯纳（M. A. Posner）运用技术创新理论修正了赫克歇尔—俄林模型，提出了技术差距贸易理论，简称技术差距论（Techincal Gap Theory），又称"模仿与创新理论"。该理论在解释发达国家与发展中国家贸易时，便成了著名的生命周期理论。该理论也可解释发达国家之间贸易：即使两个发达国家在技术开发方面具有相同的能力，所开发出的技术与产品仍会有差异，从而促成国际贸易的产生。因此技术水平接近的国家会因为追求产品的差异性而产生贸易。从而解释了发达国家之间的产业内贸易。

相较于传统理论，新贸易理论的假设更具有现实性，较好地解释了产业内贸易现象和要素禀赋相似的国家之间的贸易。但新贸易理论并不是对传统理论的全盘否定。现实中产业间贸易和产业内贸易并存的现象，说明传统贸易理论与新贸易理论之间的关系是互补的。要全面准确地解释现实中的国际贸易现象，传统的贸易理论和新贸易理论缺一不可。正如新贸易理论的创建人克鲁格曼认为的，如果要简单说明传统理论与新贸易理论的差别，则可以回答：传统理论把世界贸易看成是完全发生在像小麦这类商品上，新贸易理论则认为主要贸易品是像飞机这样的商品。因此，新贸易理论既是对传统贸易理论的继承，也是对国际贸易理论新发展的反映和阐释。之所以新贸易理论与传统贸易理论有互不一致的结果，这根源于假设的冲突。

五、国家竞争优势理论

哈佛大学商学院知名的战略学教授迈克尔·波特（Michael Porter）在《国家竞争优势》一书中，为国际贸易理论提供了一个新的思路。波特认为，国家能否具有较强的创新机制与能力，能否在国际竞争中赢得优势地位，是决定国家兴衰的根本因素。他的以竞争优势理论超越传统比较优势理论的思想，在学术及实业界引起了普遍的关注与激烈的争论。波特在《国家竞争优势》一书中提出许多迥异于传统的新理论与新观点，主要有钻石理论、竞争优势理论、产业群优势理论、国家竞争优势发展四个阶段理论等。

（一）钻石理论

按照经典经济学的理论，一国的财富应来自于资源禀赋，诸如劳动力、利率等。但波特认为国家的财富不是靠继承，而是来自于产业的创新与升级。本国企业如能参与世界市场的竞争并最终在竞争中生存下来，这样的企业越多，一个国家的竞争优势也就越强。为什么有些国家的企业一直醉心于持续地创新而另外一些却守旧不前？促使一个国家的企业竞争和不断改进技术和产业升级的力量又是什么？又有什么因素阻碍了创新？波特认为国家或者地区竞争环境与其生产率的成长密切相关，一个国家获得竞争优势的力量来自于一个系统，即钻石系统。

钻石理论认为在某一区域的某一特定领域，影响生产率和生产率成长的包括各种因素，诸如信息、激励、竞争压力、关联产业、制度与协会、基础设施和人力与技能库等。波特认为一个产业的成长最主要受生产要素、需求条件、相关支持产业和企业的竞争程度四个因素的影响，而政府和机遇对国际竞争优势也有一定的影响。首先，产业成长先决条件是生产中某种产品所需要的各种生产要素投入，其中包括自然资源、人力资源、资本资源和基础设施等。其次，需求因素是国内市场对某类产品或服务的需求，包括需求结构、市场规模和国内需求的增长率。一国的需求状态如何，直接影响本国公司的创新和取得复杂技术的能力。再次，相关支持产业因素，亦即与企业有关联的产业和供应商的竞争力。一个企业的经营要通过合作、适时生产和信息交流与众多的相关企业和行业保持联系，并从中获得和保持竞争力，如果这种接触是各方的主观愿望，那么产生的交互作用就是成功的。最后，企业的竞争程度因素。它是指一国国内支配企业创建、组织和管理的条件。各类企业作为国民经济的细胞，有其不同的规模、组织形式、产权结构、竞争目标、管理模式等特征，这些特征的形成和企业国际竞争力的提高在很大程度上取决于企业所面临的各种外部环境。除上述四个因素外，一国的机遇和政府的作用，对形成该国的国际竞争地位也起辅助作用。机遇包括重要发明、技术突破、生产要素供求状况的重大变动（如石油危机）以及其他突发事件。政府因素是指政府通过政策调节来创造竞争优势。波特认为以上影响竞争的因素共同发生作用，促进或阻碍一个国家竞争优势的形成。

（二）竞争优势理论

波特在《国家竞争优势》中一个最大的突破，就是竞争优势理论。比较优势理论是长期以来在国际竞争分析中处于主流和控制地位的一种理论，该理论认为一国的竞争力主要来源于劳动力、自然资源、金融资本等物质禀赋的投入，一个国家应充分利用这些因子条件来促进本国的出口。相较于传统的比较优势理论，波特认为竞争优势才是一国财富的源泉，因为投入要素在全球化快速发展的今天其作用日趋减少。

综观全球竞争优势最强的几个国家，没有一个国家是靠那些传统的因子来取得竞争优势的。最有竞争力的优势来自于新的因子条件：熟练的劳动力和强大的科研基础。而促使这些因子条件变得有竞争优势的是持续不断的投资和劳动分工的细分化。知识驱动型的经济下，传统的劳动力、土地与自然资源已不再是竞争优势的关键部分，因为公司可以通过全球化和跨国界经营，轻易地得到这些东西。那些越稀少、越难被竞争对手模仿的因子（这些因子通常是通过持续不断地投资创造的）是竞争优势的真正来源。一国的竞争力不可能由其国土的大小和军队的强弱来决定，因为这些因素与生产率大小没有直接关系。取而代之的是国家应创造一个良好的经营环境和支持性制度，以确保投入因子能够高效地使用和升级换代。在现代全球经济下，竞争力的大小也不再由先天承继的自然条件所决定。如果一国选择了有利于生产率成长的政策、法律和制度，比如升级本国所有国民的能力，对各种专业化的基础设施进行投资，使商业运行更有效率等，则它就选择了繁荣。与此相反，如果一国允许破坏生产力的政策存在，或者技能培训仅为少数人服务，或者仅靠家庭背景与政府的妥协才能成功，则该国就限制了本国的财富增加，也即选择了贫穷。竞争优势理论认识到传统理论的片面，强调国家优势的形成根本在于竞争，从多角度和多层次对国家竞争优势进行了探讨，建立了国家竞争优势的概念体系与理论体系。

（三）产业群优势理论

波特在《国家竞争优势》中引入"产业群"概念。他认为一国的生产率和竞争优势要求专业化，而专业化的公司扎堆就形成产业群。虽然过去经济地理学和区域科学文献早就认识到产业群现象的存在，但对产业群的认知范围还比较狭窄，并没有把这种现象和国家竞争优势的成长联系起来，因为在现代全球经济下，投入因子可以从许多不同的地区获取，运输成本的降低也使许多公司再也没有必要把公司设立在原料来源地或者大的市场所在地。他认为产业群与公司竞争战略存在密切的联系。产业群不仅仅降低交易成本，提高效率，而且改进激励方式，创造出信息、专业化制度、名声等集体财富。更重要的是，产业群能够改善创新的条件，加速生产率的提升，也更有利于新企业的形成。

（四）国家竞争优势发展四阶段理论

波特从财富的积累与知识的演进角度出发，认为人类社会应分为四个阶段。从竞争力变迁角度看，国家经济发展一般要经过四个阶段：生产要素导向阶段、投资导向阶段、创新导向阶段和富裕导向阶段。前三个阶段是国家竞争优势发展的主要力量，通常会带来经济上的繁荣。第四个阶段则是经济上的转折点，有可能因此而走下坡路。在第一阶段，价值链的连续依赖产品生产的自然资源和廉价的劳动力，在这一阶段，价值链延续到一定程度产生的扩张效应是不显著的。在第二阶段，价值链的连续靠资本要素维持，资本的收缩和撤出会引起价值链的中断，资本的不断投入是关键。在第三阶段，价值链的连续和增值要靠研究、设计、生产与销售等环节的创新，每个环节的创新会给最终产品带来高的附加值，它可以促进每个环节的突变，从低层次向高层次演进。在第四阶段，由于缺乏创新，中断的价值链难以在高层次上连续，产业发展在低水平循环，导致竞争力的迅速下降。

第二节　国际投资理论

一、国际间接投资理论

（一）国际资本流动理论

国际资本流动的一般模型，亦称麦克杜加尔（G. D. A. Macdougall）模型，或称完全竞争理论，是一种用于解释国际资本流动的动机及其效果的理论，它实际是一种古典经济学理论。这种理论认为：国际资本流动的原因是各国利率和预期利润率存在差异，认为各国的产品和生产要素市场是一个完全竞争的市场，资本可以自由地从资本充裕国向资本稀缺国流动。例如，在19世纪，英国大量资本输出就是基于这两个原因。国际间的资本流动使各国的资本边际产出率趋于一致，从而提高世界的总产量和各国的福利。

国际资本流动理论模型的假定条件是：整个世界由两个国家组成，一个资本充裕，一个资本短缺。世界资本总量为横轴 OO′，其中资本充裕国资本量为 OC，资本短缺国资本量为 O′C。曲线 AA′ 和 BB′ 分别表示两个国家在不同投资水平下的资本边际产出率。它意味着，投资水平越高，每增加单位资本投入的产出就越低，亦即两国投资效益分别遵循边际收益递减规律，如图 2 - 1 所示。

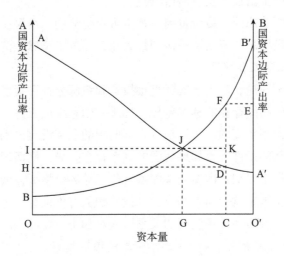

图 2 - 1　国际资本流动理论示意图

封闭经济系统是指资本没有互为流动的经济系统。无论是资本充裕国，还是短缺国，资本只能在国内使用。

如果资本充裕国把其全部资本 OC 投入国内生产，则资本的边际收益为 OH，总产出为曲边梯形 OADC 的面积，其中资本使用者的收益是曲边三角形 HAD 的面积，资本所有者的收益是矩形 OHDC 的面积。如果短缺国也将全部资本 O′C 投入国内生产，则其资本的边际收益率为 O′E，总产出为曲边梯形 O′B′FC 的面积。其中，资本使用者的收益是曲边三角形 EB′F 的面积，资本所有者的收益是矩形 O′EFC 的面积。

开放经济系统，即资本互为流动的经济系统。这时，如果资本充裕国把总资本量中的 OG 部分投入本国，而将剩余部分 GC 投入资本短缺国，并假定后者接受这部分投资，则两国的效益会增大，并且达到资本的最优配置。

就资本输出国而言，输出资本后的国内资本边际收益率由 OH 升高为 OI，国内总产出变为曲边梯形 OAJG，其中资本使用者的国内收益为曲边三角形 IAJ 的面积，资本所有者的国内收益是矩形 OIJG 的面积。就资本输入国而言，输入资本后的国内资本总额增为 O′G，总产出为曲边梯形 O′B′JG 的面积，其中总产出增加量为曲边梯形 CFJG 的面积。这部分增加量，又被分为两部分，矩形 CKJG 是资本输出国所有的收益，曲边三角形 JFK 则是资本输入国的所得。

这样，由于资本的输出与输入，就使资本输出国增加了曲边三角形 JKD 面积的收益，而资本输入国也增加了曲边三角形 JFK 面积的收益。资本流动增加的总收益就为这两个分收益之和。

从上面的模型分析，可得出下面三个结论：

第一，在各国资本的边际生产率相同的条件下，开放经济系统里的资本利用效益远比封闭经济系统里的高，并且总资本能得到最佳的利用。

第二，在开放经济系统里，资本流动可为资本充裕国带来最高收益；同时，资本短缺国也因输入资本使总产出增加而获得新增收益。

第三，由于上述两个原因，最后也因为资本可自由流动，结果在世界范围内可重新进行资本资源配置，使世界总产值增加并达到最大化，促进了全球经济的发展。

（二）古典国际证券投资理论

古典国际证券投资理论，产生于国际直接投资和跨国公司迅猛发展之前。它认为，国际证券投资的起因是国际间存在的利率差异，如果一国利率低于另一国利率，则金融资本就会从利率低的国家向利率高的国家流动，直至两国的利率没有差别为止。进一步说，在国际资本能够自由流动的条件下，如果两国的利率存在差异，则两国能够带来同等收益的有价证券的价格也会产生差别，即高利率国家有价证券的价格低，低利率国家有价证券的价格高，这样，低利率国家就会向高利率国家投资购买有价证券。

有价证券的收益、价格和市场利率的关系可表示如下：$C = I/r$。其中，C 表示有价证券的价格，I 表示有价证券的年收益，r 表示资本的市场利率。

假设，在 A、B 两国市场上发行面值为 1000 美元、附有 6% 息票的债券，A 国市场上的利率为 5%，B 国市场上的利率为 5.2%。根据上述计算得出，每一张债券在 A 国的售价为 1200 美元，在 B 国的售价为 1154 美元。可见，由于 A 国的市场利率比 B 国的市场利率低，则同一张债券在 A 国的售价比在 B 国的售价更高。这样，A 国的资本就会流向 B 国购买债券，以获取较高的收益或花费更小的成本，其行为直至两国的市场利率相等为止。

该理论存在不足之处：①仅说明资本从低利率国家向高利率国家的流动，而未能说明资本为何存在大量的双向流动；②它以国际资本自由流动为前提，这与现实不符，在现实中各国对资本流动的管制处处可见；③即使国家间存在利率差异，也并不一定会导致国际证券投资；④该理论仅以利率作为分析问题的基点，有失准确性。

（三）资产组合理论

现代证券投资组合理论，亦称资产组合理论，是美国学者马科维茨（H. M. Markovitz）于 20 世纪 50 年代在其《有价证券选择》一书中首先提出，后来托宾（J. Tobin）又发展了该理论。该理论采用"风险—收益考察法"来说明投资者如何在各种资产之间进行选择，形成最佳组合，使投资收益一定时，风险最小，或投资风险一定时，收益最大。

该理论认为，所有资产都具有风险与收益两重性。在证券投资中，一般投资者的目的是获取一定的收益。但是收益越高伴随着的风险也是越大，有时可能本金也会损失掉。风险由收益率的变动性来衡量，采用统计上的标准差来显示，投资者根据他们在一段时期内的预期收益率及其标准差来进行证券组合，即投资者把资金投在几种证券上，建立一个"证券组合"，通过证券的分散而减少风险。但是在一段时间内投在证券上的收益率高低是不确定的，这种不确定的收益率，在统计学上称为随机变量，马科维茨借用它的两种动差，即集中趋势和分散趋势来说明证券投资的预期收益及其标准差。预期收益用平均收益来代表，它可以看作是衡量与任何组合证券投资相联系的潜在报酬。标准差则说明各个变量对平均数的离散程度，以表示预期收益的变动性大小，来衡量与任何组合的证券投资的风险大小。因此，投资者不能只把预期收益作为选择投资证券的唯一标准，还应该重视证券投资收入的稳定性。多种证券组合可以提高投资收益的稳定，同时也降低了投资风险，因为在多种证券组合中不同证券的收益与损失可以相互抵补，起着分散风险的作用。作为投资者可能选择不同国家的证券作为投资对象，从而引起资本在各国之间的双向流动。

现代证券组合理论指出了任何资产都有收益和风险的两重性，并提出以资产组合方法来降低投资风险的思路，揭示了国际间资本互为流动的原因，因此有其进步性和合理性。但该理论主要用于解释国际证券资本流动，而对国际直接投资却未作任何解释。此外，该理论假设市场是充分有效的，参与者都同时可以得到充分的投资信息，这与现实情况不符，因此，该理论也有它的缺陷。

（四）资本资产定价模型

资产定价理论源于马科维茨（Harry Markowtitz）的资产组合理论的研究。20 世纪 60 年代初期，金融经济学家们开始研究马科维茨的模型是如何影响证券估值，这一研究导致了资本资产定价模型（Capital Asset Price Model，简称为 CAPM）的产生。现代资本资产定价模型是由夏普（William Sharpe）、林特纳（Jone Lintner）和莫辛（Mossin）根据马科维茨最优资产组合选择的思想分别提出来的，因此资本资产定价模型也称为 SLM 模型。

由于资本资产定价模型在资产组合管理中具有重要的作用，从其创立的 20 世纪 60 年代中期起，就迅速为实业界所接受并转化为实用，也成了学术界研究的焦点和热点问题。

资本资产定价模型是在马科维茨均值方差理论基础上发展起来的，它继承了该理论的假设，如资本市场是有效的、资产无限可分，投资者可以购买股票的任何部分、可以根据均值方差选择投资组合，并且是厌恶风险的，投资者永不满足、市场上存在着无风险资产，以及投资者可以按无风险利率自由借贷，等等。同时，又由于马科维茨的投资组合理论计算的烦琐性，导致了其不具备实用性，夏普在继承的同时，为了简化模型，又增加了新的假设，包括资本市场是完美的、没有交易成本、信息是免费的并且是立即可得的、所有投资者借贷利率相等、投资期是单期的或者说投资者都有相同的投资期限、投资者有相同的预期，即他们对预期回报率，标准差和证券之间的协方差具有相同的理解，等等。

该模型可以表示为：

$$E(R) = r_f + \beta(R_m - r_f)$$

其中，$E(R)$ 为资产或投资组合的期望收益率，r_f 为无风险收益率，投资者能以这个利率进行无风险的借贷，R_m 为市场组合的收益率，β 是资产或投资组合的系统风险测度。

从模型当中，我们可以看出，资产或投资组合的期望收益率取决于三个因素：无风险收益率 r_f，一般将一年期国债利率或者银行三个月定期存款利率作为无风险利率，投资者可以以这个利率进行无风险借贷；风险价格，即风险收益与风险的比值，也是市场组合收益率与无风险利率之差；风险系数 β，是度量资产或投资组合的系统风险大小尺度的指标，是风险资产的收益率与市场组合收益率的协方差与市场组合收益率的方差之比，故市场组合的风险系数 β 等于 1。

资本资产定价模型是第一个关于金融资产定价的均衡模型，同时也是第一个可以进行计量检验的金融资产定价模型。模型的首要意义是建立了资本风险与收益的关系，明确指明证券的期望收益率就是无风险收益率与风险补偿两者之和，揭示了证券报酬的内部结构。

资本资产定价模型另一个重要的意义是，它将风险分为非系统风险和系统风险。非系统风险是一种特定公司或行业所特有的风险，它是可以通过资产多样化分散的风险。系统风险是指由那些影响整个市场的风险因素引起的，是股票市场本身所固有的风险，是不可以通过分散化消除的风险。资本资产定价模型的作用就是通过投资组合将非系统风险分散掉，只剩下系统风险。并且在模型中引进了 β 系数来表征系统风险。

（五）套利定价理论

套利定价理论 APT（Arbitrage Pricing Theory）是 CAPM 的拓广，由 APT 给出的定价模型与 CAPM 一样，都是均衡状态下的模型，不同的是 APT 的基础是因素模型。

套利定价理论认为，套利行为是现代有效率市场（即市场均衡价格）形成的一个决定因素。如果市场未达到均衡状态的话，市场上就会存在无风险套利机会，并且用多个因素来解释风险资产收益。根据无风险套利原则，得到风险资产均衡收益与多个因素之间存在（近似的）线性关系。而前面的 CAPM 模型预测所有证券的收益率都与唯一的公共因子（市场证券组合）的收益率存在着线性关系。

套利定价理论导出了与资本资产定价模型相似的一种市场关系。套利定价理论以收益率形成过程的多因子模型为基础，认为证券收益率与一组因子线性相关，这组因子代表证券收益率的一些基本因素。事实上，当收益率通过单一因子（市场组合）形成时，将会发现套利定价理论形成了一种与资本资产定价模型相同的关系。因此，套利定价理论可以被认为是一种广义的资本资产定价模型，为投资者提供了一种替代性的方法，来理解市场中的风险与收益率间的均衡关系。套利定价理论与现代资产组合理论、资本资产定价模型、期权定价模型等一起构成了现代金融学的理论基础。

二、发达国家国际直接投资理论

（一）垄断优势理论

美国学者斯蒂芬·赫伯特·海默（Stephen Herbert Hymer）1960 年在麻省理工学院完成的博士论文《国内企业的国际经营：对外直接投资的研究》中，试图从市场的不完全竞争导致的垄断来解释企业对外直接投资行为并提出了"垄断优势理论"。西方微观经济学中关于不完全竞争是指产品在生产和销售过程中存在垄断因素，或市场本身存在某些障碍。海默认为，大企业由于市场不完全可以形成的垄断优势有两种：一种是包括生产技术、管理与组织技能及销售技能等无形资产在内的知识资产优势；另一种是由于企业规模扩大而产生的规模经济优势。而大企业凭借其特定的垄断优势从事对外直接投资。

垄断优势理论（Monopoly Advantage Theory）是最早研究对外直接投资的独立的理论，

开创了对外直接投资理论研究的先河。后来经过其导师金德尔伯格以及其他学者的补充，发展成为完整的垄断优势理论。

垄断优势理论突破了此前跨国公司对外直接投资理论的局限性，即使用国际贸易理论中稀缺资源可移动和国际分工来解释对外直接投资，首次提出对外直接投资应该从不完全竞争角度出发。在市场不完全的情况下，企业能够以自己的各种垄断优势，如技术优势、资金优势、规模经济优势、管理技能和销售渠道优势等，对他国进行直接投资，方能抵消跨国经营的各项额外成本和由此产生的劣势。但这一理论也有其偏颇之处，它研究的对象只是实力雄厚、具有明显垄断优势的美国跨国公司。根据该理论，没有垄断优势的企业无法进行对外直接投资，但是 20 世纪 60 年代后期以来，发达国家一些并无垄断优势的中小企业及发展中国家企业的对外直接投资活动日益增多。另外，垄断优势理论也无法解释产品出口、技术转让与对外直接投资这三种参与国际经济活动方式的适用条件。

（二）产品生命周期理论

美国哈佛大学教授雷蒙德·维农于 1966 年 5 月在《经济学季刊》上发表了《产品周期中的国际投资和国际贸易》一文，提出了"产品生命周期理论"（Product Life Cycle Theory）。他认为，产品在市场上呈现周期特性，该周期大体可分为三个阶段，即新产品阶段、产品成熟阶段和产品标准化阶段，各个阶段与企业的区位决策、出口或国外生产决策均有联系。维农指出，在不同的阶段，企业应采取不同的投资战略。

在新产品阶段，创新企业垄断生产技术维持高价以吸收前期高研发投入和高生产成本，主要是在本国组织生产，在占领国内市场同时适当向高收入国家出口。在产品成熟尤其是标准化以后，企业应以国际直接投资的方式，将生产转移到工资低等生产成本小的地区，替代产品的出口。

产品生命周期理论将企业的垄断优势与区位优势相结合，从技术及产品垄断的角度动态解释了美国跨国公司对外直接投资的动因及其产品和区位选择。然而，就其应用范围来讲，该理论难以解释非代替出口的工业领域方面投资增加的现象（如美国对欧洲食品加工工业的投资），也不能说明对外直接投资的发展趋势，以及为了适应东道国市场而将产品加以改进和多样化的行为。

（三）内部化理论

英国里丁大学教授巴克莱、卡森在 1976 年首次系统提出了"内部化理论"（Internalization Theory），而后加拿大学者拉格曼（A. M. Rugman）进一步发展了该理论。该理论的基本思想来源于科斯（Coase）提出的关于交易成本及交易内部化的论述。内部化理论认为，由于市场信息的不完全性和中间产品（尤其是专有技术、专利、管理及销售技术等信息与知识产品）的价格难以确认，造成市场交易成本过高。跨国公司只有将中间产品市场交易纳入到公司内部经营活动中，以内部市场取代低效率的外部市场，才能减少交易成本，最大限度地提高公司的利润。因此，跨国公司就有必要通过对外直接投资建立国外子公司，以企业内部市场取代外部市场，克服中间产品市场的不完全实现利润最大化。其中，确定母公司与子公司之间、子公司相互之间的交易价格——"转让价格"是保证企业内部市场有效运行的重要手段。

内部化理论强调跨国公司的垄断优势集中体现在通过内部化的组织系统和信息网络把信息与技术优势放在公司内部转移上。跨国公司的技术转移证实了内部化理论，越是拥有股权比重大的国外子公司，跨国公司越是愿意转让先进技术；相反，对拥有股权比重小或不拥有股权的国外公司只转让一般技术或成熟技术。

内部化理论给跨国公司对外直接投资的启示是，跨国公司要努力构建以跨国公司母体为核心的企业网络体系，并在这一网络体系内控制和使用中间产品，从而实现获取高额利润的目标。20 世纪 90 年代以后跨国公司的全球投资、国际兼并都反映出跨国公司建立全球网络系统的战略特性。内部化理论是目前国际直接投资方面的主流理论之一，在国际上影响比较大，它强调管理水平对企业国际化的意义，但内部化理论在解释国际生产的必然性和国际生产的地理分布等方面有一定的困难。

（四）比较优势理论

20 世纪 70 年代中期，日本学者小岛清（Kiyoshi Kojima）运用国际贸易理论中的比较优势原理，把贸易与对外直接投资结合起来，以投资国和东道国的比较成本为基础，着重分析对外直接投资的贸易效果，提出了对外直接投资的"比较优势理论"（Theory of Comparative Advantage），又称"边际产业扩张理论"。其基本思想是对外直接投资应该从本国（投资国）已经处于或即将陷于比较劣势的产业，即边际产业（也是接受国具有显在或潜在比较优势的产业）开始依次进行。并得出对外直接投资可以扩大投资国与受资国的比较成本差异，通过更合理的生产要素组合，创造出新的比较成本优势，从而可以带来贸易创造效应，扩大两国的贸易等结论。

日本对外直接投资初期（20 世纪 60 ~ 80 年代）对东亚地区的直接投资较好地印证了比较优势理论，但 20 世纪 80 年代尤其是 90 年代以后日本对主要发达国家直接投资的特性并不符合小岛清理论，有的学者认为小岛清理论是一个阶段性的对外直接投资理论。

虽然比较优势理论并不能完全解释对外直接投资现象，但我们可以从另外角度去理解和运用这一理论。处于对外直接投资发展初期阶段的国家，其对外直接投资大部分是以成熟技术和利用发展中国家低廉生产要素开始国际化经营的，因此该理论也可以用以指导对外直接投资初期的社会实践。同时，该理论超越了以企业作为研究对象的微观分析法，以产业作为研究对象，论证了投资国和受资国可以通过直接投资对生产要素进行更合理的组合，发挥各自的比较优势。

（五）国际生产折中理论

英国著名的跨国公司问题专家约翰·邓宁（J. H. Dunning）于 1977 年综合了垄断优势理论、内部化理论，并结合国际贸易理论中的资源禀赋学说提出了"国际生产折中理论"（The Eclectic Paradigm of International Production），又称"国际生产综合理论"，试图全面探讨对外直接投资的动因、投资决策、投资方向三个主要问题。他认为，跨国公司对外直接投资应具备所有权优势（即垄断优势）、内部化优势、区位优势，这三个方面的优势决定了对外直接投资的动因、投资决策和投资方向。取三个优势的英文首字母，该理论也被称为 OIL 范式。

所有权优势（Ownership Advantages）主要是指企业所拥有的大于外国企业的优势，包括技术优势、企业规模优势、组织管理优势、金融和货币优势以及市场销售优势等。所有权优势是企业从事跨国生产经营的基础，这一优势必须足以补偿企业在跨国生产经营中产生的附加成本。

内部化优势（Internalization Advantages）是指企业在通过对外直接投资将其资产或所有权内部化过程中所拥有的优势，也就是说企业将拥有的资产通过内部化转移给国外子公司，比通过市场交易转移获得更多的利益，企业到底是选择资产内部化还是外部化取决于利益的比较。

区位优势（Location Advantages）是指企业在具有上述两个优势以后，在进行投资区位要素选择上是否具有优势，也就是说可供投资地区是否在某些方面较国内优越，包括劳动力成本、市场需求、自然资源、运输成本、关税和非关税壁垒、政府对外国投资的政策等方面的优势。

邓宁认为，所有权优势和内部化优势是对外直接投资的必要条件，而区位优势则是对外直接投资的充分条件，这三个优势的组合才能准确地解释企业的对外直接投资活动。只有三种优势同时存在，国际直接投资才会成功。即企业可以根据自身所拥有的优势，在许可证贸易（技术转让）、出口贸易、对外直接投资这三种国际市场进入方式之间进行选择（详见第五章）。

国际生产折中理论最为完整地解决了对外直接投资研究的三个问题，对直接投资有着较为完整的解释力；国际直接投资的实践也证实了邓宁理论的正确性。国际生产折中理论一直被认为是较为完善的对外直接投资理论，被称为对外直接投资的"通论"。但是，该理论无法充分解释并不同时具备三种优势阶段的发展中国家迅速发展的对外直接投资行为，特别是向发达国家的直接投资活动。

三、发展中国家国际直接投资理论

（一）小规模技术理论

美国哈佛大学研究跨国公司的著名教授刘易斯·威尔斯（Louis J. Wells）于 1983 年提出了"小规模技术理论"（The Theory of Small Scale Technology），被学术界认为是研究发展中国家跨国公司的开创性成果。该理论认为，把竞争优势绝对化是传统对外直接投资理论的最大缺陷，不仅适应于大规模生产的现代化技术具有竞争优势，而且适合于小规模生产的技术也同样可以获得比较优势，这种比较优势主要来自于生产的低成本，而低成本又与该国的市场特征紧密相关，从而可以形成发展中国家企业进行对外直接投资的竞争优势。

威尔斯认为，发展中国家跨国公司的竞争优势主要表现在三个方面：首先，拥有为小市场需求服务的小规模生产技术；其次，发展中国家在民族产品的海外生产中颇具优势；最后，由于市场的多元化、多层次，即便技术和生产经营存在劣势，但由于具有明显低成本优势，仍具有较强的国际竞争力。

由小规模技术理论可知，即使是技术不够先进、经营范围和生产规模较小的发展中国家的企业，也能够通过对外直接投资参与国际竞争，这对发展中国家的企业开展对外直接投资活动具有十分积极的意义。但是它将发展中国家的跨国公司竞争优势仅仅局限于小规模生产技术的继承和使用上，可能会导致这些国家在国际生产体系中的位置永远处于边缘地带和产品生命周期的最后阶段。同时，该理论很难解释一些 20 世纪 90 年代以来发展中国家的对外投资新趋势。不少发展中国家的对外直接投资已经超出了小规模的范畴，达到规模经济，高新技术企业的对外直接投资不断增加。

（二）技术地方化理论

英国经济学家拉奥（Sanjaya Lau）于 1983 年在对印度跨国公司的竞争优势和投资动机进行了深入研究之后，提出了发展中国家跨国公司的"技术地方化理论"（State on Localized Technological Capacities）。拉奥认为，尽管发展中国家跨国公司的技术特征表现在规模小、使用标准化技术和劳动密集型技术，但这种技术的形成却包含着企业内在的创新活动，这种创新活动形成了发展中国家跨国公司的特有优势。

发达国家跨国公司的竞争优势来源于前沿性技术创新及高超的市场营销技能，而发展中国家跨国公司的特定优势则是利用广泛扩散的标准化技术，对非差异化产品的营销能力或是特殊领域的管理技能以及对产品加工技术的调整或改善。具体来说，发展中国家跨国公司的优势在于：①发展中国家技术知识的当地化是在不同于发达国家的环境下得到的，这种独特的环境往往与一国的要素价格及其质量相联系；②各国消费者偏好和收入水平存在差别，发展中国家通过对进口的技术和产品进行某些改造，能使他们的产品能更好地满足当地和邻国市场的需求；③发展中国家企业创新活动中所产生的技术在小规模生产条件下具有更高的经济效益；④发展中国家企业生产的产品适合于他们自身的经济条件和需求，相应地也适应相同收入水平国家的消费需求，这些优势不仅可以带动他们对其他发展中国家的对外直接投资，而且发展中国家企业对成熟技术的创新还可以促进他们对发达国家的直接投资；⑤假如投资国与受资国在语言、文化、习俗等方面相近，上述几种特定优势还会进一步加强。

与威尔斯相比，拉奥更强调企业技术引起的再生过程，即发展中国家对外国技术的消化、改进和创新，正是这种创新给企业带来新的竞争优势，较好地解释了发展中国家跨国公司的特定优势。但是，技术地方化理论对企业技术创新活动的描述是粗线条的，它仍然没有准确说明发展中国家跨国公司如何以其特定优势参与国际竞争。

（三）技术创新产业升级理论

英国里丁大学教授坎特威尔（Cantwell）与其博士生托兰惕诺（Paz Estrella E. Tolentino）考察了 20 世纪 80 年代中期后发展中国家尤其是新兴工业化国家和地区对发达国家的对外直接投资活动，发现发展中国家企业从事对外直接投资，是在引进国外直接投资及先进技术以及积累经验的基础上，利用自身的生产要素创造某些优势，从而提高竞争力和综合优势来实现。在此基础上，他们提出了"技术创新产业升级理论"（Technology Innovation and Industry Upgrade），主要从技术积累的角度解释发展中国家对外直接投资活动。

技术创新产业升级理论提出了两个基本命题：①发展中国家产业结构的升级，说明了发展中国家企业技术能力的稳定提高和扩大，这种技术能力提高是一个不断积累的结果；②发展中国家企业技术能力提高与它们对外直接投资的增长直接相关。

根据他们的研究，发展中国家的对外直接投资遵循如下的发展顺序：首先，利用种族联系，在周边国家进行直接投资；其次，随着海外投资经验的积累，种族因素重要性下降，逐步从周边向其他发展中国家扩展直接投资；最后，在经验积累的基础上，为获得更为复杂的技术开始向发达国家投资。以技术积累为内在动力，以投资区位拓展为基础的阶段性发展，说明了发展中国家的海外投资逐步从关系依赖型走向技术依赖型，而且对外投资的产业也逐步升级。

这个理论由于比较全面地解释了20世纪80年代以后发展中国家，特别是亚洲新兴工业化国家和地区的对外直接投资现象。对发展中国家经济国际化具有重要的指导意义，同时对发展中国家对外直接投资的区位选择提供了思路。发展中国家企业虽然不具备国际竞争的绝对优势，但依然可以通过技术的积累和不断提高参与国际竞争。但是，该理论并没有深入分析发展中国家在直接投资及跨国经营中如何获取竞争优势，因而也就不能很好地解释20世纪90年代以来亚洲新兴工业化国家在高科技领域对发达国家直接投资表现出的较强竞争力。

（四）一体化国际投资发展理论

美国科罗拉多州立大学教授小泽辉智（Teretomo Ozawa）从分析世界经济的结构特征出发，将发展中国家的对外直接投资与其工业化战略结合起来，从经济发展、比较优势和对外直接投资互相作用的角度，分析发展中国家对外直接投资各阶段的模式选择和实现步骤等问题，提出了"一体化国际投资发展理论"（Integrated International Investment Theory，也称"动态比较优势投资理论"）。

小泽辉智认为，各国经济发展水平具有阶梯形的等级结构，为发达国家创造了转移知识和技术的机会，也为发展中国家提供了赶超机会。发展中国家经济的发展要从吸引外资中提高本国的比较优势开始，并通过对外直接投资不断激发自身的潜在比较优势，即该理论把提高经济竞争力看作是发展中国家从吸引外资逐渐转向外国投资的基本动因，并把这种转换分为四个阶段：第一是吸引外国直接投资的阶段，第二是在吸引外资的同时开始向国外投资转型阶段，第三是从劳动力导向及贸易支持型的对外投资向技术支持型的对外投资的过渡阶段，第四是资本密集型的资金流入和资本导向型对外投资交叉发展阶段。

作为从宏观角度讨论世界经济结构、发展阶段对发展中国家引进和对外直接投资的影响的代表性理论，一体化国际投资理论不仅强调发展中国家在不同发展阶段以不同模式参与对外投资的必要性，而且还提出了模式选择的原则和实现的步骤，进一步丰富了对外直接投资理论。然而，该理论并没有从微观角度具体解释发展中国家的企业如何寻找既有的比较优势和潜在优势，并通过对外直接投资在跨国经营中获得比较优势。

第三节　企业国际化理论

一、企业国际化发展阶段理论

（一）罗宾逊的六阶段论

罗宾逊（Robinson）在 1976 年和 1984 年所做的论述中，将企业的国际化过程分成以下六个阶段：

1. 起步阶段

所谓起步阶段是指原先经营范围完全局限于国内市场的企业，随着其国内业务的发展面临国内市场原材料的紧张，但国外市场拥有比国内市场更为廉价的同等货源时，它有可能采取以其部分产品换取国外原材料的办法。这表明企业的经营活动开始涉足国外市场，从而走向国际。但此举的目的是为了保证和继续扩大该产品对国内市场的供应。这类企业被罗宾逊称为"国内企业"。在此为有别于无出口业务的内向型企业，将之暂称为"国内市场指向型企业"。

2. 出口阶段

在第一阶段的发展基础上，出口逐渐成为上述企业的长期经营内容，与此相适应，企业组织结构开始发生变化，一般设置开发出口市场的专职部门（如国际事业部），这类企业被称为"出口型企业"。

3. 国际经营阶段

随着出口业务的进一步扩大，企业组织结构内原来国际事业部的力量得到充实，其地位也不断上升，直至与国内事业部和职能部门并驾齐驱。另外，企业也开始以参股形式在国外创建其子公司，或采取战略联盟的方式。这时，国内母公司对其国外子公司逐渐拥有绝对的控制权，决策方式为单向型。这类企业被称为"国际企业"。

4. 多国（经营）阶段

在这一阶段，国外子公司的数量开始增加，海外设置点也由一国扩大为多国。各子公司的决策权有所扩大，并逐渐趋于能够影响母公司决策，在母公司与子公司之间，经营决策方式由原来的单向发展为双向。但各子公司之间仍各行其道，缺乏经常的相互联系。整个企业集团尚未形成统一的步调，被称为"多国企业"。

5. 跨国（经营）阶段

作为这一阶段的主要特征是母公司已开始全盘考虑其整体利益的极大化。子公司和母公司与子公司之间开始组建沟通网络，使全面统一的管理成为可能。决策权限也由分散趋向于集中。这时，企业形态进化为"跨国企业"或"跨国公司"。

6. 超国界阶段

这是企业国际化的最高形态。在此阶段中，企业国际经营的范围已遍及世界各主要市场。全球范围的全方位战略已贯穿整个企业集团的经营过程，由于其自身实力和应变能力的强化，企业调配和利用各国资源的自由度大大增强，从此意义上来说，"国界"对其的约束力已大为减弱，它最终成为"超国界企业"。

（二）小林规威的五阶段论

日本义塾大学商贸学院教授小林规威（Kobayashi）及其领导的研究小组经过 7 年的研究，对日本 100 多家跨国公司和美国、欧洲的几十家跨国公司进行了实证研究，提出了海外经营五阶段说（Five Stages of Overseas Operation），分别是：

1. 以母公司经营为中心的经营阶段

在这个阶段，海外事业主要以出口活动为主，如果存在海外子公司，子公司也缺乏自主经营权。

2. 当地经营阶段

企业开始重视出口市场的国际经营，进行进口替代产品的当地生产，子公司的经营权逐渐加强，但各子公司之间仍无联系。

3. 区域联系经营阶段

企业意识到与出口国之外的第三国市场的结合，即在地域关联的基础上，重视在出口国的经营活动，并开始从事海外生产。

4. 全球经营阶段

企业以全球战略进行跨国经营，各区域总部之间协作加强，资源的配置趋于国际化。

5. 全球调配式经营阶段

企业全球战略经营深化，母公司能有效地协调全体子公司、分公司的有关业务。

（三）泊尔·穆特的四阶段论

美国学者泊尔·穆特（Berl Mutter）在罗宾逊理论的基础上，从跨国公司直接投资与东道国社会文化背景的适应过程以及母子公司之间的权限划分上，提出了四阶段论（The Four Stage Theory）：

1. 国内指向阶段

泊尔·穆特认为在国外建立子公司是企业国际化经营的第一阶段，子公司完全照搬母公司的管理模式，自主性较少。

2. 当地化阶段

随着子公司的发展，会由于与东道国社会文化背景的差异而导致经营困难，此时要进入第二阶段，子公司管理中考虑到东道国环境因素并积极使用当地人员进行管理，子公司自主权加强。

3. 区域指向阶段

此时子公司过多，管理易失控，因而母公司为统一管理，对经济文化环境相似或地理相近的地区成立区域性管理机构，减少子公司的权限。

4. 世界指向阶段

随着国际分工的不断深化，子公司之间的相互依存度增大，跨国公司开始推行一体化战略，母公司要求各所属机构必须按母公司的战略意图进行经营，以寻求整体利益的最大化。

（四）安索夫的三阶段论

美国学者安索夫（Ansolf）从企业国际化经营由低到高渐进的不同形态，简洁提出了企业国际化经营的三阶段论（The Three Stage Theory）：

1. 出口阶段

企业参与国际化经营的第一步是通过国外代理商在当地市场销售自己的产品，随着规模扩大，可能在国外建立自己的销售机构。

2. 国际阶段

随着企业市场规模扩大，可能引致东道国设置贸易壁垒，增加企业成本。对此，企业采取直接投资方式，在当地设厂，就地生产，就地销售，以绕开贸易壁垒。

3. 跨国经营阶段

企业国际化经营的范围日益扩大，寻求子公司之间经营资源的合理配置，将整个公司纳入全球一体化的经营战略中。

二、企业国际化网络理论

自 20 世纪 80 年代中期以来，国际商务学术界根据企业行为人假设、市场网络化思想、新经济社会学的社会嵌入理论以及创业理论，提出了企业国际化网络理论。该理论正在成为解释企业国际化现象的主流理论。企业国际化网络理论认为企业群体在特定产业内从事生产、销售、服务等活动构成了彼此相互依存性，这种依存关系决定了"单个厂商的生存依赖于其他企业所控制的资源，企业是依赖于其在网络中的地位来得到这些外部资源"。企业国际化是企业在国际市场中逐步建立、发展和完善网络关系的过程，企业国际化的程度决定了其在国际市场网络中的地位。

该理论与将视角放在企业自身渐进发展的阶段理论不同，而是把研究的重点从企业自身扩展到企业之间的关系和相互作用。企业国际化过程实际上是企业在国际市场上同其他企业在竞争中求合作，在合作中进行竞争的过程。

三、企业国际化四要素理论

丹麦学者托宾·佩特森（Torben Pederson）和本特·彼德森（Bent Petersen）于 1998 年在《对外向市场逐渐提高资源承诺的解释》一文中提出了企业国际化四要素理论，该理论认为，企业组织成长是一个逐渐发展的过程，决定企业国际化成长过程主要是由四个因素影响的。同时，该理论的核心观点是企业国际化速度和程度取决于企业内部的资源以及企业外部的市场两方面综合的结果。企业国际化四要素包括以下四点。

（一）市场知识

企业组织成长是其对国际市场知识积累、同步发展的过程。之前探索渐进学习的学者们提出了一系列的观点，乔汉森（Per – Ulrik Johansson）和瓦尔尼（Christine Varney）认为同等条件下，当出口商国外市场投入增加时，其受到的风险也会增加。出口商会评估其愿意接受的市场风险。出口商能接受风险的最大值对其在国外的市场投入的增加和附带的风险有局限作用。出口商在国外市场的风险在经过一段时间的经验学习后会减少，这使得出口商对国外市场更有信心。关于特定市场条件（市场容量、竞争强度等）的经验学习被认为是企业渐进式资源投入的关键动因。同等条件下，通过对特定市场相关知识的获取，出口商将降低市场的不确定性，从而降低在国外市场进行直接投资的风险。在这种基础上，佩特森和彼德森认为一个企业对国外市场的资源投入与该市场知识的积累是同步的。

（二）资源基础

企业组织成长是随其市场占有率的提高而不断扩张的过程。资源基础仍然属于企业内部因素分析范畴，即也可以用进入企业的累进增长资源基础解释企业国际化的渐进式资源投入。关于增加资源投入的一个直接的、以资源为基础的解释是高投入服务模式（如分支机构），在某种情况下，一个小型、新创企业国际化的第一步所需要的资本投入超出了其融资能力。随着企业的成长和巩固，其固定的建造成本是可以克服的。显然，资源基础的渐进累积也影响了企业国际化渐进式资源投入的特征。

如果企业的管理团队被认为是企业的自有资源，国际化企业可以产生一种特殊的范围经济即管理范围经济。埃迪斯·彭罗斯（Edith Penrose）在其企业增长理论中强调了过剩或利用不足的管理资源的重要性。因为管理活动已成为常规，新企业可能有管理过剩的能力，包括对国外市场的渗透。彭罗斯用这种推理来解释企业的国际化。更特别的是，彭罗斯认为战后美国汽车制造行业扩张到澳大利亚市场的行为，是由美国制造商拥有未充分利用的管理资源所引起的。

这些观点都指出了企业规模和国外市场投入之间有一定的联系——企业规模代表了企业的融资能力、规模经济和总体国际经验。许多国际经济学家探索了企业国际化的资源基础解释，他们的研究支持了这一理论。

（三）市场占有率

企业组织成长是随其市场占有率的提高而不断扩张的过程。在以上基于企业内部因素包括市场知识和资源基础的分析之后，学者们讨论了包含外部因素的两个解释。发展阶段理论的学者指出企业国际化外部因素的必要性。他们认为递增的投入是国际市场不确定性和资源的限制的一个结果。但是，更重要的是，有资料表明除了企业在国外经营的经验外，市场潜力和行业结构，以及其他企业的特性在这一过程的形成中起到了更重要的作用。市场潜力和行业结构似乎超过了渐进主义所认为的"经验知识"的推动力。

基础渠道理论（Basic Channel Theory）指出，由于范围经济，一个外国的中间商在市场营销和分销上比生产商（一个出口企业）具有成本上的高效性。但是当个人产品线的销售量达到一定程度，生产商将从规模经济中获益。当生产者的规模经济超过了中间商的范围经济时，生产商把营销和分销功能归于其自身组织。在这种背景下可以得到以下假设：企业将增加的销售规模同步，渐进式地投入资源到国外市场。

有学者在国外市场服务模型背景下应用了微观经济理论，他们认为就总成本来看，国外直接投资的最佳时间是首先要通过当地销售代理或分销商进入国外市场，后来转为在国外建立生产分支机构。在本地生产较有利的情况下，许可分配可能是最节约成本的服务模式。

（四）全球竞争

随着企业所处产业内竞争程度加剧，企业加强对海外市场的争夺，国际化进程加快的同时面临激烈的全球竞争。

由于国际贸易自由主义和国家经济整合盛行的影响，使得企业面临着越来越激烈的全球竞争。在总体水平上，我们把增加的国外市场投入看成一种经济的全球化，电子通信和运输技术的进步、国家经济间贸易壁垒的减少都促进了这一过程。

如果将目光从宏观转移到行业和企业层面，羊群效应趋向于加速行业的全球化。而技术的发展更强调研究开发，产品的生命周期趋向于变短，这反过来加剧了全球竞争。

全球竞争加剧趋势的一个规则是企业国外市场进入模型的不断再估计。在其他条件相同的情况下，竞争的加剧将使进入企业更深入地参与全球化。更特别的是，国外市场竞争的加剧使得仅仅由东道国当地销售机构进行市场运作是不够的。对国外市场活动的更多控制和投入是需要的，而且只有完全自有的分支机构才能满足这种需要。从上述分析中可以得到四要素理论的最后一个假设：企业将与行业竞争强度增加速度同步渐进式地投入资源到国外市场。

四、企业国际化内外向联系理论

企业国际化是一个双向过程，它包括内向国际化和外向国际化两个方面。内向国际化是指以"引进来"的方式参与国际资源转换和国际经济循环，即通过引进外国企业的产品、服务、资金、技术和人才要素，不断学习和积累国际经营知识与经验，逐步实现企业的国际化；而外向国际化是指采取"走出去"的方式参与国际竞争与国际经济循环，即通过本国企业产品、服务、资金、技术和人才等优质要素走向国际市场，国内市场向国际市场延伸，进一步学习和积累国际经营知识与经验，最终实现企业的国际化。

芬兰学者威尔什和罗斯坦瑞尼、芬兰学者劳伦斯·S. 威尔什（Lawrence S. Welch）和里约·罗斯坦瑞尼（Reijo K. Luostatinen）在1993年发表的题为《国际化中的内外向联系》一文中，认为"企业内向国际化过程会影响其外向国际化的发展，企业内向国际化的效果将决定其外向国际化的成功"。对于后发展型跨国公司而言，企业的内向国际化是其外向国际化的基础和条件。外向国际化的形式主要指直接或间接出口、技术转让、国外各种合同安排、国外合资合营、海外子公司或分公司；内向国际化活动主要包括进口、购买技术专利、国内合资合营、成为外国公司的国内子公司或分公司。表2-3归纳了企业国际化双向过程中贸易、技术转让、合资合营及独立跨国投资的不同表现形式。

表2-3　外向国际化与内向国际化的具体实现形式

	外向国际化	内向国际化
贸易形式	出口	进口
技术转让形式	技术出让	购买技术专利
合资合营	国外合资公司	国内合资公司
独立跨国投资	在国外建立子公司或分公司	成为国外跨国公司的国内子公司或分公司

第三章　全球国际商务环境

第一节　主要国际经济贸易组织

一、国际经济贸易组织概述

进入 21 世纪以来，随着经济全球化的不断发展，国际经济贸易组织在国际社会中发挥的作用日渐加大。根据《国际组织年鉴》① 的统计，截至 2016 年，世界上共有 6.2 万余个国际组织。这其中既有主权国家政府参加的政府间国际组织，也有民间团体成立的非政府国际组织。这些国际组织既有全球性的，也有地区性的，其数量和规模自 21 世纪以来都呈现爆发式的增长。这些国际经济贸易组织的建立，为各国的经济贸易发展提供了平台，成为国际社会各种矛盾的重要调节器，其制度、规则成为约束各方行为的重要标准。

国际经济贸易组织（International Economic and Trade Organization）是指两个或两个以上的国家或民间团体，为了实现共同的经济或贸易的目标，通过缔结国际条约或协议建立的具有一定的规章制度和常设机构的国家或团体的联合。广义的国际经济贸易组织包括政府间和非政府间的国际经济贸易组织，狭义的国际经济贸易组织单指政府间的国际经济贸易组织。

国际经济贸易组织具有以下几个主要特征：①有明确的组织目标和宗旨。每一个经济贸易组织都是为了实现特定的目的而成立，都有其明确的宗旨以及规章、制度、条例等。②通过缔结国际条约或协议建立。国际经济贸易组织的活动围绕其条约或协议展开，各参与方的行为也应遵守协议约定。③各参与国或民间团体的地位平等。参与方的权利是条约赋予的，无论其实力大小、强弱、贫富，都应享有相同的地位。

（一）国际经济贸易组织的类型

根据不同的分类标准，国际经济贸易组织可以被分为不同的类型。以地域标准，国际经济贸易组织分为全球性组织和区域性组织。以行业标准，国际经济贸易组织分为综合性

① 中华人民共和国人力资源和社会保障部网站，http：//www.mohrss.gov.cn/。

国际经济贸易组织和行业性国际经济贸易组织。以功能标准，国际经济贸易组织分为三类：一是促进国际经济贸易合作的组织，如世界贸易组织、经济合作与发展组织等；二是管理货币与金融的组织，如国际货币基金组织、世界银行等；三是区域经济一体化组织，如欧洲联盟、北美自由贸易区等。以组织结构标准，国际经济贸易组织也分为三类：一是论坛型，即通常没有独立执行权力的国际经济贸易组织，如石油输出国组织；二是独立权威机构型，即能够独立执行某些智能的国际经济贸易组织，如国际货币基金组织等；三是多国联合型，即多国政府联合进行经济政治活动的国际经济贸易组织，如欧洲联盟。

（二）国际经济贸易组织的发展

第二次世界大战以来，随着国际政治经济势力的不断变化、多极格局的形成、全球经济一体化的深入，国际经济贸易组织也得到了迅速的发展。这些国际经济贸易组织既有政治的、军事的，也有经济的、文化的；既有全球性的，也有区域性的；既有发达国家间的，也有发展中国家间的。大体说来，国际经济贸易组织的发展经历了如下三个阶段：

1. 20 世纪 60 年代以前的国际经济贸易组织

第二次世界大战后，国际社会先是成立了政治型、军事性的国际组织，之后才逐步过渡到经济性的国际组织。随着两极格局的形成，美国联合加拿大、英国、法国等 11 国成立北大西洋公约组织，之后苏联联合东欧国家成立华沙公约组织，以此作为对北约的对抗。除此之外还有苏联为对抗"马歇尔计划"而建立的"经济互助委员会"及其他国际组织。在 20 世纪 50 年代之后，欧洲六国在欧洲煤钢共同体的基础上建立的欧洲经济共同体，20 世纪 60 年代，美国、英国、法国等 20 个国家共同建立了经济合作与发展组织。

这一时期的国际经济贸易组织主要集中于欧美地区，成员大多为发达资本主义国家，其建立目的主要以政治和军事为主，后来才逐渐转为经济合作。

2. 20 世纪 60 ~ 90 年代的国际经济贸易组织

这一时期是发展中国家逐渐兴起的时期，该时期成立的国际经济贸易组织大多按照地域建立，其目的是为了维护发展中国家的国家安全，促进国与国之间的政治、经济合作。从组织功能来看，主要分为三类：第一类是区域性经济合作组织，即发展中国家为发展经济建立的多边经济组织，如东南亚国家联盟、西非经济共同体等；第二类是原料生产国和出口国组织，即大宗产品生产和出口国为维护共同利益建立的国际组织，如石油输出国组织等；第三类是区域金融组织，如亚洲开发银行等。

这一时期的国际经济贸易组织主要集中于亚非拉等经济落后地区，以经济合作为主。

3. 21 世纪以来的国际经济贸易组织

进入 21 世纪以来，随着发展中国家的崛起，多极格局的形成，社会分工的进一步深化，发展中国家在主要国际经济贸易组织中的话语权逐渐增大，这主要表现在两个方面：一方面，国际经济贸易组织的成员国中，发展中国家数量不断增多；另一方面，发展中国家在国际经济贸易组织的制度变革中的影响力逐渐加大。如上海合作组织（Shanghai Cooperation Organization）、南南合作（South – South Cooperation）、东亚商务理事会（East Asia Business Council）等。

（三）国际经济贸易组织的作用

1. 国际经济贸易组织促进国际经济新秩序的建立

随着发展中国家经济实力的不断增强，其在国际社会中的地位也随之不断提高，之前以西方发达国家为主的国际旧秩序已不再适用，世界迫切要求建立更加平等互惠的国际经济新秩序。在这一过程中，国际经济贸易组织尤其是发展中国家间的国际组织在推动南南合作，增强发展中国家集体话语权方面发挥着重要作用，促进了发展中国家为自身争取更多的国际权益，建立国际经济新秩序。

2. 国际经济贸易组织促进国际交流与合作

如何在国际商务中确保各方的共同利益不受损，如何确保利益的分摊是国际商务中的重要问题。国际经济贸易组织的存在为各方的协调交流提供了对话的平台，同时，国际经济贸易组织存在的目的之一也是为了促进各方的交流与合作。

3. 国际经济贸易组织促进国际规则的制定和完善

国际经济规则本身公正与否，规则的执行情况如何直接影响着国际商务的开展，从而影响着国际经济的运行。首先，国际经济贸易组织通过制定统一的法律规范作为参与方共同遵守的基本准则；其次，国际经济贸易组织进一步规范原先不合理的法律规则；最后，国际经济贸易组织在解决国际商务争端中发挥着重要作用。

二、主要国际经济贸易组织

（一）世界贸易组织

世界贸易组织是具有法人地位的国际组织，是唯一的处理国家间贸易规则的全球性国际化组织，其总部设在瑞士日内瓦莱蒙湖畔。它的前身是《1947 年关税与贸易总协定》（GATT1947），1995 年 1 月 1 日，世界贸易组织正式取代 GATT1947。世界贸易组织的核心是世贸组织协议，由世界上大部分贸易国家进行谈判和签署，并在其议会批准。世界贸易组织的目标是确保贸易尽可能顺畅、可预测和自由地流动。中国于 2001 年 12 月 11 日正式成为世界贸易组织第 143 个成员。截至 2016 年 7 月 29 日，世界贸易组织共有成员164 个。目前，世界贸易组织共成功举办十届部长级会议，最近一次于 2015 年 12 月 15 ~ 19 日在肯尼亚首都内罗毕举行，会议通过了《内罗毕部长宣言》及九项部长决定，成果丰富。

1. 世界贸易组织的组织机构

世界贸易组织的组织机构包括：①部长级会议。是最高议事与决策机构，所有成员国政府都有资格参加，至少两年举行一次会议，讨论和决定涉及多边贸易协定的所有重要问题，并做出决定。②总理事会。在部长级会议休会期间，履行部长级会议的职能，总理事会也由全体成员组成，可视情况需要随时开会，自行拟订议事规则及议程。同时，总理事会还必须履行其解决贸易争端和审议各成员贸易政策的职责。③理事会和专门委员会。针对不同的领域，在总理事会下又设有货物贸易理事会、服务贸易理事会、知识产权理事会和各专门委员会。④秘书处与总干事。

2. 世界贸易组织的性质

世界贸易组织的性质包括经济性质、法律性质和政治性质。

世界贸易组织的经济性质通过其践行的经贸理论体现。世界贸易组织以新自由主义为理论基础，主张自由放任，减少政府干预，强调"看不见的手"的作用，大力推行市场经济。当然，其对自由贸易也有其他方面的限制，如允许正当的贸易和知识产权保护，以及照顾发展中国家等。世界贸易组织坚持这种经贸理论的根源在于经济的全球化和人类可持续发展的要求。

世界贸易组织的法律性质是具有法人地位的国际组织，在享受权利的同时需要承担义务。世界贸易组织的协定与协议是国际法，这是其与 GATT1947 的本质区别。

世界贸易组织的政治性质是各国政治博弈的结果，是外交妥协的产物，体现了各国的政治战略、政策。一方面，各国在谈判中需要充分考虑本国的国家利益；另一方面，各国也需要在谈判中做出适当的妥协和让步。

3. 世界贸易组织的宗旨

《建立 WTO 协定》① 中规定了世界贸易组织的宗旨，包括：①提高生活水平，保证充分就业和大幅度稳步提高实际收入和有效需求，扩大货物与服务的生产和贸易，以持续发展为目的扩大对世界资源的充分利用，保护和维护环境，并以符合不同经济发展水平下各自需要的方式，加强采取各种相应的措施；②进一步做出努力，以确保发展中国家，尤其是最不发达国家，在国际贸易增长中获得与其经济发展相应的份额；③通过达成互惠互利的安排，切实降低关税和其他贸易壁垒，在国际贸易关系中消除歧视待遇，为实现上述目标做出贡献；④建立一个完整的、更有活力的和持久的多边贸易体系，从而将关税与贸易总协定、以往贸易自由化努力的成果和乌拉圭回合多边贸易谈判的所有成果包含在内；⑤保持该多边贸易体制的基本原则和加强该体制的目标。

4. 世界贸易组织的原则

世界贸易组织的原则包括：①非歧视原则。要求缔约方在实施某种优惠和限制措施时，不得对缔约对方实施歧视性待遇，包括最惠国待遇和国民待遇。②互惠原则。要求参与方在国际贸易中相互给予对方贸易上的优惠待遇。它明确了参与方在关税与贸易谈判中必须采取的基本立场和相互之间必须建立一种什么样的贸易关系。③透明度原则。参与方应公布所制定和实施的贸易措施及其变化情况，没有公布的措施不得实施，同时还应将这些贸易措施及其变化情况通知世贸组织。④公平竞争原则。世界贸易组织不允许缔约国以不公正的贸易手段进行不公平竞争，特别是倾销和补贴等形式。

（二）国际货币基金组织（IMF）

国际货币基金组织（International Monetary Fund，IMF）是根据 1944 年 7 月在布雷顿森林会议上签订的《国际货币基金协定》而建立起来的一个政府间国际金融组织。它于 1945 年 12 月 27 日与世界银行同时成立，1947 年 3 月 1 日开始办理业务。1947 年 11 月 15 日国际货币基金组织成为联合国的一个专门机构，但其在经营上具有独立性。国际货币基

---

① 《建立 WTO 协定》，1995 年 1 月 1 日。

金组织以确保国际货币体系，即各国（及其公民）相互交易所依赖的汇率体系及国际支付体系的稳定为其宗旨，其总部设在美国华盛顿，现有成员国189个。其中，中国是该基金组织的创始国之一，当时的份额仅次于美国、英国，位于第三位。2015年10月1日，中国首次向国际货币基金组织申报其外汇储备。国际货币基金组织2010年份额和治理改革方案于2015年通过，自此，中国跻身IMF第三大成员国。2016年1月27日，国际货币基金组织宣布其2010年份额和治理改革方案已正式生效，这意味着中国正式成为IMF第三大股东。中国份额占比将从3.996%升至6.394%，排名从第六位跃居第三位，仅次于美国和日本。2016年3月4日，国际货币基金组织表示，将从2016年10月1日起在其官方外汇储备数据库中单独列出人民币资产，以反映IMF成员人民币计价储备的持有情况。

1. 国际货币基金组织的宗旨

国际货币基金组织的最初宗旨包括：①促进国际货币合作；②促进国际贸易的扩大和平衡发展；③促进汇率稳定；④协助建立多边支付体系；⑤向面临国际收支困难的成员国提供资金（在具有充分保障的前提下）。

2. 国际货币基金组织的职能

国际货币基金组织通过其监督、技术援助和贷款等关键职能帮助各国实施稳健和适当的政策。

监督是基金组织最主要的职能。每一个加入基金组织的国家都承诺履行将其经济和金融政策接受国际社会监督的义务。基金组织的任务是监督国际货币体系，并监测其成员国的经济和金融发展形势及政策，且对政策提出建议。监督同时发生在全球层面以及单个国家和地区。基金组织监督的方式主要有：与成员国磋商，即基金组织通过与每个成员国定期（通常每年一次）举行磋商来监督成员国的经济；监督全局形势，即基金组织密切监测全球和地区趋势，发布《世界经济展望》《区域回顾》《财政监测报告》《全球金融稳定报告》等定期报告分析全球和地区宏观经济和金融的发展。

提供全球数据是基金组织的职能之一。为应对金融危机，基金组织与成员国、金融稳定委员会和其他组织共同努力，填补对全球稳定重要的数据空缺。

提供技术援助是基金组织的另一职能。基金组织帮助各国加强设计和实施稳健的经济政策的能力。在其核心专长领域提供建议和培训，包括财政、货币和汇率政策、金融系统的监督、统计和法律框架等。

贷款是基金组织的另一重要职能。当某一成员国遭遇国际收支危机时，基金组织可以提供资金援助，纠正宏观经济根本问题，以限制对国内和全球经济的不利影响。

3. 特别提款权

特别提款权（Special Drawing Right，SDR）是基金组织于1969年创造的一种用于补充成员国官方储备的国际储备资产。截至2016年3月，基金组织创造并向成员国分配了2041亿特别提款权（约相当于2850亿美元）。从2016年10月1日起，货币篮子进一步扩大，中国的人民币作为第五种货币加入篮子。特别提款权可以被兑换成可自由使用的货币，其本身并不是一种货币，也不是持有人对基金组织的债权，而是持有人提取指定成员国货币的权利。

基金组织成员国经常需要购买特别提款权来偿还对基金组织的债务，或可能希望出售特别提款权来调整其储备构成。基金组织可以作为成员国和指定持有方之间的中介，确保特别提款权能够兑换成可自由使用的货币。

（三）世界银行集团

世界银行集团（World Bank Group，简称 WBG 或世界银行）是联合国组织中经营国际金融业务的专门机构，同时也是联合国的一个下属机构。1945 年 12 月 27 日，世界银行与国际货币基金组织在布雷顿森林会议后同时正式宣告成立，1946 年 6 月 25 日，世界银行开始运行，1947 年 5 月 9 日它批准了第一批贷款，向法国贷款 2.5 亿美元。1947 年 11 月世界银行成为联合国的专门机构。

世界银行集团由国际复兴开发银行（International Bank for Reconstruction and Development，IBRD）、国际开发协会（International Development Association，IDA）、国际金融公司（International Finance Corporation，IFC）、国际投资争端解决中心（International Centre for Settlement of Investment Disputes，ICSID）和多边投资担保机构（Multilateral Investment Guarantee Agency，MIGA）五个成员机构组成。其中，国际复兴开发银行和国际开发协会共同构成世界银行，向发展中国家的政府提供资金、政策咨询和技术援助。国际开发协会的重点是援助世界最贫困国家，国际复兴开发银行援助中等收入国家和资信良好的较贫困国家。而国际金融公司、多边投资担保机构和国际投资争端解决中心的重点是加强发展中国家的私营部门，世界银行集团通过这三家机构向私营企业包括金融机构提供资金、技术援助、政治风险担保和争端调解服务。

1. 国际复兴开发银行

国际复兴开发银行（IBRD）是世界银行集团中最早成立的机构，当时"世界银行"指的就是国际复兴开发银行。现在，人们说的"世界银行"泛指国际复兴开发银行和国际开发协会。国际复兴开发银行成立于 1945 年，是联合国的专门机构，截至 2017 年共有 189 个成员国，其总部设在华盛顿。作为世界最大的开发银行，国际复兴开发银行通过向中等收入国家和资信良好的低收入国家提供贷款、担保、风险管理产品和咨询服务，并通过协调各国应对地区性和全球性挑战，支持世界银行集团的使命。

国际复兴开发银行的资金来源主要有会员国缴纳的股金、通过发行债券取得的借款、业务净收益和债权转让等。作为中等收入国家的合作伙伴，国际复兴开发银行为其提供资金、知识和技术综合服务；提供战略咨询服务帮助政府推进改革；同各国合作，通过创新型金融产品和全球性论坛来应对新出现和不断变化的挑战。

2. 国际开发协会

国际开发协会（IDA）于 1960 年 9 月成立，目前共有成员国 173 个，总部位于美国华盛顿。国际复兴开发银行的成员国都有资格加入国际开发协会。国际开发协会向不能满足国际复兴开发银行短期贷款条件的贫困国家提供帮助，与国际复兴开发银行不同的是，国际开发协会只向政府发放信贷。其宗旨是对欠发达国家提供条件优惠、期限较长，并可用部分当地货币偿还的贷款，以促进它经济的发展，减少不平等和提高居民生活水平。

3. 国际金融公司

国际金融公司（IFC）成立于 1956 年 7 月，总部位于美国华盛顿。国际金融公司专注于发展中国家私营部门发展，提供符合客户需求的发展解决方案。国际金融公司能够提供并动员稀缺的资本、知识和长期合作关系，帮助客户破解在金融、基础设施、雇员技能和监管环境等领域所面临的制约和难题。擅于为项目筹集第三方资金是国际金融公司的另一领先之处。

4. 国际投资争端解决中心

国际投资争端解决中心（ICSID）是依据《解决国家与他国国民间投资争端公约》而于 1966 年建立的世界上第一个专门解决国际投资争议的仲裁机构。中心的任务是调节和仲裁政府和外国投资者之间的纠纷，从而使国际投资更多地流向发展中国家。我国于 1990 年 2 月在该公约上签字，成为其成员国一员。

5. 多边投资担保机构

多边投资担保机构（MIGA）成立于 1988 年，是世界银行集团里成立时间最短的机构。其使命是推动外国直接投资进入发展中国家，帮助支持其经济增长、减少贫困和改善人民生活。机构的主要目的是架起一个"投资者安全网"，鼓励外国直接投资流向发展中国家。

（四）联合国下属的国际经济贸易组织

联合国（the United Nations，UN）成立于第二次世界大战后，是一个由主权国家组成的国际组织，1945 年 10 月 24 日，在美国旧金山签订生效的《联合国宪章》标志着联合国正式成立。联合国总部设在美国纽约，现有 193 个成员国，其五大常任理事国分别为：美国、俄罗斯、英国、法国和中国。联合国致力于促进各国在国际法、国际安全、经济发展、社会进步、人权及实现世界和平方面的合作。下面内容主要对联合国下属的国际经济贸易组织进行简要的介绍。

1. 联合国贸易与发展会议（UNCTAD）

联合国贸易与发展会议（United Nations Conference on Trade and Development，UNCTAD）成立于 1964 年，是联合国大会的常设机构之一。联合国贸易和发展会议是审议有关国家贸易与经济发展问题的国际经济组织，是联合国系统内唯一综合处理发展和贸易、资金、技术、投资和可持续发展领域相关问题的政府间机构，总部设在瑞士日内瓦，目前有成员国 194 个。联合国贸易与发展会议的成立源于发展中国家发展经济的诉求，由于第二次世界大战之后建立的各种经济组织没能体现发展中国家的利益，关贸总协定的两大基本原则——"互惠原则"和"最惠国原则"本质上维护的是发达国家的利益，因此，在发展中国家的坚持下，1964 年 3 月 23 日至 6 月 16 日，首届联合国贸易与发展会议在瑞士日内瓦举行。联合国贸易与发展会议支持发展中国家更公平、更有效地获得全球化经济的好处，帮助他们解决经济一体化的潜在弊端。为此，该会议提供分析、建立共识和技术援助。

2. 国际标准化组织

国际标准化组织（International Standardization Organization，ISO）是目前世界上最大、

最权威的国际标准化专门机构，它成立于1947年2月23日，总部设在瑞士日内瓦，现有成员国162个。国际标准化组织是经济全球化、资本国际化的必然结果。ISO国际标准由ISO技术委员会（TC）和分技术委员会（SC）经过申请、预备、委员会、审查、批准和发布六个阶段形成。迄今为止，ISO共有三个主要国际标准具有较大影响力，分别是：①ISO 9000系列标准，规范企业内从原料采购到成品交付的全部过程，涉及企业内从最高管理层到最基层的全体员工；②ISO 14000系列标准，是在总结全球环境管理科学经验基础上制定的环境管理国际标准；③SA 8000认证，即"社会责任标准"，规定了企业需承担的对社会和利益相关者的最低责任。

3. 联合国开发计划署

联合国开发计划署（United Nations Development Programme，UNDP）是联合国在全球从事发展工作的机构，它倡导变革并为各国提供知识、经验和资源，帮助人民创造更美好的生活。计划署在166个国家进行发展援助，通过与这些国家的合作，帮助各国应对其面临的全球性的以及国内的发展挑战。计划署主要在以下五个方面帮助贫困国家：①帮助贫困国家进行民主治理；②减少贫穷；③帮助预防危机与恢复；④帮助保护环境与能源；⑤防治艾滋病。

4. 联合国工业发展组织

联合国工业发展组织（United Nations Industrial Development Organization，UNIDO）是联合国大会的多边技术援助机构，成立于1966年，1985年6月正式改为联合国专门机构，总部设在奥地利维也纳，截至2017年1月，共有168个成员国。正如联合国工业发展组织大会第十五届会议通过的《利马宣言》中所描述的，该组织的使命是推动和促进成员国包容和可持续的工业发展。

5. 联合国粮食及农业组织

联合国粮食及农业组织（Food and Agriculture Organization of the United Nations，FAO）是联合国系统内最早、最大的常设专门机构，成立于1945年10月16日，即粮食及农业组织第一届大会召开日，其成立先于联合国，当时共有42个创始国。1946年12月16日，组织与联合国签署协定，从而成为联合国的一个专门机构。该组织目前由194个会员国、两个准成员和一个成员组织（欧盟）组成。其宗旨是提高人民的营养水平和生活标准，改进农产品的生产和分配，改善农村和农民的经济状况，促进世界经济的发展并保证人类免于饥饿。

6. 国际劳工组织

国际劳工组织（International Labour Organization，ILO）是在1919年第一次世界大战结束后召开的和平大会上成立的。该年4月大会通过了《国际劳工组织章程》标志着其诞生，第二次世界大战中期召开的国际劳工大会又通过了《费城宣言》作为《国际劳工组织章程》的附件，该宣言至今仍是该组织的宗旨和目标的宪章。联合国成立后，国际劳工组织成为其负责劳工事务的专门机构，是联合国机构中最悠久、地位十分重要的专门机构，其总部设在瑞士日内瓦，目前共有187个成员国。其宗旨是制定劳工标准、政策和促进所有妇女和男子体面工作的方案。

7. 世界知识产权组织

世界知识产权组织（World Intellectual Property Organization，WIPO）成立于1970年4月26日，当天，国际保护工业产权联盟和国际保护文学艺术作品联盟的51个成员国共同签署了《成立世界知识产权组织公约》，标志着世界知识产权组织的诞生。1974年12月，世界知识产权组织成为联合国的16个专门机构之一，总部设在瑞士日内瓦。该组织的使命是领导建立一个平衡和有效的国际知识产权系统，使创新惠及所有人。

（五）区域性国际经济贸易组织

区域经济一体化是当今国际经济领域的一大显著发展趋势，相应的，区域性国际经济贸易组织也在近几十年间迅速发展。区域经济一体化是指两个或两个以上独立的经济体，通过相互协助制定经济政策和措施，缔结经济条约或协议，从而消除贸易限制和歧视性政策，实现在经济上的联合，从而形成一个更大规模的经济联合体的过程。区域经济一体化的主要形式包括优惠贸易协定、自由贸易区、关税同盟、共同市场、经济同盟等。区域经济一体化的根本特征是"对内自由贸易，对外保护贸易"，因此，它对多边贸易体制和全球经济的影响必然是双重的，既有一定的积极影响，同时又具有一定的消极影响。目前世界上主要的区域经济一体化组织有以下几个：

1. 欧洲联盟

欧洲联盟（European Union，EU）源于欧洲共同体，其创始成员国有6个，分别为德国、法国、意大利、荷兰、比利时和卢森堡，目前共有28个成员国，总部设在比利时首都布鲁塞尔。欧洲联盟以《里斯本条约》为其组织制度，其行动资金中75%来自各成员国按其国民收入的比例交纳的"会费"。第二个收入来源是增值税，约占总收入的14%。欧洲联盟的宗旨在于促进和平，追求公民富裕生活，实现社会经济可持续发展，确保基本价值观和加强国际合作。

2016年6月24日，北京时间13：01，BBC（英国广播公司）的计票结果显示，脱欧阵营得票数首先过半，英国可以说脱欧成功。

2. 北美自由贸易区

1992年12月17日，美国、墨西哥和加拿大分别正式签署了《北美自由贸易协定》，1994年1月1日，协议正式生效，宣告北美自由贸易区成立。当时北美自由贸易区共有3.6亿人口，国民生产总值达到6.45万亿美元，其经济实力超过欧洲联盟，成为当时最大的区域经济一体化组织。根据《北美自由贸易协定》，北美自由贸易区（North American Free Trade Area，NAFTA）的宗旨是取消贸易壁垒；创造公平的条件，增加投资机会；保护知识产权；建立执行协定和解决贸易争端的有效机制，促进三边和多边合作。

3. 亚太经济合作组织

亚洲太平洋经济合作组织（Asia - Pacific Economic Cooperation，APEC）简称亚太经济合作组织，是亚太地区推动多边自由贸易和投资、进行经济技术合作的一个重要官方论坛，其不仅是亚太地区最重要的区域性经济合作组织，也是我国参与的最重要的多边经济合作组织之一。亚太经济合作组织源于1989年11月5日至7日，澳大利亚、美国、加拿大、日本、韩国、新西兰和东盟6国在澳大利亚首都堪培拉举行亚太经济合作会议首届部长级会议，这标志着亚太经济合作会议的成立。1991 年 11 月，中国以主权国家身份，中华台北和中国香港以地区经济体名义正式加入亚太经合组织。目前，亚太经合组织共有 21 个成员。亚太经济合作组织旨在通过促进平衡、包容、可持续、创新和安全的增长，以及加快区域经济一体化，为本区域人民创造更大的繁荣。

4. 上海合作组织

上海合作组织（Shanghai Cooperation Organization，SCO），简称上合组织，其前身是由中国、俄罗斯、哈萨克斯坦、吉尔吉斯斯坦和塔吉克斯坦组成的"上海五国"会晤机制，于 1996 年 4 月 26 日在上海举行会晤发起成立。2001 年 6 月 14 日，"上海五国"元首在上海举行第六次会晤，乌兹别克斯坦以完全平等的身份加入"上海五国"。15 日，6 国元首举行了首次会晤，并签署了《上海合作组织成立宣言》，宣告上海合作组织正式成立。

2001 年 9 月，上海合作组织成员国总理在阿拉木图举行首次会晤，宣布正式建立上海合作组织框架内的总理定期会晤机制。2002 年 6 月，上海合作组织成员国在圣彼得堡举行第二次峰会，6 国元首签署了《上海合作组织宪章》。宪章对上海合作组织的宗旨原则、组织结构、运作形式、合作方向及对外交往等原则作了明确阐述，标志着该组织从国际法意义上得以真正建立。2003 年 5 月，上海合作组织成员国在莫斯科举行第三次峰会，签署了《上海合作组织成员国元首宣言》，时任中国驻俄罗斯大使张德广被任命为该组织首任秘书长。2004 年 1 月，上海合作组织秘书处在北京正式成立。

5. 中国—东盟自由贸易区

中国—东盟自由贸易区（China and ASEAN Free Trade Area，CAFTA）是中国与东盟十国组建的世界上人口最多的自由贸易区。1999 年，时任中国国务院总理朱镕基在马尼拉召开的第三次中国—东盟领导人会议上提出，中国愿加强与东盟自由贸易区的联系。这一提议得到东盟国家的积极回应。2000 年 11 月，朱镕基总理在新加坡举行的第四次中国—东盟领导人会议上，首次提出建立中国—东盟自由贸易区的构想，并建议在中国—东盟经济贸易合作联合委员会框架下成立中国—东盟经济合作专家组，就中国与东盟建立自由贸易关系的可行性进行研究。2001 年 3 月，中国—东盟经济合作专家组在中国—东盟经济贸易合作联合委员会框架下正式成立。

2002 年 11 月，第六次中国—东盟领导人会议在柬埔寨首都金边举行，时任国务院总理朱镕基和东盟 10 国领导人签署了《中国与东盟全面经济合作框架协议》，决定到 2010 年建成中国—东盟自由贸易区。这标志着中国—东盟建立自由贸易区的进程正式启动。

2004 年 11 月，中国—东盟签署了《货物贸易协议》，规定自 2005 年 7 月起，除 2004 年已实施降税的早期收获产品和少量敏感产品外，双方将对其他约 7000 个税目的产品实施降税。

2010 年 1 月 1 日，贸易区正式全面启动。自贸区建成后，东盟和中国的贸易占到世界贸易的 13%，成为一个涵盖 11 个国家、19 亿人口、GDP 达 6 万亿美元、贸易额达 4.5 万亿美元的巨大经济体，是目前世界人口最多的自贸区，也是发展中国家间最大的自贸区。中国—东盟自由贸易区的建立，一方面有利于巩固和加强中国与东盟之间的友好合作关系，另一方面，有利于进一步促进中国和东盟各自的经济发展。

第二节 国际金融市场

一、国际货币体系与国际金融市场概述

任何市场的良好运行都需要一套完善的规章制度来规范其行为和活动，国际金融市场也不例外。在介绍国际金融市场之前，我们需要先对国际货币体系进行简要的介绍，以帮助我们更好地认识国际金融市场。

（一）国际货币体系

国际货币体系（International Monetary System）是指各国政府在货币发挥世界货币职能的过程中，即在国际储备资产（货币）的选择、本币与储备资产（货币）比价的确定、外汇管制、货币可兑换、国际结算安排和国际收支调节等方面所确定的原则、所签订的协议与规章制度、所形成的各种国际惯例、所采取的措施和所建立的组织机构的总称。[①] 国际货币体系产生于国际交往，为推动国际贸易与国际投资等国际经济活动方面起到了不可或缺的作用。国际货币体系的发展主要经历了以下四个阶段：

1. 国际金本位制度

第二次世界大战以前，资本主义国家普遍实行金本位制。金本位是以黄金为本位货币，即以本国的货币的含金量来衡量货币价值的一种制度。黄金自然成为国际间的支付和清算手段。按照货币与黄金的联系程度不同，国际金本位制度可分为金币本位制、金块本位制和金汇兑本位制。国际金本位制度有利于币值稳定和国际贸易的发展，但由于黄金生产跟不上经济增长的速度，黄金在各国之间的分配也不均衡，因此在 1929～1933 年经济危机中逐渐瓦解。

2. 布雷顿森林体系

在 1929～1933 年经济危机和第二次世界大战期间，国际货币制度动荡不堪，国际关系紧张。为了缓解金融动荡局面，加强经济上的合作，在第二次世界大战后，西方发达国家建立了联合国，签订《关税和贸易总协定》并建立布雷顿森林体系。布雷顿森林货币体系的主要内容是：①建立永久性的国际金融机构，即国际货币基金组织；②建立美元黄金本位制，即以黄金为基础，以美元为主要储备货币，推行美元与黄金挂钩、其他货币与美元挂钩的"双挂钩"原则；③实行固定汇率制；④取消外汇管制，促进各国货币可兑换。但是，由于该体系存在无法克服的自身矛盾，即所谓的"格里芬难题"，再加上国际经济格局的变化最终导致该体系崩溃。

---

① 史燕平．国际金融市场［M］．北京：中国人民大学出版社，2010．

3. 牙买加货币体系

面对布雷顿森林体系的崩溃，国际货币基金组织试图解决但存在众多争议问题未解决。最终，国际货币基金组织于 1976 年通过了其下设"国际货币制度问题临时委员会"提交的国际货币制度改革报告，该报告被称为《牙买加协定》。针对该协定的修正案于 1978 年通过。牙买加协定承认了浮动汇率的合法性，实行黄金非货币化，提高特别提款权的地位并扩大发展中国家资金融通。现行的国际货币体系便建立在该体系的基础上，实现了储备货币多元化和汇率安排多样化。然而，该体系允许汇率浮动，这又导致投机盛行，国际游资泛滥引起经济不稳定。

4. 欧洲货币体系

欧洲从未停止过一体化的进程。布雷顿森林货币体系的崩溃使得欧洲在 1960 年 10 月爆发了大规模抛售美元、抢购黄金的风潮，这使得实行货币一体化的呼声日益高涨。1978 年，在丹麦哥本哈根举行的欧洲共同体首脑会议以及同年的另外两次讨论，共同决定了在 1979 年 1 月 1 日起正式建立欧洲货币联盟。欧洲货币体系包括三个基本的组成部分：①创立欧洲货币单位；②实行双重中心汇率制，即各成员国货币间有一个中心汇率，各成员国货币与欧洲货币单位间有一个中心汇率；③建立欧洲货币基金。欧洲货币体系并不是彻底的固定汇率制度，因此存在忽略剧烈波动的可能。在这之后，欧洲又签订了《马斯特里赫特条约》和《里斯本条约》，进一步推动了欧洲一体化的进程。

（二）国际金融市场概述

国际金融市场（International Financial Markets）是指由居民和非居民参加的，或由非居民和非居民参加的，运用各种现代化技术手段与通信工具进行的资金融通和各种金融工具与金融资产的买卖行为的场所。[①] 国际金融市场构成的要素包括国际金融交易的参与者、交易的对象以及国际金融中心等。

1. 国际金融市场的作用

国际金融市场的作用包括：提供国际融资渠道，促进世界经济的发展；为生产和资本国际化提供条件；促进全球资源合理配置；规避市场风险；调节各国国际收支失衡等。

2. 国际金融市场的类型

根据不同的分类方法可以将国际金融市场进行不同的分类。

根据包含金融工具的不同，将国际金融市场分为狭义的国际金融市场和广义的国际金融市场。前者指国际资金融通，将资金由投资方向筹资方转移的市场；后者指在狭义的国际金融市场的基础上再加上外汇买卖市场和国际黄金市场的金融市场。

根据由交易对象决定的交易主体间关系的不同，将国际金融市场分为传统国际金融市场和欧洲货币市场。前者指由债权人通过一定的金融工具将本国货币融通给外国债务人的交易的市场；后者指债权人与债务人使用第三国货币进行的交易的市场，即交易双方就使用的货币而言都是非居民。由于交易对象的不同，在外汇管制上也有显著的差别，欧洲货币市场几乎不受货币发行国和交易发生国法规的限制，是重要的制度创新。

---

① 史燕平. 国际金融市场［M］. 北京：中国人民大学出版社，2010.

根据交易对象的属性不同，将国际金融市场分为原生金融市场和衍生金融市场。衍生金融市场指对以原生金融产品为基础，根据标准化原则设计的虚拟金融资产进行交易的市场；原生金融市场则是对产生衍生金融资产的各类金融资产进行交易的市场。

下面，我们根据广义国际金融市场的定义，对各类金融市场进行分别介绍。

二、外汇市场

（一）外汇与汇率

外汇（Foreign Exchange，或 Forex）是指以外国货币表示的、能用来清算国际收支差额的资产，例如，外国货币、外币支付凭证、外币有价证券、特别提款权、其他外汇资产等。外汇必须具有以下三个基本特征：①自由兑换性，即这种外币能自由地兑换成本币；②普遍接受性，即这种外币在国际经济往来中被各国普遍地接受和使用；③可偿还性，即这种外币资产是可以保证得到偿付的。

汇率（Exchange Rates）亦称"外汇行市或汇价"。一国货币兑换另一国货币的比率，是以一种货币表示另一种货币的价格。由于世界各国货币的名称不同，币值不一，所以一国货币对其他国家的货币要规定一个兑换率，即汇率。目前国际上主要有三种汇率的标价方法：直接标价法、间接标价法和美元标价法。

（二）外汇市场

外汇市场（Foreign Exchange Market）是指因国际经济交易而需要买入或卖出外汇的个人、工商企业、经营外汇业务的银行或其他金融机构之间，通过银行柜台或现代通信与网络技术，进行外汇买卖交易行为的市场。参与外汇交易的主体包括工商企业、个人、外汇经纪人，以及进行外汇交易的银行、中央银行等，根据参与交易的主体可将外汇市场分为零售市场和银行间外汇市场两类。目前世界上主要的外汇交易中心有伦敦外汇交易中心、纽约外汇交易中心和香港外汇交易中心。外汇交易的形式主要有以下几种：

1. 即期外汇交易

即期外汇交易（Spot Exchange Transaction）是指外汇交易双方在两个营业日之内完成交割的外汇交易。进行即期外汇交易的市场就是即期外汇市场，这种交易所依据的汇率叫作即期汇率。即期外汇交易是外汇市场上最传统、最基本的外汇业务。在零售外汇市场，商业银行会挂出当天买卖外汇的牌价表，通过做市赚取利润；而在银行间外汇市场，银行进行即期外汇交易主要是为了调整外汇头寸和赚取投机利润。

2. 远期外汇交易

远期外汇交易（Forward Exchange Transaction）是指外汇买卖双方先签订买卖契约，约定买卖外汇的币种、金额、汇率和交割时间等，到预约的交割日或交割期内，再按合同约定进行外汇交割的外汇交易，进行远期外汇交易的市场就是远期外汇市场，这种交易所依据的汇率叫远期汇率。根据交割日的不同，可以将远期外汇交易分为固定交割日的交易和不固定交割日的交易。远期外汇交易可以锁定汇率，规避风险，在某些情况下还可以进行投机。

3. 套汇交易

套汇交易（Arbitrage Transaction）是指利用不同外汇市场的汇率差异，在同一时刻，在汇率低的市场买进某种外汇，再在汇率高的市场卖出，以套取投机利润的外汇交易。根据套汇交易使用外币的数量，可以将其分为直接套汇和间接套汇。前者指直接利用两地外汇市场的汇率差异买卖外汇，故又称两角套汇；后者指利用三个及以上数量外汇市场的外汇差异进行同时买进卖出，再买进再卖出的外汇交易，故又称三角套汇或多角套汇。由于套汇的存在，使得汇率在不同市场上趋于一致。

4. 套利交易

套利交易（Arbitrage Trade）又称利息套汇（Interest Arbitrage），指套利者利用两个不同金融市场上短期资金存贷利差与远期掉期率两者之间的不一致进行谋利性质的转移资金，在谋取利率差或汇率差的过程中所派生出来的外汇交易。该交易存在的前提是外汇市场上同一货币的即期汇率和远期汇率的差距与同期两货币的利率差不相等，包括汇率差小于利率差和利率差小于汇率差两种情况。根据套利者在套利活动中是否进行掉期交易，套利分为抵补套利和无抵补套利两种类型。

5. 掉期交易

掉期交易（Swap Transaction）是指交易双方约定在未来某一时期相互交换某种资产的交易形式。更为准确地说，掉期交易是指在买入或卖出即期外汇的同时，卖出或买进同一货币的远期外汇，以防止汇率风险的一种外汇交易。较为常见的是货币掉期交易和利率掉期交易：前者是指两种货币之间的交换交易，在一般情况下，是指两种货币资金的本金交换；后者是指相同种货币资金的不同种类利率之间的交换交易，一般不伴随本金的交换。

此外，按照交割期限的差异，还可以分为一日掉期、即期对远期掉期和远期对远期掉期三种类型。

三、国际货币市场

按照期限进行分类，可以将国际金融市场分为国际货币市场和国际资本市场。国际货币市场是指居民与非居民之间或非居民与非居民之间，按照金融市场运行机制，进行期限在 1 年以下的短期货币资金融通交易的市场。而国际资本市场是指国际金融市场中，期限在 1 年（包括 1 年）以上的各种资金交易活动所形成的市场。按照交易主体的不同，国际货币市场可以分为银行间同业市场和以银行为主的金融机构与一般工商户之间的短期融资市场，前者指银行间为了平衡资金头寸、调节资金余缺而进行资金融通的市场。国际货币市场也可以分为传统国际货币市场和欧洲短期资金融通市场，前者指市场所在地居民与非居民之间使用市场所在国货币进行资金融通的市场，后者指非居民与非居民之间使用境外货币进行的短期资金融通的市场。

（一）国际货币市场的构成要素

1. 市场主体

国际货币市场的市场主体，即市场的参与者包括：①商业银行。商业银行是国际货币市场上最大的参与者，它可以通过吸收存款，发行大额可转让定期存单（CD）等成为资金需求者，也可以发放贷款、贴现票据等成为资金提供者。②大型工商企业。由于国际货币市场本身的特性使得只有资金雄厚的大型工商企业才能够进入该市场。③金融中介机构。金融中介机构主要指证券交易商，这些证券交易商在国际货币市场上发行国债和欧洲票据，其地位十分重要。④中央银行。中央银行则调节货币供应量，实现其货币政策目标。⑤政府部门。政府部门由于有财政收入和财政支出，因而会在国际货币市场上通过发行国债融资。

2. 市场客体

国际货币市场的市场客体属于短期信用工具，是资金需求者与提供者之间进行资金融通时采用的各种具体形式。这些国际货币市场工具主要包括：①银行同业拆借。指各商业银行为弥补货币头寸或存款准备金不足而互相之间进行的短期资金借贷。②大额可转让存单。指商业银行为吸收资金而发行的具有可转让性质的定期存款凭证。凭证上记载有发行的金额、利率和偿还日期等。③国库券。指各国政府发行的、期限在1年以内的、用于应付短期财政支出需要的债务凭证。④回购协议。指买卖双方事先约定，出售方将在一定期限后以预先约定的价格购回证券的协议。⑤银行承兑汇票。指发票人签发的于指定的到期日支付一定金额给持票人的票据。⑥商业票据。指信誉良好的大型企业发行的无担保融资票据。

其中，银行同业拆借和大额可转让存单用于市场间接融资，而国库券、回购协议、银行承兑汇票和商业票据等用于直接融资。

（二）欧洲短期资金融通市场

欧洲短期资金融通市场指非居民与非居民之间使用境外货币进行的短期资金融通的市场。与传统国际货币市场相比，其具有货币种类多、资金来源广、经营几乎不受市场所在国法规限制等优点。欧洲短期资金融通市场主要包括欧洲银行同业拆借市场、欧洲大额可转让存单市场、欧洲票据市场等。

四、国际信贷市场

本部分所讲的国际信贷市场和后面的国际债券市场、国际股票市场都属于国际资本市场。其中，国际信贷市场是国际资本市场中最传统、最基本的市场，它包括国际金融组织的贷款、各国政府间贷款、国际商业银行贷款及与国际贸易有关的贷款等。

（一）国际金融组织的贷款

国际金融组织（International Financial Organization）是指世界多数国家的政府之间通过签署国际条约或协定而建立的，专门从事国际金融业务、协调国际金融关系、维系国际货币和信用体系正常运作的超国家性质的金融机构。前已述及，国际金融组织包括全球性的国际金融组织和区域性的国际金融组织。

1. 全球性国际金融组织

全球性国际金融组织主要包括：①国际货币基金组织，其主要业务之一便是向会员国提供贷款，包括普通贷款、补偿贷款、缓冲库存贷款、信托基金贷款、石油贷款、中期贷款等。②世界银行集团，该集团中的国际开发协会重点在援助世界最贫困国家，国际复兴开发银行重点在援助中等收入国家和资信良好的较贫困国家。

2. 区域性国际金融组织

区域性国际金融组织主要包括：①国际清算银行，该银行主要和各国中央银行往来，包括成员国和非成员国的中央银行，进行国际间的金融合作；②欧洲投资银行，该银行在非盈利的基础上，提供贷款和担保，以资助欠发达地区的发展项目；③亚洲开发银行，该银行通过发放贷款、直接投资、提供技术援助来促进亚洲和太平洋地区的经济发展与合作。

（二）各国政府间的贷款

各国以政府名义进行的政府间的贷款（Intergovernmental Loans），一般建立在两国政治外交良好的情况下，贷款的条件也会相对优惠。政府贷款是具有双边经济援助性质的贷款，期限一般比较长，属于中长期贷款；利率一般比较低，有的贷款甚至无息。有些国家为了援助最不发达国家和某些发展中家，有时还会向这些国家政府提供赠款，即受赠国政府无须还本付息。

（三）国际商业银行贷款

国际商业银行贷款（International Commercial Bank Loans）是指由一国的某家商业银行，或由一国（多国）的多家商业银行组成贷款银团共同向另一国的银行、政府或企业等借款人提供的贷款。国际商业银行贷款比政府间贷款的利率更高，不过，对融得的资金用途限制较少，资金来源也更充裕。国际商业银行贷款根据贷款对象的不同，可划分为企业贷款、银行间贷款及对外国政府和中央银行贷款；根据主体所处的市场不同分为传统国际金融市场的国际商业银行贷款和欧洲货币市场的国际商业银行贷款；根据贷款银行数量的不同，可分为独家银行贷款和银团贷款。

五、国际债券市场

（一）国际债券

国际债券（International Bonds）是指一国发行人，如政府、金融机构、大型企事业单位等，在国际债券市场上发行的以债券发行国或第三国货币标价的债券。由于国际金融市场分为传统国际金融市场和欧洲货币市场，因此，国际债券也分为外国债券和欧洲债券。

1. 外国债券

外国债券（Foreign Bonds）是指一国筹资人或国际金融机构在债券发行国资本市场上发行的以该国货币标价的债券。由于受到发行国资本市场发达程度、货币管制程度等因素的制约，外国债券往往发行在少数国家的资本市场上，如美国、日本、英国等。一些外国债券被赋予了专门的名称，如在美国发行的外国债券成为扬基债券，在英国发行的外国债券成为猛犬债券，在日本发行的外国债券成为武士债券等。外国债券主要受发行国规章制度的管理，因此在信用等级、信息披露、发行时间、发行规模、税收待遇等方面与国内债券有显著区别。

2. 欧洲债券

欧洲债券（European Bonds）是指一国筹资人或国际金融机构在债券发行国资本市场上发行的以第三国货币标价的债券。欧洲债券不受任何国家资本市场的限制，免扣缴税，采取不记名形式发行。与外国债券一样，欧洲债券也可分为欧洲美元债券、欧洲日元债券、欧洲马克债券等。

（二）国际债券市场

国际债券市场（International Bond Market）是指在居民与非居民之间或非居民与非居民之间，对国际债券进行交易的市场。国际债券市场可进一步分为国际债券的发行市场和流通市场。

1. 国际债券发行市场

国际债券的发行市场（International Bond Issue Market）是指借款人将其新发行的债券出售给另一国或几国的初始投资人的市场，对应新债券从规划到承销的全过程，也称一级市场。在债券发行时，需要确定债券的币种、票面利率、利率方式、融资总额、付息方式、发行价格、偿还期限等内容，除了发行方之外，还会涉及承销商、监管机构、评级机构、投资者等其他方。

2. 国际债券流通市场

国际债券的流通市场（The Circulation Market of International Bonds）是指已发行的国际债券进行再转让的市场，也称二级市场。不同债券的流通方式也不同，外国债券主要通过发行国的证券交易所，即场内交易来实现其流通，而欧洲债券由于其通常采用私募发行，不具备在交易所挂牌的资格，因此常通过场外交易来流通。

六、国际股票市场

（一）国际股票市场概述

国际股票（International Stock）是指一国企业在其他国家发行的、以发行国货币或外国货币计价的、由发行国投资人持有的股权凭证。发行国际股票是一国的企业在国际金融市场上采用直接融资方式筹集资金的基本途径。国际股票市场（International Stock Market）是指居民与非居民之间或非居民与非居民之间对国际股票进行交易的市场。国际股票市场也可以分为外国股票市场和欧洲股票市场。除此之外，国际股票市场还可以分为主板市场和二板市场。前者主要为传统行业中已经发展至比较成熟阶段的大型企业提供股权融资，后者又称创业板市场，主要为达不到主板上市条件但具备较好发展前景的新兴高新技术企业提供融资途径。目前国际上主要的二板市场包括美国的纳斯达克市场（NASDAQ）、欧洲新市场（EURO - NM）、日本的 JASDAQ、中国香港的创业板市场、深圳创业板市场和上海证券交易所的科创板市场等。

（二）国际股票发行市场

国际股票发行市场（International Stock Issue Market）是指国际股票从规划到销售的全过程，是资金需求者直接获得国外资金的市场。国际股票的发行指的是企业在境外资本市场发行股票融资，其可选择的市场主要在那些对外国企业开放的股市的国家和地区，如美国、英国、新加坡和中国香港等。发行可以选择在主板发行或二板发行，可以是初次上市发行也可以是再上市发行，可以通过股票存托凭证发行或借壳上市发行。各国对上市发行都有其严格规定，这些规定虽然大体相同，但是在具体规定上有许多差别。一般说来，在主板上市的规定会比在二板上市严格许多，因此公司可以先通过在二板上市，之后再转板到主板的方式来扩大融资规模。

（三）国际股票流通市场

国际股票的流通市场（International Stock Market）是指国际股票投资人之间进行股票转让的市场。国际股票流通市场为市场提供了流动性，也为投资人提供了资本增值的可能性。国际股票流通分为场内交易和场外交易两种形式。以公募方式发行的股票可以在交易所上市买卖，如纽约证券交易所、伦敦证券交易所、东京证券交易所，以及纳斯达克证券交易所等。除此之外，还可以通过股票做市商或买卖双方直接成交等场外交易方式进行流通。

七、国际黄金市场

（一）黄金的特殊性

伟大的思想家、政治家、哲学家马克思曾经说过，金银天然不是货币，货币天然是金银。可以说，黄金（Gold）既具有一般资产的属性，可以作为生产的原材料等，也具备金融资产的属性，如产量稀有、性质稳定、易于分割等。因此，黄金具有极好的免于通货膨胀的效果。虽然黄金现在已经退出货币流通领域，其货币职能不断下降，但由于其具备的良好保值增值功能，使它在国家的国际储备中十分重要。

在历史上，黄金曾经在经济发展中扮演着重要的角色。在国际金本位时期，黄金就是当时流通的货币，承担货币的基本职能。金本位瓦解后，在布雷顿森林体系下，黄金依然是汇率稳定的基础，世界建立起了以黄金为基础，以美元为主要储备货币，使得美元与黄金挂钩、其他货币与美元挂钩的"双挂钩"制度。现在，黄金虽已退出货币流通领域，但其始终是世界各国国际储备的重要构成。可以说，黄金这一古老的金融产品，历经岁月但其价值弥增，是抵御实体经济波动的坚强支柱。

进入21世纪，黄金价格的波动更加剧烈，除了黄金本身的纯度、成色等因素之外，黄金价格还受市场供求、经济周期趋势、人们对经济发展的信心、通货膨胀、外汇市场变动、石油价格等多种因素的影响。

（二）国际黄金市场

早在19世纪初期，世界上就已经出现了较为健全的国际黄金市场，如伦敦黄金交易中心。当时处于金本位制时期，西方国家的黄金市场都是自由交易、自由出入。后来，随着金本位制的崩溃，各国政府纷纷实行外汇管制，黄金交易受到很大程度的限制，但是，国际黄金市场并没有因此而萎缩。第二次世界大战以后，各国对黄金放松管制，黄金市场得到进一步发展。进入20世纪70年代以后，国际黄金市场又呈现出市场规模扩大、黄金交易所重要性上升、金价波动增大、投机频繁等特点。

黄金市场（Gold market）根据不同的划分标准可以进行不同的分类。根据其属性可以分为一般商品交易市场和金融商品交易市场；根据交易方式可以分为现货交易市场和期货交易市场等。目前，世界上主要的国际黄金交易中心包括伦敦黄金交易中心、苏黎世黄金交易中心、纽约黄金交易中心、香港黄金交易中心、新加坡黄金交易中心等。

第三节　国际资本流动

国际资本流动（International Capital Movement or International Capital Flow），是指资本从一个国家或地区转移到另一个国家或地区的运动。随着经济全球化的发展，各国之间的资本流动也越来越频繁，对世界经济发展的影响也与日俱增。国际资本流动与一国的国际收支有着直接的关系，它主要反映在一个国家国际收支平衡表的资本与金融账户中。资本流入是指资本从国外流入国内，它意味着本国对外国的负债增加（外国在本国的资产增加），或者本国在外国的资产减少（外国对本国的负债减少）。资本流出是指资本从国内流到国外，它意味着本国在外国的资产增加（外国对本国的负债增加），或者本国对外国的负债减少（外国在本国的资产减少）。

一、国际资本流动的类型

资本国际流动按期限可以分为长期资本流动（Long – term Capital Flow）和短期资本流动（Short – term Capital Flow）。长期资本流动指期限在 1 年及以上的资本的跨国流动，包括国际直接投资、国际间接投资和国际信贷。短期资本流动指期限在 1 年以内的资本的跨国流动，包括暂时性的相互信贷、存款、购买 1 年内到期的汇票及债券等，其目的主要有套利、避险和投机。

（一）国际直接投资

国际直接投资（Foreign Direct Investment，FDI）是指一国的企业或个人在国外投资开办公司，并取得该公司的所有权。国际直接投资的形式主要有：①在国外创办新企业，这又被称为绿地投资（Greenfield Investment），新企业可以采用独资或合资等形式，除了货币资本外，机器设备、存货和无形资产如专利、商标等都可以作为入股形式；②收购外国企业股权达到拥有实际控制权的比例；③利润再投资，指投资者将在国外企业投资并获得的利润作为保留利润对该企业进行再投资，这也是直接投资的一种形式，虽然这种投资实际上并无国际资本的流入或流出。

各国在规定什么是国际直接投资时往往都有具体的数字要求。目前按照国际惯例，控制超过企业 10% 股权的外国投资即可视为国际直接投资。要注意的是，直接投资实际上并不仅限于国际资本流动，它还包括企业的管理权限和方法、生产技术、市场营销渠道、专利权和商标等多种无形要素的转移。另外，直接投资的实现有时也不需要资本的实际国际流动，比如投资者可以在东道国筹集资金或者用公司的保留利润进行再投资，或用专利、商标等无形要素入股。特别是在 20 世纪 80 年代以来，在某些政治风险比较高的国家，这种类型的直接投资非常普遍，已经成为一种很重要的直接投资形式。

投资国在决定进行直接投资之前，往往需要先考虑东道国的投资气候和投资条件。投资气候涉及该国政府是否稳定、政策是否经常改变、有无明确的投资法律保障等，借以判断投资的政治风险程度。投资条件是指东道国的经济情况的好坏，如基础设施是否完善等，用于判断投资的经济风险程度。

（二）国际间接投资

国际间接投资（Foreign Indirect Investment，FII）即国际证券投资（Portfolio Investment），是在国际证券市场上发行和买卖证券所形成的国际资本流动。它包括一国的企业或个人购买其他国家发行的非控制头寸股权、债券和其他有价证券的行为。对于购买有价证券的国家来说，是资本流出；对于发行证券的国家来说，则是资本流入。

证券投资与直接投资的区别在于：证券投资者对于投资对象一般并无实际的控制和管理权，即使是购买股票的投资也通常不以获取企业的控股权为目的，所以证券投资者一般只收取债券的利息或股票的红利，并通过投机在买卖价差中获取资本利得；而直接投资者则持有足以控股的股权来管理、经营被投资企业，并承担企业的经营风险，享受企业的经营利润。

（三）国际信贷

国际信贷（International Credit，IC）是一国的银行、其他金融机构、政府、企业及国际金融机构，在国际金融市场上，向另一国的银行、其他金融机构、政府、公司企业及国际机构提供的贷款。根据不同的标准，国际信贷可以有不同的分类。国际信贷按贷款的期限分类，可分为短期贷款（不超过1年）、中期贷款（1年以上，一般2～5年）和长期贷款（5年以上）；按贷款的利率分类，可分为无息贷款、低息贷款、中息贷款和高息贷款；按贷款使用的货币和优惠情况分类，可分为硬贷款和软贷款；按借款和还款的方法分类，可分为统借统还贷款、统借自还贷款和自借自还贷款等。除此之外，国际信贷还可以根据贷款的来源和性质，分为政府贷款、国际金融贷款、国际商业银行贷款和出口信贷等。

1. 政府贷款

政府贷款（Government Loans）是一个国家政府向另一个国家政府提供的贷款，其目的是为了促进本国商品劳务的出口及企业对外投资等。政府贷款的利率较低，期限也长。政府贷款一般有指定用途，还常附有一定的政治条件和附加条件等，且一般是由发达国家向发展中国家提供。

2. 国际金融机构贷款

国际金融机构贷款（Loans from International Financial Organizations）是国际金融机构向其成员国政府提供的贷款。国际金融机构包括世界银行、国际货币基金组织以及亚洲开发银行等区域性国际金融机构。国际金融机构贷款也不以盈利为目的，具有援助的性质，旨在帮助成员国开发资源。其贷款利率通常要比私人金融机构的贷款利率低，期限也相对较长。国际金融机构贷款也属于专项贷款，一般有指定用途。

3. 国际商业银行贷款

国际商业银行贷款（International Commercial Bank Loans）往往不限定用途，借款人可以自由运用资金。大数额的国际商业银行贷款通常采取银团贷款的形式，由一家银行牵头，多家银行参加，共同对一个借款人提供贷款资金，并且共同分担贷款风险。与其他类型的国际贷款相比，国际商业银行贷款的利率较高，且需要较好的信誉和担保，因此低收入发展中国家一般很难大规模利用国际商业银行贷款资金。

4. 出口信贷

出口信贷（Export Credit）是与国际商务直接相关的中长期信贷，它是商业银行对本国出口商或者外国进口商及其银行提供的贷款。出口信贷一般有指定用途，贷款利率较低且有偿还担保。出口信贷还可以分为卖方信贷和买方信贷，卖方信贷是向出口商提供的信贷；相比卖方信贷，买方信贷在国际上更为通用，它是由出口方的银行直接将贷款提供给进口商，进口商将贷款用于向出口商支付贷款的信贷形式。

（四）短期国际资本流动

短期国际资本流动指期限在1年以内的资本的跨国流动。这种国际资本流动，一般都借助于短期政府债券、商业票据、银行承兑汇票、银行活期存款凭单、大额可转让定期存单等信用工具来实现。它包括贸易融资、银行间资本流动、保值性资本流动和投机资本流动四种类型。其中，贸易融资是指针对国际贸易的借贷活动，特别是出口方向进口方提供的商业或银行信贷；银行间资本流动由银行间的国际往来引起，包括同业拆借、套汇和套利交易等；保值性资本流动包括套期保值和掉期交易两种类型；投机性资本流动是为获得高额利润而承担相应风险的短期资本流动。

二、国际资本流动的经济动机

（一）国际直接投资的经济动机

1. 产业组织论

产业组织论又称垄断优势论，是关于市场结构的理论，其最初由美国麻省理工学院的斯蒂芬·海默（Stephen Hymer）提出，后由查尔斯·P. 金德尔伯格（P. Kindleburger）加以补充。根据产业组织论，国际直接投资产生于产品和生产要素市场的不完全性。因此，垄断优势理论的基本观点是：跨国公司所拥有的垄断优势（Absolute Advantage）是其对外直接投资的决定因素，而跨国公司的垄断优势又源于市场的不完全竞争。垄断优势主要表现为资金优势、技术优势、信息与管理优势、信誉与商标优势和规模经济优势等。除了东道国企业所不具备的垄断优势之外，关税和非关税壁垒对国际商品市场的限制也迫使企业进行对外直接投资。

2. 内部化理论

内部化是指企业将外部交易转化为企业内部交易。它最先由英国的巴克莱（Buckley）和卡松（Casson）于1976年提出，此后又经加拿大的卢格曼（Rugman）加以补充。内部化理论认为市场交易会产生交易成本，如信息搜集成本、谈判成本、合同执行成本等。企业内部用计划和指令代替市场价格调节，可避免市场交易成本，这也是企业建立的基础之一。市场内部化的收益包括：消除交易"时滞"、制定差别价格和转移价格获益、消除国际市场不完全性，以及防止技术优势扩散和丧失等。但同时，市场内部化也会带来特定的成本，包括：无法实现资源最优配置的成本、为避免技术泄露而产生的通信联络成本、东道国政府干预的国家风险成本以及跨国管理成本。总而言之，国际直接投资实现了跨越国界的内部化过程，从而可以打破贸易壁垒和外汇管制，从而获得竞争优势。

3. 国际生产综合论

国际生产综合论（也称为国际生产折中理论）是由英国经济学家约翰·邓宁（Dunning）提出，他将产业组织论、内部化理论和区位理论综合起来解释直接投资。他认为企业从事海外直接投资必须具备三方面的条件：①与竞争对手相比，企业必须具备某些垄断优势或无形资产；②对于企业来说，利用其垄断优势能够获得更多的利润；③投资东道国必须在资源、市场和信息等方面拥有特殊的区位禀赋，并能够与企业独有的优势相结合。国际生产综合理论并非是对以往国际直接投资理论的简单总结归纳，而是从跨国公司国际生产角度，论述上述三个基本因素对企业选择参与国际经济活动方式的影响。三个基本要素的不同组合决定了企业参加国际经济活动的三种主要形式，即对外直接投资、商品出口和许可证贸易。

4. 产品生命周期论

这个理论最初由美国哈佛大学教授弗农（Vernom）提出，根据该理论，产品需要经历创新、成熟、标准化和衰退共四个阶段。创新期产品属于技术密集型产品，在国内研制并全部在国内销售；成熟期产品属于资本密集型产品，它会被出口到国外；标准化期产品属于劳动密集型产品，此时它在国内外市场都会遇到相似产品的激烈竞争；最后，当新的生产工艺或新产品问世使得该产品进入衰退期时，就会出现企业向其他国家企业出售生产许可证形式的投资，自然资源丰富、成本优势凸现的发展中国家就成为跨国公司对外直接投资的首选。总之，根据产品生命周期理论，跨国企业把自己的垄断优势与东道国的区位优势相结合，达到降低生产成本、提高产品竞争力以巩固和扩大市场占有率的目的。

5. 比较优势论

比较优势投资理论是由日本学者小岛清（K. Kojima）第一次系统地阐述的，小岛清认为，国际分工原则和比较成本原则是一致的，因而应当根据比较成本和比较利润率来分析一国的对外贸易和对外直接投资。小岛清将贸易分为顺贸易导向型和逆贸易导向型，前者对外投资的企业多是具有比较优势的产业部门，后者的对外投资则多集中于资源开发以及在本国丧失比较优势而在东道国仍然具有比较优势的产业领域。小岛清认为：一国的对外直接投资应该从本国（投资国）已经处于或即将陷于比较劣势的产业依次进行。

（二）国际间接投资的经济动机

1. 国际范围的资本资产组合投资

降低投资风险的有效方法是进行资产组合，在国际范围进行资产组合就会引起资本跨国流动。国家间金融资本收益率的差异、不同国家资本市场风险的差异和不同资本市场的效率差异都会促成国际间接投资。

2. 国际范围内的投资套利活动

按照有效市场理论，如果国际金融市场是完全竞争和强有效的，资本市场将不存在套利机会，各种金融资产的平均收益率为零。然而，现实中这样的"无摩擦行为"假设是不成立的，弗莱明（Fleming）和蒙代尔（Mundell）认为，两国之间一定的利率差别会导致套利活动的发生并引起一定的连续资本流，这就是著名的"资本项目的流动理论"。根据这一理论，大多数资产的收益要经受不可能完全预测的风险，这就为国际范围内的资本创造了投资套利的机会。

三、国际资本流动的制约因素

资本在全球范围内自由的流动虽然能够让资本寻找到最能盈利和最能产生经济效率的投资，但是巨额的国际资本流动与金融危机之间强烈的相关关系也引起了学者对制约国际资本流动的激烈争论。各国为了限制资本流动通常设置两道防线：一是进行外汇市场管制干预；二是提高利率，实行紧缩性货币政策。对资本国际流动最为直接的制约是外汇管制，包括经常项目和资本项目的管制。相对来说，对经常项目管制较少，但对资本项目管制仍然很普遍，这是各国为防范金融危机的举措。提高利率可提高资本国际流动的成本，尤其是对短期投机有抑制效果，但是大量衍生金融工具的使用，使投机的利息负担减轻，投机者可以通过外汇期货市场和股票指数期货市场，获得货币贬值和卖空股票的收益。而且，紧缩性的宏观经济政策影响实体经济，此手段不可能持续太久。

四、国际资本流动的经济效应

自工业革命以来，世界上共发生过三次大规模的资本流动浪潮，每一次浪潮都对世界格局产生了重大影响。第一次浪潮发生在 18 世纪 70 年代后，英国是这次浪潮的主体。这一时期国际资本主要流向社会公共事业如铁路、电车轨道建设等，投资的方式主要是证券投资；第二次浪潮发生在 20 世纪 70~80 年代，创造了亚洲"四小龙"① 的崛起和巴西等国的经济"奇迹"；第三次浪潮发生在 20 世纪 90 年代以来，投资的重点是发展中国家，这给发展中国家带来了空前的机遇，同时也蕴含着巨大的风险。

国际资本流动对世界经济的影响可以用麦克杜格尔模型② 展示。该模型的主要假设有四个：①假设全世界只有甲和乙两个国家组成，甲国资本充裕，乙国资本短缺，世界资本总存量不变，为 OO′，其中甲国为 OA，乙国为 O′A；②资本可以无障碍地在甲乙两国间自由流动；③由国际投资产生的收益能够在甲乙两国间得到公平分配；④资本的边际产值呈递减状态，FF′为甲国的资本边际产值，JJ′为乙国的资本边际产值，资本价格等于资本的边际产值。

由图 3-1 可以看出，当没有国际投资行为发生的时候，甲国的资本边际产值 OC 明显低于乙国的资本边际产值 O′H。国际资本流动使得资本由充裕且边际收益低的甲国流向短缺且边际收益高的乙国，直至二者的边际收益相等，即达到均衡点 E，从而对世界经济

---

① 亚洲"四小龙"是指从 20 世纪 60 年代开始，亚洲的中国香港、中国台湾、新加坡和韩国推行出口导向型战略，重点发展劳动密集型的加工产业，在短时间内实现了经济的腾飞，一跃成为全亚洲最发达富裕的地区。

② 麦克杜格尔模型是麦克杜格尔（MacDougall）在 1960 年提出来，后经肯普（Kemp）发展，用于分析国际资本流动的一般理论模型，其分析的是国际资本流动对资本输出国、资本输入国及整个世界生产和国民收入分配的影响。

产生了积极影响，不仅使世界资本总收益增加，而且使得资本输出国和资本输入国均获益。

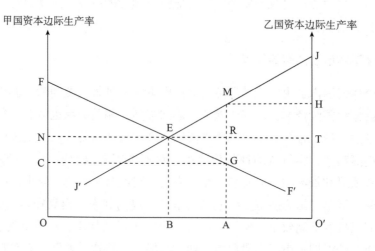

图 3 - 1　麦克杜格尔模型

国际资本流动将资本输出国和资本输入国联系在一起，对双方都产生着显著效应。对资本输出国而言，国际资本流动为本国闲置资源找到了重新配置的空间，延长了产品寿命和产业生存空间；同时，国际资本流动也有其不利影响，可能导致资本输出国"产业空心化"和"技术渗漏"等问题。对资本输入国而言，国际资本流动可以补充其为实现现代化、工业化和城市化而需要投入的巨额资本，同时获取先进的技术、管理经验和组织才能，优化其产业结构；但同时，国际资本流动也可能导致资本输出国的民族品牌遭到打击，因技术落后而长期受控，或者引起经济动荡，当资本流动方向、规模和结构严重背离该国实体经济发展的要求时，资源配置的效率就会受到破坏，而且由于金融创新导致的大量金融衍生产品的出现，使得金融市场上资金的放大动能大大提高了，当破坏性的资本流入和流出时，其冲击力往往能在很短的时间内使一国的经济、金融体系崩溃。

五、中国的外资利用和对外投资

近年来，经济全球化的趋势不断加强，在信息技术和高科技的驱动下，国际资本流动也进入了新的全球的发展阶段，出现了很多新的特点。当下，国际资本流动的主要特点包括：国际资本流动明显加速、资本流动的产业结构向高新技术产业和服务业转移、间接投资大幅增加、发展中国家在国际资本流动中的作用不断加强、跨国公司成为国际资本流动的主要载体等。

在这种情况下，中国的外资利用与对外投资也展现出了不同的景象。在外资利用方面，近年来中国作为东道国地位不断上升，外商不断加强对华投资，尤其是对服务业的投资。同时，大型国有企业也通过引进外资的形式实现了重组和改革。未来，中国要想进一步引进外资，应当努力改善外商投资环境，扩大对外开放水平，加强产权保护。

在对外投资方面，中国虽然在全球各大洲都有普遍的投资，但是投资大多集中于服务贸易和加工生产等行业，且单笔投资大都相对较小，大型投资项目较少，投资的主体多为国有企业。未来，中国想要进一步加大对外投资力度和规模，应当更多投资在国际市场上具有比较优势但在国内市场中生产能力相对过剩的产业，到国外技术资源与智力资源密集、靠近市场的地方设立研发机构和科技型中小企业，在海外建立战略性资源开发生产供应基地。同时，应当加强民营企业的对外投资，并健全海外投资的法律体系和服务体系，消除与海外投资相匹配的人员出国、外汇、设备、技术等的"移动性"障碍。

第四章　国际商务区域环境

第一节　全球化经济环境

经济环境是国际企业进行投资决策时需要考虑的首要因素，目标国家经济环境的好坏直接影响到国际企业决定是否进入该国市场开展经营，经济环境的变化更是影响着现有国际企业的经营状况。

一、目标国家经济体制

经济体制奠定了一国经济环境的基调，考察目标国家的经济制度能够有效判断市场环境的自由程度，政府对经济的干预态度以及对跨国经营活动的制约因素。是市场经济还是计划经济，是中央集权还是地方分权，以及市场发展的成熟度等都对国际企业的生产经营产生深刻的影响。

在划分经济体制时，通常按照生产资料的所有制将其分为资本主义经济、社会主义经济和混合经济。但在国际商务环境评估中，我们结合两种标准对经济体制进行分类：一是按所有权分类——公有制与私有制；二是按资源的分配方式分类——计划经济与市场经济。在这两种分类标准之下，还存在一种混合经济体制，即公有产权与私有产权并存，或者市场配置资源与计划配置资源兼顾。我们可以用表 4-1 来表示根据这两种分类标准划分出的不同经济制度：

（一）市场经济

市场经济（Market Economy）是世界范围内被大多数国家所采用的一种经济体制。在市场经济中，供求关系是基础，决定了价格的形成和市场均衡产量；生产资料以私有制为主，个人产权受到保护；资源的配置由市场自发调节；自由放任企业竞争，市场充满活力。市场经济体制是一种充满活力的经济体制，往往被认为是有利于经济增长和企业发展的经济环境，但同时市场经济也潜在着竞争无序、供需失衡等问题。

表 4-1　按所有制和资源配置方式对经济制度的划分

资源配置方式 ＼ 所有制	私有产权制	混合所有制	公有产权制
市场调节	A	B	C
混合手段	D	E	F
计划指令	G	H	I

注：A. 市场调节/产权私有；B. 市场调节/混合所有；C. 市场调节/产权公有；D. 混合手段/产权私有；E. 混合手段/混合所有；F. 混合手段/产权公有；G. 计划指令/产权私有；H. 计划指令/混合所有；I. 计划指令/产权公有。

资料来源：*International Business*（the seventh edition）.

（二）计划经济

纯粹的计划在世界范围仅有为数不多的国家还在执行。在计划经济（Planned Economy）中，政府控制一切资源的分配，规定商品的产量与价格，设立经济目标，指挥企业按计划指令进行生产。计划经济是按照国家的整体利益来从事生产活动，在某些特殊时期能充分发挥集中力量办大事的优势，但是在执行过程中由于缺乏激励机制往往导致人们的劳动积极性不高和生产效率低下，对价格与资源的"一刀切"式管制往往带来权力寻租与腐败等问题，使得国际企业在进入目标国家市场时可能面临不公平竞争，乃至为了争夺资源而进行商业贿赂。

（三）混合经济

混合经济（Mixed Economy）是一种处于二者之间的经济体制。在混合经济中，一些行业处于市场经济的自由竞争状态，还有一些关键领域的行业则由政府管理干预，实行公有制。当今世界，纯粹的市场经济和纯粹的计划经济都很少，政府都会或多或少地对国民经济采取干预，以纠正自由放任的弊端，维护市场经济的正常运转，或者适度放开激发经济的活力。

对于国际企业而言，了解目标国家的经济体制和行业干预程度，分析目标国家市场的发展程度（如市场竞争的有效性、社会信用的可靠性、法律制度的健全性、政府职能的规范性、企业的独立性等），对于国际企业选择经营范围具有较强的指导意义。

二、目标国家经济发展水平

资本的本质是逐利的，因而国际企业在选址的时候还应当考虑目标国家的经济发展水平处于何种阶段，是否符合国际企业的成本控制要求，是否影响国际企业对产品的原有定价预期，目标国家居民收入水平与消费预期能否支撑目标市场规模等等，这些都是影响国际企业生产决策的关键因素。

划分国家经济发展水平处于何种阶段，有许多不同的分类：根据工业化进程可将不同国家发展水平划分为工业化初期、工业化中期、工业化后期和后工业化阶段；根据国内生产总值（GDP）和人均国民总收入（GNI）可将不同国家发展水平划分为高收入国家、中高收入国家、中低收入国家和低收入国家；根据主导产业可以将不同国家发展水平划分为自给自足的经济、原料出口经济、新兴工业化经济和发达国家经济，等等，不一而足。

在此我们通常选取世界银行的划分方法，即采用人均国民生产总值这一指标来衡量。表4－2截取了2016年部分国家的相关数据以供参考：

表4－2　2016年部分国家GDP和GNP（国民生产总值）数据

国家	GDP/亿美元	以PPP度量的人均GNI/国际元	发展水平
美国	186244.75	58700	高收入国家
英国	26478.97	41640	高收入国家
日本	49401.59	43540	高收入国家
澳大利亚	12046.16	45210	高收入国家
中国	111991.45	15470	中高等收入国家
韩国	14112.46	36570	高收入国家
印度	22637.92	6490	中低等收入国家
巴西	17961.87	14810	中高等收入国家
瑞士	6688.51	63810	高收入国家
莫桑比克	110.15	1190	低收入国家

资料来源：https：//data.worldbank.org.cn/.

国内生产总值反映的是一个国家（或地区）所有常住单位在一定时期内（通常为一年）生产的全部最终产品和服务价值的总和，常被认为是衡量国家（或地区）经济状况的指标；国民总收入是指国内生产总值加上来自国外的要素收入再减去对国外的要素支出。人均国民总收入（Gross National Income Per Capita，人均GNI）是指国民总收入除以年均人口，与人均国民生产总值（Per Capita Gross National Product，人均GNP）相等，与人均国内生产总值（Per Capita Gross Domestic Product，人均GDP）大致相当。人均GNI一定程度上衡量了国民收入水平，进而反映一国居民的购买力情况。通过比较这两个指标，国际企业在进行投资决策时能更好地选择与自身产品市场定位相符、与企业战略发展目标相匹配的国家。但是这两个指标是从静态角度反映一国的经济发展水平，我们不应忽视市场和经济均是动态发展的。因此，我们在评估一国经济发展水平和趋势时还可以参照其经济增长率等指标。如人均可支配收入，国内生产总值中第一产业与第二、第三产业的比重，经济结构乃至人类发展指数（HDI）等。可以采用多个综合指标来进行考察，上述指标都从一个或多个方面反映了一国的经济发展水平。

从世界范围来看，高收入国家主要集中在老牌西方发达国家和部分新兴工业化国家里，这些国家的经济增长富有活力，人们生活水平和收入较高，市场相对稳定、成熟，拥有丰富的资源，有利于国际商务活动的开展，但同时国际企业也应该认识到对于某些富有潜力的发展中国家，其广阔的市场需求亟待开发，是商业竞争的"蓝海"，同样值得国际企业去关注，通过抢先布局获得先发优势，实现企业的扩张与壮大。

三、目标国家的具体经济指标

经济环境是由众多经济环境因素构成的，反映一国经济水平的指标有很多，部分指标罗列如下：通胀率、利率、财政赤字或盈余、个人储蓄率、商业储蓄率、GDP 总量及其增长率、国际收支、汇率、外债水平等。

在此，我们仅选取经济增长率、通货膨胀、国际收支、外债水平这四个指标进行详细阐释。

（一）经济增长率

经济增长率（Economic Growth Rate）是末期国民生产总值与基期国民生产总值的比较，以末期现行价格计算末期 GNP，得出的增长率是名义经济增长率，以不变价格（即基期价格）计算末期 GNP，得出的增长率是实际经济增长率。20 世纪 80 年代以来，东南亚地区的经济增长速度远高于世界平均水平，大部分的解释可以归因于庞大的人口数量所带来的人口红利和广阔的需求市场规模。据某些学者估计，到 2050 年，亚洲地区对世界 GNP 的贡献率将增至 57%，可以预见亚洲（尤其是东南亚地区）在未来的一段时间里仍将受众多国际资本的青睐，寻求资本红利的国际企业对亚洲地区的投资会明显多于经济增长低迷的国家和地区。

国家和区域间的经济增长差异影响着资本的流向，由此也形成了一个恶性循环：即经济增长率高的国家更容易获得外国投资进而保持高速、稳定的增长水平，而经济增长缓慢的国家由于缺乏资金支持陷入贫困的陷阱难以实现经济的增长。近年来国际资本的流动现状也证实了这一推论，有一半以上的国际资本流入中国、越南、印度等几个经济增长较快的发展中国家，而非洲等极度贫穷的国家几乎得不到国际企业的投资。

（二）通货膨胀

通货膨胀（Inflation）水平影响着一国的物价水平、利率水平、消费水平和信心指数等，进而影响经济的发展速度。在通货膨胀的条件下，物价全面持续上涨，利率随之提高，汇率下降，严重的通货膨胀影响着居民的正常生活和企业生产经营，对国民经济造成极大的破坏；在通货紧缩的条件下，物价全面持续下跌，利率下降，汇率上升，失业增加，严重的通货紧缩会打击投资者信心，投资机会明显减少，出现经济衰退。

（三）国际收支

国际收支（Balance of Payments）水平常用于分析一国国际贸易业务的发展情况。国际收支水平的变化影响着一国贸易政策的变动，对国际企业的发展而言是一个十分重要的影响因素。国际收支账户反映了一国的国内居民同国外居民的所有国际经济交易，包括经常账户与资本和金融账户两个方面，两个账户间通常是此消彼长的关系。

国际货币基金组织规定：经常账户包括货物、服务、收入和经常转移四个项目，反映实际资源在国际间的流动状况；资本和金融账户包括资本和金融两大类项目，衡量资产所有权在国际间的流动状况。经常账户反映了一国实际资源的流动和贸易状况，是影响一国对外贸易政策和汇率政策的风向标。国际企业在进行商务活动时有必要密切关注目标国家的国际收支状况，从而提前预测和把握市场与政府的动向，做好防范风险或者寻找商机的准备。例如，20 世纪 80 年代，因不满对日本长期存在的巨额贸易逆差，美国政府对日本政府施加政治压力，签订《美日进出口汽车协议》，迫使日本汽车企业多购买美国企业生产的汽车零部件，同时鼓励日本企业改变向美国出口汽车的贸易方式，转而在美国设立汽车制造厂，这些举措都为美国的汽车企业创造了新的商业机会。

（四）外债水平

国家债务（National Debt）水平与一国的国家信用相挂钩。国家债务水平过高影响着主权信用，严重的债务危机会导致国际信贷量急剧减少，债务国面临更严苛的借贷条件，从而陷入资金匮乏的恶性循环，影响一国经济发展速度。国际企业在进行商务活动时需要关注一国的债务水平，通常更高的债务水平蕴含着更高的市场风险，一旦国家偿债困难，国家往往会限制进出口数量，必要时通过牺牲一定的经济增长率来控制债务水平，给国际企业的经营环境带来不可预测的负面影响。

四、全球经济环境对目标国家的影响

全球经济环境对目标国家的影响同样是国际企业进行国际商务决策时需要考虑的影响因素。一国在全球经济合作分工体系中的地位、抵御全球范围内系统性金融风险的能力、对外开放的程度等都影响着国内经济发展的稳定性、持续性和增长潜力，进而影响到目标国家国际企业的生产经营环境，对国际企业的发展产生重要的影响。考察目标国家与全球经济环境的关系，我们可以从以下几个方面入手考虑：①全球经济传导机制；②目标国家的开放程度；③目标国家经济体系的相对独立性；④目标国家在国际分工中的地位；⑤目标国家抵御外来冲击的能力。

国际企业管理者在进行国际商务决策时，既需要从宏观角度考虑目标国家应对外部经济冲击的能力，将对东道国的考察与全球经济环境联系起来综合考察，同时也需要通过考察具体的经济指标数据来评估东道国的内部经济环境是否与企业自身发展战略相吻合。

第二节 社会文化环境

一个国家的经济、政治、法律都或多或少被打上了本民族的烙印，这反映出社会文化背景对民族国家有着广泛深远的影响。在国际商务活动中，许多误会冲突的引起都是由于语言、文化、习俗的差异所造成的。了解与学习不同民族文化之间的差异，在商务交往谈判过程中学会换位思考，求同存异，对于顺利开展国际商务活动，减少贸易摩擦与冲突具有重要意义。

一、文化差异的影响

试想一下，当你前往美国旅游的时候，如果让你连续十几天都吃汉堡薯条，刚开始可能还有新鲜感，最后你肯定会受不了，从而疯狂想念中华美食的各种菜式。这反映了在不

同文化背景下，人们的行为举止，小到生活习惯大到价值观念都有着明显的差异。

那么想象一下，当一家国际企业进入到新的海外市场时，会面临哪些因为文化差异而带来的问题呢？又需要为此做出什么样的协调与改变呢？比如，当本国员工代表企业入驻海外市场时，语言沟通是否顺畅、工作生活节奏是否适应、与外国员工的相处是否协调等，这些都是需要考虑的问题。同理，外国消费者对企业的认可接受度如何，是否符合国外的消费习惯，因为东道国的特殊习俗与文化偏好是否需要对产品做出改良，国内的员工招聘与管理制度在国外是否同样适用等，这些也都是国际企业进入新市场会面临的新处境。

在此，我们考虑一种情境，某家国内知名手机生产企业进驻丹麦市场后，遇到以下一系列的问题，作为管理者的你这时候如何面对这些因为行为偏好、社会价值观等文化背景差异而产生的问题呢？你将如何管理他们使得企业顺利开展业务呢？这些问题是：外国消费者普遍反映手机在本国环境下耗电太快；手机的外观不符合外国消费者的审美偏好；员工追求自由舒适的工作环境，不习惯打卡；员工个人意识较浓厚，拒绝加班；政府要求企业内部女性员工要达到一定的比例。

二、社会文化环境影响因素

在国际商务中，我们很难给"文化"下一个具有普适性的定义，而关于文化的构成因素也是众说纷纭。根据对国际商务活动的影响程度，我们摘取了以下几项具有代表性的指标：

（一）语言

语言（Language）是承载思想、文化和感情的载体，是人们进行信息交流的工具，是顺利开展国际商务活动的前提。在国际商务活动中，贸易谈判、产品的宣传、市场的开拓等经营性业务都离不开语言文字沟通。语言的不通及其背后隐含的文化思维的差异往往会在国际商务交流中产生误会，闹出不必要的笑话。在考虑进入新的国际市场时，国际企业需要对目标国家的沟通交流环境提前进行考察，了解语言、文化思维惯性的差异，为后续商务往来的顺利往来奠定基础。一般说来，投资于语言与文化传统相近的国家或地区，或者投资于具有社会文化氛围比较宽容、开放的国家和地区，更有益于投资的成功。

（二）教育水平

教育（Education）是立国之本。一个国家的教育水平直接反映了劳动力人口的素质，而对于企业来讲，人力资本是实现成功经营的重要因素。衡量一国的教育水平和人口素质的高低，通常表现为义务教育的普及程度、国民对教育的态度、国家的教育制度和结构等方面。教育水平和人口素质直接影响着企业的生产经营，一方面较高的教育水平和人口素质往往代表着技术和劳动力要素的禀赋优势，对资本有更强的吸引力和利用效率；另一方面教育水平和劳动力素质越高的国家，其对外来事物的包容程度往往越高，也更愿意尝试使用新产品、体验新技术，高科技创新型公司往往选择这类国家作为潜在的市场开发标的。

（三）价值观

价值观（Sense of Worth）是一定社会共同体的成员对事物或行为做出判断的标准。作为现象和行为判断的基本依据，价值观构成人们的行为和思维规范，从而影响人们在社会生活中的行为选择。不同文化背景下，人们的价值观差异直接表现为行为处事方式的显著不同。例如，消费观念的差异使得东亚国家的人们偏好储蓄而不愿消费，美国公民偏好当下的享乐而更愿意为自己的兴趣爱好买单；时间观念和性格的差异使得日本企业往往在制定决策的过程中花费大量时间，一旦做出决策会在极短的时间内付诸行动，而西方很多企业里则正好相反，人们常常会自由发挥在有灵感时很快做出决定，但往往在采取行动时十分拖沓。

（四）社会组织结构

社会组织结构（Social Organization Structure）是社会上一定的组织或团体之间的联系，它包括家庭组织、公司组织、政治组织以及社会团体等。其中，家庭是社会组织结构的基层单位，经济发展水平越高，家庭规模就越小；经济发展水平越低，家庭就越大，不同的家庭结构的消费水平、消费结构也都不尽相同，进而影响着企业的销售状况。不同企业组织架构在生产经营方面各有优缺点，美国企业强调制度的规范性、组织的功利目标，强调成就与成果，工作团队机动灵活可随着项目的开始或结束进行组织或解散。这样的好处是保证工作完成的效率，避免了资源囤积，降低了生产经营成本，但同时也存在着横向联系不强、企业归属感不够的问题，一定程度上影响了工作的合作与积极性；日本企业强调职工与管理者的自律与自觉行为，事务统一于统一的部门。这样的好处是加强了横向联系与部门间的合作，增强了归属感，但同时也存在着比较机械僵硬不能很好地适应外部环境的快速变化。

三、对跨文化管理的要求

国际企业能在多大程度上运用其在本国的经验，以及为了适应海外市场经营需要做出多大的改变等，这些都取决于两国之间的文化背景的相似程度与差异之处。国际企业在进行投资与商务决策的时候，需要认识到文化管理也是企业经营管理中不可忽视的地方。特别要注意区分不同国家的文化差异，并在此基础上制定恰当的经营发展战略，以减少文化影响的负面效应。

通常说来，跨文化管理主要有四种思路：本国中心论、客国中心论、区域中心论和全球中心论。其中，本国中心论强调母国的优越性，主张国际商务活动照搬本国的管理方式，为国别差异所进行的无谓调整不一定符合成本—收益分析；客国中心论则强调文化差异的重要性，主张根据各国的特点和实际情况开展商务活动；区域中心论认为在一定区域范围内的国家群体往往社会文化背景比较相似，在语言交流、宗教信仰、生活习惯和风俗人情等方面重叠较高，在这些国家群体间开展商务活动可以基本照搬本国的生产经营等管理经验，但是对于非区域内的国家可能存在较大的文化差异，应当根据当地的实际情况再做决策；全球中心论则认为最佳的管理方式是没有文化色彩的，应当以企业效益最优为目标来展开商务活动，根据实际需要来进行管理方式和经营战略的选择。从理论上来看，全球中心论最符合企业的利益诉求，是最为理性和科学的。但是在实际情况中，企业采取何种管理思想，不仅是比较每种实施方案的成本—收益分析，还受制于可行性、国情、政治等多种因素的影响。

进行有效的跨文化管理，增强国际企业对文化环境的适应性有多种对策。其中文化学习就是一种有效的针对文化差异所做出的人力资源管理培训方式。通过向特定文化背景下的成员展示其他文化的日常习惯、思维方式、角色理解、价值观念乃至宗教信仰，使其更好地理解文化差异，包容与接收外来文化，最终减少文化差异的负面影响，实现文化间的互融共通。

文化管理的目的在于：通过加强企业内部基于国别差异的不同群体对文化差异的认识与理解，减少内部分工合作的摩擦，提高生产经营效率，增强企业成员间的联系与亲密感，提升企业凝聚力和对企业文化的认同，为企业的和谐发展奠定文化认同基础；通过加强对东道国文化差异的认识，对发展经营战略做出适当的改变，以加快融入东道国社会环境之中，提高在东道国的经营效率，顺利完成战略拓张的企业发展目标。

第三节　政治法律环境

一、国际商务中的政治环境

政治环境包括国际政治环境和国家内部政治环境。国际政治环境主要指国家间的外交关系，国家内部政治环境主要指政治体制、执政党的性质、政府政策、民族主义以及政治风险等因素。政治环境直接决定了国际企业能否顺利开展国际商务活动，同时对贸易投资的效率、资金的安全性、企业经营目标的实现都有着直接的影响。考察目标国家的政治环境，可以从以下几个方面入手：

（一）政治体制

政治体制（Political System）是指一国政府的基本结构和组织形式，包括国家的政治、行政和经济管理体制，政府部门结构以及选举制度等。政治体制往往与经济制度紧密相连，民主政治是自由市场经济的基础，集权政治下政府对经济的管制通常也更为严格。国家的政治体制不同，往往会在政府管理、市场开放程度、行政审批效率、对外资的政策等方面存在差异，从而对国际企业的国际商务活动产生正面或负面的影响。

（二）执政党的性质

从世界范围来看，国家的政党体系可以分为一党制、两党制和多党制这三种政党形式。其中，一党制普遍存在于社会主义国家之中，两党制以英国、美国为代表，西欧各国则实行多党制。

在一党制国家里，执政政策通常具有较强的连贯性，国际企业在融入东道国的环境后能保持自身发展战略实施的连贯性，而不必受制于政治环境变化的影响而频繁变更。在两党制或多党轮流执政的国家，由于各政党的政治主张和代表的阶级立场差异，在政府政策方面其主张往往有所不同，当执政党交替更迭时政府主张也往往随之变动，国际企业需要根据执政党的性质、政策导向对自身的发展战略进行适当的调整。

（三）政治的稳定性

政治稳定性（Political Stability）是指一国政局是否稳定，是否面临恐怖主义袭击、战争等因素的威胁，是否影响社会整体的稳定。政治的稳定性直接影响到国际企业的生产经营能否持续稳定地开展。政局的动荡容易挫伤人们生产、消费的积极性，国际企业的生产经营也处于不稳定、间断的状态之中，难以实现规模效应。国际企业在评估目标国家的政治环境时，在分析潜在动荡因素的同时还应当提前做出应急预案以便应对突发情况。

（四）政府政策与民族主义

国际企业在进入目标国家的市场时，还需要考虑东道国对外资持欢迎还是拒绝的态度，实施的是鼓励还是抑制外资的政策。通常可以从对外资进入领域的限制、对外资的税收政策、对外资生产经营活动的干预程度等方面入手，考察东道国政府在准入限制、税收政策、价格管制、外汇管制、征用与没收这些具体层面的态度与举措。

在民族主义倾向下，一国一方面希望引进大量外资来提高本国的生产效率，促进经济发展；另一方面又不希望外资与本民族的弱势企业平等竞争，蚕食乃至垄断本国的产业。因而会对外资企业的经营采取种种限制，比如限制外资的投资领域与股权比例、强调国产化比重、限制利润汇出等，甚至对外资进行国有化，前些年，我国东北企业家前往朝鲜投资就曾遭遇企业被强制没收的困境。

因此，国际企业在进行国际商务决策时，应当认真研究目标国家政府的政策及其对外资的态度友善与否，借以决定是否开拓或维持在该国的经营。

二、国际商务中面临的政治风险

政治风险（Political Risk）是指由于各种政治因素使东道国的生产经营环境发生了超过某种程度的变化，进而对国际企业的生产经营带来不利影响的可能性。政治风险来自宏观和微观两个层面：宏观政治风险通常是由全局性政治事件或政府行为所引起，对全国范围内的外国资本和经营者造成的系统性风险，如战争、宗教冲突或政变；微观政治风险通常是由影响单个领域的政策或行动所造成，构成某些行业或企业特有的风险。例如，出于国防安全的考虑，东道国要求交通通信企业国有化，这时处在该领域的外资企业就首当其冲受到管制等影响。下面，我们从四个方面来具体阐释国际企业可能面临的政治风险：

（一）外汇管制

对于那些长期处于贸易逆差、缺少外汇收入的国家来说，为促进国际收支的平衡，可能会制定某种政策对境内所有企业的外汇收支加以控制。具体措施包括：一切外汇收入均须以官价结售给该国的中央银行，一切外汇支出均须得到国家外汇管制机构的批准，对外国投资者所能汇出的利润或资本数额有数量上的限制。

东道国外汇管制对国际企业的影响表现为两个方面：一是国际企业的利润和资本难以自由汇出和抽离；二是生产所需的机器、零件和原材料等难以按需进口，从而影响企业在东道国经营活动的开展。

（二）贸易壁垒

为了保护民族工业的发展，东道国常通过提高关税以削弱国外产品的市场竞争力，或利用进口许可、配额等行政手段来限制外资企业的零部件、原材料、设备以及其他物资的进口。这就是贸易壁垒（Trade Barriers），又称贸易障碍。

东道国设置进出口贸易壁垒对国际企业的影响表现为两个方面：一是外资企业可能需要付出更高的努力降低成本才能抵消东道国本土产业因关税而带来的价格优势，如果成本—收益分析不符合国际企业的发展策略，外资可能选择缩小甚至退出该国市场；二是进口限制使得在东道国投资的企业无法顺利获取所需的资源，可能不得不采购并使用当地零部件、原材料，这些在当地采购的零部件、原材料可能无法达到外资企业的生产要求，从而面临产品质量缺陷的风险提高。

（三）价格管制

价格管制（Price Control）是西方国家的政府为了防止生活费用不断上涨而对商品和劳务价格实行的管理。一般而言，价格因市场的供求关系而自动调节。当市场的这种价格自动调节机制遭到破坏，商品或服务的市场价格严重偏离其价值，而损害到消费者的利益和经济体的整体利益，影响到公平和效率时，政府采取行政措施直接管制价格水平。例如，一国在特殊时期规定基本的民用必需品采用官方价格，或为抑制通货膨胀而实行价格管制，如美国尼克松政府在20世纪70年代初期的价格管制政策。

在价格管制的情况下，外国企业在当地的生产成本增加，利润减少。尤其是当某一外国企业的产品恰好被纳入价格管制清单时，就会产生价格扭曲，进而导致经营紊乱。

（四）征用或没收

征用（Expropriation）是指东道国政府在将外国企业在该国的投资收归国有时以某种方式给予一定的补偿。没收（Confiscation）是指东道国政府采用强制措施将外资企业或合资企业中的外资股份无偿收归国有。

征用和没收使得其资本变为国有化是国际企业在生产经营中可能遇到的最严重的政治风险，也是最为严重的损失之一。但是，随着近年来国际局势的缓和，这种形式的政治风险显著降低。一方面是因为各国政府已认识到引进外资对本国经济发展的作用；另一方面，东道国所采取的这些极端措施也会招致投资国的报复或制裁，从长期来看，不利于本国经济的成长。

三、防范政治风险的措施

制定应急措施和防范策略，降低政治风险对国际企业经营发展的负面影响，是每个国际企业都需要考虑的命题。常见的防范政治风险的措施有以下两类：

（一）一体化与适应性策略

一体化策略是指通过采取多种措施使国际企业在东道国的子公司尽可能地融入当地经济，实现一体化，成为东道国经济中不可缺少的一部分。具体的适应性策略主要有以下几种：

1. 战略性的合资经营

国际企业在东道国直接投资时，通过提供优惠条件同当地政府或企业共同出资、合资经营，使东道国政府或企业参与到国际企业的经营当中，使得外资与本土企业的经济利益紧密相连，极大提高了外资经营的安全性。

2. 人员本地化

外资进入东道国市场后，在控制关键技术的同时，尽量增加聘用当地居民的比例，在管理层中适当纳入东道国公民。这样一旦当地政府计划对外资企业实施不利的行动，就会受到当地工会的阻碍。

3. 帮助国产化

提高产品构成的国有化程度，在当地采购原材料、半成品、零部件，与东道国企业形成联系紧密的产业集群，促进东道国民族工业的发展，使得政府意识到对外资的管制、征用会影响到民族工业的发展进而作罢。

4. 投融资本土化

减少股权投资，充分利用当地金融市场筹资，或从东道国政府和当地银行吸收资金，尽量增加债务结构中当地债务的比例，与东道国的金融体系紧密相连。

（二）保护性和防御性策略

与一体化措施相反，保护性和防御性策略旨在采用一系列措施阻止东道国政府干涉企业经营，也就是促进国际企业在当地子公司与当地环境的非一体化。具体措施包括以下几点：

1. 项目谈判时争取政府许可

在投资前，通过谈判等方式与东道国政府在资金汇出、内部价格、股权控制、用工政策、经营权的具体范围等方面达成有关协议，这在一定程度上约束了东道国对外资的随意干涉与管制行为，有利于降低被征用或没收的风险。

2. 控制关键技术的本地化

在东道国当地合资企业中，牢牢控制生产的关键技术。国际企业对技术的垄断使得东道国的资本依附外资的技术才能实现正常生产经营，对东道国政府起到一定的震慑作用。此外，对于政治风险较大的国家，国际企业可以选择将科技研发与关键技术部门仍然保留在母国，对东道国合资企业输出关键零部件和产品，并在必要时向东道国合资企业输出技术，这样一旦东道国突然没收了当地合资企业，研发设施也不会受到威胁，从而降低企业的损失。

3. 管理控制

对需要专业技能和掌握关键技术的岗位都由国际企业从海外派来的人员担任，对当地人员的使用局限在企业的非重要部门，即使东道国没收企业，当地人员也无法有效地管理企业。

4. 提高子公司对母公司的依赖性

将海外子公司纳入国际企业的分工体系，子公司可在总公司的生产经营安排下，从事专业化程度较高的零部件生产或仅从事某个阶段的生产加工。这种企业生产与技术上的非独立性，在一定程度上阻碍了东道国的国有化计划，因为收购该企业后，东道国无法独立地生产完整的产品来获得收益。

四、国际商务中的法律环境

法律环境（Legal Environment）是国际商务活动中所面临的最复杂的环境因素之一，它包括各种国内法规、国外法规、国际法规及各种惯例。国际企业在从事商务活动时必须在法律允许的范围内进行。不同的法律体系和法律环境对国际企业的规定与限制不同，进而对国际企业的生产经营产生不同的影响。充分认识各国法律制度的异同和国际惯例，对于国际企业在全球范围内顺利开展商务活动具有很强的现实指导意义。世界范围内现行的法律体系主要有大陆法系、普通法系和宗教法系：

（一）大陆法系

大陆法系（Civil Law）一般是指以罗马法为基础而形成和发展起来的一个完整的法律体系的总称。大陆法系名称的由来就是由于该法系首先是在欧洲大陆出现和形成的，它具有法典的特征，因此，大陆法系又称为法典法系（Code Family）。

大陆法又称成文法，是世界上最普遍的法律体系。其主要特点是强调成文法的作用，法官在判决时有一套系统的、条理化的、详尽的法律条文作为判决依据，有刑法、民法和商法等多种具体形式。在实施大陆法的国家，明确的法律条文非常重要，而且法律条文应尽可能包括所有的法律事实和情况。大陆法系中法律条文的系统化、条理化使得实施大陆法的各国在法律领域的共性较强，但由于不是参照以前的判决来判决现有案例，同样的法律条文在不同国家也会产生解释上的偏差。目前，大多数欧洲大陆国家如法国、德国及其前属殖民地国家，整个拉丁美洲，以及非洲、亚洲的大部分国家都采用大陆法系。

（二）普通法系

普通法系（Common Law）又称英美法系或海洋法系，是指以英国普通法为基础，但并不仅指普通法，它是指在英国的三种法律，即普通法、衡平法和制定法的总称。普通法起源于中世纪的英格兰，世界人口的三分之一生活在普通法司法管辖区或混合民法系统中。

普通法又称判例法，其特点是基于不成文的原则以及由习惯、惯例和以前裁决所确定的判例来判决现有案例，成文法只是对判例的修正与补充，具有较强的历史追溯性。在实施普通法的国家里，真正生效的不是法律条文本身，而是过往法院基于同类案例对法律条文的解释，这意味着不同国家间可能存在着明显的法律差异。例如，对于有缺陷产品的法律责任，美国的生产商往往要比英国的生产商更易受到起诉。目前，实施普通法的国家主要包括英国及原英属殖民地国家和地区，包括美国、加拿大、澳大利亚、印度、新西兰、中国香港等，以及大部分加勒比地区。

（三）宗教法系

宗教法（Religious Law）是指建立在宗教信仰基础之上的法律，典型代表是伊斯兰法律。由于其宗教信仰的特殊性和信徒的广泛性，也被单独作为一种独立的法律体系与大陆法和普通法并列。目前，这种法律主要存在于伊斯兰世界，包括了27个国家。

伊斯兰法律与其他法律体系的主要区别之一在于禁止利息，阿拉伯银行不能对存款支付利息和向贷款者收取利息。《古兰经》中禁止赚取不合理的利润，因而贷款利息这种行为被认为是非法的。这种做法显然影响了银行和金融业的正常活动，为了在世界市场上展开竞争，阿拉伯银行采用了变通的办法，即支付相应的费用，银行对贷款者收取手续费，而银行的存款人则得到银行盈利的分红。

五、国际商务中的法律问题

根据国际商务活动所涉及的利益群体，我们选取国际商务活动中的投资问题、产品质量、劳资关系、环境保护这几个方面，来具体介绍其中可能遇到的法律问题。

（一）外商投资法

外商投资在带来资金、技术促进东道国工业进步和经济发展的同时，会影响当地民族企业的发展，甚至可能控制当地的经济命脉。出于民族保护主义，各国政府均建立了较为完备的外资法对外国资本的进入进行管理，主要包括：投资和贸易管制、资本流动管制和所有权管制。

投资和贸易管制直接影响着国际企业对国际商务活动方式的选择。在宽松开放的法律环境下，国际企业有更大的自主权选择国际商务方式；而在限制严格的法律环境下，国际企业的经营活动会受到许多约束。目前，大多数发达国家对投资和贸易的限制较少，而广大发展中国家也在积极改变法律以吸引更多的外资进入。

资本流动管制包括对资本国际间流动的直接限制和通过货币的可兑换性限制国际企业资金的流动。西方发达国家对资本流动的管制十分宽松，我国在外资进出方面，目前仅放开经常项目下的资本流动，对资本与金融项目下的资本流动仍进行管制。

（二）产品责任法

产品责任法的目的在于通过强化生产制造商对产品所应承担的责任和义务来更好地保护消费者的权益。不同国家在产品责任法方面对产品责任的确认、追究与处罚赔偿要求都不尽相同，这都与各国国情、文化社会传统、政府政策等多方面相关联。例如，美国现行的产品责任法遵循的是"严格责任法"，个别情况下甚至采用"绝对责任"和"完全责任"，即任何厂商都必须对因其产品缺陷所造成的人身伤亡、财产损失事件负责，不管这种缺陷在当时的科技水平下能否被预见。相比之下，欧盟的规定就没有那么严格，仅要求厂商对当下科技水平可预见的产品缺陷负责。

（三）劳资关系法

从事国际经营的国际企业必须了解目标国家在劳动雇佣及劳资关系方面的立法规定，以确认是否需要相应地调整企业的招聘方式、内部管理结构等，这些都直接影响着企业的日常经营运转。这些法律通常涵盖以下几个方面：对本国雇员与外国雇员的比例规定，许多发展中国家的法律规定都要求外资企业必须雇用一定比例的本国雇员；对妇女、有色人种就业的立法保护，许多西方国家规定企业雇用员工时，不得有性别、年龄和肤色上的歧视；对工人收入上的规定，例如有无设立最低工资标准；对工会活动的规定，当地政府是否允许工会的存在，以及对工会的活动方式和范围限制是否严格，是否允许工人罢工。此外，一些西方国家在"二战"后均制定了有关职工参与企业管理的立法，鼓励职工参与日常企业管理。

（四）环境保护法

随着世界范围内环境运动的兴起和人们对环境保护的重视，世界各国都陆续加强了环境立法。例如，许多国家对产品包装做出特殊规定，鼓励可再循环包装和绿色包装；许多国家对外商投资的行业做出规定，限制或禁止外商投资进入污染密集型产业，以防止外资利用直接投资进行污染转移。环境立法直接影响着国际企业能否顺利进入一国市场并获得竞争力，例如德国就对商品包装进行了严格的法律规定，这意味着国际企业要满足这些环境保护法律的限制就必须采用更环保的原料和更清洁的生产方式，而这通常意味着企业生产成本的负担增加。

第四节　技术环境

进入 21 世纪以来，科技在世界经济增长中的突出地位越发明显，科技进步对生产效率的提高和生产方式的转变都有着不言而喻的重要作用，对商务活动的各方面也产生着潜移默化的影响。因此，分析一国的技术环境状况，对于国际企业做出科学的商务决策、制定合理的发展战略具有重要意义。

一、技术环境对国际商务活动的影响

技术是第一生产力，是提高生产效率和产品附加价值的重要途径。对国际企业而言，掌握关键技术就等于拥有核心竞争力。因此，在新经济时代，认真分析外部科技环境和企业内部技术实力，选择恰当的科技发展战略，对于国际企业保持核心竞争力，实现可持续发展具有重要意义。

技术环境（Technical Environment）对国际商务活动的影响主要表现在两方面：一方面，技术的发展能有效促进商务活动的开展。在工业革命以前，受制于地缘环境隔绝、交通工具不方便等因素的影响，各国经济主要局限于国内市场交易，国际贸易十分有限。第一次工业革命使得动力技术发生革命性的变化，交通工具得以发展改良，促进了国际贸易的发展；第二次工业革命之中，电话、电报等信息沟通工具的进步使得跨国交易与投资变得更为便捷；而随着第三次工业革命和信息技术的广泛应用，尤其是互联网技术、航空技术的发展进步，使得全球联系更为紧密，极大改变了国际商务活动的运作方式，促进了各种形式的国际商务活动的开展和国际企业的发展扩张。

另一方面，技术转移为企业拓展海外市场、谋求国际合作、实现全球分工提供机遇。随着全球经济一体化的深入，企业不满足于国内的分工合作，开始在全球市场上寻求资源的优化配置和生产效率的提高，形成了以技术、标准、规则为中心，全球化生产为特点的温特尔主义①产业模式。在技术转移的大趋势环境中，发达国家的企业实现了降低生产成本、开发国际新兴市场的目标，发展中国家的企业也通过技术承接与引进吸收，增强了企业的技术创新和应用能力，获得长足的进步。

二、技术环境的具体影响因素分析

企业外部技术环境涵盖的范围很广，包括技术创新能力、R&D 费用、技术转化能力、教育水平和人口素质、国家科技政策等。

（一）技术创新能力

技术创新能力（Technological Innovation Capability）是衡量一国科技发展水平的重要因素，更是影响企业国际商务决策的重要因素。技术创新能力强的国家，一般经济环境较为创新、开放，发展速度很快，竞争较为激烈。对于拥有创新技术的企业，在考虑进入目标国家市场时，一方面需要考虑目标国家是否有较强的技术创新能力和技术模仿能力，若该国技术创新能力较强，企业所掌握的技术将会有较大的竞争压力；另一方面企业进入目标市场是为了寻求与目标国家的技术合作，那么拥有较强技术创新能力的国家将是有志于提升企业科技含量的不错选择。衡量一国技术创新能力的指标主要有"专利申请受理量"和"专利申请授权量"等。

（二）R&D 费用

R&D 费用（R&D cost）是指一国（或一个企业）在科技研究开发方面的投入支出，它反映了一国（或一个企业）对科技创新的重视程度与投入比重，也侧面体现了一国的技术创新环境是否优越和宽松。一般情况下，我们可以采用"R&D 活动人员全时当量②"和"专业技术人员数"来衡量人才投入的规模与强度；采用"R&D 经费内部支出"和"R&D 经费占 GDP 的比重"来代表资金投入规模与强度。

（三）技术转化能力

技术转化能力（Technology Transformation Capability）是指科技发明投入实际生产并成功获得产品市场的能力。如果说技术创新能力是关键，那么技术转化能力就是联系科技与经济必不可缺的桥梁，成功的技术转化才能实现新技术、新产品的出现和生产效率的提高，实现经济发展方式的根本转变。评估一国的技术转化能力，可以看是否拥有众多联系紧密的产学研合作机构，是否有成熟的科技中介服务机构，是否建立了科学合理的科技成果评估体系与机构，以及企业拥有独立研发部门的比例等。

（四）教育水平和人口素质

人力资本是影响企业经营成功的重要因素，而一个国家的教育水平则直接反映了人力

---

① 温特尔主义（Wintelism）是 Windows + Intel 的组合，是指围绕产品标准在全球范围内有效配置资源，形成标准控制下的产品模块生产与组合。温特尔主义利用掌握的强大信息网络，以产品标准和全新的商业规则为核心，控制并整合了全球的资源，使得产品在其最能被有效生产出来的地方以模块化方式进行组合。

② R&D 活动人员全时当量是国际上通用的、用于比较科技人力投入的指标。是指 R&D 全时活动人员（全年从事 R&D 活动累计工作时间占全部工作时间的 90％ 及以上人员）工作量与非全时人员按实际工作时间折算的工作量之和。

资本的质量，即劳动力的素质。一国的义务教育越普及，人们受高等教育的比例越高，往往代表着人口素质更高，在科技创新方面的实力更强，同时也更具有包容心，愿意去学习引进、消化吸收外来先进技术来化为己用。衡量一国的教育水平和人口素质的高低，通常表现为义务教育的普及程度、国民对教育的态度、国家的教育制度和结构等方面。

（五）国家科技政策

一国的科技政策一方面可以看作是政治环境的影响，但同时它也是构成科技环境的重要方面。考虑一国的科技政策的风向，对于国际企业进行国际商务决策具有战略上的指导意义。如果目标国家的科技政策较为宽松包容，积极引进外来技术并给予优惠政策，这对于一个符合要求的科技型企业来说是一个良好的开拓海外市场的机会，应当积极进入；反之，如果目标国家为了保护本民族科技企业而采取民族保护主义科技政策，那么该企业在做出决策前需要考虑投入成本—收益分析是否符合预期，再做打算。因此，分析一国的科技政策是否有利或限制了企业的竞争力，对于企业做出国际商务决策具有现实指导意义，企业应当动态关注一国科技政策的变化方向并积极做出调整。

三、企业外部技术环境分析

根据科技发展环境变动的程度，我们可以将科技发展环境分成稳定型、反应型、先导型和创新型这四类。企业外部科技环境从稳定型向创新型变化，代表着国际间的技术竞争从不激烈到激烈，国外技术的可获得性从容易到困难，国家的工业化程度从低到高，国家科技政策（包括 R&D 投入政策、对该行业科技发展的倾斜程度）由不倾斜到倾斜。随着科技环境从稳定型向创新型的转变，其对企业的技术能力要求也越高，需要投入更多精力来制定企业的科技发展战略。其中，对于外部科技环境的评估指标可以参照表 4 - 3。

表 4 - 3　企业外部科技环境评估指标

外部科技环境评估指标（评估分数）	稳定型（0.5）	反应型（1.5）	先导型（2.5）	创新型（3.5）
国际竞争环境	不激烈	一般	激烈	很激烈
国外技术的可获得性	容易	一般	难	很难
工业化程度	低	一般	高	很高
人均 GNP	<300	300～2000	2000～4750	>4750
对军事的考虑	少	一般	多	很强
人口与环境的压力	弱	一般	强	很强
国家科技政策	不倾斜	一般	倾斜	很倾斜

运用加权平均法，对企业外部科技环境进行评分，当平均得分在（0，1）之间时，企业外部科技环境为稳定型；当分数在（1，2）之间时，企业外部科技环境为反应型；当企业得分在（2，3）之间时，企业外部科技环境为先导型；当分数在（3，4）之间时，企业外部科技环境为创新型。在明确企业外部科技环境的基础上，根据企业自身的技术实

力和发展定位来制定相应的科技发展战略，对于企业做出正确的商务决策具有重要意义。

第五节　国际商务环境评估

在了解国际商务环境构成要素的基础上，国际企业还需要采用一些专门方法对目标国家的商务环境进行更为精确的评估，并在此基础上做出最终的商务决策。了解目标国家的商务环境是商务决策的基础，但在进行具体的国家选择时我们还需要对一些具体的指标进行详细的分析，同时还需要掌握一些有用的国际商务环境评估方法，为我们的实际商务决策做出指导。

一、国际商务环境评估原则

在进行国际商务环境评估的时候，掌握科学的评估方法和评估原则，对于我们做出正确的商务决策具有重要意义。为此，首先我们要明确以下三点国家商务环境评估所需遵守的原则：

1. 一般与特殊相结合

该原则要求既要从宏观层面对国家整体的商务投资环境进行分析，同时还要结合行业特征和企业自身的定位要求对具体的区域投资环境进行分析。

2. 定性分析与定量分析相结合

该原则要求不仅仅用定性分析来判断一国商务投资环境的好坏，还要对不同国家的商务投资环境进行定量比较，得出更为精确的评估分析结果（排序或打分等）。

3. 静态分析与动态分析相结合

该原则要求既要分析目标国家的商务环境现状，还要分析预测其商务环境各构成要素的变化趋势。

二、国际商务环境评估方法

（一）"冷热国"比较法

美国学者伊西·里特瓦克（Isi Litvac）和彼得·班廷（Peter Banting）根据他们对20世纪60年代后半期美国、加拿大等国投资者在选择投资场所时所考虑的因素的调查资料，提出通过七种因素对各国投资环境进行统一尺度的综合比较分析，从而形成了关于投资环境的"冷热国"对比分析法。该方法用"冷"和"热"两个维度来描述投资环境的优劣，"冷因素"代表该项因素对投资决策的影响是负面的；"热因素"则代表该项因素对投资决策的影响是正面的，从而"热国"代表适合投资的环境，"冷国"代表不适合投资的环境。

这七类因素罗列如下：①政治稳定性及政治体制（现状及趋势）；②市场机会（现有的和潜在的）；③经济发展和成就（过去、现在、未来）；④文化一元论（东道国国内）；

⑤法律法规的阻碍（法律条文、法律制度、执法）；⑥自然环境的阻碍（因行业而异）；⑦地理文化差异（东道国与投资国之间）。

在上述七类因素中，按其对投资经营活动的影响是否有利、性质和程度深浅分别记为"大""中""小"三个级别。如果前四类因素的程度大，则代表着是"热"环境因素，反之则是"冷"环境因素；后三类因素的程度大，则代表着"冷"环境因素，反之则是"热"环境因素。运用"冷热国"分析法对所有目标投资国的上述七类因素所得到的级别进行对比，最终确定最优的投资国家。

在里特瓦克发表的《国际商业安排的概念构架》一文中，他从美国投资者的角度出发，对10个国家的投资环境进行了评价，并得出如下结果，如表4-4所示。

表4-4　"冷热国"对比

国家	性质	政治稳定性等	市场机会	经济发展和成就	文化一元论	法律法规阻碍	自然环境阻碍	地理文化差异
加拿大	热	大	大	大		小		小
	冷				中		中	
德国	热	大	大	大	大	小		
	冷						中	中
英国	热	大			大	小	小	小
	冷		中	中				
希腊	热					小		
	冷	小	中	中	中		中	大
西班牙	热							
	冷	小	中	中	中	中	大	大
日本	热	大	大	大	大			
	冷					大	中	大
印度	热							
	冷	中	中	小	中	大	大	大
埃及	热							
	冷	小	小	小	中	大	大	大
南非	热							
	冷	小	中	中	小	中	大	大
巴西	热							
	冷	小	中	小	中	大	大	大

表4-4所列的加拿大、英、德、日、希腊、西班牙、巴西、南非、印度、埃及等国的顺序就反映了这10个国家的投资环境在美国投资者心目中的由"热"至"冷"的顺序。

一般认为，冷热法是最早的一种投资环境评估方法，虽然在因素（指标）的选择及其评判上有失笼统和粗糙，但它却为评估投资环境提供了可利用的框架，为以后投资环境评估方法的形成和完善奠定了基础。

（二）罗氏多因素等级评分法

罗氏多因素等级评分法（Roche Multifactor Rating Scale）是美国经济学家罗伯特·斯托鲍夫（Robert Stopov）在1969年发表的文章《如何分析国外投资环境》中提出的一套商务环境评估方法。该方法从东道国对外资的限制和鼓励政策出发，列举了构成东道国投资环境的八大因素，并按照对投资者的重要性大小，确定不同的评分权重，再按各种因素对投资者的利害程度，确定具体评分等级，然后将分数相加，作为对该国投资环境的总体评价。总分的高低反映东道国投资环境的优劣水平，分数越高代表投资环境越好，分数越低则代表投资环境越差。该方法的具体评价标准如表4-5所示：

表4-5　罗氏多因素等级评分法

序号	投资环境因素	分数
一	资本抽回自由	0~12分
	1. 无限制	12
	2. 只有时间限制	8
	3. 对资本有限制	6
	4. 对资本和红利都有限制	4
	5. 限制繁多	2
	6. 禁止资本抽回	0
二	外商股权比例	0~12分
	1. 准许并欢迎全部外资股权	12
	2. 准许但不欢迎全部外资股权	10
	3. 准许外商占大部分股权	8
	4. 外商最多不得超过一半股权	6
	5. 外商只允许占小部分股权	4
	6. 外资不得超过股权的三成	2
	7. 不准外资控制任何股权	0
三	对外商的管理程度	0~12分
	1. 对外商与本国企业一视同仁	12
	2. 对外商略有限制，但无管制	10
	3. 对外商有少许管制	8
	4. 对外商有限制，并有管制	6
	5. 对外商有限制，并严加管制	4
	6. 对外商严格限制，并严加管制	2
	7. 禁止外商投资	0

续表

序号	投资环境因素	分数
四	货币稳定性 1. 完全自由兑换 2. 黑市与官价差距小于一成 3. 黑市与官价差距在一成到四成之间 4. 黑市与官价差距在四成到一倍之间 5. 黑市与官价差距在一倍以上	4~20分 20 18 14 8 4
五	政治稳定性 1. 长期稳定 2. 稳定，但因人而治 3. 内部分裂，但政府掌权 4. 国内外有强大的反对力量 5. 有政变或动荡的可能 6. 不稳定，极有可能发生政变或动荡	0~12分 12 10 8 4 2 0
六	对关税保护的态度 1. 给予充分保护 2. 给予适当保护，但以新工业为主 3. 给予少量保护，但以新工业为主 4. 很少给予或不予保护	2~8分 8 6 4 2
七	当地资本的可供能力 1. 成熟的资本市场，公开证券交易所 2. 少量当地资本，有投机性证券交易所 3. 当地资本有限，外来资本不多 4. 短期资本极其有限 5. 资本管制很严 6. 资本高度外流	0~10分 10 8 6 4 2 0
八	近五年的通货膨胀率 1. 小于1% 2. 1%~3% 3. 3%~7% 4. 7%~10% 5. 10%~15% 6. 15%~35% 7. 35%以上	2~14分 14 12 10 8 6 4 2
合计		8~100分

从表4-5罗氏多因素等级评分法的表格中可以看出，其所选取的因素都是对投资环

境有直接影响的、为投资决策者最关切的因素，同时又都具有较为具体的内容，评价时所需的资料易于取得又易于比较。在对具体环境的评价上，采用了简单累加记分的方法，使定性分析具有了一定的数量化内容，同时又不需要高深的数理知识，简单易行，一般的投资者都可以采用。在各项因素的分值确定方面，采取了区别对待的原则，在一定程度上体现出了不同因素对投资环境作用的差异，反映了投资者对投资环境的一般看法。

在分析的八项内容中，首先是币值稳定程度和每年通货膨胀率，占全部评分总数的34%，说明投资者十分重视东道国的币值稳定程度。严重通货膨胀指两位数值以上的通货膨胀，严重的通货膨胀会使投资者出现投资贬值，有很大的投资风险，甚至会让投资者却步。其次是资本外调、政治稳定、允许外国投资者的所有权比例和外国企业与本地企业之间的差别待遇，这四项各占评定总分的12%。这四项关系到资本能否自由出境、国际企业和东道国企业之间的竞争条件，以及对企业所有权与经营权能否控制，对投资者来说，实际上是投资的安全程度和对企业所有权与经营权的控制程度，因此这四项共占评定总分的48%。最后是给予关税保护的态度和当地资本市场的完善程度，这两项分别占评定总分的8%和10%，所占比重较轻。

但是在使用这种方法时应该注意以下几个问题：

第一，影响国际企业经营与投资的八个因素对不同企业的投资影响程度是不同的。例如，有没有关税保护这一项，对以内销为主的企业至关重要，而对外销为主的企业则没有多大关系。

第二，各项因素难以适当加权，而且有些因素可能具有决定性作用。例如，某国的投资环境评分为85分，但政治上极不稳定，那么该国的投资环境如何，不能单纯用这个评分来说明并下结论。

第三，上列评分标准只适合一般性投资评估。如果投资产业对某种因素非常敏感，则需要参照其他标准进行评分。

第四，随着时间的推移，投资环境可能发生某些变化，因此，过去的评分结果，不一定适用于现在和将来的投资环境分析。

罗氏多因素分析法由于具有定量分析和对不同因素的详细分析等优点，深为投资决策者和学术研究界所欢迎，是运用较普遍的一种投资环境评价方法。

（三）道氏动态分析法

投资环境不仅因国别而异，即使在同一个国家，不同时期的投资环境也会有显著的差异，因此在对目标国家的商务投资环境进行评估时，既要注重分析当前的环境如何，还需要分析预测环境的稳定性、变化的可能性等，以便确定这些变化在一定时期内对投资活动的影响，进而选择是做出长期投资还是短期投资的决策更符合国际企业的利益。

从这一角度出发，美国道氏化学公司制定了一套投资环境的动态分析方法，简称道氏动态分析法（Dow Dynamic Analysis）。其基本内容如表4-6所示。

道氏公司认为，投资者在国外投资主要面临两类风险：

一是正常企业风险又叫竞争风险。它存在于任何基本稳定的企业环境之中，是市场经济发展的必然结果。

表4-6 道氏动态分析法

企业现有业务条件	引起变化的主要压力	有利因素和假设的汇总	预测方案
估价以下因素： 1. 实际经济增长率 2. 能否获得当地资产 3. 是否存在价格管制 4. 基础设施是否完备 5. 利润汇出规定 6. 再投资自由 7. 劳动力技术水平 8. 劳动力稳定性 9. 投资刺激 10. 对外国人的态度 ……	估价以下因素： 1. 国际收支结构及趋势 2. 被外界冲击时易受损害的程度 3. 经济增长相对于预测 4. 舆论界、领袖观点的变化趋势 5. 领导层的稳定性 6. 与邻国的关系 7. 恐怖主义骚乱 8. 经济和社会进步的平衡 9. 人口结构及趋势 10. 对外资的态度 ……	对前两项进行评价后，从中挑出8~10个在某国的某个项目能获得成功的关键因素，将这些因素设置成国家评估的基础，作为后续不断查核的参照	提出4套国家/项目预测方案： 1. 未来7年中关键因素造成的"最可能"方案 2. 如果情况比预期的好，会好多少 3. 如果情况比预期的差，会差多少 4. 会使企业遭难的方案

二是环境风险，即某些可以使企业所处环境本身发生变化的政治、经济、社会因素。这类因素往往会改变企业经营既有的规则和方式。

对投资者而言，这些因素的变化所造成的影响往往是不确定的，可能正面也可能负面，影响程度也不尽相同。因此道氏公司把影响投资环境的众多因素按其形成原因及作用范围的不同分为两大类：企业从事生产经营的业务条件和有可能引起这些条件变化的外部压力，这两部分又分别包括40项因素。在对这两部分下属的因素进行综合评估后，对投资项目的方案进行比较，选择出投资环境良好的国家作为投资标的。

如表4-6所示，第一栏是现有情况，第二栏是估计社会、政治、经济等外部条件对今后投资环境的影响。该公司分析以7年为周期，因为该公司预期项目决策后的第7年为盈利高峰期，这种动态分析最终要评估出未来7年中投资环境的变化，并由此制订出4套预测方案，以供决策参考。

在实际运用动态分析法进行评估时，可以根据投资项目本身的特点和所处行业的特性以及企业的战略发展目标等来灵活考察评估方案，确定不同的预测周期。

（四）国家引力—企业竞争力矩阵法

国家引力—企业竞争力矩阵是企业战略风险管理中经常运用的一种评估分析方法，它设置了两个维度，分别是不同国家的投资环境的差异和企业产品对不同国家的产品优势，通过比较企业产品与国家的距离远近得出排序，进而选择最优的投资环境。

如图4-1所示，横轴代表企业产品在一国市场中的竞争力，其包括的变量主要有：市场定位、市场份额、单位产品的净利润、利润—成本比率、分销渠道的质量等。纵轴代表国家对企业产品的引力，其包括的变量主要有：市场规模、价格管制、行政效率、关税政策、通货膨胀率、地方化要求等。对于不同的国家和不同的产业，在变量的选择上也有所侧重。

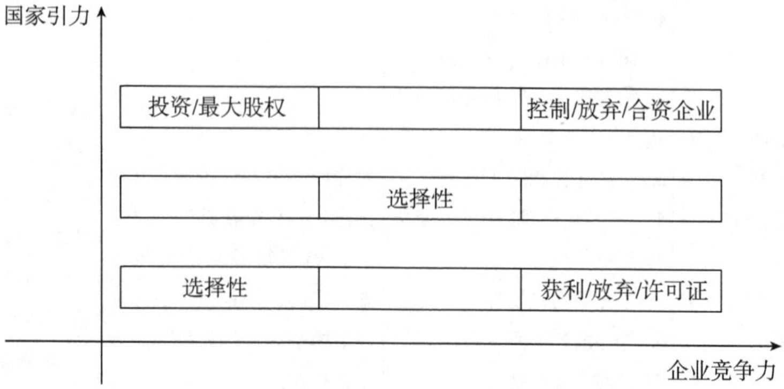

国家引力

投资/最大股权		控制/放弃/合资企业
	选择性	
选择性		获利/放弃/许可证

企业竞争力

图4-1 国家引力—企业竞争力矩阵

在图4-1中，位于左上角的国家意味着其引力较高且企业在该国市场上具有较强的产品竞争力，选择这样的国家往往更容易抓住市场机会获得成功，企业应当选择将大部分资源投入到位于矩阵左上角的国家；矩阵右上角的国家也具有较高的引力，但企业产品在该国市场上竞争力较弱，这意味着该国这一产品市场可能趋于成熟饱和，企业进入的成本较高，企业在资金允许的情况下，可考虑通过增强竞争力来争夺市场，或者选择与该国已有企业合资经营，如果成本明显过高而未来收益又不确定的情况下，可以考虑放弃进入；位于矩阵右下角位置的国家，通常不作为企业投资考虑的目标，除非有特许经营可以获得垄断利润，否则应当选择不进入或撤资以减少损失；对于位于矩阵其他位置的国家，需要视具体情况来分析再做决策。

（五）成本分析法

成本分析法是西方国家常用的一种评估方法。这一方法把投资环境的因素均折合为数字作为成本的构成。然后比较成本的大小，得出是否适合于投资的决策。英国经济学家拉格曼对此作了深入的研究，提出了"拉格曼公式"，具体内容如下：

设：C 为投资国国内正常成本；

C^* 为东道国生产正常成本；

M^* 为出口销售成本（包括运输、保险和关税等）；

D^* 为技术专利成本（包括泄露、仿制等）；

A^* 为国外经营的附加成本。

则：$C + M^*$ 为直接出口成本；

$C^* + A^*$ 为建立子公司，直接投资的成本；

$C^* + D^*$ 为转让技术专利，国外生产的成本。

比较这三种成本的大小，有以下三组六种关系：

$C + M^* < C^* + A^*$ 选择出口，因为出口比对外直接投资有利；

$C+M^* < C^*+D^*$ 选择出口，因为出口比转让技术专利有利；

$C^*+A^* < C^*+D^*$ 建立子公司，因为直接投资比转让技术有利。

除了以上提到的方法之外，还有投资障碍分析法，"闵氏多因素评估法"（也称为"关键因素评估法"），抽样评估法以及利润因素评估法等。

第五章　国际商务经营方式

第一节　国际贸易

一、国际贸易基本概念

国际贸易（International Trade）也称世界贸易，是指不同国家或地区之间的商品、服务和生产要素交换的活动。简言之，国际贸易就是商品、服务和生产要素的国际转移。国际贸易是各国之间分工的表现形式，反映了世界各国在经济上的相互共存。从国家的角度可称对外贸易，从国际角度可称国际贸易。

国际贸易作为企业进入国际市场最基本的方式，其优点主要表现在以下几点：

第一，国际贸易可以免除企业在东道国建造生产设施的高额成本。

第二，通过在一个地点集中生产产品并随后把产品出口到其他国家，企业能够从全球销售中实现较大的规模经济。

第三，目标市场的政治、经济状况恶化时，可以以较低成本终止业务。

国际贸易也有许多不足之处：

第一，从利润的角度来看，如果在国外某个地点生产某种产品的成本更低，那么从企业所在国出口这种产品，就不如在这个地点生产产品然后出口到其他国家和地区。例如，很多美国电子企业把他们的部分生产活动转移到远东地区，因为那里的劳动力成本低、员工素质高，然后他们把产品从那个地区出口到包括美国在内的世界其他地方。

第二，高额运输成本可能会使出口变得不经济。对于大宗商品而言，情况尤其如此。因此，可以选择在某个东道国生产大宗产品。这个战略一方面使企业能够实现大规模生产的经济效益，另一方面还能降低运输成本。例如，许多跨国化学企业在当地生产化工产品。

第三，东道国各种贸易壁垒的威胁有可能使出口变得非常有风险。例如，前些年由于美国国会含蓄地威胁要对日本的进口汽车课以重税，使得很多日本汽车企业决定在美国建立工厂。结果到 1990 年，日本在美国汽车销售数量的 50% 是在美国当地生产的，而在

1985 年这个比例为 0。

　　第四，对国外市场营销活动的控制程度较低。许多刚刚开始从事国际贸易的企业，通常会把营销业务交给贸易对象国的本地代理商去完成，这些代理商通常同时经营企业竞争对手的产品，因此他们对该企业并非忠心耿耿。在这种情况下，让这些代理商负责营销业务反倒不如由企业自己负责营销业务的效果好。解决这个问题的一个有效方法就是在东道国建立自己的子公司来处理当地的营销业务。这样做，企业一方面可以保持对营销业务的严密控制，而另一方面可以实现成本优势。

二、国际贸易主要方式

　　国际贸易是企业进入国际市场的重要方式。大多数生产型企业都是从做出口商开始参与国际贸易，进而进行市场扩张的，只是到了后来才转向其他的进入方式。国际贸易可分为间接出口和直接出口两种方式。

　　（一）间接出口

　　间接出口（Indirect Export）是指企业使用本国中间商来从事产品的出口。通过间接出口，企业可以在不增加固定资产的前提下进行产品的出口，费用低、风险小，而且不影响企业目前的销售利润。企业通过这种方式积累国际营销的经验，为将来选择其他方式奠定基础。间接出口有以下几种主要形式：

　　1. 专业外贸公司

　　专业外贸公司（Professional Foreign Trade Company）由于拥有人才、资金、广泛的业务渠道、多年积累的信誉、灵敏的信息网络、一定的政策优惠等优势，迄今为止，仍然是许多发展中国家出口的主力军。但是，随着越来越多的生产企业获得了出口自主权以及外资企业的介入，这种主力军的地位正在被动摇。专业外贸公司一般既从事进口，也从事出口，如我国改革开放初期的中国五矿进出口公司、中国机械进出口公司、中国技术进出口公司等。就从事出口而言，它们既扮演出口商的角色，又扮演出口代理商的角色。在我国，因为出口代理一般是间接代理，专业外贸公司仅收取有限佣金而要承担全部风险，所以它们对扮演出口代理商角色缺乏积极性。

　　2. 国际贸易公司

　　国际贸易公司（International Trading Company）的早期代表是英国的东印度公司，现代的典型则是日本的综合商社。日本的综合商社资金雄厚，人才济济，尤其是信息网四通八达，24 小时保持运转。它们内外贸兼营，从事从营销调研[①]到市场开拓，从营销、管理咨询到外汇的套期保值和信贷，从参与制造到负责分销等多种多样的业务，在促进日本产品的出口方面取得了很大成功。日本的许多中小型企业，甚至一些大型企业的产品都是通过它们打入国际市场的。日本的综合商社控制近 60% 的日本对外贸易，是除汽车和电子产品以外几乎所有产品的主要出口者。

---

　　① 营销调研是指系统地、客观地收集、整理和分析市场营销活动的各种资料或数据，用以帮助营销管理人员制定有效的市场营销决策。

3. 出口管理公司

出口管理公司（Export Management Company）亦称为出口代理公司，是一种专门为生产企业从事出口贸易的公司，一般采取直接代理的方法。这种公司的优势在于拥有外贸营销人才、渠道和信息网络，缺点在于一般规模较小，熟悉的市场有限，往往只代理几种产品，很少能包办生产企业在全球市场的出口业务。

4. 合作出口

合作出口有两种形式：一是由若干小企业组成松散的合作组织，以该组织名义从事出口业务，包括营销调研、贸易洽谈、统一定价和联合运输等；二是一家生产企业或者为了发挥规模效益，或者因为产品的互补性而利用自己的出口力量和海外渠道为另一家生产企业出口产品。两者之间的关系可以是买卖关系，也可以是代理委托关系。

5. 外国企业驻本国采购处

经济发达国家的一些大型批发商和零售商往往在其他国家设有采购处或采购中心，主动寻求合适商品销往本国或海外市场。

间接出口给企业带来的好处是显而易见的，主要有：①利用出口商或出口代理商的国外渠道和外销经验，迅速打开国际市场；②不必增设外销机构和人员，节省直接渠道费用；③减轻资金负担和减少风险。

对企业来说，间接出口也有不利之处：①对产品流向和价格控制程度较低，甚至不能控制；②难以迅速掌握国际市场信息，从而不利于提高产品对国际市场的适应性和竞争力；③无法获得跨国营销的直接经验；④难以建立企业自己在国际市场上的声誉。

（二）直接出口

直接出口（Direct Export）是指使用国外中间商从事产品的出口。在这种方式下，企业开拓国际市场的一系列活动，如目标市场调查、联系分销商、准备海关文件、安排运输与保险等都由其自身完成，因此能使企业及时获得更多的市场信息，部分或全部控制国际营销规划，并针对需求变化对其进行修改。

直接出口主要有以下四种形式或途径：

1. 设立国内出口部

国内出口部（Domestic Export Department）具体负责实际的对外销售工作。它通常由一名出口销售经理和几名职员组成。实践中，它有可能演变成为独立的出口部门，负责企业所有有关出口的业务，甚至还可能成为企业的销售子公司，单独计算赢利。

2. 国际分销商和国外代理商

国际分销商（International Distributor）直接购买企业产品，拥有产品所有权；而国外代理商（Foreign Agent）是代表企业在国际市场推销企业产品，不占有产品，但要收取佣金。在企业不了解国外市场又想尽快地进入国际市场时，可以把产品卖给国外分销商，或委托国外代理商代售。

3. 设立驻外办事处

设立驻外办事处（Overseas Office）实质是企业跨国化的前奏。办事处可从事生产、销售、服务等一条龙服务。其优点是：①可以更直接接触市场，信息回馈准确迅速；②可以避免代理商的三心二意，而集中力量攻占某个市场。但其缺点是设立国外办事处需要大量投资。

4. 建立国外营销子公司

国外营销子公司（Foreign Marketing Subsidiary）的职能与驻外办事处相似，所不同的是，子公司（Subsidiary）是作为一个独立的当地公司建立的，而且在法律上和赋税上、财务上都有其独立性，这说明企业已更深入地介入了国际营销活动。

直接出口对企业的好处主要体现在：①能较迅速地掌握国外市场动向，从而有利于企业改进产品，提高产品对国际市场的适应性和竞争力；②有利于积累跨国营销经验和树立企业在国际市场的声誉，从而有利于开拓国际市场；③增加了企业对产品流向和价格的控制能力。

直接出口对企业的不利之处在于：①需要增设专门的外销机构和人员，承担直接渠道费用；②加重了资金周转的负担，增加了风险；③对一个初步进行直接出口的企业来说，总要碰上如何寻找目标客户，建立自己的国外渠道这样一个困难。如果解决不好，企业将无法顺利进入国际市场。

三、国际贸易基本流程

国际贸易最常见的形式就是国际货物贸易，它构成了国际贸易中最基本、最主要的部分，它是一国发展对外经济往来的基础。国际货物贸易（International Trade in Goods）是指世界各国或地区之间进行货物交换的活动。国际货物贸易包括出口贸易和进口贸易，本书将以国际货物出口贸易为例阐述国际贸易的基本流程。

在国际货物出口贸易中，由于交易方式和成交条件不同，其业务环节也不尽相同。但总体而言，国际货物出口贸易基本流程一般包括以下三个阶段：

（一）交易前准备工作

1. 出口商需要选择销售市场及交易对象

出口商通过深入的市场调研，进而了解消费者的购买能力和消费习惯、消费水平等问题，以此来选择一个较为适当的销售市场。同时，出口商应通过与客户的直接接触，或通过政府机构、银行及咨询公司等多种渠道全面了解客户的政治背景、资信状况及其经营能力，从而选择政治上友好、资信状况良好、经营能力较强的客户作为交易对象，并与之建立稳定的贸易关系。

2. 制订出口商经营方案

出口商经营方案是在一定时期内对外推销某种或某类商品的具体安排，是对外洽商交易的依据。其主要内容包括国内货源情况，国外市场情况，对其他国家和地区出口计划的初步安排，对客户、贸易方式、运输方式、收汇方式等选择，以及对价格与佣金的掌握和对出口经济效益的核算。

3. 做好出口商品的广告宣传

出口商可以委托国外代理人或广告商，通过广播、电视、报刊、网络等大众传播媒介，或通过举办展览、印发宣传品等各种方式，将产品的用途及突出特点介绍给特定市场上的消费者，力求加深消费者对商品的印象。

（二）合同的签订

合同的签订过程就是交易磋商过程。交易磋商（Negotiation of Business）又称为合同磋商，是买卖双方就买卖商品的有关条件进行协商以期达成交易的过程。在国际贸易中，交易磋商直接关系到交易双方能否顺利履行合同，关系到双方的经济利益，是国际贸易中最重要的环节之一。交易磋商在形式上可分为口头和书面两种。前者是指双方当面或通过电话洽谈交易，后者是指双方通过信函、电话、传真、E – mail（电子邮件）等方式洽谈交易，主要包括以下四个环节：

1. 询盘

询盘（Enquiry）是指交易的一方有意购买或出售某一种商品，向对方询问买卖该商品的有关交易条件，询盘多数是询问价格，所以通常将询盘称作询价。询盘可由买方发出，也可由卖方发出，可采用口头形式，亦可采用书面方式。

2. 发盘

发盘（Offer）又称发价或报价，在法律上称为要约，是买卖双方中的一方——发盘人，向对方——受盘人提出各项交易条件，并且愿意按这些条件与受盘人达成交易、订立合同的一种表示。在实际业务中，发盘通常是一方在收到对方的询盘之后提出的，也可以是在没有对方询盘的情况下直接发出。通常情况下，发盘都具体规定一个有效期，作为对方表示接受的时间限制，超过发盘规定的时限，发盘人即不受约束。当发盘未具体列明有效期时，受盘人应在合理时间内接受才有效。

3. 还盘

还盘（Counter – offer）是指受盘人在接到发盘后，不同意或不完全同意发盘人在发盘中提出的条件，为了进一步磋商交易，对发盘提出修改意见。还盘可以用口头方式或者书面形式表达出来，可以是针对价格，也可以是针对品质、数量、装运和支付方式等重要交易条件提出修改意见。

4. 接受

接受（Accept）在法律上称承诺，是买方或卖方同意对方在发盘中提出的各项交易条件，并愿按照这些条件与对方达成交易、订立合同的一种肯定的表示。一方的发盘经另一方接受，交易即告达成，合同即告订立，双方就应分别履行其所承担的合同义务。构成一项有效的接受，必须具备以下条件：接受必须由受盘人作出，接受必须表示出来，接受必须在发盘的有效期内传达到发盘人，接受必须与发盘相符。

（三）合同的履行

履行合同（Performance of a Contract）是指合同当事人按照合同规定履行各自义务的行为。合同订立只表明双方当事人各自的经济目的达到了一致，只有履行了所订立的合同，才能使这种目的得以实现。本书将以目前使用最多也最具有代表性的 CIF（成本加保险费加运费）贸易术语和信用证支付的交易为例加以说明。

出口合同的履行一般要经过：备货、催证、审证、改证、租船、订舱、报验、报关、投保、托运、制单和结汇等环节。其中以货（备货）、证（催证、审证、改证）、船（租船、订舱、报验、报关、投保、装运）、款（制单和结汇）四个环节的工作最为重要。

1. 备货

备货（Stock Up）是指卖方依据出口合同的规定，按时、按质、按量地准备好应交的货物，并做好申请报验和领证工作。

2. 催证、审证和改证

在履行以信用证方式付款的出口合同时，对信用证的管理与使用直接关系到卖方的收汇安全，因此必须认真做好催证、审证和改证工作。

第一，催证（Urging Evidence）。即催开信用证，是指卖方通知或催促国外买方按照合同规定开出信用证，以便能及时交货。按照合同规定，及时开证是买方的主要义务，如果在合同中对开证的时间未做规定，买方也应在合理时间内开出信用证。

第二，审证（Examination of Evidence）。审证是卖方在收到信用证后，依据双方签订的贸易合同和有关国际惯例，特别是《跟单信用证统一惯例》的规定对信用证的内容逐项审核。虽然信用证是根据合同开立的，其条款应该与合同条款相符，但在实际业务中，经常发现来证的内容与合同规定不一致。因此，审证关系到收汇的安全，必须认真细致。

第三，改证（Revised Certificate）。改证是对已开立的信用证进行修改的行为。改证可由开证申请人提出，也可由受益人提出，但均须征得各有关当事人的同意，方能生效。

3. 托运、投保和报关

出口企业在备妥货物、落实信用证后，应按照合同和信用证的规定，及时对外履行装运货物的义务。安排装运货物主要涉及托运、投保和报关等工作。

第一，托运（Consignment）。托运指出口企业向承运单位及其代理办理货物的运输业务。如果出口货物数量大，需要整船运输的，可租船运输；如出口数量不大，则可订班轮舱位或租订非班轮的部分舱位。

第二，投保（Insure）。在配舱工作就绪、货物装运之前，出口企业应按合同和信用证的规定向保险公司办理投保手续，填写出口货物运输投保单，列明货物名称、运输路线、运输工具、日期、险别、金额等，保险公司据此考虑接受承保，并签订保险单。

第三，报关（Declare at Customs）。报关是指货物所有人或其代理人在货物进出境时向海关申请报验，交验海关所规定的各种单证，请求海关查验放行的行为。出口企业办理出口报关手续时，应填写出口货物报关单，这是海关对出口货物凭以进行监管、查验、征税和统计的基本单据。

4. 制单和结汇

第一，制作单据（Making Documents）。出口货物装运后，出口企业应立即按信用证的规定，正确缮制各种单据，并在信用证规定的有效期和交单期内，填写出口结汇申请书，连同全套正本单据，递交银行办理议付结汇手续。出口结汇单据的种类很多，每笔业务所需要的单据、份数和缮制方法，应严格符合信用证的规定。主要出口单据包括汇票、发票、运输单据、产地证、包装单据和检验证书。

第二，交单结汇（Interchange）。交单结汇是指出口企业在信用证有效期和交单期限内，向指定银行提交符合信用证条款规定的全套单据，经银行审核无误后，根据信用证规定的付款条件，办理出口结汇。

5. 对违约的处理

在出口合同履行的过程中，若买卖双方当事人能严格按照合同规定履行各自的义务，当双方的合同义务履行完毕时，合同即告终止。但在实际业务中，由于各种原因，一方或双方当事人未按合同规定履行义务的违约情况时有发生。对违约的处理，各国法律都有明确规定。在国际货物买卖中，对违约的处理方法有很多，主要有请求损失赔偿、减低价格、换货、继续履约、解除合同等。究竟应采取何种补救措施，取决于违约的性质和具体情况。

四、国际贸易条约和协定

贸易条约和协定作为国际条约的一种，是反映并巩固国家之间在国际政治舞台上的经济力量、政治力量对比关系的一种法律形式。作为一种法律形式，它必须反映缔约国对外政策和对外贸易政策的要求，并为缔约国实行对外政策和对外贸易政策的目的服务。

（一）贸易条约和协定的概念

贸易条约和协定（Trade Treaties and Agreements）是两个或两个以上的主权国家为确定彼此的经济关系，特别是贸易关系方面的权利和义务而缔结的书面协议。一般由政府签订，有时也可以由民间组织签订。

贸易条约和协定按照缔约国的多少，可分为双边贸易条约和协定与多边贸易条约和协定。由两个主权国家缔结的贸易条约和协定称为双边贸易条约和协定，由两个以上主权国家缔结的贸易条约和协定称为多边贸易条约和协定。

贸易条约和协定与关税、非关税措施相比较，有其不同之处。许多关税和非关税措施是主权国家的政府以立法或行政措施实现的，属于国内法范畴，而贸易条约和协定受到国际法规的约束。但贸易条约和协定与其他对外贸易措施又有着密切的关系和起到相互配合的作用。

贸易条约和协定是国际条约和协定的一种，但与其他政治性的国际条约和协定相比又有其一定的特殊性。从内容上看，贸易条约和协定主要是缔约国之间的经济和贸易关系。从国际法角度看，贸易条约和协定往往订入和遵守某些国际通用的法律条款，如最惠国条款和国民待遇条款等。从国际惯例上看，贸易条约和协定既可以在建立正式外交关系的国家之间签订，也可在没有建立正式外交关系的国家之间签订；既可在不同国家的政府间签订，也可在不同国家的政府与民间团体之间或双方的民间团体之间签订。

贸易条约和协定都依存于国际上通行的一些法律原则，这些法律原则赋予贸易条约和协定以相应的法律地位，使国与国之间贸易政策协调有了法律依据。最惠国待遇条款和国民待遇条款是贸易条约和协定所依据的最基本的法律条款。

（二）最惠国待遇条款

最惠国待遇条款（Most Favored Nation Treatment Clause）是贸易条约和协定中的一项重要条款，其目的是保证市场机会均等。它起源于双边协定中协定双方规定，一方保证把它给予任何第三方的贸易优惠（如低关税其他特权）同时也给予对方。其基本含义是：

缔约国一方现在和将来所给予任何第三方国家的一切特权、优惠和豁免，也同样给予缔约国对方。它的基本要求是使缔约一方在缔约另一方享有不低于任何第三方国家享有或可能享有的待遇。换言之，即要求一切外国人处于同等地位，享有同样的待遇，不给予歧视待遇。

最惠国待遇有四个重要的特征：①自动性。自动性是最惠国待遇的内在机制，它体现在"立即和无条件地"一词。当一方成员给予第三方的优惠大于其他成员方已享有的优惠时，这种机制就启动了，其他成员国方就自动地享有这种优惠。②同一性。在将给第三方的某种优惠自动转给其他成员方时，受惠标的也必须和第三方的标的相同。③相互性。任何一方成员国既是给惠国，又是受惠国，既享有最惠国待遇的权利，也承担给予对方最惠国待遇的义务。④界定了适用的范围，即最惠国待遇适用于所有进出口产品、服务贸易的各个部门和所有知识产权种类的权利所有人。

最惠国待遇条款有两种，即无条件的最惠国待遇和有条件的最惠国待遇。

无条件的最惠国待遇是指缔约国一方现在和将来给予任何第三方国家的一切优惠待遇，都应立即地、无条件地、无补偿地、自动地适用于对方；有条件的最惠国待遇是指缔约国一方给予第三方国家的优惠若是有条件的，则缔约国另一方必须提供同样的补偿才能享受这种优惠待遇。

（三）国民待遇条款

国民待遇条款（National Treatment Clause）是法律待遇条款的一种，它是指在缔约国其他成员的产品或服务、服务提供者以及知识产权进入本国后，其所享受的待遇不低于本国产品或本国服务、服务提供者及知识产权所有人所享受的待遇。

国民待遇条款有三个重要特征：①国民待遇适用的对象是产品或服务、服务提供者或知识产权所有人，但因货物、服务和知识产权领域具体受惠对象不同，国民待遇条款具体规定的适用范围不同，因此在其重要性和具体规则上而有差别；②国民待遇只涉及外国产品或服务、服务提供者或知识产权进入本国后，在本国市场上所享受的待遇；③国民待遇定义中"不低于"一词的含义指外国产品或服务、服务提供者或知识产权所有人应享有与本国相对应对象相等的待遇，但若一位成员给予前者更高的待遇，也不违背国民待遇原则。

国民待遇条款的适用范围主要包括以下三个方面：

第一，货物贸易领域的国民待遇条款。其主要包括：①不对进口产品征收超出对国内产品所征收的国内税或其他国内费用；②在影响产品国内销售、购买、运输、分配与使用的政府规章管理方面，进口产品所受的待遇不得低于本国同类产品所享受的待遇；③进口国不能强制要求生产某一产品时，必须使用一定的数量或比例的国内生产的原材料或半成品（即产品混合使用要求）。

第二，服务贸易领域的国民待遇条款。在服务贸易领域，成员国给予外国服务或服务提供者所享有的待遇，但前者享有的此种待遇以该成员国服务贸易承诺表中所列的条件或限制为准，并且在对成员国没有做出开放承诺的服务部门，外国服务或服务提供者不享有此种待遇。该条款既适用于服务，也适用于服务提供者，包括外商投资企业。适用的范围是一成员国（包括其中央和地方政府）所采取的与提供服务有关的所有措施，包括法律、法规、政策或措施等。给予外国服务或服务提供者的国民待遇是以各成员国在其服务贸易具体承诺表中所提供的国民待遇的承诺为准，并且对一成员国没有做出开放承诺的服务部门，不适用国民待遇条款。

第三，知识产权领域的国民待遇条款。在知识产权保护方面，成员国给予其他成员国国民的待遇不得低于给予本国国民的待遇，但以该成员在现行国际知识产权协定（包括《巴黎协定》《伯尔尼公约》《罗马公约》和《关于集成电路的知识产权条约》）中承担的义务为前提。就表演者、录音制品制作者和广播组织而言，国民待遇仅适用于《与贸易有关的知识产权协议》所规定的权利。国民待遇适用于享有版权、专利、商标、地理标志、工业设计、集成电路外观设计及未公开信息等知识产权的所有人。其适用的范围是一成员国所采取的保护知识产权的措施，包括法律、法规、政策和措施。

（四）其他常用的条款

除了上述基本的法律原则外，在贸易条约和协定中还经常签订一些和法律原则具有类似性质的条款，用以规范缔约方的权利和义务，对法律原则起补充作用。

1. 免责条款

免责条款（Exclusion Clause/Exemption Clause）主要是指由于缔约方履行条约或约定义务时，导致某种商品进口剧增，而对国内某些生产部门造成严重威胁或严重损害时，该缔约方可在一定程度上要求免除或减少其所承担的某些义务，目的在于避免国内生产受损。

2. 保障条款

保障条款（Safeguard Clause）也称保护条款，指当某种商品的进口给进口国市场造成混乱时，缔约国一方有权限制甚至停止该商品的进口。保障条款主要是保证进口国市场不受外国产品冲击。一般来说，保障条款是非歧视的，限制不应区别国家或地区来源。但在实践中常见选择性保障条款，即受损方所采取的限制措施仅针对扰乱国内市场的某一缔约方的产品，而不影响从其他缔约方进口同类产品。选择性保障条款具有歧视性特征。

3. 国家安全条款

国家安全条款（National Security Clause）指缔约方认为某种商品足以危及国家安全时，有权采取相应措施加以限制。对"国家安全"的含义没有统一解释，但一般将威胁或损害某产业部门的发展或利益造成失业率上升、税收减少、投资流失、产业结构失衡等，视作国家安全受到损害。

4. 危险点条款

危险点条款（Peril Point Provision）是指缔约方关税降低到最低程度时，由此造成进口增加，威胁或损害国内生产和市场，那么该缔约方有权取消或减少原有的关税减让，恢复和提高进口限制。对于所谓"危险点"的确定常常有较大的主观随意性。有的国家甚至将"危险点"税率规定在现行关税税率之上，以免除或减少本国关税减让义务。

第二节　契约进入

一、契约进入基本概念

契约进入（Contract Entry），亦称非股权安排，是指国际企业在东道国企业中不拥有股份，而是通过向东道国企业提供技术、管理、销售渠道等与股权没有直接联系的服务（无形资产）参与企业的经营活动，并由此从中获取相应的利益与报酬。非股权安排下的国际直接投资行为主要包括许可协定、特许经营、合同安排等。

非股权式合资企业又称契约式合资企业，指国际企业和东道国投资者依据东道国法律法规，以各自的法人身份签订合作经营合同而建立起来的企业，投资各方的权利和义务完全由合同内容决定。

与直接投资相比，契约进入对发达国家的国际企业来说，其好处在于：①国际企业不用在东道国直接投资，减少了经营风险；②国际企业不投入股本金，不用承担东道国的财务风险；③国际企业靠转让技术、提供服务、合作生产来获取利润；④国际企业凭借其技术、管理、生产和营销上的优势对东道国企业实行一定程度的控制；⑤国际企业不动用资金，不占用股份，不会激起民族主义的排外情绪，减少政治风险。

在契约进入下，发达国家的国际企业对东道国企业可以实施积极控制和消极控制。所谓积极控制是指国际企业通过契约形式将东道国企业纳入自己的全球经营网络中，在某种程度上，如同外国投资者享有股权控制一样。所谓消极控制是指国际企业将东道国企业经营活动与自己的国际化经营完全分离。因此，非股权安排对东道国企业控制程度的弹性是很大的。实际上，契约进入这种非股权投资已成为过渡到股权式合资经营的预备阶段。

二、许可协定

许可协定（Licensing Agreement）是指国际企业（许可方）与东道国企业（被许可方）签订合同，允许东道国使用国际企业独有的注册商标、专利以及技术诀窍等，同时东道国企业按照协议支付一定的技术使用费。一国企业与另一国的企业签订跨国许可协定有许多种目的，如扩大从原有技术专利中所获得的利益，更好地保护专利、商标、企业名称等知识产权，从法律角度确认自己对海外子公司的专利和商标等无形资产的所有权，以及扩展产品的海外市场等。作为进入市场的一种方式，许可协定并不是直接地输出产品，而是通过输出生产产品的技术秘密、受法律保护的专利、商标、企业名称等间接地输出产品。其核心特征是无形资产的转移使用，这是它区别于其他跨国经营合约形式的主要特征，特别是当它发生在没有所有权隶属关系的两国企业之间时，这一特征表现得尤其突出。

对输出方而言，许可协定这一市场进入方式的主要优点表现在以下几方面：

1. 可以绕过贸易壁垒

采用许可协定的进入模式，企业只经营不受进口限制的无形产品和服务，而不直接出口商品，可以绕过贸易壁垒。如绕过输入方对进口的关税或数量限制。当企业希望进入外国市场，与此同时遇到目标国家实施关税或配额等贸易壁垒使出口受阻时，企业通常也采取许可协定的方法来绕过壁垒。

2. 有利于降低成本

在典型的国际许可交易中，被许可人将负担用于建造海外营业设施的大部分投资，许可人则不必承担用于打开外国市场所需的开发成本，也不需要承担风险。对于那些缺乏开发海外业务所需要资本的企业而言，许可协定是一个非常有吸引力的选择。另外，比如出口时因为运输成本太高或进口国竞争太激烈而无利可图，也可通过许可协定降低成本，进入目标市场并获得收益。还有这样的情况：当企业拥有某种具有商业用途的无形资产却又不愿意自己开发这些用途的时候，许可协定也经常被使用。例如，美国电话电报公司的贝尔实验室首先发明了晶体管电路，但是这家公司并不想生产这些晶体管，于是该公司就把这项技术转让给其他公司。同样，可口可乐公司也把自己著名的商标许可给了成衣生产商，后者把这个设计用在了他们生产的服装上。

3. 有助于规避政治风险

许可协定的另一个优点是与直接投资相比其涉及的政治风险要小。当企业不愿意在不熟悉或者政治不稳定的外国市场投入大量资源时，许可协定也是一个很好的选择。与直接投资相比，许可协定没有固定的物质资产，也不必担心输入国实行国有化。因此，东道国采取的没收措施并不影响许可合同，这是由于许可方在目标公司不存在实物资产。当输入国对直接投资有歧视时，许可协定也是一个很好的替代方式。

不过，许可协定进入方式的缺点也是比较明显：

第一，运用范围受限制，输出方必须拥有为输入方所需的无形资产，如专利技术、商标等；当签订的是排他性许可协定时，在许可期间输出方一般不能再以出口或直接投资的方式进入输入方市场。在全球市场上竞争的企业需要在不同的国家协调它的战略行动，即把在一个国家所生产的利润用来支持在另一个国家的竞争行为，许可协定严重限制了企业在这方面的能力，被许可人不大可能会允许一家国际企业用它的利润去支持另外一个国家的被许可人的经营活动。

第二，在许可协定下，被许可人通常各自建造自己的生产设施，这将严重限制企业对输入方生产、营销和战略的严密控制。同时，由于许可方没有亲自参与东道国企业的经营管理，不能获得东道国生产和经营的经验，故无法真正控制市场。

第三，通过许可协定，被许可方有可能掌握许可的技术，使许可方失去技术垄断，从而增加新的竞争者。技术诀窍是许多国际企业竞争优势的来源，所以大多数企业希望能够控制它们技术诀窍的使用方式。然而，当输出的是商业秘密和技术诀窍时，不能排除输入方泄密的可能性。但在实际操作中有降低这种风险的方法。其中的一个方法就是和外国企业签订交叉许可协定。在交叉许可协定下，企业把它的重要无形资产许可给外国合作伙伴，但是除了要求得到合作伙伴的特许权费以外，企业可能会要求外国合作伙伴把它的重要技术诀窍转让给自己。这样的协定被认为能够减少技术泄密的风险。这是因为，被许可人认识到，如果它违背了许可协定的精神（使用所获得的知识与许可人展开直接竞争），许可人就可以"以其人之道还治其人之身"。交叉许可协定使得企业相互成为对方的"人质"，这样减少了双方互相采取机会主义的可能性。

减少许可协定风险的另外一个方法是把技术诀窍的许可协定和建立合资企业联系起来。在合资企业中，许可人和被许可人都拥有重要的股份。由于双方都希望保证合资企业成功，这种做法就使许可人和被许可人的利益一致。

目前普遍的趋势是，单纯使用许可协定作为一种进入方式的情况越来越少，许可协定被更多地与直接投资结合起来使用，即输出方在兴办海外合资或独资子公司的同时，转让专利、商标、技术秘密等无形资产，既获得许可使用费，扩大无形资产的收益，又保持对子公司的控制权，使子公司的行为对自己更为有利，避免输入方在使用无形资产过程中的侵权行为。据统计，美国企业近些年来所获得的许可使用费中有 75% 以上是来自其海外子公司。有时许可协定也和进出口结合起来使用，即输出方在输出无形资产的同时出口设备和中间产品，并从输入方进口最终产品。

三、特许经营

特许经营（Franchising）是指特许方以合同约定的形式，允许被特许方有偿使用其名称、商标、专利技术、产品及运作管理经验等，让被特许方在本企业的监督与帮助下，利用本企业形象和商标经营本企业的特定业务的商业经营模式。特许经营基本上是一种专业化的许可协定。在该协定下，许可人不仅把自己的无形财产（通常是商标）销售给被许可人，还要求被许可人严格遵守经营规则。许可人经常为被许可人的连续经营提供帮助。与前面所讲的许可方式一样，在特许经营协定下，许可人通常按照被许可人经营收入的一定比例收取特许权费。

它与许可协定的主要区别就在于，在特许经营中，特许方需要对受许方的经营管理进行监督，以确保特许品牌在海外市场上的质量形象。同时，许可协定一般主要为生产型企业所采用，而特许经营则主要为服务型企业所采用。例如，美国可口可乐公司通过特许经营方式在世界各地建立可口可乐瓶装厂；美国麦当劳和肯德基公司通过特许经营在世界各地成功经营快餐业务。特许经营可分为生产特许、产品商标特许经营和经营模式特许经营等类型。

生产特许（Production Franchise）是指受许人以投资建厂或 OEM[①] 方式，使用特许人的商标或标志、专利、技术、设计和生产标准来加工或制造取得特许权产品，然后经过经销商或零售商出售，受许人不与最终用户直接交易。如可口可乐的灌装厂、奥运会标志的生产、电影和电视节目在本国发行以后将版权卖给海外分销商和电视网络等。

产品商标特许经营（Product Trademark Franchise）是指国际企业在将其品牌化的商品

---

① OEM 是英文 Original Equipment Manufacturer 的缩写，是受托厂商按来样厂商之需求与授权，按照厂家特定的条件而生产，所有的设计图等都完全依照来样厂商的设计来进行制造加工。亦称为定牌生产或授权贴牌生产。

或商标允许被特许方进行商业开发，并获取特许使用费。

经营模式特许经营（Business Format Franchising）亦称商业业态特许经营，是指国际企业将其整套经营模式（如名称、标志、经营方式、经营标准以及产品和服务质量标准等）授予受许方在一定时间和地域使用。受许人有权使用特许人的商标、商号、企业标志以及广告宣传，并完全按照特许人设计的单店经营模式来经营；受许人在公众中完全以特许人企业的形象出现；特许人对受许人的内部经营管理、市场营销等方面实行统一管理，具有很强的控制力。特许经营方式在零售业、餐饮业和摄影业等服务行业中普遍使用，特许方的利益来自一次性的加盟首期费、每年支付的特许费及广告费。

在出口比较困难（因运输成本较高或进口限制较多），或者存在直接投资限制的情况下，特许经营作为一种进入方式，和许可协定一样，具有明显的优势。具体地说，通过特许经营，企业可以免去独自打开外国市场的成本和风险，这是一个很好的激励机制，促使被许可人尽快地实现盈利。因此，通过特许经营战略，服务性企业可以迅速地以低成本和低风险进入全球市场。

此外，有人形象地把加盟特许经营比喻成"扩印底板"，即借助特许方的商标、特殊技能、经营模式来反复使用，并借此扩大规模。加盟商借助特许经营"扩印底板"，可以享受现成的商誉和品牌，避免市场风险，分享特许方的规模效益，获取培训、选择地址、资金融通、市场分析、统一广告、技术转让等多方面的支持。

与许可协定相似，特许经营存在三个风险：①特许经营不可避免地会面临知识的外溢，可能会在东道国培养潜在的竞争对手；②特许方的控制权经常受到挑战，经营中出现的新问题和矛盾会增加协调成本；③特许经营不需要特许拥有者投入巨额资金，但管理成本较高，利润回报也不稳定。

除了上述缺点外，特许经营还有一个明显的缺点是质量控制。特许经营的基础在于企业的品牌向消费者传达关于这种产品质量的信息。但是问题在于，外国被许可人有可能不像许可人所期望的那样关心质量。随之产生的质量问题不仅使外国企业的销售额受损，而且还会使该企业的全球声誉下降。解决这个问题的办法是在企业所扩展的每个国家或地区建立子公司。这个子公司既可以是企业的独资企业，也可以是与外国公司的合资企业。无论是独资还是合资，这家子公司具有在该国或该地区开展特许经营业务的权利和义务。

与特许经营相似的还有特许专营，它是指由一家已经取得成功经验的企业，将其商标、商号名称、服务标志、专利、专有技术以及经营管理的方法或经验转让给另一家企业的一项技术转让合同，后者有权使用前者的商标、商号名称、专利、服务标志、专有技术及经营管理经验，但须向前者支付一定金额的特许费。

特许专营是最近三四十年迅速发展起来的一种新型商业技术转让合同，其一个重要特点是，各个使用同一商号名称的特许专营企业并不是由一个企业主经营的，被授权人的企业不是授权人的分支机构或子公司，也不是各个独立企业的自由联合。它们都是独立经营、自负盈亏的企业。授予人不保证被授人企业一定能获得利润，对其企业的盈亏也不负责任。

特许专营合同是一种长期合同，它可以适用于商业和服务行业，也可以适用于工业。

四、合同安排

合同安排（Contractual Arrangement）是指国际企业以承包商、代理商、销售商和经营管理者的身份，通过承包工程、经营管理、技术咨询等形式，参与东道国企业的经营活动，获取一定报酬的经营形式。此类合同安排包括交钥匙工程、制造合同、管理合同等多种形式。在合同安排项下，国际企业对东道国企业不参与股权，仅通过提供企业管理的经验和技巧，参与其经营活动，获取利润报酬。

（一）交钥匙工程

交钥匙工程（Turn Key Project）是指国际企业通过与外国客户签订合同并完成某一大型项目，然后将该项目交付给对方的方式进入国外市场。国际企业的责任一般包括项目的设计、建造，在交付项目之后提供服务，如提供管理和培训工人，为对方经营该项目做准备等。当合同完成时，外国客户将获得可随时完全运作的整个设施的"钥匙"，"交钥匙工程"的名字也由此而来。交钥匙工程实际上是向其他国家出口工艺技术的一种方法，从某种意义上来说，这是一种高度专业化的出口。在化学、制药、炼油和冶金等行业中，交钥匙工程非常普遍，这是因为这些行业都使用复杂和昂贵的生产工艺技术。

交钥匙工程的优点在于它们可以使国际企业从这笔资产中获得高额的经济回报。当东道国政府限制外国直接投资时，这种战略尤其适用。例如，许多富藏石油的国家政府开始建设它们自己的炼油工业，为了实现这一目标，这些国家的政府限制在石油和炼油领域里的外国直接投资。然而，由于很多国家的政府缺少炼油技术，它们不得不通过与拥有该技术的外国企业实施交钥匙工程来获取这项技术。对于卖方企业而言，这样的交易通常都非常有吸引力，因为没有这些交易，它们将无法在该国从自己有价值的技术诀窍中获得经济回报。

同时，与传统的外国直接投资不同，当东道国的政治和经济环境使在该国的长期投资面临政治、经济风险时（例如，国有化运动或者经济崩溃），交钥匙工程则可以降低风险。

交钥匙工程也有不足之处，主要表现在：

第一，从事交钥匙工程项目的国际企业在客户国家并没有长期利益。在这种情况下，当这个国家后来成为交钥匙工程生产的产品的主要市场时，企业将会处于不利局面。解决这一问题的办法是，企业在它所建造的交钥匙工程中拥有少数股权。

第二，为外国客户建造交钥匙工程的国际企业可能为自己培育竞争对手。例如，许多曾经向沙特阿拉伯、科威特和其他海湾国家销售炼油技术的西欧企业，现在不得不同这些由交钥匙工程建立起来的企业在世界石油市场上直接竞争。

第三，如果国际企业的工艺技术是其竞争优势的来源，那么通过交钥匙工程出售这种技术无异于向潜在的以及实际的竞争对手转让它的竞争优势。

（二）制造合同

制造合同（Manufacturing Contract）是指国际企业向外国客户提供零部件由其组装，或向外国企业提供详细的规格标准由其仿制，由国际企业自身保留营销责任的一种方式。

发达国家从事制造业的国际企业为了降低其制造环节的成本，有时采用这种方式。

制造合同主要有三种类型：①合作双方分别生产不同的部件，再由一方或双方装配成完整的产品在一方或双方所在国销售；②一方提供关键部件和图纸以及技术指导，另一方生产次要部件和负责产品组装，并在所在国或国际市场销售；③一方提供技术或生产设备，双方按专业分工共同生产某种零件或部件或某种产品，然后在一方或双方市场销售。

制造合同的一个常见形式就是 OEM（原始设备制造商）生产，即贴牌生产、代工生产。OEM 其实是一种委托他人生产的合作方式，在本质上是一种双方在产品加工范畴内的合同关系。承接加工任务的制造商被称为 OEM 厂商，其生产的产品被称为 OEM 产品，在 OEM 合同的执行过程中，外资企业一般会给予一定的技术指导和扶持，帮助 OEM 的本地供应商提高产品质量，从而形成技术溢出效应的一个渠道，但是对本土企业自身技术创新能力的促进作用仍比较有限。

除此之外，外包也是制造合同的常见形式。外包是指国际企业将自己的一部分生产和劳务分包出去，利用外界的劳动力（通常较为廉价）来完成，从而减少本企业的雇员，达到节省劳动力成本、提高竞争力的目的。早期的外包只是一些大企业把自己的非核心业务通过订立合同交给专业部门。后来，外包扩展到生产部门，制造业开始把整条生产线转移到低工资国家和地区。如 20 世纪 80 年代以来，美国各大企业蜂拥到我国和墨西哥等地投资建厂，而设计、核心技术及金融服务等部门留在美国本土。随着我国人力成本的上升，这些大企业又转向越南、老挝、泰国等东南亚国家投资建厂。

制造合同方式的优越性在于可以降低投资及管理成本、运输成本，能够比较迅速地进入制造方的市场，并且没有直接投资的风险，还可以保持对产品销售及售后服务的控制。其缺陷是在其他国家寻找一个满意的制造商比较麻烦，对产品质量的控制和管理也很困难，并且从长期来看，很可能是在国际市场上培育了一个新的竞争者。

（三）管理合同

管理合同（Management Contract）是指国际企业以合同形式承担另一家企业的一部分或全部管理任务，以收取管理费、一部分利润或以某一特定价格购买该企业的股票作为报酬。作为跨国提供管理服务的合同，它一般只涉及企业日常运行的管理，而不涉及新增投资、长期债务、所有权的重新安排、红利的分配等。这是国际企业输出其管理优势的一种形式。虽然这一方式进入风险很低，但由于收入少，也不能永久地获得输入方市场中地位，所以这一方式很少被单独使用，而是常常与合资企业或交钥匙工程一起使用。

管理合同最常见于酒店行业。通过酒店业主与酒店管理公司签署管理合约来约定双方的权利、义务和责任。酒店业主雇用酒店管理公司作为自己的代理人，承担酒店经营管理职责。作为代理人，酒店管理公司以酒店业主的名义，拥有酒店的经营自主权，负责酒店日常经营管理，定期向酒店业主上报财务报表和酒店经营现金流，并根据合同约定获得管理酬金。酒店业主为酒店提供土地使用权、建筑、家具、设备设施、运营资本等，并根据合同约定承担相应法律与财务责任。酒店管理合同的核心为酒店业主与酒店管理公司签订的管理合约，它是双方权利与义务得以实现的保证。美国是现代酒店管理合同的起源地。现代酒店管理合同的雏形是 1948 年希尔顿同波多黎各合作经营 Carribe Hilton 酒店时使用的利润共享租赁。20 世纪 60 年代末期，美国的经济开始加速，为海外特定的商务环境所设计的酒店管理合同逐渐成为酒店管理公司对外拓展业务的一条重要途径。

（四）双向贸易

双向贸易（Two－way Trade）是指在进入一国市场的同时，同意从该国输入其他的产品作为补偿。作为一种特殊的贸易方式，双向贸易常常是贸易、许可协定、直接投资、跨国融资等多种国际经营方式的结合。按合同的内容，双向贸易主要有以下两种：

1. 易货贸易

易货贸易（Barter Trade），即不以货币为媒介的商品跨国交换。在国际贸易中，使用较多的是通过对开信用证的方式进行易货，即由交易双方先订易货合同，规定各自的出口商品均按约定价格以信用证方式付款。先开立的信用证以收到、认可对方开出的等值的信用证为生效条件。另外，国家间签订的换货清算协定实际上也是扩大了的易货方式。根据协定规定，任何一方的进口或出口，由双方政府的指定银行将货值记账，在一定时期内互相抵冲结算，其差额有的规定结转下一年度，有的规定以现汇支付超过的差额。

易货在国际贸易实践中主要表现为下列两种形式：

第一，直接易货。直接易货又称为一般易货。它要求进口和出口同时成交，一笔交易一般只签订一个包括双方交付相互抵偿货物的合同，而且不涉及第三方。它是目前最普遍也是应用最广泛的易货形式。对于需要通过运输运送货物的交易方来说，由于这种易货形式一般要求进出口同时进行，因此，应用中存在困难。于是在实际业务中，就产生了一些变通的做法，最常见的即为通过对开信用证的方式进行易货贸易。在采用对开信用证进行易货时，交易双方先签订换货合同，双方商定彼此承诺在一定时间购买对方一定数量的货物，各自出口的商品按约定的货币计价，总金额一致或基本一致，货款通过开立对开信用证的方式进行结算，即双方都以对方为受益人，开立金额相等或基本相等的信用证。

第二，综合易货。综合易货多用于两国之间根据记账或支付（清算）协定而进行的交易。由两国政府根据签订的支付协定，在双方银行互设账户，双方政府各自提出在一定时期（通常为一年）提供给对方的商品种类、进出口金额基本相等，经双方协商同意后签订易货协定书，然后根据协定书的有关规定，由各自的对外贸易专业公司签订具体的进出口合同，分别交货。商品出口后，由双方银行凭装运单证进行结汇并在对方国家在本行开立的账户进行记账，然后由银行按约定的期限结算。

2. 补偿贸易

补偿贸易（Compensation Trade），即出口方在向进口方出口设备的同时，同意从进口方购买用该设备制造的产品。早期的补偿贸易主要用于兴建大型工业企业。如当时苏联从日本引进价值 8.6 亿美元的采矿设备，以 1 亿吨煤偿还；波兰从美国进口价值 4 亿美元的化工设备和技术，以相关工业产品返销抵偿。后期的补偿贸易趋向多样化，不但有大型成套设备，也有中小型项目。20 世纪 80 年代，波兰向西方出口的电子和机械产品中，属于补偿贸易返销的占 40%～50%。我国在 20 世纪 80 年代，曾广泛采用补偿贸易方式引进国外先进技术设备，但规模不大，多为小型项目。近年来外商以设备技术作为直接投资进入我国，故补偿贸易更趋减少。但是，随着我国市场经济的发展，补偿贸易在利用外资，促进销售方面的优越性不容忽视。

目前，国际上采用的补偿贸易主要有四种方式：

第一，产品返销方式。亦称为简单补偿贸易，是补偿贸易的基本形式，即用进口的设备、物资所生产的产品去偿还进口设备、物资的贷款。所以又叫直接产品低偿方式。

第二，回购方式。亦称为综合补偿贸易或互购。它是由出口机器或技术的一方，在一定时期内（一般是2～3年）承担购买对方一定数量的产品。这些产品不是用进口的机器设备生产的，而是用其他的出口产品支付。

第三，部分抵偿。即对进口设备的贷款和引进技术的费用，部分用商品偿还，部分用货币偿还。

第四，工缴费补偿。即买方用对方的机器设备和原材料进行加工装配，将成品交给对方销售。用逐年工缴费抵付从对方进口设备的贷款。

补偿贸易的优点是买方可以先利用外资引进先进技术和设备，解决资金不足、外汇短缺的问题；卖方可以在国外扩大销售市场。缺点是方式不够灵活，较难达成协议。

（五）技术咨询

技术咨询（Technology Consulting）是指国际企业对东道国企业存在的技术问题或技术论证方案提供咨询解决方案，如改造产品设计和生产工艺；改进生产方法和质量控制；提高劳动生产率；解决"三废"治理和化验测试，并为技术引进和选择适用技术提供咨询服务等。甚至还可以对经营管理提供咨询，帮助建立规章制度，设计生产规划或销售方案等。技术咨询是一项重要的咨询服务业务，是国际间促进技术转移的重要方式。咨询机构会运用各类专门知识，为委托方提供解决复杂技术问题的系统方案，例如，埃森哲是一家集管理咨询、信息技术和经营外包服务于一体的跨国咨询公司，在中国的项目涵盖了广泛的行业和各种类型的解决方案：埃森哲为大型的国有企业提供企业转型的咨询和服务，帮助他们转型变成更加以市场为导向的企业；埃森哲还为客户提供组织结构重组或人员绩效管理方面的咨询服务。此外，在电子商务和信息系统咨询服务领域，埃森哲在中国市场也一直占据领先地位。

技术咨询的内容很广泛，有项目的可行性研究、效益分析、工程设计、施工、监督、设备的订购、竣工验收等。技术咨询有利于技术落后的国家找到性价比较高的技术。一些技术比较落后的国家，由于科技力量不足或对解决某些技术课题缺少经验，聘请外国工程咨询公司提供咨询服务，可以避免走弯路或浪费资金。这是因为咨询公司掌握丰富的知识、经验和技术情报，可以帮助委托方选择先进适用的技术，找到可靠的技术出让方，用比较合理的价格购买到较好质量的机器设备等。委托方接受技术咨询要支付咨询费，但由于咨询而节约的资金远远超过支付的咨询费，因而总的来说，技术咨询对委托方仍然是有利的。技术咨询的专业化程度比较高。在国际上，技术咨询大多由行业团体进行。目前，在发达国家大都有咨询工程师协会或联合会等，在许多发展中国家也有相当数量的咨询公司。

第三节　对外直接投资

一、绿地投资

（一）绿地投资定义

绿地投资（Green Field Investment）又称新建投资、创建投资，是指国际企业等投资主体在东道国境内依照东道国的法律法规设立的部分或全部资产所有权归外国投资者所有的企业。由于绿地投资直接促使东道国生产能力、产出和就业的增长，因而有利于在东道国筹资并创造就业机会。

"绿地投资"这一名称源于在一片"绿色的"土地上如农田或森林逐渐修建设施。随着时间转移，这个术语已经变得更具有隐喻意味。由于它可以创造新的生产能力和工作、转移技术和知识、直接为当地经济创造就业岗位、刺激经济发展，所以成为东道国吸引外资工作的主要目标。同时，国际企业则能够由此以更低的成本生产产品（因为先进的技术和高效的流程）和使用资源（半成品、劳动力）、建立与国际市场的联系。值得注意的是，绿地投资所形成的利润并不会直接反馈给当地经济，而是回馈至国际企业的本国经济。

（二）绿地投资的形式

绿地投资作为国际直接投资中获得实物资产的重要方式是源远流长的。早期跨国公司的海外拓展业务基本上都是采用这种方式。绿地投资有两种形式：一是建立国际独资企业，其形式有国外分公司、国外子公司和国外避税地公司；二是建立国际合资企业，其形式有股权式合资企业和契约式合资企业。

1. 全资子公司

全资子公司（Wholly–owned Subsidiaries），顾名思义，是指母公司对子公司拥有100%的所有权和控制权，即投资主体在东道国境内依法设立的全部资本为外国投资者所有的企业。这种方式准许投资者独享投资收益、充分利用其内部优势的同时也要求投资者拥有较全面的经营能力并承担更多风险。在国外市场建立子公司可以采取两种途径：在东道国设立一个全新的经营机构或者收购一个已有的公司，借此直接在东道国市场中销售商品。

第一，全资子公司的优势。主要有：①当公司的竞争优势建立于技术能力之上时，全资子公司有助于保护专利技术，降低了对技术能力丧失控制的风险。为此，许多高科技公司都更倾向于选择这种海外扩展的进入模式。②企业可以通过全资子公司来严密控制它在各国的经营活动，这对企业的全球战略调整来说是十分必要的。同时，这种经营模式也确保了子公司和总部之间的策略、战略、产品质量和销售计划的一致性。③如果一家公司试图实现区位和经验曲线经济（正是公司推行全球和跨国战略想要实现的目的），那么可能需要建立全资子公司。④不存在合作管理等摩擦与矛盾，便于经营管理。

第二，全资子公司的劣势。总的来说，在所有的投资模式中建立全资子公司的费用最高。公司必须承担建立海外子公司的全部费用和风险。如果公司选择收购东道国现有的企业，那些在新的文化环境中学习经营的风险就会小一些。但是，收购也会带来一系列问题，如需要努力融合不同的企业文化等，如果不能恰当解决这些问题可能也会对企业经营带来冲击。

此外，全资企业虽然也具备东道国的国籍和当地法人资格，但仍然也会受到一些东道国法律政策的限制，如在经营范围和投资方向等方面。

2. 国际合资企业

合资企业（Joint Venture）是指由两家或以上的独立企业所共同拥有的企业。国际合资企业（International Joint Venture）则是由跨国公司与东道国企业按照当地法律在其境内共同投资、共同经营的企业。此处需要注意的是，如果没有东道国企业的参与，那么这种形式的企业在东道国只能被视作外商联合投资，属于外商独资企业的范畴，而非合资企业。

国际合资企业常见形式是股权式合资企业。它是指由两个或更多国家的投资者在东道国以营利为目的依法成立，共同经营的企业。股权投资（也称股权安排）是指投资各方以资金形式进行的投资，是投资者共同经营企业并对企业拥有所有权和控制权的投资。股权就是所有权。一般而言，所有权与控制权呈正比例关系。所有权大，控制权就大；所有权小，控制权就小。按照跨国公司对国外企业所持有所有权的不同，跨国公司对外直接投资的股权参与方式可以分为：全部控权，即母公司拥有子公司股权在95%以上；多数控权，即母公司拥有子公司控股权在51%～94%之间；对等控权，即母公司拥有子公司股权的50%；少数控权，即母公司拥有子公司的股权在49%以下。

第一，国际合资企业的优点，主要有：①通过建立合资企业，国外企业可以从合资伙伴那里了解东道国的竞争态势、文化、语言、政策以及商业系统等方面的情况，这有助于国外企业更好地适应当地情况；②当外国市场的成本和风险较高时，企业可以与当地伙伴合作分摊这些成本与风险；③在很多国家，基于政治因素的限制，合资企业可能是唯一可行的进入模式；④通过对东道国的合资经营，可以带动跨国公司机器设备、原材料、工业矿权、专业技术等的输出。

第二，国际合资企业的缺点，主要有：①合作各方存在企业内部控制权和利润分配问题的矛盾，主要表现在投资各方的理念、经营目标等方面。出资各方的经营决策和管理方法不一定一致，难免会在经营决策和管理中产生摩擦，在市场意向和销售意向方面产生分歧，此外不同投资者的长短利益也难以统一。②培养竞争对手。当投资者选用技术投资时必然会产生一定的知识或技术外泄。投资者共同经营一家公司，其他投资者可以通过学习获得更高效的管理方式、知识和技术，投资者无疑会培养起自己的竞争对手，当合资方希望谋求更大利益时，就会脱离合资企业，成为国外投资者在东道国甚至世界市场强有力的竞争对手。③企业无法获得为实现经验曲线经济和区位经济所需要的对子公司的控制，而且这种形式也不能够使企业获得为协调全球竞争所需要的对海外子公司的控制。

二、跨国并购

(一) 跨国并购概述

跨国并购 (Cross – border Mergers & Acquisitions) 的概念是由企业的国内并购概念延伸而来的, 是跨国兼并和跨国收购的总称。简言之, 跨国并购就是指国际投资主体为了某种目的, 通过直接向目标企业投资或以支付现金、以股换股、发行债券等形式, 依照东道国现行法律取得东道国某一现有企业的全部或部分股权的行为。

并购 (Mergers & Acquisitions) 一词包括兼并和收购 (或购买) 两层含义:

兼并 (Merge) 指企业的吸收合并, 即一个企业将其他一个或数个企业并入本企业, 使其失去法人资格的行为。是企业变更、终止的方式之一, 也是企业竞争优胜劣汰的正常现象。在西方企业中, 企业兼并可分为两类, 即吸收兼并和创立兼并。而收购 (Acquisition) 意为获取, 即一个企业通过购买其他企业的资产或股权, 从而实现对该企业实际控制的行为。有接管 (或接收) 企业管理权或所有权之意。按照其内容的不同, 收购可分为资产收购和股份收购两类。

从经济学角度而言, 企业兼并和收购的经济意义是一致的, 即都使市场力量、市场份额和市场竞争结构发生了变化, 对经济发展也产生相同的效益, 因为企业产权的经营管理权最终都控制在一个法人手中。正是在这个意义上, 西方国家通过把 Mergers 和 Acquisitions 连在一起, 统称 M&A。我国企业兼并的含义与 M&A 相似, 即指吸收合并与收购, 我国《公司法》第一百七十二条规定:"公司合并可以采取吸收合并或者新设合并。一个公司吸收其他公司为吸收合并, 被吸收的公司解散。两个以上公司合并设立一个新的公司为新设合并, 合并各方解散。"因此, 在我国, 我们通常把企业兼并和企业收购统称为企业并购。

尽管跨国并购包含跨国兼并和跨国收购两层含义, 但从法律形式来看, 跨国并购主要是指跨国收购而非跨国兼并, 因此, 跨国并购有时常被称为跨国收购。

跨国收购最常见的形式是股权收购与资产收购。

股权收购是指收购方通过购入目标公司的股票来实现收购目标。从理论上讲, 收购方取得目标企业 51% 的股份时, 就取得了对目标企业的绝对控制权, 但是在实践中, 目标企业的股份如果较为分散, 收购方可能只需要拥有目标企业 20% 或者更少的股权就能够以最大股东身份获得目标企业的控制权。

资产收购是指收购方直接购入目标方部分或所有的资产负债。所有资产都被收购则意味着目标企业的破产清算, 因此这种方式常见于对破产企业的收购。此外, 如果收购企业只对目标企业的某些特定资产而非全部资产感兴趣, 收购方则更愿意使用资产收购策略。

(二) 跨国并购的优缺点

1. 跨国并购的主要优点

第一, 取得规模经济。所谓规模经济, 是指在一定科技水平下生产能力的扩大, 使长期平均成本下降的趋势, 即当企业产量增加到一定规模时会降低产品的平均成本。平均成本越低, 意味着消费者购买商品的价格也越低, 这有利于企业形成价格优势。

第二，参与国际竞争，迅速实现对外直接投资的目的。跨国并购可以帮助企业应对竞争者的威胁，并在国际范围内竞争。

第三，跨国并购还可以有效降低跨国公司进入新行业的壁垒，降低企业的经营风险和成本。

第四，提高效率，在短时间内发挥协同效应。

第五，容易获得目标企业各种现有资源。目标企业在东道国一般都具有比较成熟和丰富的资源体系，如成熟完善的销售网络，既有的专利权、专有技术、商标权以及商誉等无形资产，系统的管理制度和人力资源体系，稳定的原材料供应体系，成熟的客户关系网络等。这些资源能够有效降低并购方进入东道国市场的难度，降低投入成本，扩大市场份额，而这恰好是绿地投资可能面临的最大障碍。

第六，享受融资便利。与绿地投资相比，并购能够比较容易获得融资。并购完成后并购方可通过以下途径获得资金：以目标企业的实有资产作抵押，发行债券或直接从金融机构处获得贷款；通过与目标企业互换股票方式控制目标企业，从而减少现金支付的压力。

2. 跨国并购的主要缺点

第一，跨国并购必然会增加新企业的市场份额，并使新企业形成垄断，这不可避免地会对市场造成一定的影响：市场中产品总量下降，同时消费者剩余减少；由于市场内的竞争减少，可能会增加企业的自满情绪，使企业降低对产品质量的要求，减少对新产品的投入；随着超额利润的增加，企业可以进行交叉补贴或掠夺性定价，进而增加行业进入壁垒；如果企业过大，可能会引发规模不经济。

第二，通过跨国并购进行对外直接投资还可能存在以下不利方面：①目标企业通常都存在一定的经营风险，虽然通过收购可使跨国公司获得控制权，但这并不一定意味着能够经营成功。此外，对目标企业的资产评估通常也比较复杂且困难。②跨国公司要面临被收购企业原有契约或传统关系的约束和麻烦，以及东道国政府对外国企业收购的管制等。③跨国公司可以通过绿地投资方式选择适合自己的全球发展战略要求的地点及其生产规模，而以收购方式则难以找到适当的企业规模和适当地址的目标企业。

（三）跨国并购的类型

1. 横向并购

横向并购（Horizontal M&A）是指生产或销售相同或相似产品的企业间的并购，并购双方是处于同一市场之内并提供相同或相似产品或服务的竞争对手。这种类型是跨国并购中最为常见的类型。横向并购多见于企业数量较少的行业，这类行业中的竞争比较激烈，横向并购能够扩大产品的生产规模，使企业达到最佳的经济规模。此外，横向并购还容易引发垄断，使企业获取高额的垄断利润。因此，横向并购可能会对一个行业的竞争产生负面影响。较为典型的横向并购有可口可乐和百事可乐饮料部门之间的合并。

2. 纵向并购

纵向并购（Vertical M&A）是指生产相同或相似产品但又处于不同生产阶段的企业间的并购，纵向并购通常发生在某一产业链处于不同层面的两个或两个以上的企业之间。例如，汽车公司与零部件供应商间的联合就属于纵向并购。汽车部门能以这种并购方式以更加优惠的价格获得零部件并控制整个生产过程。由于纵向并购企业多分散于不同的生产阶段，因此纵向并购对规模经济的影响较小。

一般而言，纵向并购的主要作用有：①实现生产或销售的一体化，保持生产的连续性，减少中间环节，降低成本；②强化垄断，降低市场竞争程度，提高利润水平。

3. 混合并购

这类并购是指处于不同行业间的企业间并购，它们没有特别的工序、生产、技术联系，既非竞争对手也不是现实或潜在的客户或供应商的关系，由并购形成的企业在其各自市场上面对的竞争与并购前两家企业各自面临的市场竞争是相同的。进行混合并购的目的是扩大经营范围，实现多元化经营。混合并购（Mixed M&A）又可细分成两种类型：纯混合并购和混合并购。完全无关的企业之间的并购称为纯混合并购，而以扩大产品或市场份额为目的的并购即为混合并购。

4. 市场扩展式并购

在不同的市场中生产经营同种产品的两家企业间的并购称为市场扩展式并购。市场扩展式并购（Market Expansion M&A）的主要目的是扩大产品的生产规模，提高产品的市场占有率，以提高利润。

5. 产品延伸式并购

产品延伸式并购（Product Extended M&A）是指在同一市场中生产经营相关产品的两家企业间的并购行为。两家企业通过此类并购，可以通过产品组合扩大目标消费群，进而增加利润。

（四）绿地投资和跨国并购进入方式的选择

跨国公司采取何种方式进入海外市场，取决于东道国的经济发展水平、投资行业规模、技术水平和管理程度等方面的因素。例如，由于欠发达国家不具备最基本的工业和生产技术，跨国公司对其只能采取绿地投资方式。此外，跨国并购也受到一些条件的限制，如东道国必须具备并购条件和投资环境，存在可并购的标的企业，具备能够确保投资商从事有效生产和经营的条件及政策。

从短期来看，尽管跨国并购和绿地投资的对外直接投资都为东道国带来国外的金融资源，但跨国并购提供的金融资源并不总是增加生产资本存量，而在绿地投资的情况下则会增加。跨国并购相较于绿地投资并不能带来更新更好的技术或技能，而且可能直接导致当地生产或职能活动（如研发）的降级或关闭。当利用跨国并购进入一个国家时，在创造就业的同时，很可能导致裁员，而绿地投资在进入时必然会创造新的就业。跨国并购能够加强东道国的集中并导致反竞争的后果，而绿地投资能够增加现有企业的数量，并且在进入时不可能直接提高市场集中度。

从长期来看，跨国并购常常跟随着外国收购者的后续投资，如果被收购企业的种种关联得以保留或加强，跨国并购就能创造就业，这两种方式在就业创造方面的差异更多地取决于进入的动机，而不是取决于进入的方式。跨国并购和绿地投资都能带来东道国缺少的新的管理、生产和营销等重要的互补性资源。

总的来说，在跨国并购中，现有的资产从国内所有者转移至国外所有者手中，而在绿地投资方式中，有现实的直接投资资本或效益资本发生了跨国的流动，因此在东道国，跨国公司所控制的资产至少在理论上属于新创造的。

随着经济全球化的不断深入，绿地投资在对外直接投资中所占的比例有所下降，跨国并购已成为跨国公司参与世界经济一体化进程、保持有力的竞争地位而更乐意采用的一种跨国直接投资方式。随着全球投资自由化的进一步发展，这种趋势将更加明显地体现出来。对外投资企业应该综合考虑企业自身的经营战略，以及行业、市场与投资目标国和地区的实际情况等多方面因素，权衡两种对外直接投资方式的利弊，选择最适合本企业的方式进行投资。海尔集团通过绿地投资走向全球，吉利汽车通过跨国并购吞并沃尔沃等都是企业对外直接投资的成功范例。

三、战略联盟

（一）跨国公司战略联盟的定义和特征

1. 跨国公司战略联盟的定义

跨国公司战略联盟（Strategic Alliance of Multinational Corporations）又称跨国战略联盟，是指不同国家的两个或两个以上的跨国公司为实现某一战略目标而建立的合作关系。结盟各方是通过合作关系而非企业内部增值的方式来提高企业的经营价值，实现彼此各方的优势互补与协作、利益分享与风险共担。

战略联盟（Strategic Alliance）的概念最早由美国 DEC 公司总裁简·霍普兰德（J. Hopland）和管理学家罗杰·奈格尔（R. Nigel）提出。他们认为，战略联盟是由两个或两个以上有着共同战略利益和对等经营实力的企业，为达到共同拥有市场、共同使用资源等战略目标，通过各种协议、契约而结成的优势互补或优势相长、风险共担、生产要素水平是双向或多向流动的一种松散的合作模式。战略联盟是一种超出企业间正常交易的合作协议。形成战略联盟的方式多种多样，其中既包括一些非正式的"握手"协议，也包括正式的合作协议。这些协议所涉及的内容包括共同研发、技术共享、共同使用生产设施、推广彼此的产品，或基于长期合同协议而联合生产零部件、组装成品等。

这种联盟完全依赖契约约束，是一种非强制的、松散的联合体。也正是基于战略联盟的松散性，一家跨国公司可以同时与几家跨国公司在多个领域结盟，而同时又在其他领域内竞争。

战略联盟通常是非股权联盟。在非股权联盟中，合作各方同意共同努力并采取行动。但他们之间的地位并不平等，同时也不愿意通过组建的独立的公司来管控他们的行为。这类联盟通过合同进行管理。供应协议（一家公司同意为其他公司供货）和分销协议（一家公司同意销售其他公司的产品）都属于非股权战略联盟。

2. 跨国公司战略联盟的特征

战略联盟合作形式具有较大的灵活性和随意性。战略联盟与合资企业在合作方式上完全不同：合资企业是一个独立的经济实体，对于资金投入、资源的承担、管理结构和利润分享均有法律上的约束性协议规定，是一种股权式的紧密型结合；而战略联盟各方签订的则是一种非约束性的"谅解备忘录"，是非股权式的松散联合。联盟协议仅表明合作各方的共同战略目标以及在生产和销售方面协调行动，其共同目标的实现完全靠协商而非法定的权利和义务。联盟成员之间具有独立人格、法律地位平等，不存在控制，而是随时可以对外部因素进行调整的合作伙伴关系。

跨国公司战略联盟实现了全方位合作及组织机构创新。战略联盟不只局限于合资企业的相互参股、资本流动，还扩展到技术、市场、资金、人才等方面的全方位合作。通过战略联盟能把分散在世界各国的研究开发、生产加工、市场营销及售后服务等环节上具有特定优势的不同企业联合起来，实现分工合作、优势互补、资源互用、利益共享。

跨国公司战略联盟是一种深层次的合作形式，它是以技术、信息、知识共享为核心的利益共同体。战略联盟改变了以往企业单枪匹马自行研究与开发新技术、新工艺、新产品的传统做法，提升到共同研究与开发新技术，推出适应当地市场的个性化、优质化的产品和服务。

（二）跨国公司战略联盟的动因与战略目标

跨国公司与竞争对手结成战略联盟是为了实现一系列的战略目标。由于降低成本、获得互补技能、为潜在市场协作提供一系列的产品等都是一个小批量供货商难以实现的，结盟后的企业可以促进扩大技术交流、实现共同研发、缓解国际纠纷和避免过分竞争，共同承担进入新市场所需的营销和推广成本，获得资金和补助，获得所需的厂房及设备，提高议价能力，合作开展培训，改进性能和提高效率，从而提高生存的机会。

随着国际市场竞争愈演愈烈，跨国公司为保持生存与发展空间，纷纷开始利用结盟的方式，弥补技术、市场的不足。

1. 跨国公司组建战略联盟的主要动机

第一，技术互补是加速组建国际战略联盟的重要原因。跨国公司若要保持技术竞争优势，或从一种优势转向另一种优势，都必须加大研究与开发力度。但新技术、新产品的研究与开发费用极高，单独一家企业难以应付，只得借助于"联姻"，互补和分享最新的知识、有效协调的产销网络和灵活转换产品结构的能力。

第二，采用联盟方式有助于扩大市场份额。当前，跨国公司扩展市场有两条途径：①依靠公司内部资源，实现扩张。但是单一跨国公司的能力毕竟有限，而且受各方面限制，还不能随心所欲地将经营范围扩展至全球任意一个想进入的市场。②依靠跨国公司的外部力量实现扩展。利用外部资源，在优势互补、互惠互利的原则上共同开拓市场是既节约资本又能提高进入国际市场速度的最佳路径。跨国公司为确保现有市场和扩大潜在市场份额，唯有通过加盟的方式，促成优势互补，才能迅速加强自己的市场渗透能力。

第三，应对市场需求结构的变化。世界市场消费需求结构发生变化，各种产品的差异性扩大，市场日益细分化，迫使各国跨国公司改变传统的大规模标准化产品生产的模式，逐步走向个性化、优质化和小批量化的生产模式。

第四，增强企业竞争力。增强企业竞争力是促进跨国战略联盟的又一原因。过去，跨国公司用兼并的办法击败对手，以增强经济实力。当双方实力相当时，共同争夺某些资源的结果就是两败俱伤。现在，跨国公司通过跨国联盟的方式，与对手携手合作，在竞争中共同发展。

第五，绕过贸易壁垒。当前世界区域经济一体化明显，据世界贸易组织统计，当今世界约有200多个各种类型的区域一体化组织，区域经济一体化组织的形式有效保护了本区域内各成员国的利益，但是这种保护却阻碍了一体外组织的跨国公司的发展，伤害了其他国家的利益，导致近年来各国贸易摩擦不断。因此，一体化组织以外的跨国公司为绕过贸易壁垒，会积极与一体化组织内的跨国公司联盟。

2. 跨国公司组建战略联盟的战略目标

第一，优化要素组合。优化要素组合是跨国公司间结成战略联盟的目标之一。任何一家公司所拥有的垄断优势各不相同。垄断优势具体体现为不同公司在资金、技术、人力资源等方面处于优势和相对劣势的区别。通过参与战略联盟，联盟各方可以通过借助对方的力量实现共赢发展。

第二，降低研发成本及分摊研发风险。现代高科技产品的研发成本与风险已经超过了一家跨国公司所能承受的程度。战略结盟不仅能够分摊各方的研发成本和风险、减少资金压力，而且还能以更快的速度形成新工艺、新技术与新产品，从而缩短研发时间，相应缩短战略资源的周转周期。

第三，避免过度竞争。跨国公司进入国际市场后，不可避免会与其他跨国公司形成竞争，其中相当比例的竞争属于不必要竞争，耗费了跨国公司大量的资源成本。通过战略联盟则能消除这些无谓竞争并同时提高资源配置的效率，帮助联盟成员形成更持久的垄断优势。

（三）战略联盟的类型和形式

依据不同的分类标准，可将战略联盟分为如下不同类型：

1. 依据在价值链上所处位置划分

根据战略联盟企业在价值链上所处位置的不同，战略联盟可分为以下三种：

第一，资源补缺型。资源补缺型国际战略联盟是指上游企业和下游企业间形成的国际战略联盟。主要包括两种情形：一种是拥有技术垄断优势的跨国公司，为了接近海外市场或利用对方的销售网络与具有营销垄断优势的跨国公司结成的联盟。前者可以借此进入目标市场，后者则可以赢得声誉。另一种是跨国公司与产品客户之间建立的联合型国际战略联盟，直接将生产与消费、供给与需求联系起来。

第二，市场营销型。市场营销型国际战略联盟主要是指由处于下游环节的企业结成的战略联盟。当前在汽车、食品和服务行业领域较常见，该联盟重在互相利用各自价值链体系中的下游环节，目的在于提高市场营销的效率和市场控制能力。这类联盟是抢占市场的有效手段，能够较好地适应多样化的市场需求。但同时存在相应的缺陷，因为是以降低环境的不确定性为目的，而不是致力于提高联盟各成员的核心能力，因而不能带来持久的竞争力。

第三，合研究与开发型国家战略联盟。这是在研究与开发领域开展的国际合作，即跨国公司间在各自上游环节组成战略联盟。参与联盟的公司通过充分利用联盟的综合优势，共享开发资源，互相协调，共同开发新产品和新技术，以求规避研发风险。

2. 根据主体地位不同的划分

根据主体地位不同，战略联盟可分为以下两种：

第一，互惠型国际战略联盟。这种类型常见于差异性显著的公司之间，处于联盟的低级阶段，是依据跨国公司所在母国经济体制和经济发展水平的不同而形成的战略联盟。主要目的是实现市场的进入，而不是为了削弱市场竞争，属于非对抗性的联盟。发达国家的跨国公司通过转让技术和设备与提供市场和劳动力的发展中国家的跨国公司所组成的联盟就属于这个类型。

第二，互补型国际战略联盟。这是战略联盟的高级阶段，多出现于同行业、同发展阶段的跨国公司之间。其特征为强强联合，是跨国公司双方存在互补性优势的基础上形成的战略联盟。这种联盟的出发点是取得优势互补，提高市场竞争力，以期在对抗性极强的市场竞争中立于不败之地，因而是一种对抗竞争导向型联盟。互补型国际战略联盟的成员多为发达国家企业。

第六章　国际商务伦理

第一节　全球公民

一、企业公民的起源与定义

在理解全球公民之前，我们有必要对企业公民这一概念进行初步的认识与把握。企业公民（Corporate Citizenship）这一概念源于 20 世纪末西方企业在实践中的运用而首次被提出，历经实践和理论的积淀逐步衍生出一套完整的企业公民理论体系，包括企业公民的概念、企业公民的演化阶段、企业公民的经济表现与伦理要求之间的平衡关系、企业公民的行为及其衡量标准等。企业公民的概念脱胎于企业社会责任，它与企业社会责任有着千丝万缕的联系但又有所区别。企业公民概念的产生反映了企业在社会发展过程中自身定位与职责的演变，也是社会对企业由"经济人"向"社会人"转变的伦理要求。

早在 1979 年，美国强生公司（Johnson & Johnson）就在"我们的信条"中提道："我们应当做个好公民——支持好的事情和慈善事业，并且依法纳税。我们应当促进社会进步和医疗与教育的改良；我们应当爱护我们有权使用的财产，保护环境和自然资源。"这被普遍认为是首次在企业层面上较为完整地提出了企业公民的口号，把成为好的公民纳入到企业的价值追求与管理目标的范围之中。随后一些企业也陆续提出体现企业公民意识的理念与准则，如 1982 年麦道公司（McDonnell Douglas）提出的麦道理念："各项事务应当遵守公正和道德原则……努力成为好的公司公民，鼓励员工为所在社区服务。"随后，学术界也为企业公民的概念不断补充新的内容，使之逐渐发展形成一套独立完整的理论体系。

美国波士顿学院企业公民研究中心（Boston College Corporate Citizenship Research Center）对企业公民做出如下定义："企业公民是指一个企业将社会基本价值与日常商业实践、运作和政策相整合的行为方式。一个企业公民认为企业的成功与社会的健康和福利密切相关，因此它会全面考虑企业对全部利益相关者的影响，包括雇员、客户、社区、供应商和自然环境。"

英国企业公民会社（British Corporate Citizenship Association）认为："企业是社会的一

个主要部分；企业是国家的公民之一；企业有权利，也有责任；企业有责任为社会的一般发展做出贡献。建立企业公民理念，不仅意味着企业主动承担更多社会责任，还包括对其参与社会环境改造的权利和义务的法律保障。"

中国社会工作联合会企业公民委员会经过多年的研究和实践总结为：企业在经营活动中，以地球环境和人类福祉为出发点，按照为客户提供满意的产品和服务为基本原则，自觉承担社会责任，实现全面、协调、可持续发展。

二、企业公民的行为准则

世界经济论坛认为，企业公民的行为准则主要包括以下六个方面：①公司治理和道德价值问题。主要包括遵守法律法规、现行规则以及国际标准，防范腐败贿赂等交易中的道德行为准则问题和商业伦理问题，以及对公司小股东权益的保护等。②对人的责任。主要包括对员工的权益保护，如员工安全计划、就业机会均等、反对歧视、生育期间福利保障、薪酬公平等。③对环境的责任。主要包括减少污染物排放，维护环境质量；废物回收再利用，使用清洁能源，减少能源消耗；共同应对气候变化和保护生物多样性等。④对社会发展的广义贡献。主要是在社会公益事业方面的投入，例如传播国际标准、向贫困社区提供要素产品和服务，积极发起员工志愿者活动，慈善事业捐助，设立公益基金等。⑤维持良性的供应链伙伴关系，构建公平公正的交易环境。主要包括对供应链的上游和下游企业提供公平的交易机会，避免恶性垂直垄断。⑥对消费者的权益保护。主要包括企业内部执行较外部标准更为严格的质量控制方法，主动召回质量有缺陷的产品并给予补偿，积极回应顾客的投诉，完善售后服务等。

三、全球企业公民的发展与认识

随着经济全球化的程度日益加深，跨国公司、区域经济合作组织等国际间的组织机构蓬勃发展，对于企业的要求也不仅仅局限于单个国家或地区，企业的社会责任呈现出向国际化发展的趋势，企业公民的定位也进一步延伸为全球公民。1999年时任联合国秘书长安南首次提出"全球契约"（Global Compact）这一概念，次年联合国全球契约（UNGC）活动正式启动，旨在呼吁全球范围内的企业积极履行社会责任，特别是在遵循联合国方面的人权（企业应该尊重和维护国际公认的各项人权，绝不参与任何漠视与践踏人权的行为）、劳工标准（企业应该维护结社自由，承认劳资集体谈判的权利；彻底消除各种形式的强制性劳动；消除童工；杜绝任何在用工与行业方面的歧视行为）、环境（企业应对环境挑战未雨绸缪，主动增加对环保所承担的责任，鼓励无害环境技术的发展与推广）和反腐败等十项原则上有所作为。迄今为止，全球已有约2500家企业、商会、非政府组织成为其成员。全球契约强调的是"共同价值和原则"，对企业没有明确的强制性管理，但因为它直面全球化过程中资本处于明显强势的情况下，各国企业应当如何对待社会责任的问题，被社会各界广泛关注，其国际影响力不断扩大。

全球企业公民可以看作是"利益相关者"和"企业社会责任"理念的一种延伸，将企业看作独立的公民个体，与政府、社会一并被视为全球利益的相关者。企业的持续稳定发展依赖于全球提供一个和谐稳定繁荣创新的外部环境，而企业积极承担社会责任又成为促进全球发展的动力，因此致力于全球的进步既是企业公民身份的要求，也符合企业自身发展的根本利益。早在 2002 年 1 月，在纽约举办的全球经济论坛上，由 34 家全球最大的跨国公司签署的联合声明《全球企业公民——对 CEO 和董事领导的挑战》不仅强调企业对所处社区的责任，而且强调在全球化背景下，企业必须要承担一种全球性的社会责任，这进一步彰显了社会公民的当代意义。

从理念层面来看，全球企业公民超越了企业的慈善行为、社会责任这些具象的层面，转而关注由民族国家控制之外的各种力量所构成的"全球空间"。国际企业在全球范围内开展商业经营活动的同时，还应当与全球组织、各国政府一起承担作为全球公民的所应履行的对全球和全人类长远发展的国际社会责任。全球公民的身份要求跨国企业对全球宏观层面的重大公共事务负有一定的责任，如应对全球气候变暖、水资源短缺、恐怖主义、跨国犯罪、自然灾害救助等问题。从地缘上看，这些问题的解决在一定程度上更依赖区域性的力量，但是它们会产生全球性的负面影响，全球公民的身份强调跨国企业积极应对那些可能产生广泛影响的全球性事务，在力所能及的范围内做出应有的贡献。

第二节　企业社会责任

一、企业社会责任的渊源

20 世纪初期，美国学者奥利弗·谢尔顿（Oliver Sheldon）在《管理的哲学》一书中首次提出"企业社会责任"的概念，其核心思想是企业在创造利润的同时，还应强调对消费者、对社会以及对自然环境的贡献，从而把企业满足产业内外相关需求的责任同企业社会责任联系起来，使得道德义务成为企业社会责任的一部分，这对自亚当·斯密以来古典自由主义所宣扬的企业只需实现利润最大化的观点产生不小的冲击，在社会上引起诸多学者和企业家对企业是否要承担社会责任这一问题产生思考。

1931 年，哥伦比亚大学教授伯利（Berle）提出观点：企业的管理者只能是企业股东的受托人，他们所做的一切行为只要给股东带来收益就是恰当的，法律应该保护股东的利益而不是放任管理者追求股东利益以外的其他利益。该观点一经抛出，在学术界就引发了一场关于企业社会责任的争论。

以弗里德曼（Friedman）为代表人物的一派认为：企业不应该承担社会责任。弗里德曼是反对企业社会责任的强有力代表，他曾发表文章指出"企业的唯一社会责任就是获取利润"，同时他还认为要求企业承担社会责任会严重破坏资本主义民主，从而动摇自由社会的根基。著名的法律经济学家理查德·艾伦·波斯纳（Richard Allen Posner）则认为，企业社会责任的多目标兼顾会导致生产效率严重低下，企业的经营者最终很可能一事无成，而企业承担社会责任的成本很大程度上会以提高产品价格的形式转嫁到消费者身上，这违背了应当承担社会责任的初衷。还有一部分学者与伯利（Berle）持有相同的观点，认为企业社会责任理论会潜在损害股东的利益，从而降低股东投资的积极性。

以彼得·德鲁克（Peter F. Drucker）等为代表的一批经济学者则认为：企业应该承担社会责任。德鲁克在《管理：任务、责任、实践》一书中指出，"商业企业及公共服务机构都是社会的重要器官，他们不仅仅是为了自身的目的而存在，而是为了实现某种特殊的社会目的"，在德鲁克看来，企业所承担的社会责任可能源于企业自身对社会产生的影响，也可能是社会固有的问题。一个好的企业应当力求把对社会产生的负面影响转化为对本企业的机会，一切社会问题都是商业机会，解决社会问题就是企业社会责任。哈罗德·孔茨（Horold Koontz）则认为，企业的"社会责任就是要认真考虑企业的一举一动对社会的影响"。还有一部分学者认为企业拥有解决某些领域社会问题的专长与资本，由企业来承担社会责任解决这些问题可以避免政府的过度干预，提高资源的使用效率。

关于企业是否要承担社会责任、企业承担社会责任的边界等问题随后一直是学术界热烈讨论的话题。但是随着市场经济的发展，企业经营活动带来了环境污染、分配不均、劳工冲突等一系列社会矛盾的加剧，而全球化进程的加快也要求社会各主体共同关注气候变暖、能源危机、可持续发展等关系全人类发展命运的议题。因而对企业的定位也不断与时俱进，现代企业的职能应当从单纯的经济使命向兼顾社会使命转变已成为多数国家和社会主体的共识，在多种力量的共同作用下，企业社会责任运动从发达国家逐步扩展到发展中国家，企业社会责任正在世界范围内形成一种世界潮流和趋势。

二、企业社会责任的理论研究

企业社会责任的相关理论研究是国内外专家学者解释企业社会责任的一个共同切入点，在此问题上，许多学者都有较为一致的意见。目前，关于企业社会责任的理论问题研究主要集中在以下几个方面：

（一）社会契约理论

1937 年，罗纳德·哈里·科斯（Ronald H. Coase）在《企业的性质》一文中首次提出企业契约理论[①]。在科斯看来，企业是一系列契约的联结，为研究企业问题开辟了新思路。随后人们就企业契约理论展开相关研究。

托马斯·唐纳森（Thomas Donaldson）和托马斯·邓菲（Thomas Dunfee）在关于"综合的社会契约论"中提出，在全球经济交往中存在着一种广义上的社会契约，这种社会契约以两种方式存在：一是假设的或宏观的契约，反映一个共同体内所有理性成员之间广泛存在的假设的协议；二是现存的或微观的契约，反映一个经济共同体内的一种实际的契约，是行业、企业、同业工会等组织。也就是说，企业自成立之初便与社会建立了一种契约关系，企业应对为其提供外部存在基础的社会承担责任，相应地，社会也对企业的发展

① 社会契约理论是 17 世纪以来在西方国家极有影响的一种社会学说，随着社会经济的发展，企业社会契约理论应运而生。企业社会契约理论认为企业和社会之间存在着某种社会契约，即企业与社会各种利益集团之间有一系列自愿同意并相互受益的社会契约，履行与这些利益集团的合同义务就是企业的责任。

负有责任。在社会契约下，企业作为契约主体应当在社会契约的约束下行使权力，并对其他契约主体的合法权益负责，不应当为了追求个体的经济利益而无视对其他契约主体的利益损害。

美国学者乔治·A. 斯蒂纳（George A. Steiner）和约翰·F. 斯蒂纳（John F. Steiner）则认为，虽然社会契约是一个抽象的整体概念，但是其包含着企业的行为应该符合契约主体中大部分人的共同期望这一隐性假设，社会契约是对企业应当承担社会责任这一观点从理论渊源上所进行的补充，它不加任何限制而增强了企业对社会的一些义务。

当然，社会经济发展的不同阶段的特征也就决定了企业的社会契约具有不同的特征。在半个世纪以前，企业的社会契约责任还仅仅局限于以合理的价格提供商品和服务，随着社会经济结构和思想意识的改变，企业的社会契约发生了改变，要求企业从整个社会出发考虑自身运营对社会的影响及社会对企业行为的期望与要求，要求企业对各种社会问题负有责任，这样又产生了企业的"社会利益"这个概念，而不是原来的狭隘的企业的"股东利益"。管理者必须由原来的仅仅是对股东负有信托责任转变为对所有利益相关方负有信托责任，这也可以看作是现代企业社会责任理论的雏形。

（二）利益相关者理论

1984 年，弗里曼（Freeman）在《战略管理：利益相关者管理的分析方法》一书中对利益相关者管理理论做出较为系统全面的解释，是最具有代表性也最为社会广泛接受的观点。利益相关者理论是指企业的经营管理者为综合平衡各个利益相关者的利益要求而进行的管理活动。弗里曼在书中指出："利益相关者是能够影响一个组织目标的实现，或者受到一个组织实现其目标过程影响的所有个体和群体。"目前对企业利益相关者的广泛分类包括企业股东、企业员工、上下游厂商消费者、竞争者、政府以及社会组织等。与传统的股东至上理论相比，利益相关者理论认为任何一个企业的发展都离不开各方利益相关者的投入与参与，企业追求的是利益相关者的整体利益，而不是仅追求单个主体的利益而无视对其他主体利益的牺牲。

（三）责任竞争力理论

2003 年，波特在《企业慈善事业的竞争优势》一文中指出："表面上看，企业从事公共事业，是为了博得更多的社会认同，形成较大的社会正面影响，但实际上，企业竞争力的提高才是企业的最终目的。"他指出企业在积极承担社会责任的同时，也致力于塑造良好的企业形象，从社会声誉方面提升企业的竞争力。

2005 年，在北京举办的责任竞争力—中欧企业社会责任国际论坛上，殷格非[1]首次提出倡导责任竞争力的理念，得到社会的广泛认可。

企业责任竞争力（Enterprise Responsibility Competitiveness）是指企业运用自身的专业优势解决社会、环境和员工等方面的问题，使得企业在履行社会责任的同时，其经济效益也得到提升，即企业的责任竞争力得到增强。企业责任竞争力主张企业把社会责任融入到企业的日常经营之中，将其视为企业发展战略和竞争力的重要组成部分，也是企业实现可

---

① 商务部《WTO 经济导刊》副社长，责扬天下（北京）管理顾问公司首席专家。

持续发展目标的有效途径。

（四）共享价值理论

2011 年，波特在"创造共享价值"一文中提出的"共享价值"理论极大地拓展了人们对社会责任的认知，引发了重新定义社会责任与商业关系的新趋势。在波特看来，人们越倾向于把企业视为引发各种社会问题的罪魁祸首，进而要求企业承担社会责任，就会使得整个社会对企业的信任感降低，从而损害企业的竞争力，影响企业的健康发展和经济增长。而在共享价值原则下，企业与社会公众不再处于对立面，企业在创造经济价值的同时，重视对社会问题的解决，将解决社会问题视为寻找新的商业机会的一片蓝海，从而实现经济价值与社会价值双重效益。这与德鲁克的观点一脉相承，表现为企业不是简单地承担慈善家的角色进行价值的再分配，而是通过做大蛋糕来实现经济价值和社会价值的双重提升。

三、企业社会责任的内涵

从一般意义上来看，企业社会责任的内涵包括股东权益责任、员工权益责任、消费者权益责任和环境保护责任等四个方面。

（一）股东权益责任

在市场经济条件下，股东作为企业的所有者有权控制企业的一切活动。随着企业规模的扩大，企业往往通过公开市场发行股票来募集发展资金，形成了众多分散的股东，跨国公司的兴起使得企业经营范围在全球范围内扩张，这些因素都限制了股东直接参与到企业的日常生产经营活动当中，于是现代企业普遍采取经营权与所有权分离的经营模式，企业里原本属于股东的权利通过代理形式转移到企业职业经理人手中，这时候企业与股东的关系也逐渐演变为企业与社会的关系，二者间的契约关系使得企业对其股东天然负有社会责任。然而，在自利动机假说的前提下，企业管理者往往会偏离股东利益最大化的目标，做出有损于股东利益的决策和行为。因此，为了保护投资者及其投资的积极性，必须强调企业对股东的责任。

（二）员工权益责任

在工业化早期阶段，劳动者作为企业机器大生产过程中的一个环节而存在，其所获得的工资仅仅能维持其自身和家庭的简单再生产，劳动剩余价值被剥削。随着工人运动的兴起和现代企业制度的完善，员工更多地被视为企业的成员而不仅仅是简单的雇佣关系。企业员工作为企业契约的主体之一，直接参与到企业的实际生产运营过程之中，其发展命运与企业休戚相关。卡罗尔①将企业员工视为企业的内部利益相关者，因而他们不仅享有获得合理劳动报酬的权利，还应当享有作为个体所应享受的社会权利。企业员工权益涵盖的范围十分广泛，除却法律强制规定的劳动者必须享有的基本劳动权利以外，还有一些自发

---

① 美国学者阿尔奇·B. 卡罗尔（Archie B. Carroll）对企业社会责任的定义最具代表性："企业社会责任是指某一特定时期社会对组织寄托的经济、法律、伦理和自由决定（慈善）的期望。"其中，经济责任是基础，法律的、伦理的以及自行裁量的慈善责任依次向上递减，呈金字塔结构。

的伦理责任，如为员工的职业发展生涯提供指导与培训等。

（三）消费者权益责任

企业生产的最终目的是消费，消费者作为企业完成生产循环的终端，与企业的利益密切相关，因而企业对保障消费者权益具有义不容辞的责任。根据消费者宪章，消费者权益包括安全权、知情权、自由选择权和听证权四个方面：安全权是指消费者作为个体所享有的其人身和财产安全不受企业及其产品侵害的权利，知情权是指消费者有权要求了解产品的质量、性能及保修条款等，自由选择权是指消费者有权比较、选择商家产品或服务并自由购买的权利，听证权是指消费者拥有与企业进行有效沟通、行使批评、建议和监督企业行为的权利。

（四）环境保护责任

企业的正常运转离不开外部环境和条件的支持。实现可持续发展，企业应当将对自然环境的保护作为企业社会责任不可或缺的组成部分。传统工业发展走的是"先污染后治理"的道路，对自然资源的掠夺式开发和对环境的肆意破坏使得自然环境在全球范围内急剧恶化，如1943年美国洛杉矶光化学污染事件、1952年的英国伦敦烟雾事件以及1956年的日本九州的"水俣病"事件等，引起社会广泛深刻的反思。在环境污染使得人们处于不安全、不健康的环境下，企业的任意经营所带来的环境破坏饱受诟病，环境保护运动由此兴起。作为后发的发展中国家，在鼓励企业发展经济的同时，也要注意传统发展方式对环境的不可逆影响，合理使用自然资源，保护环境，实现企业、人类与自然的和谐相处。

四、企业社会责任评价

仅通过企业社会责任的内涵来简单衡量企业社会责任的履责情况是远远不够全面的，为此学者们致力于构建一套全面系统、科学合理、切实可行的企业社会责任评价指标体系，以便精确地评估企业社会责任绩效是否符合大众预期，借以更好地指导企业社会责任的努力方向。在探讨企业社会责任评价包含的维度时，有以下几种具有代表性的学说：

（一）同心圆学说

1971年，美国国家经济发展委员会（National Economic Council）在《工商企业的社会责任》报告中提出企业社会责任的"同心圆"模型。这一模型将企业要履行的社会责任内容划分为内圈、中圈和外圈三个维度。其中，"内圈"代表企业的基本责任，主要表现为向社会提供产品、增加就业、向投资者提供回报、促进经济增长等经济职能。"中圈"是指企业在履行经济职能的同时，承担起对受其行为活动影响的社会和环境的责任，如保护环境、合理对待员工、回应顾客期望等。"外圈"则包含企业承担的更广泛的促进社会进步的无形责任，如消除社会贫困、防止城市衰败等。

（二）金字塔模型

1979年，阿奇·B.卡罗尔提出企业社会责任的"四成分"理论，指出企业的社会责任是一个整体，包含经济责任、法律责任、伦理道德责任和其他方面的责任。随后，他对该模型又进行了补充完善，进一步提出企业社会责任的"金字塔"模型。根据这一模型，卡罗尔认为企业社会责任就是社会期望企业在经济、法律、伦理和慈善（自愿）方面所履行的责任。其中，经济责任是企业作为经济单位生存与发展的基础，包括企业股东要求合理的投资收益，员工要求与劳动相符的工资收入，客户要求产品质量得到保证。法律责任是企业经营必须遵守的底线，要求企业在实际生产经营中必须遵守各项法律和条款规定。道德责任要求企业的经营行为符合社会准则、规范和价值观，道德责任不仅包含经济和法律期望，还包括社会的普遍期望。慈善（自愿）责任是企业第四层面的责任，包括参与公益事业、进行慈善捐助、设立慈善基金、支持当地教育的发展等。卡罗尔认为慈善责任是社会对企业更高层面上的期望。

（三）三重底线学说

1997 年，国际可持续发展权威、英国学者约翰·埃尔金顿（John Elkington）提出了著名的企业履行社会责任的"三重底线"学说，即企业行为应当满足经济底线、环境底线和社会底线。该学说认为企业的社会责任可以分为经济责任、环境责任和社会责任三个维度。经济责任即传统的企业责任，主要包括提高利润、对股东利益负责、保证员工就业等；环境责任即减少企业经营对环境的破坏，主要包括节约能耗，合理使用不可再生资源，对污水和有毒废弃物的处理，避免水污染和土地污染；社会责任就是对于社会其他利益相关方的责任，包括消费者权益维护、与外部合作厂商保持良性合作伙伴关系、关注公益事业等。企业在开展企业社会责任实践时必须履行上述三个领域的责任，这就是企业社会责任的"三重底线"。

约翰·埃尔金顿进一步提出，判断企业是否满足"三重底线"，不仅是对企业的经济、环境和社会业绩进行披露与衡量，还需要将利益相关方和社会的期望纳入到考虑范围之中，控制业务活动对社会和环境可能产生的不良影响，追求经济、环境和社会的平衡。

（四）维恩图模型

在分析企业社会责任"金字塔"模型的局限性的基础上，施瓦茨和卡罗尔采用维恩图进行解释说明，构建了一个新的企业社会责任三领域模型，我们称之为企业社会责任的"维恩图"模型。

该模型认为企业履行社会责任的内容分为三个领域：即经济、法律和道德。经济领域是"那些意图对企业有直接或间接正面经济影响的活动"；法律领域是"商业企业对反映社会统治者意愿的法律规范的响应"，具体又可以细分为顺从、避免民事诉讼和法律预期；道德领域是"普通大众和利益相关方期望的企业道德责任"，包含惯例性、后果性和存在论三个普遍的道德标准。根据该模型，企业社会责任的三个分支领域同等重要，企业在实际经营活动中很少是纯粹经济性、纯粹法律性或纯粹道德性的，几乎所有的企业行为都是两个及两个以上领域的交叉覆盖。

在结合现有理论学说的基础上，国际组织、各国政府乃至学者都结合实际构建出各具特色的社会责任评价指标体系，其中最具有普适性、接受程度最高的是国际标准化组织制定社会责任指南标准（ISO 26000）。国际化标准组织从 2001 年开始着手进行社会责任国际标准的可行性研究和论证，经历漫长的讨论、准备、草拟过程，由 54 个国家和 24 个国际组织参与制定，最终于 2010 年正式出台社会责任指南标准 ISO 26000，这预示着社会责任评价有了更为全面可靠的参照系。ISO 26000 认为企业等社会组织在开展活动时应当考虑社会、环境、法律、文化、政治、组织的多样性和经济条件的差异性，同时尊重国际行为规范，遵守以下七项核心原则：担责、透明、尊重利益相关方、尊重法治、尊重国际行为规范、尊重人权、良好道德行为。ISO 26000 社会责任标准所涉及的核心议题如表 6 - 1 所示。

表 6 - 1 ISO26000 社会责任指南标准核心议题

核心主题和议题
核心主题：人权
议题1：尽责审查
议题2：人权风险状况
议题3：避免同谋
议题4：处理申诉
议题5：歧视和弱势群体
议题6：公民权利和政治权利
议题7：经济、社会和文化权利
议题8：工作中的基本原则和权利
核心主题：劳工实践
议题1：就业和雇佣关系
议题2：工作条件和社会保护
议题3：社会对话
议题4：工作中的健康和安全
议题5：工作场所中人的发展与培训
核心主题：环境
议题1：防止污染
议题2：资源可持续利用
议题3：减缓并适应气候变化
议题4：环境保护、生物多样性和自然栖息地恢复
核心主题：公平运行实践
议题1：反腐败
议题2：负责任的政治参与
议题3：公平竞争
议题4：在价值链中促进社会责任
议题5：尊重产权
核心主题：消费者问题
议题1：公平营销、真实公正的信息和公平的合同实践
议题2：保护消费者健康和安全
议题3：可持续消费
议题4：消费者服务、支持和投诉及争议处理
议题5：消费者信息保护与隐私
议题6：基本服务获取
议题7：教育和意识

核心主题和议题
核心主题：社区参与和发展
议题 1：社区参与
议题 2：教育和文化
议题 3：就业创造和技能开发
议题 4：技术开发与获取
议题 5：财富与收入创造
议题 6：健康
议题 7：社会投资

资料来源：ISO26000：2010 年《社会责任指南（中文版）》。

五、构建我国企业社会责任标准框架

由 ISO 26000 社会责任指南标准所引发的世界范围内对企业社会责任问题的关注，让我们意识到加强对企业社会责任的评估认证是刻不容缓的议题，是构建良好社会主义市场经济环境的要求，也是深入融合到 WTO 走向国际市场的需要。尤其是在当前我国企业社会责任感仍比较淡漠的情况下，尽早制定符合我国经济社会发展需要的企业社会责任标准被提上日程。结合国情需要，我们可以从以下几方面来确立我国企业社会责任标准的制定框架：

（一）承担明礼诚信确保产品货真价实的责任

由于种种原因造成的诚信缺失正在破坏着我国社会主义市场经济的正常运营，由于企业的不守信，造成假冒商品随时可见，消费者因此而造成的福利损失每年在 2500 亿 ~ 2700 亿元，占 GDP 比重的 3% ~ 3.5%。很多企业因商品造假的干扰和打假难度过大，导致企业难以为继，岌岌可危。为了维护市场的秩序，保障人民群众的利益，企业必须承担起明礼诚信确保产品货真价实的社会责任。

（二）承担科学发展和交纳税款的责任

企业的任务是发展和盈利，并担负着增加税收和国家发展的使命。企业必须承担起发展的责任，搞好经济发展。要以发展为中心，以发展为前提，不断扩大企业规模，扩大纳税份额，完成纳税任务，为国家发展做出大贡献。但是这个发展观必须是科学的，任何企业都不能只顾眼前，不顾长远，也不能只顾局部，不顾全局，更不能只顾自身，而不顾友邻。所以无论哪个企业，都要高度重视在新时代中国特色社会主义思想指导下的发展。

（三）承担可持续发展和节约资源的责任

中国是一个人均资源特别紧缺的国家，企业的发展一定要与节约资源相适应。企业不能顾此失彼，不顾全局。作为企业家，一定要站在全局立场上，坚持可持续发展，高度关注节约资源。并要下决心改变经济增长方式，发展循环经济、调整产业结构。尤其要响应"一带一路"倡议，实施"走出去"战略，用好两种资源和两个市场，以保证经济的运行

安全。这样，我们的发展才能持续，"两个一百年"的目标才能实现。

（四）承担保护环境和维护自然和谐的责任

随着全球和我国的经济发展，环境日益恶化，特别是大气、淡水、海洋的污染日益严重。野生动植物的生存面临危机，森林与矿产过度开采，这给人类的生存和发展带来了很大威胁，环境问题成了经济发展的瓶颈。为了人类的生存和经济持续发展，企业一定要贯彻习主席的"绿水青山就是金山银山"的指示精神，切实担当起保护环境及维护自然和谐的重任。

（五）承担公共产品和文化建设的责任

医疗卫生、公共教育与文化建设，对一个国家的发展极为重要。特别是公共教育，对一个国家的脱除贫困、走向富强就更具有不可低估的作用。医疗卫生工作不仅影响全民族的身体健康，也影响社会劳力资源的供应保障。文化建设则可以通过休闲娱乐，陶冶人的情操，提高人的素质。我们的国家，由于前一个时期对这些方面投入较少，欠账较多、存在问题比较严重。而公共产品和文化事业的发展固然是国家的责任，但在国家对这些方面的扶植困难、财力不足的情况下，企业应当分出一些财力和精力担当起发展医疗卫生、公共教育和文化建设的责任。

（六）承担扶贫济困和发展慈善事业的责任

虽然我们的经济取得了巨大发展，但是作为一个有13亿人口的大国还存在很多困难。特别是农村的困难就更为繁重，更有一些穷人需要扶贫济困。这些责任固然需要政府去努力，但也需要企业为国分忧，参与社会的扶贫济困。为了社会的发展，也是为企业自身的发展，我们的广大企业更应该重视扶贫济困，更好承担起扶贫济困的责任。

（七）承担保护职工健康和确保职工待遇的责任

人力资源是社会的宝贵财富，也是企业发展的支撑力量。保障企业职工的生命、健康和确保其工作与收入待遇，这不仅关系到企业的持续健康发展，而且也关系到社会的发展与稳定。为了应对国际上对企业社会责任标准的要求，也为了使党中央关于"以人为本"和构建和谐社会的目标落到实处，我们的企业必须承担起保护职工生命、健康和确保其工作待遇的责任。作为企业要坚决做好遵纪守法，爱护自己的员工，搞好劳动保护，不断提高员工的工资水平和保证按时发放。企业要多与员工沟通，多为员工着想。

（八）承担发展科技和创新自主知识产权的责任

当前，就总的情况看，我国企业的经济效益是较差的，资源投入产出率也十分低。为解决效益低下问题，必须要重视科技创新。通过科技创新，降低煤、电、油、运的消耗，进一步提高企业效益。改革开放以来，我国为了尽快改变技术落后状况，实行了拿来主义，使经济发展走了捷径。但时至今日，我们的引进风依然越刮越大，越刮越严重，很多工厂几乎都成了外国生产线的博览会，而对引进技术的消化吸收却没有引起注意。因此，企业要高度重视引进技术的消化吸收和科技研发，加大资金与人员的投入，努力让创新成为企业的己任。

第三节　可持续发展

一、可持续发展的含义

可持续发展（Sustainable Development）的概念，最早于 1972 年在斯德哥尔摩举行的联合国人类环境研讨会上被提出，是指既能满足当代人的需求，又不损害后代人满足其需求的发展。可持续发展理念遵循着公平性、和谐性和高效性的原则：公平性是指在机会选择上的平等。可持续发展不仅追求同代人之间的横向公平，还要实现代际之间发展的公平，同时也考虑人与自然、其他物种之间的公平；和谐性即实现人类之间以及人类与自然之间的和谐共处，保持一种和谐稳态的互惠共生关系，和谐性要求人类不再处于支配者的地位上一味索取、破坏自然，而是以友好相邻的身份与自然和谐相处；高效性不仅仅是衡量资源利用效率和生产效率的高低，更重要的是根据人类的基本需求得到满足的程度来衡量，是人类发展总体的高效性。

1992 年召开的里约热内卢峰会是继斯德哥尔摩会议之后的又一个里程碑式的会议，会上达成了环境保护与经济发展不可分割的共识，会后通过了《里约环境发展宣言》，并签订了《生物多样性公约》《气候变化框架公约》和《森林公约》等重要文件，把人与环境的协调发展提上重要日程，是推动可持续发展从宽泛的理念向实际行动转变的重要节点。

在经济全球化时代，探索人类可持续发展的战略途径不仅仅是宏观层面的要求，企业作为微观经济单元如何实现自身的可持续发展，进而推动整个社会和人类的可持续发展同样值得我们深思。

二、可持续发展与持续竞争力

自 20 世纪 70 年代频繁兴起的环境革命浪潮以来，人们往往将可持续发展与环境保护等同，认为可持续发展就是节约资源和减少污染。诚然，节能环保是可持续发展战略的核心内容，但在考虑宏观国家主体乃至微观企业主体的可持续发展时，仅将环保与节能作为唯一标准未免太过狭隘。随着可持续发展理念的发展进步，对于企业可持续发展的认识不仅仅体现在环境责任方面，菲利普·赛德勒（Philip Sadler）在《持续竞争力》一书中就曾指出，"利益兼容法"下企业的可持续发展不是单纯地强调环境责任，也不是一味地只追求核心竞争力，而是实现经济与环境、社会的兼容，即实现涵盖经济、社会、环境的多重可持续发展。对于企业而言，实现可持续发展的有效途径就是保持持续竞争力，把建立产业能力与资源优势同维护产业环境相结合，实现外部环境和内部经营管理的协调可持续发展。

结合国内外对持续竞争力的研究，我们将持续竞争力（Sustainable Competitiveness）

定义为：在利益兼容法的指导下，企业在合作博弈过程中通过对竞争性结构化因素的构造和动态调整所形成的一种社会生态型的企业独特能力。对此，我们可以从以下三个方面对其内涵进行理解：

（一）社会性

持续竞争力的社会性主要体现为它是具有生态性、社会性、可持续发展性的一种能力，它脱离仅从企业自身发展的角度来制定发展战略的局限，把企业放置于社会这个整体大环境之中，从社会总体角度来考虑企业实施的发展战略。企业在构建自身持续竞争优势的同时，将保护自然环境和提高社会公正性纳入发展战略之中，以实现自然、社会与企业的可持续、共赢发展。在持续竞争力的观点里，企业可持续发展与社会环境的可持续发展是相辅相成、互相促进的，企业在自然和社会中追求可持续发展，自然和社会的可持续发展为企业的生存发展提供外部支持，持续竞争力的社会性力图将二者的矛盾降至最低，实现企业持续发展与自然、社会持续发展的和谐统一。

（二）合作性

在之前的关于企业核心竞争力的研究中，过度强调企业通过差异化来实现个体竞争优势，而忽视了企业之间的合作互补所带来的"1 + 1 > 2"的协同效应。持续竞争力理论则跳出竞争环境下的个体格局，主张坚持自身优势的同时，积极寻求与相关企业的合作，以实现优势互补，并培育出更为综合、长久的优势。构建企业与相关企业之间的共同价值链，形成合作博弈的新型关系，是持续竞争力理论合作性的体现。

（三）动态性

在持续竞争力的结构框架下，除了关注企业间的横向联结与合作，也关注时间序列下企业发展战略的动态调整过程。企业在制定可持续发展战略时，在空间上，跳出中心主义而放眼于整体社会环境，分析所处环境和各方利益相关者的需求，进行协调与整合，以实现社会、环境与企业经济效益的协调发展；在时间上，摆脱只追求短期效益的短视目光，坚持以长期的眼光调整竞争性结构化因素，不断培育持续的竞争力，在立足自身长远发展的同时实现社会、环境的可持续发展的目标。

三、可持续发展战略对跨国企业的要求

传统的企业发展战略以树立企业的核心竞争力为目标，通过降低成本、掌握核心技术、差异化商品等方式来赢得在市场上的优势，维持自身的经济利益和长远发展。但随着经济全球化程度的加深和信息化技术的提高，资源配置在全球范围内快速流动，我们发现在核心竞争力引导下的发展战略不能很好地保证企业在市场竞争中立于不败之地。只注重企业的硬件设施建设，如提高机器设备的自动化水平、建造布局科学合理的生产基地，以及拥有大型计算机等物质基础在科技瞬息万变的时代是远远不够的，如果忽视企业软件的建设，未能形成独特的企业文化和企业精神，树立服务社会、服务消费者的观念，只注重自身利益的获取而偏离社会的发展期许，这样的企业并不能长久地走下去。

可持续发展战略要求企业从全局性、社会性的视角出发，站在地区、国家乃至整个地球的角度来看待发展，在兼顾微观经济目标、实现个体利益的同时，也关注全社会与人类未来的利益，将社会总体价值最大化作为企业奋斗的方向。

在经济方面实现可持续发展，需要企业注重培养行业领域内的核心竞争力：注重科技研发提高生产效率和资源利用效率；具备开拓性的市场思维和敏锐的洞察力，积极开拓海外新市场，寻找需求市场的蓝海，开发新产品，抓住新兴的消费需求乃至创造新的消费者需求；规范企业内部管理与控制和运营的规章制度，降低经营风险，减少双重代理机制下的利益冲突问题对公司正常经营运转的负面影响。

在环境方面实现可持续发展，需要企业注重与自然环境乃至其他物种的和谐相处：在进行生产经营活动时，尽量减少对水资源、大气、土壤、生物的危害，采取切实有效的措施将废弃物的排放降至最低，自觉承担污染治理成本和保护环境的责任；合理利用自然资源，对于可再生资源，企业应当将其利用率合理控制在资源的再生增长速度以内，对于不可再生资源，企业在合理、高效利用的同时，也应通过研发等方式积极寻找、创造替代品，以满足人类当代和后代的需求；保护生物的多样性，适度发展以降低对生态系统的破坏，构建和谐的生态环境，实现人类与其他动植物的和谐相处。

在社会方面实现可持续发展，需要企业尽力符合社会的共同期望，实现社会福利最大化的目标：保障员工权益，保障劳动者的基本劳动权益，尽量提供健康舒适的工作环境，关注员工的身心发展，提供职业技能培训，帮助员工进行职业生涯发展规划，构建企业文化认同；保护消费者的合法权益，尊重消费者的知情权、自由选择权与投诉权，健全售后服务与保修机制；积极参与社区建设和公益事业，开展社会投资，帮助技能开发和创造就业，支持教育事业和慈善事业的发展等。

第四节　全球的贿赂与腐败

一、商业贿赂与腐败

商业贿赂（Commercial Bribery）是指经营者为了争取交易机会（销售或者购买商品）而采用财物或者其他手段，暗中给予交易对方相关人员或者能够影响交易的其他相关人员，以达到排斥竞争对手目的的一种不正当竞争行为。

商业贿赂行为的特征有三：①主体是经营者，贿赂对方单位或者个人。作为商业贿赂主体的经营者不限于法人，除法人外，还包括其他组织和个人。法人也不限于企业法人，还包括从事经营活动的事业单位法人、社会团体法人。②目的是为销售商品或者购买商品，即为达到商业目的，通过贿赂手段，获取优于其他经营者的竞争地位。③手段有两类，即财物手段和其他手段。

商业贿赂是贿赂的一种形式，往往与权力的腐败等不良行径联系在一起，其违背了诚实守信、公平竞争的经济道德准则，采用不正当的手段损害了其他竞争对手的利益，严重破坏了公平市场竞争秩序，败坏了社会道德和行业风气。

商业贿赂的危害表现为：对消费者而言，商业贿赂使得"劣币驱逐良币"。因为往往是产品竞争力不够的企业才会更有动机去行使贿赂来获得交易的机会，这样使得假冒伪劣商品排挤掉优质商品流入市场，严重损害了消费者的利益，同时通过商业贿赂获得特许经营的企业，往往会制定较高的垄断价格来转移贿赂成本，这种非自然垄断下的垄断利润是对消费者权益的极大损害。对整个交易市场而言，商业贿赂扭曲了正常的市场竞争机制，妨碍了质量、价格、技术、服务等效能竞争手段作用的发挥。市场经济配置资源有效率的优势丧失，企业纷纷转而寻找捷径而不是专注于提升生产技术和效率，败坏了行业生产的风气，影响了生产效率和技术进步。对政府而言，商业贿赂许多往往也都是对权力进行贿赂。商业贿赂是滋生腐败的温床，是对行政机关的腐蚀，损害了行政机制的公平性和执行效率，严重时会挫伤政府的公信力。

在现代社会中，"腐败"概念一般被作为"权力腐败"概念的简称。它特指权力的蜕变，即权力主体滥用权力或者偏离公共职责，借职务之便获取个人的特殊利益，从而使国家政治生活发生病态变化的过程。2017 年 9 月 18 日，国际货币基金组织（IMF）总裁克里斯蒂娜·拉加德（Christine Lagarde）在华盛顿布鲁金斯学会反腐会议上发言称："全球每年腐败花费中仅贿赂金额就高达 1.5 万亿~2 万亿美元，也就是说占全球当年 GDP 总额的 2% 左右，而这还只是冰山一角，腐败带来的长期影响还要严重得多。"可见商业腐败与贿赂在全球范围内暗处滋生，其带来的长期危害不容小觑，是一项需要引起社会关注与重视的社会问题，并值得社会共同去努力消除腐败，构建公平公正的社会秩序，创造阳光透明的社会环境。

二、世界各国反商业贿赂的法制建设

在欧美等发达国家，由于其市场经济发展时间较长，早就意识到商业贿赂对市场经济的危害，因此各国都相继建立了一套较为完备的法律制度来打击和惩处商业贿赂行为。早在 1896 年，德国就制定颁布了世界上最早的反不正当竞争法，这是世界上最早对商业贿赂行为做出惩罚规定的法律；美国于 1977 年颁布的《海外反腐败法》（*Foreign Corrupt Practices Act*，FCPA）则是世界范围内制裁商业贿赂最严厉的法律之一，该法律规定企业一旦卷入贿赂丑闻，面临的不仅是法律上的责任、企业商誉的损害以及巨额罚款，还有大大提高的运营成本。

我国在 1993 年 9 月 2 日第八届全国人民代表大会常务委员会第三次会议通过并于 2017 年 11 月 4 日第十二届全国人民代表大会常务委员会第三十次会议修订的《中华人民共和国反不正当竞争法》已于 2018 年 1 月 1 日起实施。该法所称的不正当竞争行为，是指经营者在生产经营活动中，违反本法规定，扰乱市场竞争秩序，损害其他经营者或者消费者的合法权益的行为。其第七条明确规定，经营者不得采用财物或者其他手段贿赂下列单位或者个人，以谋取交易机会或者竞争优势，交易相对方的工作人员，受交易相对方委托办理相关事务的单位或者个人，利用职权或者影响力影响交易的单位或者个人。这为我们反商业贿赂提供了法律保证。

目前，发达国家在治理反腐败和商业贿赂问题方面有许多比较成熟的经验值得我们借

鉴。以下以美国、韩国和日本为例，介绍其在腐败和商业贿赂问题方面的法律建设和治理机制的基本做法。

（一）美国模式

美国的市场经济历史较为长久，相应地也形成了一套完善的法律和监督治理机制，该机制从各方面对商业贿赂和腐败行为进行监管惩处。

美国颁布的《海外反腐败法》里对本国企业在国内、国外的腐败行为都进行了明确的约束，在制裁商业贿赂方面也有严格的惩处规定：例如，对于企业在海外的商业贿赂行为，行贿相关的自然人则会被处以最高 10 万美元罚金和 5 年以下监禁，对企业和其他商业实体的罚款则高达 200 万美元。而且，根据选择性罚款法的规定，罚金的数额可能会高出更多。实际罚金可能会是行贿所图谋利益的两倍。除上述承担刑事责任外，还要承担民事责任。如司法部长或者 SEC 可以对行贿者提起民事诉讼，要求最高 1 万美元的罚款。同时，在 SEC 提起的诉讼中，法院还可以判决追加罚款。追加罚款的最高限额为：①违法所得总额；②违法情况严重时，限额为：对自然人，5000 ~ 10 万美元，对其他人，5 万 ~ 50 万美元。

此外，任何个人或者公司一旦被指控有商业贿赂行为经证实违反了《海外反腐败法》，将被终止参与政府采购的资格，被裁决的企业不能获得出口资格。

在监督治理机制方面，主要有四大机制相辅相成，从预防到惩处、从法律到舆论监督来对商业贿赂与腐败行为进行全方位的围剿。

1. 反垄断机制

一方面，在垄断机制下极容易滋生权力寻租的腐败行为。为了从垄断者手中独家获得产品与服务，或获得向垄断者销售产品服务的许可权以实现对竞争对手的排挤，获得竞争优势，企业往往会选择贿赂、幕后交易等不正当的手段来实现非正当竞争的目的。另一方面，获得特许经营权以实现超额垄断利润也是企业铤而走险去采取商业贿赂行为的动机之一。反垄断机制从动机层面减少了商业贿赂实施的机会。

2. 公平竞争机制

在公平的市场竞争环境下，成本最小化是决定企业生存经营的重要因素。因此，这样的市场竞争环境会极大减少企业采购和营销人员因为商业贿赂舍弃低价产品和服务转而购买高价商品和服务的情况，因为这样的行为不符合企业成本最小化的生产宗旨，不符合企业长远的发展利益，因而也会基于成本—收益的分析减少商业贿赂行为。营造公平竞争的市场环境从外部削弱了商业贿赂实施的动机。

3. 舆论监督机制

在公开和严格的舆论监督下，任何形式的贿赂都会被作为丑闻公之于众，社会也会对这种行为进行道德上的谴责，这对个人和企业的声誉都是不小的打击，被曝光的风险一定程度上也使得企业对商业贿赂行为有所顾虑。

4. 法律机制

严格的反腐败立法和执法是打击商业贿赂最重要的手段，在这方面，美国根据实际情况不断制定和修订相关法律打击商业腐败，逐步加大对商业贿赂行为的处罚力度，甚至剥夺行贿者从事政府采购业务的资格，这对打击商业贿赂行为是不小的震慑。

（二）韩国模式

韩国于1981年制定了《公职人员伦理法》，其中规定对公职人员实施严格的财产登记制度、物品申报制度和退休公职人员就业限制制度，以防止公职人员接受商业贿赂。

在防止腐败和贿赂方面，韩国政府实施的一个关键措施就是对各级政府和公共机关进行清廉度调查，并设立了专门的机构来实施这一监察。自2003年起，负责腐败预防工作的韩国国家清廉委员会对全国325家政府公共机关进行一年一度的清廉度调查，摸清各机关是否存在接受商业贿赂、谋取不法利益、换职、接受民间宴请、免费参加高档娱乐、不法介入有偿经济活动等腐败行为。同时，韩国政府还与经济界共同签署了《透明社会协约》，以促进透明公正的社会环境的形成。

（三）日本模式

日本目前已构筑起一套比较全面有效的制约机制。首先，在法律上对商业贿赂行为进行严格全面的界定，凡是能够满足人的需要或者欲望的一切利益都可以算作贿赂，包括提供性服务以及高规格的宴请和接待等。其次，有关部门对行贿受贿罪的查处十分严格，无论官职大小都采取严厉的惩处，可谓是"苍蝇"和"老虎"一起抓，例如，日本前首相田中角荣身边的工作人员曾利用职权之便为洛克希德·马丁（Lockheed Martin）公司牵线搭桥，向日本全日空航空公司推销一批大型客机，并接受一定数额的好处费，这一事件被曝光后，首相田中角荣被逮捕调查，最终被判处有期徒刑4年。最后，日本大企业内部基本上都建立了一套严密的防止和制约商业贿赂的机制，对于超过一定数量的建设工程和采购项目均采用真实招投标制度，企业的最高领导人不直接参与招标工作。

三、对我国制止商业腐败的启示

全球经济一体化的进程促进了跨国公司在中国的发展，但近年来层出不穷的跨国公司商业贿赂案引发了社会对反跨国公司商业贿赂行为的紧密关注。相较于欧美等发达国家在打击商业贿赂方面的健全法制和严厉惩处措施，我国目前还存在着相关法律不够完善、惩处措施不严的漏洞，为此需要进一步加强对商业贿赂行为的打击与惩治，以构建公平公正、阳光透明的市场环境。为此，我们可以从外部法制建设和内部公司伦理建设两个方面来入手：

对政府而言，需要加快完善反腐败反商业贿赂的相关立法，对于商业贿赂的成立条件加以明确详细的规定，对商业贿赂行为的惩处规定加以明确细化并在后续执法过程中将惩处措施加以落实；加强对政府机关的清廉度检查，从权力端扼杀权力寻租和腐败的可能性。

对企业而言，加强企业内部的商业伦理建设，坚持必要的道德伦理标准，并将这种信念内化为企业文化的一部分，能够有效地减少商业贿赂行为的发生。法律仅仅是从外部惩戒方面对商业贿赂行为实施震慑作用，使得跨国公司"不敢为""不能为"，而加强企业内部商业伦理建设会使得企业自发遵守公平竞争的准则，抵制商业贿赂行为，做到"不愿为"。通过社会范围内的宣传与呼吁，鼓励企业加强商业伦理建设，将反商业贿赂等商业伦理准则纳入企业社会责任之中，做到切实执行和真实披露，号召商界大型企业带头签署诚信承诺，从根源上减少企业商业贿赂行为的发生，还社会主义市场经济一片净土。

第七章　国际商务跨文化管理

第一节　文化与跨文化管理理论

一、文化的定义

提及文化，我们脑海中首先浮现的是语言、音乐、艺术、建筑等能反映出某种文化特征的载体，文化通过这些形式表现出来，但又不仅限于这些形式，它还包括隐形的价值观念、风俗习惯、道德信仰等。文化一词从文化人类学中引入，人类学家认为文化为解决适应环境的问题提供了策略。

人类学家对文化有许多不同的定义，最早给文化下定义的是英国人泰勒（E. B. Tylor），在他的人类文化研究开山之作《原始文化》（1817 年）一书中，首先将文化定义为："文化是一个复杂的总体，包括知识、信仰、艺术、道德、法律、风俗，以及人类在社会里所得的一切能力和习惯。"

美国文化语言学的奠基人萨皮尔（Spair）认为，文化是被民族学家和文化史学家用来表达在人类生活中任何通过社会遗传下来的东西，包括物质和精神两方面。

英国学者威廉姆斯（Williams）提出，文化有三种定义："理想"文化是人类完善的一种状态或过程；"文献式"文化是知性和想象作品的整体，这些作品以不同的方式详细地记录了人类的思想和经验；"社会"文化是对一种特殊生活方式的描述，不仅表现艺术和学问中的某些意义和价值，而且也表现制度和日常行为中的某些意义和价值。

美国人类学家赫斯科维茨（Herskovits）曾在《文化人类学》一书中做出如下解释："文化是一切人工创造的环境，包括客观文化硬件产品和主观文化软件产品，其中硬件产品主要指建筑、计算机、公路以及各种机器工具等，软件产品主要指理想信念、价值观、社会风俗、道德规范等。"

美国社会学家戴维·波普诺（David Popenoe）从抽象的角度对"文化"的定义进行了细化："文化是一个群体或社会共同具有的价值观和意义体系，它包括这些价值观和意义在物质形态上的具体化，人们通过观察和接受其他成员的教育而学到其所在社会的文化。"

强皮纳斯（Trompenaars）则从另一个不同的角度诠释了关于文化的定义，他在《文化踏浪》一书中写道："文化是某一个群体解决问题与缓和困境所采用的途径和方法，而非仅仅是一套价值观念系统。一个群体对时间的共同理解和感知，对外界自然环境的态度和行动则形成这个群体的独特文化。"

综上，文化是在人类文明进程中，不断习得和积累的，并为自身所默认且潜在主导人的思想、行为和习惯等的一系列知识、经验、感受的总和。我们可以总结出文化具有如下三大特征：①文化是由人类创造的、被某一个群体所共享的东西；②文化既有客观显性的形式，包括文字、音乐、建筑等，也有主观隐性的形式，如风俗习惯、价值观念、宗教信仰、思维方式等；③文化在时间上具有代际传递性，同时会随着时代发展逐渐变化，在空间上基于地缘会有差异性、互斥性。

二、跨文化管理理论综述

文化是一个民族、一个群体所特有的精神印记，影响着人们的日常起居和思考行为方式，可谓是影响广泛而又深远。同时文化之间的差异性使得人们对同一事物的价值判断、处理原则等也不尽相同，这种差异性也表现在不同文化下企业管理模式和企业文化的差异。跨文化管理理论就是从文化差异的角度入手，对不同民族文化下企业管理模式进行分析比较，其中比较具有代表性的理论有：克拉克洪与斯托特贝克——六大价值取向理论、霍夫斯塔特——文化六维度理论、施瓦茨——人类基本价值取向理论和英格尔哈特和韦尔策尔——世界文化地图理论等。接下来，将对这几个理论一一进行阐释：

（一）克拉克洪与斯托特贝克：六大价值取向理论

1961 年，克拉克洪和斯托特贝克（Kluckhohn and Strodtbeck）在《价值取向差异》一书中最早提出跨文化价值观理论框架。在克拉克洪和斯托特贝克看来，人类共同面对六大问题，而不同文化群体在面对这六大问题时，其表现出的价值观念、思维方式和解决方法都不尽相同，正是这种不同体现出各民族文化的特征并将他们区分开来，进而清晰描绘出各民族的文化轮廓版图。他们提出的这六大问题是：①对人性的看法；②人们对自身与外部自然环境关系的看法；③人们对自身与他人之间关系的看法；④人的活动导向；⑤人的空间观念；⑥人的时间观念。

不同文化背景下的人们在面对这些问题时，其观念和思考方式有很大不同，进而影响他们在日常生活工作中的态度和行为。以东西方之间的文化差异为例，我们来比较一下东西方文化在这六个问题上的不同态度。

在对人性的看法上，中国社会普遍认同"人之初，性本善"的儒家思想，对人性持积极乐观的态度，主张"慎独"，认为个体应该做好自我道德约束，从而杜绝坏事的发生；美国对人性的看法则比较复杂，认为人性是善恶的混合体，且在出生后会改变，基督教认为人性本恶，通过忏悔和行善可以洗脱罪孽死后升入天堂。这种文化差异反映在企业的管理中表现为，美国企业更重视规章制度的建立，借以预防坏行为的发生，而中国的企业则更相信人性，因而是较为疏松的管理，往往是事后补救。

在对自身与外部自然环境关系的看法上，人与环境和谐相处的道家思想在中国十分流行，因而许多中国人在干大事的时候都讲求"风水"，企业在选厂址时会看风水，在开工时会算好良辰吉日；而美国的文化特色则是人主导环境，强调人可以通过改变自然环境来实现自己的目标。

在对自身与他人之间关系的看法上，中国人普遍被教育的是要服从集体主义，个体要顾全大局，牺牲小我成全集体利益是被歌颂的，个体避免太过张扬，鼓励团结、妥协，避免冲突和争论；在美国大行其道的则是个人英雄主义，主张每个人都是独立的个体，要有自己独特的个性。这表现在企业文化中的调查显示，在中国等东亚企业里，人们遇到冲突、不同见解时往往倾向于逃避、沉默和妥协，而在美国企业里，当员工遇到矛盾冲突时则会积极进行正面的沟通、辩论来了解对方的想法，试图说服或者理解对方。

在活动导向方面，美国人十分强调行动并倾向于创新和积极做出改变等具有挑战性、不确定性、冒险性的活动。"快"是美国的一种流行文化，但在东方文化中，"以静制动"的理念仍然被推崇，强调在观察等待时机成熟后再做行动。反映在企业文化中就是，日本企业在做出决策之前会反复考虑再行动，在应对变化方面不太灵活，美国企业则求快求变，快速决策快速行动。

在空间观念方面，中国人倾向于把空间看成公共的东西，没有太多隐私可言；而美国人、德国人却倾向于把空间看成是个人隐私空间，旁人未经允许不得进入。在德国，办公室的大门都是紧紧关闭的，人们无法知道你在里面干什么，而在日本，人们的工作空间是开放公共的，每个人的行为都能被别人窥视。曾经有一个案例讲的就是日本公司在美国遇到的问题，他们的办公室设计方案遭到美国员工的强烈反对，甚至引起了法律纠纷。

在时间观念方面，美国人、德国人讲究计划性，他们会将未来一个月到几个月的时间都安排好，严格按照计划表上的日程来执行；而在中国，人们在时间管理方面，倾向于灵活、机动行事，可能在一段时间内同时执行几项任务，具体根据实际情况来灵活安排。

（二）霍夫斯塔特：文化六维度理论

霍夫斯塔特（Hofstede）文化维度理论的诞生标志着以大数据、统计分析和文化比较为特点的跨文化理论研究新视角的到来。该理论源于公司实践，是实际调查的产物，随着后续调查的深入与发展，该理论又不断得以补充完善，最终发展成为现有的六个维度：权势距离、不确定性规避、个人主义与集体主义、男性气质与女性气质、长期取向与短期取向、放纵和节制。霍夫斯塔特的文化维度理论对于世界范围内的跨文化管理研究都有很强的借鉴意义，其中"个体主义与集体主义"这一维度被广泛运用于东西方文化差异比较之中，后来许多经典的跨文化理论也是基于这一维度所展开，如古迪昆斯特（William B. Gudykuns）的焦虑与不确定性管理理论、廷·图米（Timmy）的面子协商理论，以及全球领导力与组织行为有效性团队提出的跨文化价值观理论等。关于文化维度理论，我们在下一节会详细展开，在此不做赘述。

（三）施瓦茨：人类基本价值取向理论

如果说克拉克洪、霍夫斯塔特等人对跨文化理论的研究侧重于宏观层面，在价值观内部结构的研究方面略显单薄，那么施瓦茨（Schwartz）对跨文化价值观的研究则弥补了跨文化研究理论在这一方面的不足。在施瓦茨看来，价值观分为个人和文化两个层面。从个人层面来看，每个人的心目中同时存在着多种价值观，但这些价值观在个体心目中的排序是不同的，在 A 心目中很重要的价值观在 B 心目中可能是无关紧要的；从文化层面来看，人类社会在面临某些共同生存与发展问题上往往具有相似的价值观。基于这些假设，施瓦茨对众多国家的人们进行问卷调查，在此基础上提出了"人类基本价值取向"理论，在这一环状理论模型中，价值观维度之间距离越近代表二者的相似性越大，距离越远代表二者的相似性越小。在这一理论当中，最初包含 10 个人类基本价值观维度，在 2012 年发表的《个人价值观基本理论修订》一文，他将人类价值观维度增加至 19 个，新的理论模型除了对人类基本价值观维度有了更详细全面的描述之外，还增加了对价值观维度间的连续性与关联度研究。表 7-1 反映了修订前后人类基本价值观维度的变化。

表 7-1　修订前后人类基本价值观维度的变化

10 个人类基本价值观维度（1992）	19 个人类基本价值观维度及其动机目标的定义（2012）
自我导向	自我导向——思想：培养自己观点和能力的自由
	自我导向——行为：决定自己行为的自由
刺激	刺激：兴奋、新颖和变化
享乐	享乐：快乐和感官的满足
成就	成就：根据社会标准的满足
权势	权势——控制：通过掌控他人带来的权利
	权势——资源：通过掌控物质和社会资源带来的权利
	面子：通过维持个人的公共形象和避免受辱带来的安全和权利
安全	安全——个人：自己在当前环境中的安全
	安全——社会：在更大的社会环境中的安全和稳定
传统	传统：对文化、家庭和宗教方面传统的保持和维护
遵从	遵从——规则：对规则、法律和礼仪义务的遵从
	遵从——人：避免伤害他人
	谦虚：对自己在较大事情策划能力方面不大认同
仁慈	仁慈——可信任：做一个在群体中可以信赖的人
	仁慈——关爱他人：对群体中其他成员的贡献
普遍主义	普遍主义——关爱人与社会：对平等、正义和保护所有人的贡献
	普遍主义——关爱自然：对自然环境的保护
	普遍主义——容忍：对与自己观点不同的人的接受和理解

（四）英格尔哈特和韦尔策尔：世界文化地图理论

如果说上面三个理论主要关注对价值观维度的横向研究的话，那么罗纳德·英格尔哈特（Ronald Inglehart）的理论则关注价值观随社会发展和时代进步的纵向变化。为此，罗纳德·英格尔哈特和克里斯琴·韦尔策尔（Christian Welzel）专门组建了团队对价值观与时代变迁之间的关系进行调查研究。研究表明："价值观对经济发展起着关键性作用，而社会经济从农业到工业再到知识的转型又反过来对价值观变化产生根本性的影响……价值观和经济发展变化具有同步性。"与此同时，英格尔哈特和韦尔策尔还指出，价值观的变化轨迹显著体现在生存价值观——自我表达价值观和传统价值观——世俗理性的价值观这两重维度的差异里。在注重生存价值观的社会里，人们强调经济上和身体上的安全，信任程度和容忍程度较低，具有较为浓厚的民族中心主义思想；而在注重自我表达价值观的社会中，人们重视性别平等，要求参与政治经济决策，对外界其他事物的宽容度和容忍度较高，比如对外国人、对同性恋的态度都更为友好。在注重传统价值观的社会里，人们将离婚、堕胎、安乐死和自杀这些行为视为是不道德的，具有传统的家庭观，重视亲子关系，具有强烈的民族自豪感和爱国情怀，对权势、宗教也怀有一定的信仰；而在注重世俗理性价值观的社会中，人们则在上述事情上与传统价值观社会持有相反的观点。英格尔哈特领导的"世界价值观调查"研究探讨了价值观与社会发展之间的动态关系，以及价值观念的动态发展对人们言行举止的影响，对于跨文化研究理论的丰富是一次不小的贡献，同时对于预测社会发展趋势也具有一定的参考价值。但是该理论也存在一些不足之处，比如其研究的价值观维度较少，也有人指出这两个文化维度都体现了集体主义和个人主义，具有较浓厚的政治色彩，对文化价值观念的理解太过狭隘。但总的来说，英格尔哈特等人的世界文化地图理论开启了跨文化理论动态研究的先河，为后续学者的研究提供了新的思路。

第二节 Hofstede 文化六维度理论

一、Hofstede 文化六维度理论的起源与发展

由于客观存在的文化差异，许多学者致力于研究不同国家之间的文化特征，以更好地理解特定群体的思考方式和行为动机。在诸多跨文化管理理论之中，由荷兰管理学者霍夫斯塔特（Hofstede，1980，1991，2010）提出的文化维度理论影响力卓著，它为跨文化交际者认识和分析文化差异提供了一种新的社会科学研究范式，即通过价值观调查资料的量化分析来定量了解国家层面的文化差异，为以后的跨文化研究奠定了坚实的基础，对当代企业跨文化管理也具有极高的指导意义和应用价值。

这一理论是实际调查研究的产物，早期并无具体的理论框架，随着时代的发展和研究的深入，逐渐扩充完善形成如今包含六个维度的理论框架。早在 20 世纪 70 年代后期，IBM 曾经对在 40 多个国家和地区的分支机构的 1.6 万名员工进行了文化价值观调查，得到了大量的数据。霍夫斯塔特利用在 IBM 工作的便利对这些数据进行了深入的分析，辨析出国民文化的四个维度，分别是权势距离、个人主义与集体主义、男性气质与女性气质以及不确定性规避；在后续的研究之中，有学者认为霍夫斯塔特的研究结论是完全基于对

西方国家样本的调查，其结论具有西方价值观念的偏见，在此基础上，邦德通过对中国及其他 23 个国家进行问卷调查得出"儒家工作动力"的价值观维度，霍夫斯塔特认为这与之前的四个文化维度不同，于 1991 年将其纳入自己的新书《文化与组织：大脑软件》（第 1 版）之中，并将其命名为"长期取向和短期取向"以便于西方国家更好地理解，其中"长期取向"与邦德的"儒家工作动力"意义相同；在后续研究中，学者明科夫基于对"世界价值观调查"资料的分析，提出了三个价值观维度：排外主义与普遍主义、纵容与节制、永久主义与人性柔韧。霍夫斯塔特认为"纵容与节制"这一维度与之前所提出的文化维度有所不同，故于 2010 年将其纳入了《文化与组织：大脑软件》（第 3 版）一书中。至此，霍夫斯塔特的文化维度理论发展成六个维度，具体如表 7-2 所示。

表 7-2 Hofstede 文化六维度理论

个人主义/集体主义	指社会成员与其所生存的社会组织之间的关联程度。在个人主义社会中，社会组织结构较为松散，人们只关心自己和核心家庭的利益；在集体主义社会中，社会组织结构紧密，人们服从集体并产生归属感，通过与他人的关系、集体的身份来定义自身
刚性与柔性	指在社会中占统治地位的价值标准。在刚性社会中，男性气质居于统治地位，表现为追求金钱和物质、进取好胜、男女分工明确、社会竞争意识强烈；在柔性社会中，则表现为对人的生活质量、幸福感程度更为关心，工作中也更为柔和，喜欢采用谈判、沟通的方式去处理问题，男女分工没有十分明确
不确定性规避	指社会成员对风险及不确定性事物的接受程度。在高不确定性规避取向社会中，强调对事物的预测性和书面的规则，人们会更容易感到紧张、压力以及焦虑；在低不确定性规避取向社会中，人们对事情的预测性或书面规定没有严格的要求，人们感觉比较从容、惬意，对于不确定事物及未知风险承受能力更高
权势距离	指社会接受组织和机构内部权势不平等分配的程度。在高权势距离社会中，人们往往十分接受人与人之间的不平等，且对权威表示尊重与服从；在低权势距离社会中，人们往往倾向于淡化不平等关系，高权势群体和低权势群体之间相互依赖
长期取向/短期取向	指社会中的成员持有的近期与长期利益的价值观，在长期取向社会中，成员普遍对未来的打算事先做好计划，注重节俭、持久性与长期合作；在短期取向社会中，成员倾向于一锤子买卖，就事论事不会考虑太多和持久的合作
放纵/节制	指社会中对人的需要和欲望克制或满足的态度。在放纵价值取向社会中，成员认为与享受相关的人类欲望应该自由地得到满足；在节制价值取向社会中，成员认为享受需求和欲望应该受到社会道德的严格约束

二、Hofstede 文化六维度理论

接下来，我们将对这六个文化维度分别进行阐释，并通过数据对比来探讨不同国家文化维度差异对企业管理的影响，以及在国际商务中的实际应用。

（一）个人主义与集体主义

霍夫斯塔特将个人主义与集体主义定义为"人们关心自己和个人目标（个人主义）

或者群体成员和群体目标（集体主义）的程度"。在盛行个人主义的社会里，人们通常更关注个体的利益，跟集体之间保持着松散的关系；而集体主义社会里，人们往往会对集体有很强的归属感与荣誉感，必要时会为集体利益牺牲个人利益，同时集体也会在成员有难时伸出援手。

在霍夫斯塔特的研究中显示，美国在个人主义上得分最高，位居世界之首；而在有中华文化背景的地区，如新加坡、中国香港、中国台湾（第一次研究时中国内地无分支机构）在个人主义上得分很低。53 个国家和地区在这个维度上的得分和排序如表 7－3 所示。

表 7－3 个人主义得分及排序

排序	国家或地区	得分	排序	国家或地区	得分
22/23	阿根廷	56	32	墨西哥	30
2	澳大利亚	61	4/5	荷兰	80
18	奥地利	55	13	挪威	69
8	比利时	75	6	新西兰	79
26/27	巴西	38	47/48	巴基斯坦	14
4/5	加拿大	80	51	巴拿马	11
38	智利	23	45	秘鲁	16
49	哥伦比亚	13	31	菲律宾	32
46	哥斯达黎加	15	33/35	葡萄牙	27
9	丹麦	74	16	南非	65
52	赤道几内亚	8	42	萨尔瓦多	19
17	芬兰	63	39/41	新加坡	20
10/1	法国	71	20	西班牙	51
15	德国	67	10/11	瑞典	71
3	英国	89	14	瑞士	68
30	希腊	35	39/41	泰国	20
53	危地马拉	6	28	土耳其	37
47/48	印度尼西亚	14	29	乌拉圭	36
21	印度	48	1	美国	91
24	伊朗	41	50	委内瑞拉	12
12	爱尔兰	70	33/35	南斯拉夫	27
19	以色列	54		地区：	
7	意大利	76	44	中国台湾	17
25	牙买加	39	37	中国香港	25
22/23	日本	46	33/35	东非	27
43	韩国	18	39/41	西非	20
36	马来西亚	26	26/27	阿拉伯国家	38

资料来源：王朝晖：《跨文化管理》，北京大学出版社 2009 年版，第 49 页。

从表7-3中可见，美国的个人主义得分很高，反映在美国社会价值观上就是个体都比较独立，追求自我。在美国的企业管理中，企业组织架构比较松散，员工的自我意识也更强，员工流动较为频繁。日本的个人主义得分较低，其实代表着在东亚文化里奉行的是集体主义价值观。在日本的企业当中，更要求培养员工对企业的忠诚度，员工不轻易跳槽，同时在做出决策时会强调集体意见的统一。

（二）刚性与柔性

刚性与柔性指的是社会中处于统治地位的价值标准，霍夫斯塔特在书中采用生活的数量和质量、男性气质和女性气质这两个角度来进行衡量。在刚性社会中，人们追求生活的数量，表现为更为崇拜金钱与财富、进取好胜、社会竞争十分激烈，男性气质占主导；在柔性社会中，人们更强调生活质量与满足感，重视人与人之间的关系，追求心灵的平和与宁静，女性气质占主导。

1. 生活数量与质量

霍夫斯塔特的研究显示，日本在生活数量上得分最高，位居世界之首；而芬兰、挪威、瑞典等国在生活数量方面得分较低。53个国家和地区在这个维度上的得分和排序如表7-4所示。

表7-4　生活数量得分及排序

排序	国家或地区	得分	排序	国家或地区	得分
20/21	阿根廷	56	32	墨西哥	69
16	澳大利亚	61	4/5	荷兰	14
2	奥地利	79	13	挪威	8
22	比利时	54	6	新西兰	58
27	巴西	49	47/48	巴基斯坦	50
24	加拿大	52	51	巴拿马	44
46	智利	28	45	秘鲁	42
11/12	哥伦比亚	64	31	菲律宾	64
48/49	哥斯达黎加	21	33/35	葡萄牙	31
50	丹麦	16	16	南非	63
13/14	赤道几内亚	63	42	萨尔瓦多	40
47	芬兰	26	39/41	新加坡	48
35/36	法国	43	20	西班牙	42
9/10	德国	66	10/11	瑞典	5
9/10	英国	66	14	瑞士	70
18/19	希腊	57	39/41	泰国	34
43	危地马拉	37	28	土耳其	45
30/31	印度尼西亚	46	29	乌拉圭	38
20/21	印度	56	1	美国	62

排序	国家或地区	得分	排序	国家或地区	得分
35/36	伊朗	43	50	委内瑞拉	73
7/8	爱尔兰	68	33/35	南斯拉夫	21
29	以色列	47	地区：		
4/5	意大利	70	44	中国台湾	45
7/8	牙买加	68	18/19	中国香港	57
1	日本	95	33/35	东非	41
41	韩国	39	39/41	西非	46
36	马来西亚	50	26/27	阿拉伯国家	53

资料来源：王朝晖：《跨文化管理》，北京大学出版社2009年版，第58页。

如表7-4所示，日本生活数量得分较高，表明日本是一个刚性社会，人们更注重的是物质财富的获得，因而在日本企业里，其管理模式是将金钱、职位作为奖励激励员工的有效手段，企业管理者的目标更倾向于赚取较高的利润使得股东满意；而在芬兰、瑞典这些国家里，人们更关注的是人与人之间的关系、工作质量、生活幸福感这些指标，社会竞争感不那么激烈，人们感觉到放松，企业管理者也注重改善员工福利，并乐于积极承担社会责任。

2. 男性气质和女性气质

在霍夫斯塔特看来，男性气质主导的社会表现为竞争激烈、自信激进，女性气质主导的社会则敏感细腻、较为平和，更为关注人们的内心感受。在澳大利亚、日本、阿根廷等男性气质主导的国家里，往往是男性在企业中控制着重要工作，女性大多承担辅助性的工作，企业的竞争环境较为激烈；在西班牙、葡萄牙等女性气质主导的国家，女性控制着管理和专业领域，公司竞争环境较为平和，但也意味着对个人成就的重视不如男性气质主导的社会。

（三）不确定性规避

不确定性规避是指人们对潜在风险和未知事物的承受程度。在低不确定性规避社会中，人们敢于冒险，对未来充满信心，对不确定性的接受程度较高，面对风险时也能泰然处之，对于不同于自身的观念和行为也更为包容；而在高不确定性规避社会中，人们往往会对未知的事物和风险抱有恐惧的心理，不轻易冒险而选择保守，在面对不确定性时往往容易感到焦虑、紧张和压力，对异于自己的思想和行为难以接受。

但是霍夫斯塔特在不确定性规避维度上混淆了某些方面，使得按照不同方面对国家的不确定性规避进行评估时得到截然相反的结果。例如，在冒险方面，美国得分遥遥领先，事实上也是如此，美国是世界上最盛产创业者的国家，在科技创新和金融创新方面都是敢为人先；在对未来充满信心方面，美国人注重当前消费而较少存款，通过贷款进行超前消费也不在少数。反观中国，创业思潮并未引领社会风气，居民的储蓄率也较高，从这两个方面来看，美国是不确定性规避程度低的国家，中国是不确定性规避程度高的国家。但是从另外的角度来看，在指导语言方面，亚洲人一般对模糊的指导语没有怨言，管理人员对下属的要求也不需要一五一十地详细交代，下属会自己去琢磨管理者的思想与话语；在商业合同方面，日本公司的商业合同一般都比较粗略，只包括最主要的内容和意向，很多细节留待以后再加以商榷和填补。反观美国，在美国企业中，员工总是要求管理者给出精确的职责描述，尤其是在截止日期上决不能含糊，此外他们总是希望尽快得到反馈，在商业合同方面，美国企业的商业合同内容翔实，关注到合作的每一个细枝末节，往往十分烦琐。从这两个方面来看，美国是不确定性规避程度高的国家，日本是不确定性规避程度低的国家。因此，我们在讨论不确定性规避维度时，需要区分具体的领域和边界条件，不能一概而论。

（四）权势距离

权势距离是指社会中的人群对权力分配不平等的接受程度。在权势距离大的社会里，社会组织架构层级分明，人们接受群体内权力的巨大差异，并尊重崇拜权威，在意头衔、称号等；在权势距离小的社会里，人和人之间比较平等，不会区别对待权威，尽量淡化人与人之间的不平等。

权势距离大小对企业组织架构具有较大的影响，在权势距离大的社会里，企业管理往往采用金字塔形的组织结构，等级层次分明，管理者自上而下采取决策，员工只须服从，如中国、韩国等亚洲的企业；而在权势距离小的文化中，企业更多采取扁平化管理结构，上下级观念比较平等，管理者在做决策时也更善于采纳员工的有用建议，如美国、北欧的公司。组织机构的扁平化和决策的民主化已成为西方国家管理的未来发展趋向，东方国家如果要学习，恐怕会经历长期的挣扎，因为这样的观念与管理方式与东方社会高权力距离的文化土壤还有待通过实践去磨合。

（五）长期取向与短期取向

长期取向和短期取向这个维度又称"儒家工作动力"维度，这一维度是在扩充调查样本容量对东方国家进行调查后所得出的一个新的文化维度，显著描述了东西方的文化差异。这一维度衡量了一个民族持有的短期利益与长期利益的价值观，在短期取向社会中，人们注重过去和当前，尊重传统和承担社会义务，对于合作关系的持久性不甚在意；而在长期取向社会中，人们注重节俭和持久性，追求稳定长久的合作，面向未来。

霍夫斯塔特试图用原来的问卷设计对中国进行调查时，发现了迥异于西方国家的文化维度——儒家动力文化，即中国人往往具备埋头苦干、勤俭节约、深谋远虑的传统。在霍夫斯塔特调查研究的前后几年里，亚洲的经济发展速度有目共睹，而在调查中，他发现"亚洲四小龙"都十分重视传统，考虑问题十分长远，经常想到未来，而非只做一锤子买卖。他尝试运用"儒家动力文化"维度对这种现象进行解释，发现这种长期导向与国家经济发展速度之间的相关系数高达0.7，而在他所调查的二十几个国家中，长期导向这个维度解释了经济发展将近50%的变异量，可见文化差异对于经济发展方式、发展速度也有着深远的影响。

（六）放纵与节制

放纵与节制是指社会中对人的需求和欲望克制或满足的态度。在放纵价值取向社会中，成员认为享乐主义值得被提倡，满足自身的欲望是无可厚非的事情；在节制价值取向社会中，成员认为需求和欲望应该受到社会道德的严格约束，过分的享乐是有悖社会道德风气的，是不被提倡的。美国属于典型的放纵价值取向社会，因而在美国企业里，其休闲娱乐设施比较齐全，工作环境比较舒适惬意、轻松随性，员工有丰富的休闲娱乐设施以供享用，而在中国的企业里，企业环境大多是认真严谨的工作环境，对于员工的享受需求并未考虑周全。

三、Hofstede 文化六维度理论对跨文化管理的启示

Hofstede 文化六维度理论从个体主义/集体主义、刚性/柔性、不确定性规避等六个方面入手，深入比较了东西方文化差异，这为企业跨文化交流与管理提供了一套系统的思考方式。从这些文化角度了解区域间隐性差异后，企业可以根据目标国家的实际情况对跨国发展战略做出有针对性的调整，从而更好地融入东道国的市场。但是，我们也应该意识到随着开放程度与文化融合的程度加深，不同文化间一些旧有的文化差异在缩减，一些新的文化差异在碰撞中产生，我们需要结合整体的社会因素、政治因素乃至时代变迁因素等来综合考虑，相机而动去调整去丰富跨文化管理的内涵，而在这一过程中最重要的是始终保持一颗包容开放、乐于学习的心态去面对文化差异。

第三节　GLOBE 文化价值观

一、GLOBE 文化维度模型

（一）GLOBE 文化维度模型概述

全球领导与组织行为有效性研究项目（GLOBE）由宾夕法尼亚大学罗伯特·豪斯（Robert. J. House）教授于 1993 年发起，持续时间将近 20 年，有 61 个国家和地区 170 多位学者参与研究。该项目通过对 61 个国家和地区的制造业、财政服务业和电信业的 17000 名中层管理人员进行研究，提出社会文化包含有九个维度：权力距离、不确定性避免、公共集体主义、群体集体主义、决断性、性别平等、未来取向、人本取向、绩效取向，如表 7 - 5 所示。

表 7 - 5　生活数量得分及排序

文化维度	维度解释
权力距离	群体成员期待权力被平均分配的程度
不确定性避免	群体依靠社会规范、规则和程序来降低未来活动不可预测性的程度
公共集体主义	组织和社会的制度性活动鼓励和奖励集体参与资源配置和集体行动的程度

续表

文化维度	维度解释
群体集体主义	组织或家庭成员表现出自豪、忠诚、向心力的程度
决断性	个人在其与他人的社会关系中表现出独断、对抗和激进的程度
性别平等	组织或社会缩小性别角色差异、降低性别歧视的程度
未来取向	个人从事未来导向的行为比如做规划、对未来投资、延迟享受等的程度
人本取向	群体鼓励和奖励人们的公平、利他、慷慨、关心和照顾他人的程度
绩效取向	群体鼓励和奖励成员绩效提升和优异表现的程度

GLOBE 文化维度模型仅将霍夫斯塔特（Hofstede）的五个维度全部囊括其中，有的维度还进一步地细化，比如集体主义被分解为群体集体主义和公共集体主义，而男性/女性主义被分解为性别平等和决断性两个维度。此外，它还考虑了文化的两个面向："是然"（as is）是指现实的表现，实际的行为标准；"应然"（should be），它是集体成员对事情"应该如何进行"的价值共识。近年来，越来越多的文化研究选用了 GLOBE 的模型，日益取代了霍夫斯塔特的模型。

权力距离指群体当中人与人之间在等级、权力和威望等方面的不平等程度。

不确定性规避指人们明确遵循规矩、秩序，以规避未来不确定风险的做法。

公共集体主义指个人表现出来的对更大范围群体（如国家和社会）的融合性，大群体中的个体相处融洽，强调合作的程度。

群体集体主义指个人表现出来的对小群体的忠诚度：小群体指家庭、密友和所在单位与组织等。

决断性是指个体在与其他个体打交道时是否有独断、对抗和激进等表现，主要相对于含蓄温和而言。

性别平等指一个社会或组织缩小性别角色差异，减低性别歧视的程度。

未来取向指人们立足于长期的发展，讲究规划，注重对未来的投资等。

人本取向指待人慷慨、公平，以及关心、照顾他人的表现。

绩效取向指注重绩效的提升，强调结果重于过程。具有高的绩效取向的人往往会更努力地工作，并终身持续学习。因此，一个具有强绩效取向的社会整体的生产力往往高于绩效取向弱的社会。在文化价值观方面，一个在绩效取向维度得分比较低的社会倾向于评价一个团队的整体联系，而高绩效取向的社会相对于社会关系更加注重工作的成绩。

（二）中国在 GLOBE 文化维度模型的表现

研究结果表明，中国人在回避不确定性、对集体主义的重视、家庭凝聚力、社会的人情导向、社会绩效导向五个维度上得分比较高，而在男女平等性、社会对敢想敢干的人的肯定这两个维度得分较低，在社会的未来导向维度得分处于中等水平，同时中国是权力距离比较大的国家。东西方存在较大差异，下面以一个跨国公司的案例来具体说明。

长安福特汽车公司，是由中国长安汽车集团和美国福特汽车公司共同出资成立的大型中外合资企业。其注册资本为 9800 万美元，由中外双方各持股一半。在日常经营活动中，管理人员既有中方人员也有相当数量的美方人员，工人则大多数为中国人。在实际工作中，由于东西方文化不同造成的上下级关系差异表现特别明显。

1. 回避不确定性

回避不确定性反映的是不同国家人们对权威及社会规章制度的依赖性。有些文化喜欢稳定，习惯有秩序的生活，而有的文化则习惯于经常变化。

在实际工作中，美方管理者受美国文化影响笃信企业制度的权威性，而中方成员因受东方文化影响，对于企业制度的观念弹性较大。比如，该公司制度明确规定：任何员工不得擅自动用成品车。美方管理人员认为既然有明确的规定，即使将钥匙置于车上也不会有员工动用成品车，而中方管理者则担心员工可能会忽视制度规定动用车辆，甚至会造成其他不良后果，所以应该加强成品车钥匙管理，由专人进行保管。中美双方管理人员的不同观念让该问题悬而不决。最终经中美管理人员协商决定，先按美方意见试行一段时间。结果在不到一个月的时间内，就发生了两起因员工动用车辆酿成的事故。虽然对相关员工进行了处理并加强了钥匙管理，但这仍让美方管理人员感到难以理解。

2. 社会对集体主义的重视

社会对集体主义的重视反映的是个人在一个社会中多大程度上隶属于某个群体。在重视集体主义的社会中，集体分配资源和集体行动会得到鼓励和赞扬。中国社会文化重视集体主义，团体被看作是社会的基本组成单位，而个人是由其所属的团体定义的。受传统中庸思想的影响，中国管理者往往讲求和谐，善于运用平衡、协调解决冲突和对立并十分重视人际关系和情感，人情经常重于道理。与中国不同，美国是一个移民国家，注重个体的独立，因而美国社会文化以个体作为基本单位，更为推崇个人主义。

价值观的不同表现在工作上，美方管理人员会在工作前将内容、任务及责任划分清楚，虽然很乐于助人，但除非员工主动要求，否则美方管理人员不会主动提供帮助。这常常会让中方员工觉得美方管理人员过于自我和人情淡漠，而美方管理人员则会认为中方职员工作缺乏工作的主动性和责任感。

3. 上下级关系

在美国，企业中的下级在自己的职责范围内有较大的自主权，并对上级有一定的建议权和质疑权；而在中国，更多强调的是下级对上级的服从。在对不同意见的表达方式上，中国员工较为含蓄，通常不会明确表达自己的意见，有不同观点也不会当面直接陈述，避免发生正面冲突，而外国员工则较为直接，有意见会当面提出，并能够做到"对事不对人"，即使发生再激烈的冲突，也不会影响上下级之间的关系。这在企业表现很明显。中方的员工很少当面质疑上司，如对某事有不同看法，通常不是当面直陈己见，而是喜好背后议论。而美方员工则是直截了当说明真相，直接对上司表达自己的反对意见，同时敢于表达对上级决策的质疑。

GLOBE 的社会维度理论为分析跨文化差异提供了强有力的工具，通过项目的研究成果和具体案例分析可以看到：在东西方不同文化背景下上下级关系存在显著不同，跨国公司若想取得成功就应该找出文化的冲突之所在，通过管理战略和制度的制定与调整，让多元文化发挥出应有的优势，并在此基础上创新出新的企业文化价值观。

二、中国和其他国家文化价值观差异

研究的数据来源于 GLOBE 项目所采集的国家文化九维度得分，这些得分是用同一种方法计算而得，具有横向可比性，能体现各国的相对文化水平，所以得到了众多学者的引用和研究。表 7-6 为中国、美国、日本、德国、澳大利亚各自在九个维度上的得分。在表 7-6 中，中国表现出最强的群体集体主义倾向（5.80），在决断性（3.76）上最弱，即在人际关系相处上追求含蓄、温和。美国和德国作为西方世界的两个文化强国，与中国有着显著区别，最突出的是群体集体主义维度的分值明显低得多，更看重个体主义的价值。当然它俩之间也有明显差异，比如德国在不确定性避免得分最高，权力距离也明显比美国高。

表 7-6　主要国家文化九维度得分

文化维度	中国	美国	德国	澳大利亚	日本
权力距离	5.04	4.88	5.40	4.74	5.11
群体集体主义	5.80	4.25	4.27	4.17	4.63
公共集体主义	4.77	4.20	3.67	4.29	5.19
不确定性避免	4.94	4.15	5.19	4.39	4.07
未来取向	3.75	4.15	4.11	4.09	4.29
性别平等	3.05	3.34	3.08	3.40	3.19
决断性	3.76	4.55	4.64	4.28	3.59
人本取向	4.36	4.17	3.29	4.28	4.30
绩效取向	4.45	4.49	4.18	4.36	4.22

基于表 7-6 的既有数据，可以计算出中国分别与美国、日本、德国、澳大利亚的文化距离。计算方法用中国在九个维度上的得分，分别减去其他国家相应维度的得分，就得到了中国与其他国家在各个维度上的差异。最后将分差取绝对值并纵向加总，就得到了中国分别与其他国家的文化距离，计算结果如表 7-7 所示。

表 7-7　中国与其他国家的文化距离

	中国与美国的文化距离	中国与日本的文化距离	中国与德国的文化距离	中国与澳大利亚的文化距离
权力距离	0.16	-0.07	-0.36	0.30
群体集体主义	1.55	1.17	1.53	1.63
公共集体主义	0.57	0.42	1.10	0.48
不确定性避免	0.79	0.87	-0.25	0.55
未来取向	-0.4	-0.54	-0.36	-0.34
性别平等	-0.29	-0.14	-0.03	-0.35

续表

	中国与美国的 文化距离	中国与日本的 文化距离	中国与德国的 文化距离	中国与澳大利亚的 文化距离
决断性	− 0.79	0.17	− 0.88	− 0.52
人本取向	0.19	0.06	1.07	0.08
绩效取向	− 0.04	0.23	0.27	0.09
总文化距离	4.78	3.67	5.85	4.34

表 7−7 的正数表示中国在此维度上比其他国家高，负数表示比其他国家低，无论是正数还是负数，绝对值越大，表示此项差异越大。比如，中国与日本在"决断性"维度上的差距是 0.17，就表示中国人比日本人激进、独断；中国与澳大利亚在"决断性"维度上的差距是 − 0.52，说明中国人比澳大利亚人含蓄、温和；中国与美国在"决断性"维度上的差距是 − 0.79，就说明相比澳大利亚人，美国人比中国人对抗、激进的程度更大。从表 7−7 可以看出，在四个国家中，中国与美国的文化距离是最远的，这意味着中美企业间的沟通与合作面临的困难最大。而中日文化距离最小，这说明中日在商务交流中遇到的障碍最少，即使有冲突，双方经过调整、协调之后也很容易相互理解。德国和澳大利亚居中。另外，具体维度比文化差距总量更为影响组织中的具体行为，更可以为解决跨文化沟通问题提供线索。从表 7−6 可以看出，中国"群体集体主义"得分比其他国家都高，"未来取向"比其他国家都低，"决断性"比美国、德国和澳大利亚低。结合这些结论，下面将进行一系列案例分析，揭示文化差异如何在跨文化合作中发挥其影响。

1. 中国与美国文化价值观差异

美国艾默生电气收购华为旗下的安圣电气，但是却导致了原艾默生公司大批员工的离开，原因是他们无法忍受新组建公司的管理模式和企业文化。大量老员工的离去导致传统业务的大量流失。原因分析：从表 7−7 可看出，中国与美国在"群体集体主义""不确定性避免"和"决断性"上的差异很大。艾默生公司的企业文化是典型的美国式文化，而安圣电气的管理方式是典型的中国式管理，两家公司的文化冲突也显示了中美文化的显著差异。首先，由于"群体集体主义"差异，中美之间发生了个人价值和集体价值谁处于第一位的碰撞。美国是一个非常重视个人价值的国家，艾默生电气为了激发员工的创造热情，非常重视个人利益与价值，努力创造一种平等民主的工作气氛。而中国强调集体价值，甚至可以牺牲个人利益以成全集体利益。老员工无法适应这种差异，以致大批离职。其次，与中国相比，美国是低权力距离和高决断性的国家，强调每个员工都能畅所欲言，能够按照自己的想法去办事。而在中国，权力距离仍然普遍存在，集体中存在集权倾向，决策权掌握在管理人员手中，而员工们只负责执行上级命令，不允许有威胁上级权威的行为。再者，中国是高不确定性避免的国家，员工们习惯于接受别人现成的指示和固定不变的制度，缺乏创新和改革的动力。而遭遇到原艾默生公司充满创造氛围的文化后，很容易有不稳定的情绪，心理压力也会随之加重。正是由于两个国家之间不同的企业管理模式和组织文化产生了冲突，才导致并购后的公司人才大量流失。

2. 中国与日本文化价值观差异

中日两家公司有贸易往来。中方在一次预付款之后，却没有收到日方的货物，便打电话催货，对方说是"缺货"。一周后，依然没有收到货物，中方着急了，认为对方没有合作的诚意，宣布中止合作。第二天对方打来电话，说由于车间发生火灾，耽误了生产，没有及时发货，请求中方谅解。中方觉得对方的解释还算合理，答应与其继续合作。原因分析：中国和日本地理相近，文化相似，两国在思维方式和价值观念等方面有很多相似之处，这说明中日文化距离较小。但是，从表7-7可看出，中日文化在"群体集体主义""不确定性避免"和"未来取向"上存在明显差异。本案例中双方产生误解和沟通障碍的原因正源于此。跟日本人相比，中国人更为保守，不确定性避免程度更高，不喜欢创新和冒险。本案例中中方希望按照合同规定的日期来收取货物，日方如果不能遵守合同，中方为了自己的利益，会马上采取保全措施。日本不确定性避免程度偏低，但是对成功经验比较推崇，愿意支持对自身的创造性变革。日本企业不拘泥于合同条文和规章制度，在处理合作事务时更加灵活，以此来维护双方长远利益关系。由于中日双方处理相互关系、各自的责任和义务的方式不同，很容易产生沟通障碍和矛盾。

3. 中国与德国文化价值观差异

中德两家公司代表谈判销售问题。当谈到价格时，中方代表要求20%的折扣，德方代表不同意，直接拒绝。中方觉得德方回答得太直接，缺乏谈判诚意，为此，中方决定改日再谈。第二天，德方很急切地试图将谈判重点转移到尚未解决的价格问题上，可是中方却总是在一些已经谈妥的问题上绕圈圈，最终谈判未取得任何结果。原因分析：从案例中我们不难发现，当双方在价格问题上存在冲突时，中方采取避重就轻的方式，把话题放在已谈妥的问题上，而德方则直接切入重点，希望把未解决的问题全部解决。整个谈判看起来是因为双方不能在价格上达成一致而失败，而关键原因却在于未能很好地理解双方在面对冲突时所采取的态度。从表7-7可看出，中国人的"决断性"比德国人要低，文化偏向于合作、和谐，思维方式是先求共识、再论差异，以避免冲突。当面对冲突时，中国人通常采取暂且搁置、日后再议等方式来化解，这种思维方式可以使谈判更具有灵活性，不为细节所困。本案例中中方之所以总是回顾已谈妥的问题，正是因为他们希望对方能看到共同的进展和前景，从而对合作有信心，为将来的进展打下关系基础。与中国人相反，德国是高决断性的国家，德国人习惯采取直截了当的方式，高效率地解决冲突。他们会直接拒绝不能接受的价格，绝不拐弯抹角。德国人认为生意归生意，争论不会影响私下的交情。而且遇到冲突应该马上解决，因为冲突不解决，就不能达成任何协议，也就意味着失败。

4. 中国与澳大利亚文化价值观差异

澳大利亚M公司的总经理爱尔尼与中国有过三年的谈判经验，他说："在达成协议之前，都要经过长时间的谈判，会议一次都能持续12小时。而且每次回到谈判桌上，目标似乎都发生了变化。只有凭着耐心才能达成目标。"中国代表团到澳大利亚的工厂考察，以便于做出可行性研究，但是，在谈判时，澳方却发现考察团成员并不在中方谈判人员之列。原因分析：从表7-7可看出，中国与澳大利亚在"群体集体主义"和"不确定性避免"上差异很大。澳大利亚文化具有个人主义的性质，来自这种文化背景的谈判人员，往往被委以重任来进行决策，并承担与这种决策相伴相生的风险。但是具有集体主义的中国文化却存在规避不确定性的问题。这是因为，谈判人员代表的是一个群体，谈判结果会影响更广泛群体的利益。这个群体不一定要将决策权授予谈判者，也不一定乐于接受谈判者的决策所带来的风险。因此，谈判者就得与其上级保持一致，在其授意下进行反复商谈。这也是为什么与中国人谈判会很费时间，而且其目标总是发生变化。另外，由于中国"权力距离"较大，谈判工作一般由下级去做，而上级则监督事态的发展。因此，尽管考察团没有出现在谈判桌上，他们却一直在幕后操纵，控制谈判的进展。

中国高度集体主义对跨文化商务合作的影响从上表的数据及上述案例可以看出，"群体集体主义"是中国文化的一个显著特征，其得分比其他四国都要高很多。中国是个非常强调集体主义的国家，特别注重集体利益高于个人利益，强调整体的和谐。从积极的方面看，中国人谦虚谨慎，相互合作，一方有难，八方支援，这一点从汶川地震发生后全国人民对灾区的支持就可见一斑。这种品质使得中国人在商务合作中通达圆润，攻击性不强，很容易获得合作伙伴的好感，进而建立长期的合作关系。但是，从消极的方面看，由于属于集体主义文化的中国人太过注重关系与和谐，因此排斥风险和冲突。他们认为冲突会让人难堪，对个人的形象和声誉有负面影响，对于实在避免不了的冲突，也尽量以缓和的方式来解决。如果合作对象来自个人主义国家，双方对冲突的不同认知和处理方式就会引起误解和摩擦，进而影响谈判效果和贸易往来。另外，群体取向使中国人非常在意别人会怎么看、怎么说，因此习惯走中庸之道，缺乏进取精神和创新意识，从而导致中国的"不确定性避免"分值也随之增高。这使得中国人在商务合作中过分谨慎小心，决策缓慢，这在瞬息万变的国际贸易中，容易错失商机。

综上所述，中国与美国的文化距离最大，澳大利亚第二，德国第三，而中日文化距离最小，这也意味着中国与这四国进行商务交流时遇到的障碍依次减小；"群体集体主义"是中国与其他国家在文化差异上的共同点，中国是一个高度集体主义的国家。另外，中国"不确定性避免"比其他国家略高，"决断性"比美国、德国和澳大利亚略低。

第八章　国际市场营销管理

第一节　国际市场营销决策

一、国际市场营销决策的含义

国际市场营销决策（International Marketing Decision）是指国际企业对有关产品市场经营和销售活动的目标、方针、策略等重大问题进行选择和决断的过程。营销决策与营销策划存在一定的差异，营销策划是在决策的选择决断之前的一种谋划、构思、设计的思维过程。选择与决断的理智与否和正确与否，其前提保证条件是经过科学策划程序运作进而生成备选方案。没有策划方案，就没有选择，也就没有必要进行决策。可见，决策选择和科学策划相辅相成是市场营销活动成功的基本保证。

在国际市场营销观念的指导下，企业可以把选定的一个目标市场视为一个系统，概括出四类基本变量；同时也可以把自己的各种营销策略分解归类，组成一个与之对应的对策系统，形成四个策略子系统，即产品策略、定价策略、渠道策略、促销策略，形成一套行之有效的国际市场营销策略。

国际市场营销策略是企业可控制的策略。企业的营销优势，在很大程度上取决于整体营销策略配套组合的优势，而不是单个策略的优势；企业在目标市场上的竞争地位和经营特色，则通过营销策略组合的特点充分体现出来。

二、国际市场营销决策的分类

按照以下不同的分类标准，可以将国际市场营销决策划分为不同的类别。

（一）按营销决策的作用和范围划分

国际市场营销决策可分为宏观决策与微观决策。宏观决策是指对总体市场的发展、调解、控制、指导所做出的决策；微观决策是指企业对其经营方向、产品策略、促销策略、价格策略及各项经营活动所做出的决策。

（二）按营销决策的内容划分

国际市场营销决策可分为：营销目标决策、营销方针决策、营销方式决策、产品决策、价格决策、销售决策、渠道决策和储运决策。

（三）按营销决策在经营活动中重要程度和决策者划分

国际市场营销决策可分为战略、管理与业务决策。战略决策是指企业全局的发展方向和远景规划等重大问题的决策，是属于长期性、方针性的最重要的决策。它着重于解决企业与外部环境的关系，通常由企业最高管理者负责做出这类决策。管理决策是为实现企业战略决策所需要的任务做出的决策，一般是由企业的中级管理人员进行。业务决策是企业内部为提高业务效率所采取的决策，这是企业基层人员的决策。

（四）按营销决策的性质划分

国际市场营销决策可分为程序化和非程序化决策。程序化决策是指企业对营销活动中经常重复出现的问题，按规定的程序、方法和标准进行的决策。因为影响这类决策的因素是有规律性的，所以可以通过建立一定的规章制度来实施。非程序化决策是指企业对营销活动中不经常出现的问题，在常规可循的情况下所进行的决策。这类决策不能通过建立一套标准的工作程序，而必须依靠决策者的知识、经验和判断能力来进行决策，这类决策主要由企业高层营销人员来做出。

（五）按营销决策发生的时间划分

国际市场营销决策可分为序贯决策与追踪决策。序贯决策是指在制定某战略决策之前，对与此有关的各个战术决策，按事物内在联系和时间先后顺序的动态变化做出一系列连贯的决策，这种决策是由许多个小决策所组成的一连串的决策，各个小决策之间都是彼此密切关联的，前一个小决策直接影响和制约后一个或若干个小决策，在逐一解决许多小决策之后，才能判断大决策是否可行；追踪决策是指因主观、客观因素发生变化，使原有决策方案通过实践已证明不能实现，或者是对原有决策方案以及决策目标等要进行根本性改变，而对原来的方案提出重新研究或进行修订的一种决策。

三、国际市场营销决策的原则

（一）政策性原则

在任何一个经济体中，政府都会对市场中各种产品的发展、资金的使用、价格的制定，以及企业中的供、产、销等过程制定不同的方针、政策。企业在进行重大营销决策时必须执行国家的有关方针政策。

（二）最佳效益原则

企业的一切营销活动都必须讲求经济效益。企业营销决策的经济效益是指营销决策带来的经济效益与所投入的人力、物力、财力的比较。企业在营销方案的选择中，必须选择经济效益最佳的方案，力求以最小的投入换回最佳的营销效果。

（三）全局性原则

企业在进行营销决策时，必须强调全局性，即从企业全局和整体出发，在符合企业营销总目标和整体利益的前提下，妥善处理好各个局部的问题。一个正确的决策方案，不仅从局部上看是合理可行的，而且从全局上看也应是合理可行的，只有这样才是最佳的决策方案。

（四）信息原则

信息是决策的基础和依据，决策是信息积累的结果，对决策问题的有关信息掌握得越具体、越充分越有助于做出正确、明智的决策。

（五）可行性原则

企业要对已经形成的各种方案进行可行性论证，对其利弊得失进行定性、定量分析，并作出正确的评估。只有经过审定、评价和可行性论证后的决策，才有较大的可实现性。

四、国际市场营销决策的程序

企业的国际市场营销决策是一个对问题进行全面分析研究、从多种方案中选出一种方案并组织实施的过程，是实现其国际营销目标、国际营销环境与企业营销实力三者动态平衡的过程。国际营销环境复杂多变，国际营销决策要适应营销环境的变化，就不可能定出一个统一的、普遍适用的程序，但一个合理的决策过程应该是一个科学的系统，也可以划分出科学的步骤。一般来说，一个合理的决策过程可以分为如下几个步骤。

（一）国际市场调查和预测

通过国际市场调查和预测，了解市场的历史和现状，预测未来市场发展变化的趋势，研究企业外部环境和内部条件的适应性，分析企业所面临的市场发展机会和威胁、优势和劣势，提出企业需要解决的问题，为确定企业的决策目标提供依据。

（二）确定决策目标

确定决策目标，是决策成功的前提条件。在进行国际市场营销决策中，寻求和确立有科学依据及合理的决策目标，往往是使决策走向成功的重要一步。在确定决策目标时，应注意以下几个问题：

1. 发现问题，找出目标的依据

决策目标是为了解决企业在市场营销中存在问题而提出来的。在国际市场营销决策中，目标确定切忌随心所欲、只凭主观想象，而必须通过对企业的研究发现问题，通过分析查找问题的原因。有时一个问题可能会有多方面原因，则必须找出根本原因并对症下药，才能确定其合理决策目标。

2. 决策目标要具体明确

一个明确的目标应层次分明，要有时空观念。同时，要使决策的目标尽可能定量化。

3. 决策目标应该是积极的、可行的

确定决策目标是为了在竞争中取得优势、向更高的目标迈进。积极的目标应该是鼓励企业通过积极努力可以达到的目标，如果是不需要努力就可以实现的目标，那么就失去了确定目标的意义；另外，决策目标又必须是可行的，通过积极努力是可以达到的。如果制定的目标根本不能实现，必然导致决策的失败。在国际市场营销决策中，决策总是有约束的，不顾约束条件，即使目标能鼓励人的积极性，也会适得其反。

4. 目标必须协调一致

国际营销决策的目标往往不止一个而是多个。有时各个目标之间还有矛盾，这给决策带来了相当的困难。因而在确定决策目标中，必须要考虑目标之间协调的问题，使其相互关联、恰当。

（三）拟订可行方案

拟订可行方案的过程，是一个探索设计、分析论证的过程。拟订的方案越是先进合理、切实可行，就越能为决策的成功创造条件，并且决策方案越多，决策的余地就越大。决策方案的拟订需要市场调查和市场预测提供的大量的、及时的、可靠的资料信息为基础。在拟订可行方案过程中，要注意以下几个问题：

1. 论证方案的可行性

一般说来，一种决策方案是否可行，要从三个方面论证：①拟订的方案能保证决策目标的实现，不能实现决策目标的方案是不可行的。因而必须以决策目标为出发点来制订方案。②拟订的方案要符合企业可能具备的内外条件。即要充分利用外部环境提供的条件，同时也能充分利用企业内部的人、财、物、力，发挥各方面的积极性和创造性。否则，不具备实现的条件也是不可行的。③拟订的方案应具有排他性。即决策方案要具有独立性，各有特点，不能相互替代。如果一种方案包括在另一种方案之中，就失去了备选方案的意义。

2. 保证方案的可选择性

即决策方案可以通过比较，来自然淘汰一些不可取的方案。要保证方案的可选择性，必须具备以下条件：①备选方案是比较全面的，至少没有漏掉最重要的或最佳的方案。如果最佳方案没有拟订出来，实际上就失去了选择的意义。②备选方案不仅是可行的，而且是可以评价和比较的，否则就无从选择。③必须保证有两个以上的可行方案，否则就不存在选择。

3. 方案的评价和选择

这是决策的关键一步。首先要对每一方案进行分析评价。评价的内容主要包括实施该方案存在的限制因素、实施该方案的经济效益和在实施方案中会出现的问题。通过对这些因素进行综合分析，对每一个方案作出正确的评价，对于那些经过评价不满意的方案，要进行重新设计，然后根据对营销方案的评价从中选择最优方案。

4. 决策方案的实施

决策是企业营销活动的关键，决策正确与否关系到企业的生存与发展；而行动或实施则是企业营销活动的重点。决策的成功与否，不是取决于理论上的判断，而是取决于实施的结果。在决策方案的实施中，应做好以下工作：①拟订决策实施计划，即营销计划。营销计划是营销方案在时间上和空间上的具体安排，是营销工作顺利进行的保证。②实行监督与检查。为了保证决策方案的实现，还必须经常对营销计划进行监督与检查，随时发现执行营销计划中的薄弱环节，了解客观情况的发展变化，及时采取多种可行的措施，以保证方案的实施与决策时的期望相一致。③修正原方案。决策方案在实施过程中，由于外部环境和各种客观条件是处于不断变化中，使实施结果与决策目标可能有所偏离，这就需要建立信息反馈系统，把原方案存在的问题或发现的新问题通过反馈系统反馈，进而修改、补充原方案，有时甚至修订决策目标或制订新的决策方案，再次实施新方案和进行信息反馈。

国际市场营销决策是相当复杂的，除了以上步骤外，各步骤之间的顺序关系又经常是交叉的，每一步骤的反馈都可能影响决策过程的发展。

第二节　国际市场产品策略

一、产品与产品整体

（一）产品及产品整体的概念

产品是指能够向市场提供，供人们消费、使用，并可以满足人们某些欲望或需求的东西，其包括有形物品、无形服务、组织、想法、创意、观念或它们的组合等。

人们通常理解的产品是指具有某种特定物质形状和用途的物品，是实实在在的、看得见、摸得着的东西，这是产品的狭义概念。市场营销学认为，广义的产品是指人们通过购买而获得的能够满足某种需求或欲望的物品的总和，它既包括具有物质形态的产品实体，又包括非物质形态的利益，这就是产品整体的概念。

产品整体概念分为核心产品、形式产品、期望产品、延伸产品和潜在产品五个层次。

核心产品也称实质产品，是指消费者购买某种产品时所追求的利益，是消费者真正想要买的东西。因此核心产品在产品整体概念中也是最基本、最主要的部分，同时也是满足消费者需要的核心内容。消费者购买某种产品，其真实目的并非为了占有或获得产品本身，而是为了获得能满足自身某种需要的效用或利益。消费者愿意支付一定的价格购买某种产品，首先在于购买该种产品的基本效用，从中获得利益。例如，我们在购买电脑、电视机等电器时，一般来说并不是为了简单地占有电脑、电视机，而是为了取得电脑、电视机给我们带来的办公、娱乐等功能来满足自身的需要。在营销活动中，营销人员首先要关注的是消费者的基本、主要利益与需求，向消费者提供符合其要求的核心产品。

形式产品是核心产品借以实现的形式与载体，即向市场提供的产品实体和服务的形象。产品的基本效用必须通过某些具体的形式才得以实现，这个具体的形式就是形式产品。如果有形产品是实体物品，那么它在市场上通常表现为产品的质量水平、外观与特色、样式、品牌和包装等。市场营销者应首先着眼于消费者购买产品时所追求的利益，以求更完美地满足消费者需要，从这一点出发再去寻求利益得以实现的形式，进行产品设计。

期望产品是指消费者购买某种产品通常所希望和默认的一组产品属性和条件。一般情况下，消费者在购买某种产品时，通常会根据以往的消费经验、企业的营销宣传和自身对产品的主观认识，对所要购买的产品形成一种预期。比如对于书籍的购买者，期望的是良好的纸张与印刷、有意义的内容以及良好的阅读体验。期望产品是根据大多数同类产品所能实现的功能与效用所决定的，例如在选择居住的酒店时，消费者会根据所居住的地点、酒店房间的价位、星级等对酒店产生一定的期望。如果消费者实际得到的产品或服务不如期望产品，那么消费者会对产品产生不满的情绪。

延伸产品是消费者购买有形产品时所获得的附加服务和额外的利益，例如免费送货、质量保证、安装与调试、售后服务、技术培训等。延伸产品的概念来源于对市场需要的深入认识。因为购买者的目的是为了满足某种需要，因而他们希望得到与满足该项需要有关的一切。延伸产品并非商品本身，它们是无形的，但是延伸产品能帮助消费者在购买和使用商品时获得更多的便利感、安全感、荣誉感等。比如汽车制造商把维修网络建立到离消费者更接近的地方，汽车的购买者就会有便利感和安全感；如果汽车制造商把汽车塑造成了名牌，购买者在获得一辆汽车的同时，还能够产生荣誉感。伴随着竞争的日益激烈，不同生产商生产的产品会越来越趋于同质化，在这样的情况下，厂商之间的竞争就从核心产品转移到了延伸产品上来。因此，企业若想在竞争程度较高的情况下取得竞争优势，就需要把更多的精力集中到延伸产品的提供上来。

潜在产品是指一个产品最终可能实现的全部附加部分和新增加的功能。潜在产品指出了产品可能的演变趋势和前景，潜在产品的存在要求企业不断地寻求满足消费者的新方法，不断地将潜在产品变成现实的产品，这样才能使消费者得到更多的意外惊喜，更好地满足消费者的需要。

（二）产品整体概念的意义

产品整体概念是对市场经济条件下产品概念的完整、系统、科学的表述，它对市场营销管理的意义具有非常重要的意义。

首先，它以消费者的基本利益为核心，指导企业的市场营销管理活动，是企业贯彻市场营销观念的基础。企业市场营销管理的根本目的是要保证实现消费者的基本利益。消费者购买电视机是希望业余时间充实和快乐；消费者购买计算机是为了提高生产和管理效率；消费者购买服装是要满足舒适、风度和美感的要求等。概括起来，消费者追求的基本利益大致包括功能和非功能两方面的要求。消费者对前者的要求是出于实际使用的需要，而对后者的要求则往往是出于社会心理动机。而且，这两方面的需要又往往交织在一起，并且非功能需求所占的比重越来越大。而产品整体概念，正是明确地向产品的生产经营者指出，要竭尽全力地通过有形产品和无形产品去满足核心产品所包含的一切功能和非功能的要求，充分满足消费者的需求。可以断言，不懂得产品整体概念的企业不可能真正贯彻市场营销观念。

其次，只有通过产品整体概念的五个层次的最佳组合才能确立产品的市场地位。营销人员要把对消费者提供的各种服务看作是产品实体的统一体。由于科学技术在今天的社会中能以更快的速度扩散，也由于消费者对切身利益关切度的提高，使得生产商所提供的产品以独特形式出现变得越来越困难，消费者也就越来越以营销者产品的整体效果来确定哪家厂商、哪个品牌的产品是更符合自身需求的。对于营销者来说，产品越能以一种消费者易觉察的形式来体现消费者购物选择时所关心的因素，越能获得好的产品形象，进而确立有利的市场地位。

最后，产品差异构成企业的特色主体。如果想在激烈的市场竞争中取胜，那么企业就必须致力于创造自身产品的特色。不同产品之间的差异是非常明显的，这种差异或表现在功能上，如鸣笛水壶与一般水壶之别；或表现在设计风格、品牌、包装的独到之处，甚至表现在与之相联系的文化因素上，如各种服装的差异；或表现在产品的附加利益上，如各种不同的服务，可使产品各具特色。总之，在产品整体概念的五个层次上，企业都可以形成自己的特色，并与竞争产品区别开来。随着现代市场经济的发展、市场竞争的加剧以及产品的进一步同质化，企业所提供的附加利益在市场竞争中也显得越来越重要。国内外许多企业的成功，在很大程度上应归功于他们更好地认识了服务等延伸产品在产品整体概念中的重要地位。

二、产品生命周期与国际市场产品生命周期

（一）产品生命周期理论

产品生命周期（Product Life Cycle）是指产品的市场寿命，也称产品寿命周期。一种产品被投放到市场后，它的销售量和利润都会随时间的推移而改变，呈现出一个由少到多、由多到少的过程，就如同人的生命一样，由诞生、成长到成熟，最终走向衰亡，这就是产品的生命周期现象。所谓产品生命周期，是指产品从进入市场开始，直到最终退出市场为止所经历的市场生命循环过程。产品只有经过研究开发、试销，然后进入市场，它的市场生命周期才算开始。产品退出市场，则标志着生命周期的结束。产品在市场上营销时期的长短受消费者的需求变化、产品更新换代的速度等多种因素的影响。因此，不同产品有着完全不同的生命周期。

由于受市场因素的影响，产品在其生命周期内的销售额和利润并非均匀变化，在不同的时期和阶段中，其变化呈现一定的特点。如果以销售额的变化来衡量，通常将产品的生命周期分为导入期、成长期、成熟期和衰退期四个阶段，在这四个阶段中，产品表现出不同的市场特征。

1. 导入期

导入期（Introduction Period）又称为介绍期，是指产品从设计投产直到投入市场进行销售的阶段。新产品投入市场，便进入了导入期。此时产品品种少，消费者对产品还不了解，除少数追求新奇的消费者外，几乎无人实际购买该产品。生产者为了扩大销售，不得不投入大量的营销费用，对产品进行宣传推广。此外，该阶段由于生产技术方面的限制，产品生产批量小，制造成本高，广告费用大，产品销售价格偏高，销售量极为有限，企业通常不能获利，反而可能亏损。

2. 成长期

成长期（Growth Period）又称畅销期或者发育期，是指产品通过试销效果良好，购买者开始逐渐接受该产品，产品在市场上站住脚并且打开了销路的时期。当产品进入导入期，销售取得成功之后，便进入了成长期。这是需求增长阶段，需求量和销售额迅速上升，生产成本大幅度下降，利润迅速增长。与此同时，潜在进入者看到有利可图，将纷纷

进入市场参与竞争，使得同类产品供给量增加，价格随之下降，企业利润增长速度逐步减慢，最后达到生命周期利润的最高点。

3. 成熟期

成熟期（Mature Period）又称饱和期，是指产品进入大批量生产并稳定地进入市场销售，经过成长期之后，随着购买产品人数的增多，市场需求趋于饱和。此时，产品普及并日趋标准化，成本低而产量大。销售增长速度缓慢直至转而下降，由于竞争的加剧，导致同类产品生产企业之间不得不加大在产品质量、花色、规格、包装服务等方面的投入，在一定程度上增加了成本。

4. 衰退期

衰退期（Recessionary Period）又称滞销期，是指产品进入了淘汰阶段。随着科技的发展、替代品的出现，以及消费习惯的改变等原因，产品的销售量和利润持续下降，产品在市场上已经老化，不能适应市场需求，市场上已经有其他性能更好、价格更低的新产品，足以满足消费者的需求。此时成本较高的企业就会由于无利可图而陆续停止生产，该类产品的生命周期也就陆续结束，以至最后完全撤出市场。

产品生命周期理论揭示了任何产品都和生物有机体一样，有一个从诞生—成长—成熟—衰亡的过程。借助产品生命周期理论，可以分析判断产品正处在生命周期的哪一阶段，推测产品今后发展的趋势，正确把握产品的市场寿命，并根据不同阶段的特点，采取相应的市场营销组合策略，增强企业竞争力，提高企业的经济效益。当然产品生命周期理论也有很多不足之处，比如产品生命周期各阶段之间的划分标准不易确认。此外，并非所有的产品生命周期曲线都是标准的，还有很多特殊的产品生命周期曲线。

（二）国际市场产品生命周期

美国哈佛大学教授雷蒙德·弗龙（Raymond Vernon）以产品生命周期理论为基础，提出了国际市场产品生命周期理论，他将国际市场产品生命周期划分为新产品发明阶段、产品成长和成熟初期阶段、成熟期和产品标准化阶段。由于不同国家经济发展水平、消费水平等方面的差异，同一件产品的生命周期的各个阶段在不同国家出现时间有所不同，这种同一产品在各国的开发生产、销售和消费的时间上存在的差异，成为国际市场产品生命周期。

国际市场产品生命周期一般表现为：发达国家率先研究开发出一种新产品，此时生产者对新产品生产技术和市场接受程度仍在摸索当中，所以只将该新产品应用于本国市场进行销售。发展到成熟期之后，本国市场的需求接近于饱和，生产工艺也逐渐走向成熟，生产商开始谋求新的市场，所以选择逐步向较发达国家、发展中国家出口。由于产品在本国市场的需求接近于满足，生产者将注意力转移至别的产品并着手研发，所以将该产品的生产逐渐转移到别国，本国对该产品的需求逐渐转为由进口满足；产品的非原产国一开始则是从原产国进口该产品进行销售，并逐渐引入生产技术自行生产，最后开始向原产国进行出口。

国际产品生命周期理论对于跨国经营的企业有着十分重要的意义：对产品的国际生命周期进行研究有利于产品的更新换代，借助于该理论，企业可以根据产品在各国市场所处的不同生命周期制定相应的研究、开发与相应的营销策略，更合理地选择策略实施的时点与市场。此外，该理论对于国家的产业结构的调整与产业发展也有一定的积极作用，有利于及时淘汰相对落后的产业与调整产品出口的地区结构。

三、国际产品标准化与差异化策略

（一）国际产品标准化策略

国际产品标准化策略（International Product Standardization Strategy）是指企业向全世界不同国家或地区的所有市场都提供同质的产品。伴随着经济及市场全球化的推进，不同国家之间的交流与联系日益密切，各国之间的交流绝不仅仅在于贸易、商品之间的往来，还包括文化、习惯等的交流。长此以往，各国消费者的需求开始出现越来越多的共同性。因此企业可以向不同的国家或地区销售相同的产品，利用规模经济降低成本以获得更大的收益。

国际产品的标准化策略可以有效地帮助跨国公司取得全球竞争优势。首先，在全球市场推出标准化的产品更有利于实现规模经济，有效降低企业的生产成本。其次，在全球范围内销售相同的产品有利于塑造产品在全球的形象，同时，推出单一产品可以加强广告营销的集中度，增强广告营销的效果以及降低在营销方面的开支。此外，国际产品标准化策略可以对企业的研发投入进行有效的控制，减少研发投入的分散性，使得研发投资更加集中，实现提高产业研发实力的同时降低研发成本。

（二）国际产品差异化策略

不同的国家或地区因为其文化、传统、习俗、经济与科技发展水平等的差异，导致了各个市场的需求存在差异。国际产品差异化策略（International Product Differentiation Strategy）就是指企业针对性地根据全世界不同国家或地区市场的特殊需求提供不同的产品的策略。差异化策略与标准化策略是完全相反的两种策略，标准化策略的实行是因为不同国家或地区市场存在共同性需求，而差异化策略则是因为异质性需求的存在。

企业实行国际产品差异化策略的优势主要在于可以根据不同市场的特点针对性地设计产品研发、设计、营销战略，从而使得产品更好地融入各个市场，更好地满足当地消费者的特定需求，从而在该市场建立起竞争优势。但是其缺点也是十分明显的，实行差异化策略要求企业同时执行多套营销、研发等方案，这意味着必须将企业有限的资源分别投入到不同的方向，这在一定程度上会分散企业的能力，制约企业的发展。

（三）国际产品标准化和差异化策略的选择

国际产品标准化和差异化策略虽然是完全相反的两种策略，但在企业的实际营销活动中，常常将两者相互结合、综合运用。比如有的产品从原产国出口不需改变或者只需要较小的改变就可以适应外国市场，这种情况下实际上是带有差异化的标准化策略，而有的产品则需要进行较大的调整才能进行出口，这也就体现了国际产品标准化和差异化策略的共同作用。由此可见，企业产品策略往往是差异化策略和标准化策略的组合，企业应根据产品、市场消费者等的特点制定相应的策略。

四、国际市场产品品牌策略与包装策略

(一) 国际市场产品品牌策略

品牌（Brand）是一种名称、术语、标记、符号或图案，或是它们的相互组合，用以识别某个销售者或某些销售者的产品或服务，并使之与竞争对手的产品和服务相区别。在当下的市场竞争环境下，品牌对于企业的价值是难以衡量的。企业若想在激烈的市场竞争中取得有利地位，必须对品牌给予足够的重视。

品牌的基本策略主要包括：无品牌策略、单一品牌策略、多品牌策略和主副品牌策略。

1. 无品牌策略

无品牌策略（No Brand Strategy）是指从事生产和服务活动的企业不为自己的产品塑造品牌，从而减少企业运作环节、降低成本并以各种渠道把产品销售出去的经营策略。采取无品牌策略可以省去在商标设计、注册、宣传和保护方面的大量工作，从而免去为打造自己的品牌而需投入的资金，此外，采取无品牌策略可以和下游的零售商或生产商签订长期供货协议，从而省去产品或服务销售渠道建设和维护的活动过程，省去一些不必要的中介环节和相关费用，从而实现低成本的优势。此外，无品牌策略还可以帮助企业专注于核心竞争力的建设、更好地利用零售商品牌的优势以及降低市场风险。当然采用无品牌策略的缺点也是十分明显的，它会使得产品不为消费者所知，从而存在推广产品渠道阻力较大、容易被下游销售商所控制、利润空间小、企业形象难以树立等一系列问题。

2. 单一品牌策略

单一品牌策略（Single Brand Strategy）是指企业的多种产品甚至全部产品都共用一个品牌名称。这种策略的最大好处就是新产品的销售能够享受已成功的前品牌的"搭便车"效应。例如，台湾地区的"统一"公司的奶粉、汽水、茶、饮料、果汁、方便面都是冠以"统一"的品牌名。运用单一品牌策略有一定的条件限制：新产品与原有品牌要有较高的关联度；新产品的市场竞争并不是很激烈；新产品的主要竞争品牌不是专业品牌。也就是说在如果品牌旗下的产品众多，特别是产品之间的关联度较低、差异度较大的情况下不宜采用单一品牌策略，因为同样的名称不可能表达出众多产品的差异性，而过多的注解信息又会十分繁杂混乱，难以给人留下恒定的印象。

3. 多品牌策略

多品牌策略（Multi Brand Strategy）是指企业对同类产品使用两个或两个以上的品牌。多品牌策略为了满足不同的市场需求，根据不同的产品价值、不同的购买动机，确立不同的特色或诉求。多品牌策略的最大优势在于，它可以准确地针对某一细分市场，满足该市场的特殊需要，塑造品牌个性，获得这一市场的信赖和品牌忠诚。使用多品牌策略还可以避免因某一种产品市场推进失败或质量发生问题所带来的品牌危机的风险。由于企业对生产、经营的同一类产品使用了不同的品牌，在对外宣传上也都属独立宣传，因此，即使其中的一种出现了问题，也不会株连到其他的品牌，这大大降低了企业的经营风险。此外，它还可以避免高档品牌使用到低档产品上所导致的损害原品牌高品质形象的问题的发生。

多品牌策略的主要缺点在于对企业资源的消耗过大。多品牌公司要想有较好的发展，则需要对每一个品牌都进行有效的管理，会因此增加更多的成本费用。

4. 主副品牌策略

主副品牌策略（Primary and Secondary Brand Strategy）又称母子品牌策略或主次品牌策略，是企业在生产多种产品的情况下，在给其产品冠以统一名称的同时，再根据每种产品的不同特征给其设定一个次级品牌的做法。通俗地讲，就是企业推出新产品时，在保持原品牌不变的前提下，再给其起一个小名。主副品牌策略的优点主要有：①副品牌产品可以有效地利用已经取得成功的主品牌的社会影响力，以较低的营销成本进入市场，打开局面，从而降低新产品上市的风险和压力；②可以为产品创造具体的品牌个性；③可以节省营销费用。主副品牌策略的缺点是会使不同的产品相互牵连，如果低端产品与高端产品使用同一主品牌，可能会导致消费者因为低端产品而降低对高端产品的认可度，这种延伸极易损害名牌的声誉，风险很大。

（二）国际市场产品包装策略

包装（Packing）是指产品的容器和外部覆盖物以及对产品进行包装的过程，是产品实体的重要组成部分。包装对产品的成长和发展起着不可低估的作用，它不再是传统意义上的保护包装，而被赋予了全新的概念。产品包装的优劣会对产品的销售情况产生直接的影响，因此，包装越来越成为一个重要的竞争手段。

产品的包装策略主要有：类似包装策略、配套包装策略、再使用包装策略、附赠包装策略和改变包装策略。

1. 类似包装策略

类似包装策略（Similar Packaging Strategy）也称相似包装策略，是指企业对其生产的产品采用相同的图案、近似的色彩、相同的包装材料和相同的造型进行包装，便于顾客识别出本企业产品。对于忠实于本企业的顾客，类似包装无疑具有促销的作用，企业还可因此而节省包装的设计、制作费用。但类似包装策略只能适宜于质量相同的产品，对于品种差异大、质量水平悬殊的产品则不宜采用。

2. 配套包装策略

配套包装策略（Package Strategy）是指按各国消费者的消费习惯，将数种有关联的产品配套包装在一起成套供应，便于消费者购买、使用和携带，同时还可扩大产品的销售。在配套产品中若加进某种新产品，可使消费者不知不觉地习惯使用新产品，有利于新产品上市和普及。

3. 再使用包装策略

再使用包装策略（Reuse Packaging Strategy）亦称再利用包装策略，是指包装内的产品使用完后，包装物还有其他的用途。如玻璃瓶装的啤酒在饮用完后会由厂商进行回收，精美的食品盒也可被再利用等。这种包装策略可使消费者感到一物多用而引起其购买欲望，而且包装物的重复使用也起到了对产品的广告宣传作用。

4. 附赠包装策略

附赠包装策略（Gift Packaging Strategy）亦称礼品包装策略，是在包装物中附赠一些物品，从而引起消费者的购买兴趣，甚至还能造成顾客重复购买的意愿。如食品中附玩具、玩具包中附连环画、咖啡中附赠咖啡杯和咖啡勺、化妆品包装中附赠购物券等。

5. 改变包装策略

由于科学技术的日益发展，新工艺、新技术和新的包装材料必然要取代旧的包装工艺和材料，为企业新产品开拓市场创造条件；同时，由于人们生活质量不断提高，消费需求不断更新，以及人们消费习惯的改变，都推动着包装的不断更新。例如由于现代人们生活节奏的加快，家务劳动逐步社会化，一些新型的包装，如可蒸煮的食品袋、可烘烤的食品盒等也就应运而生；此外，因为销售方式的变化，也导致包装的更新。例如随着超级市场的出现，顾客挑选商品时全靠包装"自我介绍"，因此包装要突出商品形象，商标和文字说明要十分醒目。要想使商品一直保持畅销的势头，除了商品本身改进外，与时俱进地采用改进包装策略（Improved Packaging Strategy）是一种很好的选择。

第三节　国际市场营销渠道策略

一、国际市场营销渠道概述

（一）国际市场营销渠道基本结构

在国际市场上，直接出口的产品只占很少的一部分，大部分的商品销售都要借助于中间商的转手买卖来完成。产品从一国生产者流向国外最终消费者和用户所经历的路径，就是国际市场营销渠道。国际市场营销渠道是企业国际市场营销整体策略的一个重要组成部分。

国际市场营销渠道可以分为两个部分，一部分是产品在出口国市场的营销渠道，另一部分是产品在进口国市场的营销渠道。产品在出口国的营销渠道主要有两种形式，在进口国的营销渠道主要有四种形式，由此产品在国际市场上的营销渠道共有八种，如图 8－1 所示。

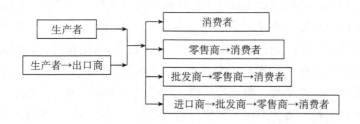

图 8－1　产品国际市场营销渠道示意图

（二）影响国际市场营销渠道设计与选择的因素

营销渠道设计是指为了实现营销目标，评估和选择各种备选渠道结构，在选出最优备选渠道的基础上,进行开发或改进的过程。选择最优的国际市场营销渠道对企业的营销布局与产品的推广有着极为重要的意义。企业在选择最优的国际市场营销渠道时必须对各种不同的因素进行分析,并进行综合的考虑。

1. 产品特征

不同的产品有不同的特征,对营销渠道也会提出不同的要求。对大多数一般性的产品而言,更短、更直接的营销渠道往往会优于较长的营销渠道,这样可以有效降低产品在流转中所耗用的时间和成本,提高企业的竞争优势。这一点在一些保存期限较短、易烂易腐、单位价格已经偏高或者运输困难的产品尤其如此。相反,一些比较常规的标准化产品如日用百货等商品,则可以适当地选择较长的营销渠道。

2. 市场特性

在市场规模较大、市场范围较为广阔的情况下,企业选择较长的营销渠道往往会有更好的效果。因为如果企业选择直接销售,要做到销售网络覆盖整个市场会有一定的难度,同时也会产生较高的市场开拓成本,而如果引入中间商,则可以将开拓市场的任务移交给中间商,还可以利用中间商的销售网络与声誉等。此外,还有一些特殊的产品,必须经过一定的营销渠道才能取得更好的销路,比如当地消费者对本土化有特殊的偏好,政府对进口物品存在一定的管制等。

3. 中间商因素

每个市场的环境都有所不同,本土的中间商往往会比跨国企业更了解本土市场,在销售模式、销售网络等方面都会有一定的优势。如果引入中间商进行销售能够带来更多的利益,长营销渠道是一个不错的选择。

4. 企业自身特点

对于资金充沛、规模大的企业而言,在选择营销渠道时会有更多的主动权。如果在营销渠道对于企业的战略推进非常重要、销售端的利润空间较大的情况下,大型企业可以选择直接销售,建立自有销售网络,实现前向一体化,通过这样的方式企业可以最大限度地把握市场。

5. 竞争因素

一般来说,制造商要尽量避免和竞争者使用一样的分销渠道。如果竞争者使用和控制着传统的渠道,制造商就应当使用其他不同的渠道或途径推销其产品。例如,美国的化妆品通常是在百货商店和超级市场出售,而爱芳公司(AI Fang,USA)则选择避开竞争者的方式,训练了许多年轻漂亮的女子,挨家挨户上门推销其化妆品,其利润也很可观。另外,由于受消费者购买模式的影响,有些产品的制造商不得不使用竞争者使用的销售渠道。例如,消费者购买食品往往要比较厂家、牌子及价格等,因此,食品制造商就必须将其产品摆在那些经营竞争者的产品的零售商店里出售,这就是说,不得不采用与竞争对手同样的分销渠道。

另外,企业的行业地位也会对营销渠道的设计与选择产生一定的影响。如果企业在行业内具有一定程度的垄断优势,那么企业在面对消费者时的议价能力、谈判能力会得到大大的加强,在这样的情况下短营销渠道无疑是更好的选择。此外,企业的战略同样会很大地影响企业营销渠道的选择。如果企业控制营销渠道、建立销售网络的欲望较强，则可以选择短营销渠道，即使这样会产生大量的成本支出，但从企业战略的角度来看也是值得的。

总之，企业国际市场营销渠道的设计与选择的影响因素是综合的、多方面的，这些影响因素在不同行业、不同时期、不同地区的影响力都是不一样的。企业只有因时因地因己采用战略性的渠道设计方法，在现有销售结构的基础上，选择并形成最优营销渠道方案。俗话说："成也渠道，败也渠道。"最优营销渠道对企业的成功产生全局性和长远性的影响。

二、国际市场营销渠道成员

（一）国际市场营销渠道成员的基本类型

国际市场营销渠道成员是指参与产品在国际市场上流转过程的各个中间商。在企业进行国际化经营中，中间商扮演着十分重要的角色，在企业的国际市场营销中起着桥梁的作用，将生产企业与最终消费者连接起来。

国际市场营销渠道成员可以分为出口中间商和进口中间商两大类。

1. 出口中间商

出口中间商（Export Middleman）是指在生产企业向国际销售产品过程中协助进行出口的中间商。一般在生产企业缺乏自行出口能力、资源不足或不适合自行出口的情况下被使用。出口中间商可以根据在业务开展过程其是否从生产企业处取得产品所有权分为出口代理商和出口经销商。

第一，出口代理商（Export Agent）。出口代理商在产品出口中不取得产品的所有权，也不以自己的名义向国外销售产品，而是接受国内生产企业的委托，按照事先约定的方式向进口国家销售商品，并从中获取一定的佣金。以这种方式出口，风险不会发生转移，仍由生产企业自行承担。使用出口代理商出口具有的主要优势包括：出口代理商一般都是专门从事代理销售服务，具有市场、信息等方面的优势，可以在一定程度上促进产品的顺利销售；同时还可以省去自行出口所需要耗费的时间与资金。

出口代理商主要有以下几种类型：

（1）销售代理商。它与生产企业之间是委托代理关系，不取得产品的所有权，业务活动仍由生产企业自行决策，但是它与生产企业之间往往是长期的固定关系，由其全权负责生产企业的出口工作，通常可以对出口商品的价格、销售渠道和销售方式等产生影响，因此其职能接近于生产企业的销售经营部门。销售代理商为生产企业提供的服务是出口代理商中最多的，比如负责在国际市场上的广告宣传、开展促销活动、开展市场调研等。

（2）制造商出口代理商。其主要负责的工作与销售代理商接近，但其与生产企业的关系通常是短期的，所涉及的业务范围一般较少，只负责个别市场的出口，因此其职能类似于生产企业的出口部门。在国际市场上，采用制造商出口代理商的通常是中小企业。此外，大企业在开拓新市场、推销新产品或面对潜力不大的市场时，也通常会使用制造商出口代理商。

（3）出口国际经纪人。它是指经营国际出口业务的经纪人，其主要职责是给买卖双方寻找客户、充当中介的角色，在业务执行中并不实际取得产品，也不代办产品进出口的具体业务。出口国际经纪人与进出口双方一般没有长期、固定的合作关系，收费模式通常是买卖双方达成交易后收取一定比例的手续费。出口国际经纪人往往同时充当出口商的出口国际经纪人和进口商的国外采购代理人。

（4）出口佣金商。它是指接受生产企业委托，代办出口业务，从中收取佣金的代理商。其所从事的主要业务是代国外买主采购佣金商所在国的商品，有时也代国内厂商向国外销售产品。出口佣金商代国外买主办理委托业务时，是根据买主的订单或委托购货书进行的，一旦达成协议，买主不能变更其委托，佣金商也必须按照购货书内规定的条件进行采购，运送到指定地点，由买主付给佣金，其佣金视商品性质、交易规模大小、国际惯例以及代理服务的供求状况而定。代购过程中的一切风险和费用均由买主承担，但有时出口佣金商需要先垫付一部分资金，有的还要备有仓储，以便于商品的交换。出口佣金商代理国内制造商开展出口业务时，通常又有两种方法：一种是寄售，即制造商将其商品交付给出口佣金商，委托其销售，由出口佣金商在国外市场上寻找买主；另一种是佣金商先在国外市场上寻找客户，获得订单，然后由国内制造商供货。在第二种情况下，出口佣金商的职能与作用相当于制造商出口代理商。

第二，出口经销商（Export Dealer）。出口经销商是指以在本国市场上购买商品，然后再以自己的名义组织出口，将产品卖给国外买主的贸易企业。出口经销商与出口代理商的区别是出口代理商不以自己的名义向本国卖主购买产品，而只是接受卖主的委托以委托人的名义在规定的条件下代表委托人开展出口业务。出口经销商完全实际取得了产品的所有权，产品的出口决策如出口价格、销售方式等完全由其自行决定，与产品相关的风险也相应地由国内生产商转移给了出口经销商，其收益自然也包括了商品的进销差价。出口经销商主要包括：

（1）出口贸易公司。它是指在本国市场买入产品后转售至外国市场的贸易公司。出口贸易公司实质上是在国际市场上开展业务的批发商，职能也与国内的批发商类似，区别在于其交易对象是国外的客户。出口贸易公司从本国生产企业处购入产品后在国际市场上进行销售、开展经营活动，产品在被出口贸易公司购入后即归出口贸易公司所有，出口贸易公司在销售价格、销售方式等方面具有完全自主的权利，相应的风险和收益也属于出口贸易公司。出口贸易公司在经营中往往会选择一个或几个生产企业，以实现规模经济、信息获取等方面的优势。对于生产企业而言，利用出口贸易公司的好处是：首先，可以将产品的国际风险转嫁给出口贸易公司；其次，可以利用出口贸易公司在国际市场中的优势，在国际市场推广产品、促进产品的销售、扩大产品的国际市场。

（2）出口直运批发商。它的业务模式与出口贸易公司有所不同，一般根据在国外市场所取得客户订单制定的产品种类、数量等向本地生产企业订货，待采购完成后直接向国外的客户发运，自己不储存存货。出口直运批发商经营的范围通常为大宗商品、原材料等。

（3）出口转卖商。它专门经营低价低档商品，先寻找降价求售、生产过剩或者过时的廉价产品，然后将这些产品转卖到需要这些产品的国外市场。

（4）外国进口商。它实质上是产品的国外购买者设在出口国的常驻采购商，它们根据国外的购买者的需求向出口国的生产企业进行采购。出口企业若要利用进口商进行出口，只需要在本国与外国进口商进行交易，之后发生的包括商品的运输等流程均不由生产企业所完成，对于生产企业而言整个交易流程都在国内完成。

2. 进口中间商

进口中间商是指从事进口业务、销售进口商品的中间商，主要分为进口代理商和进口经销商两种。

（1）进口代理商是指接受出口国卖主的委托，代办进口，以双方约定条件下在进口国安排销售、提供服务，然后以其服务向卖主收取佣金的贸易服务企业。进口代理商一般不承担信用、汇兑和市场风险，不拥有进口商品的所有权。进口代理商的职能主要包括代国内买主进口商品、代国外卖主销售商品、作为国外产品的国内代理商等。通常说来，进口代理商主要包括几种类型：

1）国外进口代理商：它是指接受出口国生产企业的委托，为生产企业在本国推销产品并收取佣金的贸易商。国外进口代理商来自本土，一般对当地的市场更为了解，往往具有掌握信息、销售网络等各方面的优势，从而可以更好地进行产品的销售，同时也可以向生产企业提供关于当地市场的信息，提出迎合当地消费者喜好的建议，提高产品对当地市场的适应性，促进产品的销售。国外进口代理商一般对一个城市、一个地区、一个国家或是相邻几个国家出口企业的产品负责。他们在业务运作过程中不承担信用、汇兑和市场风险，也不负责安排运输、装卸，不实际占有货物，忠实履行销售代理人的责任，为委托人提供市场信息并为出口企业开拓市场提供良好的服务。当出口企业无力向进口国派驻自己的销售机构，但希望对出口业务予以控制时，利用适当的国外进口代理商策略不失为一种明智的选择。

2）进口佣金商：它是受进口方委托代理进口方办理进口并收取佣金的贸易商。进口佣金商可以同时接受多个委托人的委托，甚至可以同时为存在相互竞争关系的委托人服务。代理国内进口商进口商品是其主营业务，同时可以兼营代国外卖主销售商品等。

3）进口国国际经纪人：它是对提供低价代理服务的各种中间商的统称，其职能与出口国国际经纪人类似，主要经营大宗商品、粮食等产品的交易。在大多数国家，经纪人为数不多，但由于其主要经营大宗商品，再加上在某些国家，经纪人组建了联营公司，他们熟悉当地市场，往往与客户建立了良好持久的关系，常常是初级产品市场上最重要的中间商。

4）融资经纪商：它除具有一般经纪商的全部职能外，还可以为销售、产品生产企业的生产的各个阶段提供融资，为买主或卖主分担风险，使交易双方免遭信用风险，承担特殊的融资功能，它突出了国际市场营销中信用的重要地位。

（2）进口经销商是指从国外购买商品后向国内市场销售的贸易企业。进口经销商取得商品的所有权，相应的，产品的风险也由其承担。进口经销商全权决定产品的销售方式、销售价格等，通过产品转销产生的价差获取利润。进口经销商的职能与国内的批发商类似，只是其进货来源为国外厂商。进口经销商主要有两种经营方式：一种是根据对国内市场的判断从国外进口商品形成存货，然后在国内市场进行销售；另一种方式则是先与国内买主达成协议，再按照双方协议中约定的商品种类、数量等条款向国外进行采购。一般说来，进口经销商主要包括以下几种：

1）进口贸易公司：它主要从事从国外购进产品，然后将其转售给国内批发商、零售商和消费者等买主，它们通常不与买主或卖主存在长期的固定关系，只是根据对市场的判断决定采购的产品，然后进行销售，并从中获取买卖价差。进口贸易公司通常对国内市场的特点和产品比较了解，熟悉从国外采购的流程与规则。

2）进口代理商：它与产品出口国的供应商之间往往存在长期合作关系，享有一定的优惠条件和供货保证，由国外供应商长期向其供应产品，然后向国内的批发商、消费者等进行转售。出口企业通常会与进口代理商建立密切的伙伴关系，对价格、促销、供货、服务等进行适当的控制。

3）进口批发商：它是一种拥有商品所有权、自己作为买方从出口国买进实际商品的独立批发商。按照其经营的商品范围大小来划分，一般将其分为普通商品批发商、单一种类批发商和专业批发商。

4）国外零售商：它是指从国外进口商品后，直接通过零售的方式将商品销售给最终消费者的企业，通常表现为超市、便利店、连锁商店等形式。国外零售商一般规模较大，资金实力雄厚，所采购的产品种类繁多、数量庞大，所以可以通过从原产国直接进口商品的方式来实现规模经济，进而降低成本。

（二）国际市场营销渠道成员的选择

国际市场营销渠道成员的选择是指根据企业自身战略、产品等方面的特点，从各种营销渠道成员中选择出若干个，组建成自己的国际市场营销渠道，以实现产品在国际市场的销售。

企业在选择国际市场营销渠道成员时，要着眼于长期规划，在对各个渠道成员进行深入的考察和了解后，慎重做出决定。企业在选择国际市场营销渠道成员时应着重考察的主要方面包括：

1. 目标市场状况

企业组建国际市场营销渠道的目的就在于让产品顺利地进入目标市场，因此，企业应该尽可能让那些对产品有需求的最终消费者能够接触、购买到自己的产品。在进行目标市场状况分析时，企业需要考虑目标市场消费者的购买习惯、当地的销售模式等。

2. 经营条件

国际市场营销渠道成员必须具备一定的经营条件如营业场所、硬件设施等，否则会难以满足产品营销的需要，给企业造成损失。

3. 资信条件

国际市场营销成员的资信条件如财务状况、经营作风和商业信誉必须是值得信任的，应该在客户中有较好的口碑和较高的声望，否则会影响产品的销售，甚至破坏企业产品的声誉。

4. 合作态度

企业应当详细分析各个渠道成员的合作意愿，与国际市场营销渠道成员建立友好、稳定的合作关系。在国际市场营销渠道中，各渠道成员之间的利益来自于成员之间的合作，所有成员应共同承担产品的营销工作，只有这样才能保证营销渠道的有效运行，在长期中实现最大的收益。

5. 经营能力

企业在选择国际市场营销渠道成员时必须重点关注其经营能力。考察经营能力的指标主要包括经营业绩、人员素质等方面。

三、国际市场营销渠道决策

国际市场营销渠道决策是指企业综合考虑产品特点、企业战略、资源能力等多方面的因素，选择在目标市场营销渠道模式的过程。国际市场营销渠道决策主要涉及两方面内容：营销渠道的长度与宽度决策和营销渠道的标准化与差异化决策。

（一）国际市场营销渠道的长度与宽度决策

1. 营销渠道的长度决策

营销渠道的长度是指产品从生产厂商流转到最终消费者手中所经历的转手次数，也即中间商层次的多少。每个在推动产品及其所有权向最终消费者转移的过程中承担一定职能的中间商是一个渠道层次。国际市场中的营销渠道往往要经过国与国之间的流转过程，因此其营销渠道的长度通常长于国内市场营销渠道。国际市场营销渠道通常包括出口国内的营销渠道、出口国与进口国之间的营销渠道以及进口国内的营销渠道三个环节。生产者在选择营销渠道时，最需要考虑的是渠道整体的有效性，即要考虑商品到达最终消费者手中的全过程，而不能仅仅考虑其中的某一个环节。国际市场营销渠道可以分为直接营销渠道和间接营销渠道。

第一，直接营销渠道（Direct Marketing Channel）。它是指产品直接从生产企业流转至国外最终消费者，在这个过程中不经过任何中间商，是最短的营销渠道，只有两个层次。直接营销渠道是大型或贵重产品以及技术复杂、需要提供专门服务的产品销售采取的主要渠道。主要适用于专门化程度较高的产品，甚至是定制的产品，用于满足个别客户的特定用途。这类产品通常购买批量较大，对售后服务的要求较高，所以采取直接营销渠道更为经济、方便，且有利于降低成本费用，提高服务质量。直接营销渠道主要包括直接订货、直接推销、自设出口部或国外分支机构进行销售、参加国际产品销售集会等多种方式。

第二，间接营销渠道（Indirect Marketing Channel）。它是指产品借助中间商的工作流转至最终消费者手中的销售渠道，其基本模式为生产者→中间商→消费者。其优势主要在于可以分散、降低生产企业所承担的风险，增加商品销售的覆盖面，以扩大市场、提高企业的市场占有率。劣势主要是加入了很多中间环节，从而导致经营成本的上升。

2. 营销渠道的宽度决策

营销渠道的宽度是指产品在某一层次销售环节中使用的中间商的多少。营销渠道宽度决策主要有以下三种选择：

第一，密集型营销渠道（Intensive Marketing Channel）。它又称为广泛型营销渠道、集约营销渠道，是指消费者在同一渠道层次上使用较多的中间商来销售产品的渠道类型。该渠道通常适用于价格低廉、使用频率高、范围广的产品以及标准化程度较高的产品，如日用品、食物、五金等。使用密集型营销渠道的目的主要是为了扩大产品的销售范围，使更多的消费者有机会接触到产品。

第二，选择型营销渠道（Selective Marketing Channel）。它是指企业在一定时期、特定的市场区域内按照标准选择一定数量的中间商的策略。在产品的销售初期，企业为了扩大市场往往会选择密集型销售渠道，尽可能拓宽销售渠道以扩大产品的销售，当企业的市场份额达到一定的规模后，出于维护产品的声誉、减少费用等目的，会转向选择型营销渠道，对中间商进行筛选，淘汰声誉较差、销售作用较小的中间商。选择型营销渠道的销售渗透力相比密集型营销渠道有所下降，不利于产品的扩大销售，但可以有效提高营销效率，降低效率，此外由于选择了更优质的中间商，有助于维护产品的声誉。

第三，独家营销渠道（Exclusive Marketing Channel）。它是指企业在一定时期、特定的市场区域内只选择一个中间商销售其产品的策略。该渠道模式下的合作双方通常在约定中间商为唯一经销商的同时，还约定经销商不能经营生产企业竞争者的产品，以便控制经销商的业务经营，调动其经营的积极性，进而促进生产企业产品的销售，扩大市场份额。独家营销渠道常见于汽车等产品的销售。

（二）国际市场营销渠道的标准化与差异化决策

1. 国际市场营销渠道的标准化

营销渠道的标准化是指企业在国外市场采用统一的营销模式。企业采用标准化营销模式的主要原因是各国消费者的需求呈现趋同的态势。虽然不同国家或区域的市场具有不同的特性，仍然有越来越多的产品在国际市场上实现了标准化的营销渠道。

营销渠道的标准化策略可以利用营销人员营销效率提高和营销经验累积的经验曲线效应[①]，为企业实现规模经济。但是，标准化的营销渠道在不同的市场上可能会出现"水土不服"的症状，降低营销活动的有效性。

2. 国际市场营销渠道的差异化

营销渠道的差异化是指企业根据不同国家或地区市场的具体情况针对性地设计不同的营销模式。在实务中，营销渠道的差异化策略运用更为广泛，主要因为差异化策略的适应性更强，更能满足不同市场的需求。

四、国际市场营销渠道管理

国际市场处在不断变化过程中，因此国际市场营销渠道的建立并不意味着企业可以一劳永逸。在后续的营销活动开展过程中，企业仍需对国际市场营销渠道进行持续性的管理以提高营销渠道运作的有效性，使其可以不断地适应环境的变化。企业对国际营销渠道的管理可采取激励中间商、定期评估渠道并控制渠道、协调渠道关系、调整渠道等措施，以

---

① 经验曲线效应（The Experience Curve Effect）是个人或组织在执行某种任务中，经验的积累对完成任务的效率所产生的作用。美国波士顿咨询集团公司的亨德森于 1960 年提出。亨德森发现，在许多产业中，单位产品的生产成本与产品的累计生产量之间存在高度相关性，在一定的生产量区间中，随着累计生产量的增加，单位产品的生产成本会以一定的比率逐步降低。这种效应常用单位产品的生产成本与累计生产量（代表经验的积累）的关系曲线来表示。

提高分销渠道的效率。

（一）激励中间商

企业在确定了合适的中间商之后，需要采取一定的措施激励中间商，以调动中间商的积极性，提高中间商对销售企业产品的热情，尽可能地发挥中间商的分销作用。企业对国际中间商的激励方式多种多样，主要包括以下三个方面：

第一，向中间商提供适销的优质产品，为中间商创造良好的销售条件，有利于中间商销售产品，是对中间商最好的激励措施。

第二，向中间商提供全方位的支持与服务。其主要措施包括：①生产企业应主动帮助中间商进行产品的促销宣传，比如加大广告宣传力度、帮助中间商安排产品陈列、展览、产品操作表演等。②提供资金支持。中间商经销产品过程中会出现资金周转紧张、不能立即支付货款的问题，此时向中间商提供付款上的优惠措施就显得非常必要，如允许中间商延期付款或分期付款等。③人员培训的支持。在国际营销过程中，生产企业应帮助中间商培训推销人员、产品维修人员等。④市场信息支持。企业可以进行市场信息的调查，并将市场情报及时通知给中间商，以便中间商恰当地安排销售活动。

第三，向中间商让利。中间商经销产品是为了获利，所以企业可以采取降价、给予价格折扣等措施，使中间商有利可图，以调动中间商的积极性。

（二）定期评估渠道并进行渠道控制

企业应定期对营销渠道进行评估，评估可从两个方面入手。一是对营销渠道系统结构进行评估。可以通过对消费者或用户需要的营销渠道的服务水平、产品在国际市场的覆盖面、促销效果、分销系统费用等方面进行评估，判断营销渠道是否符合市场需求、企业是否达到预期的销售目标、经济效益如何。二是对营销渠道的中间商进行评估。对国际中间商的评估可从中间商的销售额、市场开拓能力、存货管理水平、货款回收状况、向顾客提供的服务水平、与企业的合作态度、对产品的忠诚度等方面做出评估，以便发现营销过程中存在的问题，有利于对中间商进行有效的控制，提高分销渠道的效率。对于中间商的管理和控制，要求生产企业与中间商事先对评估内容和标准达成一致共识，并以协议形式固定下来，以利于生产企业对中间商的评估。通常情况下，在国际营销中获得成功的企业都能够对分销渠道进行较好的评估与控制。

（三）解决渠道冲突并协调渠道关系

营销渠道可能发生的冲突主要有生产企业与中间商的冲突，如双方发生促销费用争议、中间商未按时付款、中间商销售竞争者产品、中间商未执行生产企业的销售政策等，以及企业所使用的中间商之间的冲突，如中间商为了争夺市场而进行价格竞争等。生产企业必须对营销渠道的各种矛盾进行及时恰当的解决，否则将影响企业营销目标的实现。第一，中间商必须正确对待渠道冲突。生产企业与中间商经营产品的目的都是为了获得利润，所以必须客观地照顾到双方利益，从对方的角度考虑问题，才有利于解决矛盾。第二，生产企业与中间商要加强沟通。许多矛盾是由于沟通不利造成的，保证双方信息沟通及时、通畅，可以避免许多不必要的冲突。第三，双方必须协商制定经营活动目标和计划，使双方的营销活动有遵循的依据，便于企业进行渠道评估和控制。

（四）调整渠道

根据对营销渠道成员的评估结果、企业的营销目标、消费者购买模式的变化、市场的逐步扩大等因素，需要适时地对营销渠道进行调整。企业对营销渠道的调整方式主要有三种：①增加或减少个别渠道的中间商。对于某些不能很好地完成既定的销售计划、不积极合作、效率低下的国外中间商，应中止与其的业务关系。根据业务发展的需要，通过认真评估，吸收业绩良好、市场形象好的国际中间商加入分销渠道。②增加或减少某一营销渠道。除了对分销渠道的个别中间商进行调整外，有时企业还必须增加一些营销渠道或者撤销一些老渠道以适应环境的变化。③调整整个营销渠道，即建立一个新的营销渠道系统，如汽车生产企业要中止和所有经销商的关系，转而建立能完全被自己控制的自销系统。更换中间商是一个相当复杂的工作，有时企业必须花费很长时间并付出很高代价。是否需要更换中间商企业一定要权衡利弊得失，然后再做出决定。

第四节　国际市场定价策略

一、国际市场定价依据

产品价格由多种因素共同作用而产生，这也就直接导致了企业定价的困难程度，而当企业将经营的范围扩展到国际市场时，所面临的环境将会更为复杂，所需要考虑的因素也会继续增多，进一步增加定价的复杂性。企业进行国际市场定价所需要考虑的因素主要包括：

（一）企业的定价策略目标

产品的定价策略是企业营销战略执行的一个重要手段，因此策略目标也是企业在进行产品定价过程中的重要考虑因素之一。不同企业、处于不同阶段的同一企业在面对不同的市场环境时，也会有不同的定价策略目标。企业的定价策略目标主要包括以下几点：

1. 维持生存

当企业处在激烈的竞争环境或者自身经营状况不佳时，往往会将维持生存作为定价策略执行的目标。在这样的情况下，企业通常偏向于制定较低的价格，从而促进产品的销售。

2. 利润最大化

利润最大化取决于合理的价格所推动的销售规模，因而追求最大利润的定价目标并不意味着企业要制定最高单价。最大利润有长期和短期、全部产品和单一产品之分。一般而言，利润最大化是指长期的全部产品利润最大化，但不排除在某些特定时期，企业会对产品实行最高定价以实现短期利润最大化。当企业经营多种产品时，也可以将多种产品进行组合定价，牺牲某种产品的较高单位利润以获取产品组合整体的利润最大化。

3. 提高市场份额

较高的市场份额可以保证企业产品的销路，因此市场份额对于企业来说有着非同寻常的意义，它往往决定了一家公司长期的竞争力，关系到企业的兴衰存亡。

（二）成本因素

企业在生产经营中必然会产生一定的资源耗费和费用开支，从长期来看，企业作为一个持续经营的主体，其产品价格必须高于所耗费的成本，从而使其资源耗费和费用开支从产品销售中得到补偿，因此，产品的成本因素是决定产品价格的最重要的变量，是企业必须考虑的关键性因素。

在国际市场中，因产品销往的国家、地区不同，其成本的组成也会有所不同，主要的产品成本通常包括：

1. 生产成本

生产成本主要包括产品的制造成本和期间费用，其中产品的制造成本包括原材料、人工、燃料与动力、包装物等，期间费用则包括管理费用、财务费用和销售费用。需要注意的是，此处的生产成本是一个广义的概念，是指企业生产出产品的各项耗费，包括公司运营管理成本、融资发生的费用等，而非会计上的生产成本的概念。

2. 运输成本

国际市场的产品销售相比于国内销售，货物所需经历的运输路程会更长，运输环节也会更多，这意味着企业的运输成本会有大幅的上升。国际贸易中产品最主要的定价方法包括成本（FOB）、成本和运费（CFR）和成本、运费以及保险费（CIF），当采用 CFR 和 CIF 时，产品的运输成本由卖方所承担，因此卖方必须将运输成本考虑在产品价格中。

3. 国际市场营销渠道成本

在国际市场中，营销渠道起着非常关键的作用，而营销渠道的构建与维护会产生巨大的耗费，当企业的目标市场范围较大、销售网络较为复杂时尤为如此，所以这也是企业在进行考虑成本因素进行产品定价时不能忽视的部分。

4. 税收成本

相比于在国内市场销售，国际市场销售中生产企业所需承担的税负会更多，因为在产品的国际流转中会涉及到一系列产品出入境时所发生的税种，这其中最主要的就是关税。关税（Customs Duties，Tariff）是商品从一国进入另一国时所需承担的一种税种，其目的主要是限制外国产品的进口，保护国内产业的发展。除关税以外，还会涉及诸如消费税、增值税等一些其他的税种，这些税收会给出口企业带来较为沉重的负担，因此出口企业必须在产品定价环节将税收成本考虑在内。

5. 金融风险成本

金融风险成本主要是指金融市场的变动导致企业承担的一些风险成本，包括汇率风险、通货膨胀风险等。汇率风险是指货币的汇率出现波动给企业带来的不确定性，1971年布雷顿森林体系破裂，世界各主要国家相继施行了浮动汇率制度，全球汇率市场波动逐渐加大，给企业带来了很多的不确定性，例如，企业销售货物约定未来的某个时点以买方本位币进行结算，若在结算时点出口企业的本国货币出现升值，则无疑给企业带来一笔额外的收入；若出现贬值，则会给企业带来一定损失。除此之外，货币的升值或贬值都会对企业的出口贸易产生一定的影响，本币贬值往往能促进企业的出口，相反则会对出口产生抑制作用。

（三）市场供求状况

产品的供给指的是在一定价格水平下，产品的所有生产者和所有者愿意提供且有能力提供的产品的数量；产品的需求指的是在一定的价格水平下，消费者愿意购买且有能力购买的产品的数量。

一般而言，在供求平衡条件下国际市场价格的制定主要依据国际价值或国际市场价格，但由于多种因素的共同作用，市场的供给与需求往往会出现波动，进而导致供求的失衡，产品的价格也会出现上下起伏。因此，企业在进行产品定价时，应综合分析现在和未来一段时间内市场的供求状况。

（四）市场竞争状况

企业在进行产品定价时，必须考虑企业产品在国际市场上的价格竞争力，这决定了其产品定价与同类产品竞争者制定价格之间的高低关系。竞争因素对国际营销定价的影响，取决于目标市场的竞争状况。目前国际市场根据竞争状况的不同，可以大致分为完全竞争市场、不完全竞争市场和完全垄断市场。

（五）政府干预

政府干预通常是指国家政府为了实现一定的政策目标所采取的行政或经济手段。在国际市场中，政府干预对商品价格水平有着重要的影响。政府对市场价格的干预主要包括价格管制、价格补贴等，最典型的就是对产品实行最高、最低限价。企业在进行定价时必须充分考虑政府对于市场的干预，只有这样才能制定出更合理的产品价格。

二、国际市场定价方法

在影响产品价格的因素中，最主要的是成本、需求和竞争三个因素，因此企业的产品定价通常是围绕这三个因素展开。相应的，产品的定价方法大体上可以分为成本导向定价法、需求导向定价法和竞争导向定价法。

（一）成本导向定价法

成本导向定价法（Cost Oriented Pricing Method）是一种主要以成本为依据的定价方法，包括成本加成定价法、增量分析定价法和目标定价法。

1. 成本加成定价法

成本加成定价法（Cost – plus Pricing）是将产品单位成本加上一定百分比的加成作为产品的销售价格的定价方法，加成百分比的含义是一定的利润率。成本加成定价法的价格计算公式为：

$$P = C(1 + R)$$

其中，P 为产品的价格，C 为产品的成本，R 为成本加成率。

成本加成定价法中的成本是广义上的成本概念，而非会计核算中的成本，它包括了许多由卖方所承担的国际营销所特有的成本项目，如关税、保险费、运输费等。

使用成本加成定价法最关键的环节在于成本加成率 R 的确定。一般来说，加成率的大小与商品的需求弹性和企业的盈利预期有关。需求弹性大的商品适合薄利多销，加成率较低；需求弹性小的商品，加成率较高。

成本加成定价法的优点主要有：成本是一个相对确定的概念，跟需求、竞争等因素相比不确定性更低，可以大大简化企业定价的过程，降低操作难度；采用成本加成定价法确定价格，可以保证单位产品是盈利的，只要产品能够卖出，就可以为企业带来经济利益；此外，成本加成定价法的推行可以有效降低竞争程度，使市场更接近于完全竞争，这对于整个产业来说都有好处。

成本加成定价法也有一定的缺点：它忽略了需求、竞争对于市场价格的影响，在一定程度上会降低企业的定价灵活性。此外，选择成本加成定价法不利于有效使用产品定价这一重要的产品营销策略。

2. 增量分析定价法

增量分析定价法（Incremental Analysis in Pricing）主要是分析企业接受新订单产品的定价策略。增量利润等于接受新订单引起的增量收入减去增量成本，当增量利润大于零也即增量收入大于增量成本，则该价格就是可接受的价格。成本加成定价法与增量分析定价法都是以成本为基础进行定价，区别在于增量分析定价法以增量成本为基础，而成本加成定价法以全部成本为基础。

3. 目标定价法

目标定价法（Target Pricing）是指企业根据一段时期内的经营目标和预期销售量来制定价格的方法。这一方法的主要缺陷在于割裂了价格与销售量之间相互影响的关系。

（二）需求导向定价法

需求导向定价法（Demand Oriented Pricing Method）是以市场需求情况和消费者偏好为主要依据的定价方法，包括认知价值定价法和反向定价法。

1. 认知价值定价法

认知价值定价法（Perceived – value Pricing）是根据消费者对产品的认知价值制定价格的方法。目前，越来越多的企业已经开始把它们的价格建立在消费者对产品的认知价值上，因为随着科技的迅速发展，生产力得到了大幅度的提高，许多产品定价的关键，不再只是单纯地去考虑卖方的成本，还要注重买方对所需产品的价值认知程度。

认知价值定价法的关键是要正确地估计消费者的认知价值。如果估计过高，会导致定价过高，影响产品的销售；如果估计过低，会导致定价过低，产品虽然卖出去了，却不能达到定价绩效的目标，同时也会导致消费者对产品产生失望的情绪。

运用认知价值定价法一定注意要把自己的产品和竞争者的产品进行比较，准确地确定市场对产品的认知。所以在确定产品的认知价值时，有必要进行市场调研。认知价值定价法一般在企业推出新产品或进入新市场时采用。例如，企业以计划好的质量和价格为一特定的目标市场提供一种新产品概念时，首先估计消费者对该产品的接受程度，预测这一价格水平下产品的销售量，并据此估算必需的工厂生产能力、投资额和单位产品成本；然后，综合所有情况和数据，测算这种产品的赢利水平，如果盈利令人满意，企业就投资开发此产品，否则，就放弃开发。

2. 反向定价法

反向定价法（Reverse Pricing）是指企业依据消费者所愿意支付的最终销售价格计算

出经营的成本和利润后，反向推算出产品的批发价格和零售价。

其计算公式为：

出厂价格＝市场可销零售价格×（1－批零差价率）×（1－进销差率）

采用反向定价法的关键在于如何正确测定市场可销零售价格水平。测定的标准主要有：①产品的市场供求情况及其变动趋势；②产品的需求函数和需求价格弹性；③消费者愿意接受的价格水平；④与同类产品的比价关系。其测定的方法有：①主观评估法。由企业内部有关人员参考市场上的同类产品，比质比价，结合考虑市场供求趋势，对产品的市场销售价格进行评估确定。②客观评估法。由企业外部的有关部门和消费者代表，对产品的性能、效用、寿命等方面进行评议、鉴定和估价。③实销评估法。以一种或几种不同价格在不同消费对象或区域进行实地销售，并采用上门征询、问卷调查、举行座谈会等形式，全面征求消费者的意见，然后判明试销价格的可行性。

由于反向定价法不以实际成本为依据，而是以市场的需求为出发点。所以，采用这一定价法时，需要对产品的市场容量和商品的价格弹性有一个大体的估计，并且企业的目标利润是确定的，这才能确保反向定价在实践上可以完成。在实务中，企业可以以目标市场的预计零售价为基础，扣除掉各层中间商的利润、关税、运费、保险费等各个环节的成本和利润，得出企业的出厂价格即 FOB 价格。根据所得出的 FOB 价格，企业可以对该出口机会进行评估，如果 FOB 价格高于生产成本，则可以销售；反之若低于生产成本，那么生产该产品会给企业带来亏损，所以不应该出口。

（三）竞争导向定价法

竞争导向定价法（Competition Oriented Pricing）是企业通过研究竞争对手的生产条件、服务质量、产品价格、营销模式等因素，依据自身与竞争对手的相对竞争水平，参照生产成本和市场供求状况来确定产品价格的定价方法。竞争导向定价法主要包括：

1. 通行价格定价法

通行价格定价法（Going - rate Pricing）又称为随行就市定价法、现行费率定价法，是指企业按照行业的现行平均价格水平进行产品定价，也就是定价是使零售店商品的价格与竞争者商品的平均价格保持一致。这种定价法的目的是：①平均价格水平在人们观念中常被认为是"合理价格"，易为消费者接受；②试图与竞争者和平相处，避免激烈竞争产生的风险；③一般能为零售店带来合理、适度的盈利。

这种定价方法通常适用于企业难以准确计算成本、行业竞争化程度较高、企业采取较为和谐的竞争策略的商品等情况。如大米、面粉、食油以及某些日常用品的价格确定。在完全寡头垄断竞争条件下也很普遍。

2. 投标定价法

产品的购买者需要购买较大数量或较大金额的产品时，通常会选择在报刊、媒体上发布广告或者发函说明将要采购的商品品种、数量等具体要求，邀请供应商参与竞标。投标定价法（Sealed - Bid Pricing）是由买方公开招标、卖方竞争投标、一次性密封递价、到期当众开标的定价方法。其步骤如下：

第一步，招标。招标是由招标者发出公告，征集投标者的活动。在招标阶段，招标者要完成下列工作：①制定招标书。招标书也称招标文书，是招标人对招标项目成交所提出的全部约束条件。包括：招标项目名称、数量，质量要求与工期，开标方式与期限，合同条款与格式等。②确定底标。底标是招标者自行测标的愿意成交的限额，它是评价是否中标的极为重要的依据。底标一般有两种：一是明标，它是招标者事先公布的底标，供投标者报价时参考；二是暗标，它是招标者在公证人监督下密封保存，开标时方可当众启封的底标。

第二步，投标。由投标者根据招标书规定提出具有竞争性报价的标书送交招标者，标书一经递送就要承担中标后应尽的职责。在投标中，报价、中标、预期利润三者之间有一定的联系。一般来讲，报价高，利润大，但中标概率低；报价低，预期利润小，但中标概率高。所以，报价既要考虑企业的目标利润，也要结合竞争状况考虑中标概率。

第三步，开标。招标者在规定时间内召集所有投标者，将报价信函当场启封，选择其中最有利的一家或几家中标者进行交易，并签订合同。

投标定价法通常用于建筑工程项目、大型设备制造和政府大宗采购。在投标过程中，卖方不会低于自己的成本报价，但由于担心失去订单也不会过高定价，因而通常以成本加上一个合理的期望利润进行报价。

三、国际市场定价策略

（一）新产品定价策略

新产品定价是企业定价的一个重要方面。新产品定价合理与否，不仅关系到新产品能否顺利地进入市场、占领市场、取得较好的经济效益，而且关系到产品本身的命运和企业的前途。新产品定价策略主要包括撇脂定价法和渗透定价法。

1. 撇脂定价法

撇脂定价法（Market-skimming Pricing）也叫撇油定价策略，是指企业针对消费者不同的消费层次，在产品刚投放国际市场时，制定出远远高于成本的价格，使企业在短期内尽可能获取最大利润，尽快回收投资，减少投资风险，以后再根据市场情况的变化，逐步降低价格。这种定价方法类似于从牛奶中撇除奶油而得名，尤其适用于缺乏需求弹性的商品。

采取这种定价策略必须具备以下条件：①产品功能独特品质精良，即使价格昂贵，特定的消费阶层仍有足够的需求；②市场上存在一批购买力很强，并且对价格不敏感的消费者，且这样的一批消费者的数量足够多，企业有厚利可图；③市场上暂时没有竞争对手推出同样的产品，本企业的产品具有明显的差别化优势；④当有竞争对手加入时，本企业有能力转换定价方法，通过提高性价比来提高竞争力；⑤本企业的品牌在市场上有传统的影响力。在实践中，一些高技术产品和新型高档消费品，特别是生命周期短的产品多采用此种策略。例如定位高端的智能手机、瑞士的雷达表，在国际市场上都采用这种定价策略。

撇脂定价法的优点在于：利用高价产生的厚利，使企业能够在新产品上市之初，即能迅速收回投资，减少了投资风险；在全新产品或换代新产品上市之初，顾客对其尚无理性的认识，此时的购买动机多属于求新求奇。利用这一心理，企业通过制定较高的价格，以提高产品身份，创造高价、优质、名牌的印象；先制定较高的价格，在其新产品进入成熟期后可以拥有较大的调价余地，不仅可以通过逐步降价保持企业的竞争力，而且可以从现有的目标市场上吸引潜在需求者，甚至可以争取到低收入阶层和对价格比较敏感的顾客；在新产品开发之初，由于资金、技术、资源、人力等条件的限制，企业很难以现有的规模满足所有的需求，利用高价可以限制需求的过快增长，缓解产品供不应求状况，并且可以利用高价获取的高额利润进行投资，逐步扩大生产规模，使之与需求状况相适应。这种定价法的不足之处也比较明显：高价产品的需求规模毕竟有限，过高的价格不利于市场开拓、增加销量，也不利于占领和稳定市场，容易导致新产品开发失败；高价高利会导致竞争者的大量涌入，仿制品、替代品迅速出现，从而迫使价格急剧下降。此时若无其他有效策略相配合，则企业苦心营造的高价优质形象可能会受到损害，失去一部分消费者；价格远远高于价值，在某种程度上损害了消费者利益，容易招致公众的反对和消费者抵制，甚至会被当作暴利来加以取缔，诱发公共关系问题。

从根本上看，撇脂定价法是一种追求短期利润最大化的定价策略，若处置不当，则会影响企业的长期发展。因此，在实践当中，特别是在消费者日益成熟、购买行为日趋理性的今天，采用这一定价策略必须谨慎。

2. 渗透定价法

渗透定价（Penetration Price）策略是在产品进入国际市场初期时以微利、保本的低价或略低于竞争对手的价格推出商品，尽可能吸引最多的消费者的营销策略。价格的高低与产品周期相关。它是以一个较低的产品价格打入市场，目的是在短期内刺激市场需求量，使产品迅速打开销路，提高市场占有率，牺牲高毛利以期获得较高的销售量及市场占有率，进而产生显著的成本经济效益，使成本和价格得以不断降低。渗透价格并不意味着绝对的便宜，而是相对于价值来讲比较低而已。

渗透定价策略的优势表现在：新产品能迅速占领市场，并借助大批量销售来降低成本，获得长期稳定的市场地位；微利阻止了竞争者进入，可增强了企业的市场竞争能力；低价策略，促进消费需求。其劣势主要是利润微薄和降低企业优质产品的形象。

渗透定价策略是在国际市场营销活动中许多企业普遍采用的定价策略，这种定价策略放眼未来，旨在长期占领市场获取长远利益，适用于市场规模大、竞争比较激烈、缺乏竞争优势的大众化消费品。如日本第一家将家用电器打入中国的三洋公司，以几十元人民币的低价在中国销售学生用的录放机，当人们购买了产品时，也熟悉了三洋的品牌。这种低价录放机为随之打入中国的中高档电器起了向导的作用。但运用这种策略时，必须事先了解当地政府对产品价格或销售量的有关规定，以免招致"反倾销"的诉讼或其他制裁。

（二）心理定价策略

心理定价策略（Psychological Pricing Strategy）是指企业在定价时考虑消费者购买商品时的心理，有意地对产品价格进行调节，以刺激消费者购买欲望来扩大市场销量的定价方法。心理定价策略主要包括尾数定价策略、声望定价策略、招徕定价策略等。

1. 尾数定价策略

尾数定价策略（Mantissa Pricing）是指在确定零售价格时，利用消费者求廉的心理，制定非整数价格，以零头数结尾，使用户在心理上有一种便宜的感觉，或是按照风俗习惯的要求，价格尾数取吉利数字，从而激起消费者的购买欲望，促进商品销售。

利用"尾数定价"，可以使消费者产生特殊的心理效应：首先是感觉便宜。标价99.95 元的商品和 100.05 元的商品，虽仅相差 0.1 元，但前者给购买者的感觉是还不到100 元，后者却使人认为 100 多元，因此前者给消费者一种价格偏低、商品便宜的感觉，使之易于接受。其次是精确。带有尾数的定价可以使消费者认为商品定价是非常认真、精确的，连几角几分都算得清清楚楚，进而产生一种信任感。最后是中意。由于民族习惯、社会风俗、文化传统和价值观念的影响，某些特殊数字常常会被赋予一些独特的含义，企业在定价时如果能加以巧用，其产品就会因之而得到消费者的偏爱。例如，"8"字作为价格尾数在我国南方和港澳地区比较流行，人们认为"8"即"发"，有吉祥如意的意味，因此企业经常采用。又如"4"及西方国家的"13"被人们视为不吉利，因此企业在定价时应有意识地避开，以免引起消费者对企业产品的反感。

目前这种定价策略已被商家广泛应用，从国外的家乐福、宜家、沃尔玛到国内的华联、大型百货商场等，从生活日用品到家电、汽车都采用尾数定价策略。以中低收入群体为目标顾客、经营日常用品的商家适合采用尾数定价策略，而以中高收入群体为目标顾客、经营高档消费品的大商场与大百货不适合采用尾数定价法，而应该用其他定价策略，如声望定价策略等。

2. 声望定价策略

声望定价策略（Prestige Pricing）是指企业利用消费者仰慕品牌和追求名牌的心理，有意地将产品的价格制定得比市场上同类产品的平均价格更高的一种定价策略。在市场上有许多商品在消费者心中有极高的声望，如名牌工艺品、名牌高级轿车等，消费者购买这些商品，目的在于通过消费此类产品获得极大的心理满足。他们重视的是商品的商标、品牌及价格是否能炫耀其"豪华"，重视商品能否显示他们的身份和地位。因此，可以按照消费者对这类商品的期望价值，制定出高于其他同类产品几倍甚至十几倍的声望价格。这样既可以满足消费者的心理需要，又能增加企业盈利，促进销售。

声望定价即针对消费者价高质优的心理，对在消费者心目中享有一定声望、具有较高信誉的产品制定高价。不少高级名牌产品和稀缺产品，如豪华轿车、高档手表、名牌时装等，在消费者心目中享有极高的声望价值。购买这些产品的人，往往不在乎产品，而最关心的是产品能否显示其身份和地位，价格越高则心理满足的程度也就越大。

声望定价法是一种有意识地给商品定高昂价格以提高商品地位的定价方法。"借声望定高价，以高价扬声望"是该定价方法的基本要领，这种定价方法，主要抓住了消费者崇尚名牌的心理。该定价方法主要有两种目的：第一能提高产品形象，第二能满足某些消费者对地位和自我价值的欲望。采用声望定价策略可以消除消费者对产品质量的顾虑，提高消费者对产品的信赖程度，还可以有效利用消费者的虚荣心，使其心理得到满足，从而促进产品的销售。

3. 招徕定价策略

招徕定价策略（Soliciting Pricing Strategy）是指企业利用消费者对低价商品的兴趣，有意将某种产品的价格降到市价以下，甚至低于成本，以招徕顾客，增加对其他产品的连带性购买，以达到扩大销售目的的定价策略。采用招徕定价策略应注意：①用来招徕顾客的"特价品"应是消费者常用的,最好是适合于每一个家庭应用的物品,否则没有吸引力。②用来招徕定价的"特价品",经营的品种要多,以便使顾客有较多的选购机会。③"特价品"的降价幅度要大,一般应接近于成本或者低于成本。只有这样,才能引起消费者的注意和兴趣,才能激起消费者的购买动机。④"特价品"的数量要适当,太多商店亏损太大,太少容易引起消费者的反感。⑤"特价品"应与因伤残而削价的商品明显区别开来。

用于执行招徕定价策略的产品很可能会不盈利甚至亏损,但由于该产品促进了其他产品的销售,所以总的经济效益是增加的。

（三）差别定价策略

差别定价策略（Differential Pricing Strategy）是指企业以两种或两种以上不同的价格来销售一种产品或服务,从而满足不同消费层次消费者要求而构建的价格结构。差别定价策略主要包括以下几种形式:

1. 顾客细分定价

顾客细分定价（Customer Segmentation Pricing）是指企业将所有的顾客按照一定的标准进行细分,对属于不同细分市场的顾客分别制定不同的价格的一种定价策略,例如,公园、旅游景点、博物馆将顾客分为学生、年长者和一般顾客,对学生和年长者收取较低的费用;铁路公司对学生、军人售票的价格往往低于一般乘客;自来水公司根据需要把用水分为生活用水、生产用水,并收取不同的费用;供电公司将用电分为居民、商业和工业用电,对不同的用电收取不同的电费。实务中,顾客细分定价有几种形式:①同一种产品和服务对不同的顾客定不同的价格;②不同的产品形式,制定不同的价格,但价格的差异不是基于成本的差异;③不同的地理位置制定不同的价格,即使成本一样;④根据季节的不同、月份的不同、日期的不同甚至时刻的不同定不同的价格。

顾客细分定价要取得成功,必须满足以下三个条件:①市场要可细分,同时不同的细分市场要显示出需求的差别;②不会出现转售的情况,竞争对手不会以更低的价格出售,细分市场带来的成本要低于差别定价带来的收益,而且差别定价活动要合法;③细分定价要真正能体现消费者感知价值的差异。

顾客细分定价策略通常适用于以下情况:①产品在不同细分市场上具有不同程度的价值;②产品或服务可略作改变,以适应细分市场的不同需要;③不同的细分市场之间不存在竞争。

2. 产品形式差别定价

产品形式差别定价（Product Form Pricing）是指企业按产品的不同型号、不同样式,制定不同的价格,但不同型号或样式的产品其价格之间的差额和成本之间的差额是不成比例的。例如对产品进行深加工后,所增加的售价相对于追加成本的比例高于深加工之前售价与成本的比例,这样的定价模式提高了产品的附加值。比如:165cm 彩电比 140cm 彩电的价格高出一大截,可其成本差额远没有这么大;一件裙子售价 170 元,成本 120 元,可是在裙子上绣一组花,追加成本 15 元,但售价却可定到 299 元。

3. 形象差别定价

有些企业根据形象差别对同一产品制定不同的价格。这时,企业可以对同一产品使用不同的包装或采取不同的商标、品牌，塑造不同的产品形象，以此来消除或缩小消费者认识到不同细分市场上的商品实质上是同一商品的信息来源。形象差别定价（Image Differential Pricing）就是指根据产品形象差别对同一产品制定不同价格的定价方法。如香水商可将香水加入一只普通瓶中，赋予某一品牌和形象，售价为 188 元；而同时用更华丽的瓶子装入同样的香水，赋予不同的名称、品牌和形象，定价为 888 元。或者用不同的销售渠道、销售环境来实施这种差别定价。如某商品在廉价商店低价销售，但同样的商品在豪华的精品店可高价销售，辅以针对个人的服务和良好的售货环境。

4. 地区差别定价

地区差别定价（Location Differential Pricing）是指企业对处于不同地点或不同场所的产品和服务制定不同的价格的定价策略，即使每个地点的产品或服务的成本是相同的。例如剧院不同座位的成本费用都一样，却按不同的座位收取不同价格，因为公众对不同座位的偏好不同；火车卧铺从上铺到中铺、下铺，价格逐渐增高。再比如，旅游地由于吸引物的不同，有世界级的自然文化遗产，如黄龙—九寨沟、湖北神农架；有国家级风景名胜区，如杭州的西湖、四川的西岭雪山；也有地方旅游景点。不同等级的旅游地对游客的吸引力和辐射范围是不同的。反映在旅游景点上，有热点景区与温点景区之分。在旅游交通定价上，产生了不同线路、不同需求，同样可以实行差别定价。如对于需求量大的热点景区，飞机票、火车票价格可以定得高些；而温点景区需求较低，价格可以偏低。同样，在旅游线路组织上，也可以因地而异，旅行社同样可以实行地点差别定价。

5. 时间差别定价

时间差别定价（Time Difference Pricing）是指企业对于不同季节、不同时期甚至不同钟点的同一产品或服务分别制定不同价格的定价策略。例如一些公用事业公司，对于用户按一天的不同时间、周末和平常日子的不同标准来收费；长途电信公司制定的晚上、清晨的电话费用可能只有白天的一半；航空公司或旅游公司以及旅游景点在淡季的价格便宜，而旺季一到价格立即上涨。此外，电影院晚场和白天定价不同；月饼在中秋节前后价格迥然不同。这样可以促使消费需求均匀化，避免企业资源的闲置或超负荷运转。

（四）折扣定价策略

折扣定价策略（Discount Pricing Strategy）是指企业对基本价格作出一定的让步，直接或间接降低价格，以争取顾客，扩大销量。其中，直接折扣的形式有数量折扣、现金折扣、功能折扣、季节折扣，间接折扣的形式有回扣和津贴。

1. 数量折扣

数量折扣（Quantity Discounts）是指按顾客购买数量的多少分别给予不同的折扣，购买数量越多折扣越大。其目的是鼓励购买者大量购买或集中向本企业购买。数量折扣包括累计数量折扣和一次性数量折扣两种形式。

累计数量折扣规定顾客在一定时间内，购买商品若达到一定数量或金额，则按其总量给予一定折扣。其目的是鼓励顾客经常向本企业购买，成为可信赖的长期客户。这种折扣的难点在于合理确定给予折扣的起点、折扣档次及每个档次的折扣率。比如，企业规定购买某产品数量累计达到 100 套，价格折扣 3%；达到 200 套，折扣 5%；超过 300 套，折扣 7%。累计数量折扣有利于稳定顾客，鼓励顾客经常购买、长期购买。这种折扣特别适用于长期交易的商品、大批量销售的商品，以及需求相对比较稳定的商品。

一次性数量折扣又称"非累计性数量折扣"，是对一次购买超过规定数量或金额给予的价格优惠，目的在于鼓励顾客增大每份订单购买量，促进产品多销、快销。

数量折扣的促销作用非常明显，企业因单位产品利润减少而产生的损失完全可以从销量的增加中得到补偿。此外，销售速度的加快，使企业资金周转次数增加，流通费用下降，产品成本降低，从而使得企业总盈利水平上升。运用数量折扣策略的关键是如何确定合适的折扣标准和折扣比例。如果享受折扣的数量标准定得太高，比例太低，则只有很少的顾客才能获得优待，绝大多数顾客将感到失望；购买数量标准过低，比例不合理，又起不到鼓励顾客购买和促进企业销售的作用。因此，企业应结合产品特点、销售目标、成本水平、企业资金利润率、需求规模、购买频率、竞争者手段以及传统的商业惯例等因素来制定科学的折扣标准和比例。

2. 现金折扣

现金折扣（Cash Discounts）是对在规定的时间内提前付款或用现金付款者所给予的一种价格折扣，其目的是鼓励购买者快速支付他们的账单，加速资金周转，降低销售费用，减少财务风险。采用现金折扣一般要考虑三个因素：折扣比例、给予折扣的时间限制及付清全部货款的期限。在西方国家，典型的付款期限折扣表示为"3/20，Net 60"。其含义是在成交后 20 天内付款，购买者能够从发票面值中得到 3% 的折扣，超过 20 天，在 60 天内付款不予折扣，超过 60 天付款要加付利息。

由于现金折扣的前提是商品的销售方式为赊销或分期付款，因此，有些企业采用附加风险费用、管理费用的方式，以避免可能发生的经营风险。同时，为了扩大销售，分期付款条件下买者支付的货款总额不宜高于现款交易价太多，否则就起不到"折扣"促销的效果。

提供现金折扣等于降低价格，所以企业在运用这种手段时要考虑商品是否有足够的需求弹性，保证通过需求量的增加使企业获得足够利润。此外，由于我国的许多企业和消费者对现金折扣还不熟悉，运用这种手段的企业必须结合宣传手段，使购买者更清楚自己将得到的好处。

3. 功能折扣

功能折扣（Functional Discounts）是指中间商为企业进行广告宣传、展销、橱窗布置等推广活动，企业在价格上给予批发企业和零售企业的折扣。也就是说，对于一个企业，批发商的销售功能相对比零售商的销售功能大，因这种功能大小给予不同的折扣，称为功能折扣。

对生产性用户的价格折扣也属于一种功能折扣。功能折扣的比例，主要考虑中间商在分销渠道中的地位、对生产企业产品销售的重要性、购买批量、完成的促销功能、承担的风险、服务水平、履行的商业责任，以及产品在分销中所经历的层次和在市场上的最终售价等。功能折扣的结果是形成购销差价和批零差价。

鼓励中间商大批量订货，扩大销售，争取顾客，并与生产企业建立长期、稳定、良好的合作关系是实行功能折扣的一个主要目标。功能折扣的另一个目的是对中间商经营的有关产品的成本和费用进行补偿，并让中间商有一定的盈利。

4. 季节折扣

季节折扣（Seasonal Discounts）也称季节差价，一般适用于有明显的淡旺季的商品以及服务行业，是指卖方为鼓励买方在淡季购买而给予的折扣，目的在于鼓励淡季购买，减轻仓储压力，利于均衡生产。例如，啤酒生产厂家对在冬季进货的商业单位给予大幅度让利；羽绒服生产企业则为夏季购买其产品的客户提供折扣；电话公司为电话负荷少的晚上时间的电话提供一种折扣；一些旅游组织，像滑雪度假胜地，当参加者不同程度地减少时，给出较低的价格。

季节折扣与采购数量、采购者无关，只是鼓励买方在旺季之前订货，使生意淡季不淡。这种折扣比例的确定应考虑成本、储存费用、基价和资金利息等因素。季节折扣有利于减轻库存，加速商品流通，迅速收回资金，促进企业均衡生产，充分发挥生产和销售潜力，避免因季节需求变化所带来的市场风险。但在实际上，是供应商通过季节折扣，将商品储存功能转移给买方，要享受季节折扣，就必须提前购买商品，而这又会使仓储成本增加，因此在决策时要很慎重。

5. 回扣和津贴

回扣（Rake – offrebate）是间接折扣的一种形式，它是指购买者在按价格目录将货款全部付给销售者以后，销售者再按一定比例将货款的一部分返还给购买者。按照《辞海》的解释，"回扣是指卖方从买方支付的商品款项中按一定比例返还给买方的价款"。回扣依据是否采取账外暗中的方式可以简单分为两种，即"账内明示"的回扣、账外暗中的回扣。在《反不正当竞争法》《关于禁止商业贿赂行为的暂行规定》中规定的回扣，都是账外暗中的回扣，也就是商业贿赂的典型行为方式。

津贴（Allowances）是企业为特殊目的、对特殊顾客以特定形式所给予的价格补贴或其他补贴。比如，当中间商为企业产品提供了包括刊登地方性广告、设置样品陈列窗等在内的各种促销活动时，生产企业给予中间商一定数额的资助或补贴。又如，对于进入成熟期的消费者，开展以旧换新业务，将旧货折算成一定的价格，在新产品的价格中扣除，顾客只支付余额，以刺激消费需求，促进产品的更新换代，扩大新一代产品的销售。这也是一种津贴的形式，它具有很强的针对性。

第五节　国际市场促销策略

一、国际市场促销与促销组合策略

（一）国际市场促销

促销（Promotion）是指企业通过人员推销、广告、网络营销、公共关系和营业推广等各种方式向消费者或用户传递有关本企业及产品的各种信息，引起消费者的注意，激发他们的购买欲望和购买兴趣，进而影响他们的购买行为，以达到扩大销售的目的。

促销实质上是一种沟通活动，即营销者（信息提供者或发送者）发出作为刺激消费的各种信息，把信息传递到一个或更多的目标对象（即信息接受者，如听众、观众、读者、消费者或用户等），以影响其态度和行为。

与国内市场相比，国际市场上的竞争形势更为复杂、竞争手段更为多样、竞争环境也更为激烈，这种竞争具体表现在包括产品性能、质量、价格、服务等多个不同方面。当产品各项特性相同或相似时，促销就成了企业在国际市场上经营成败的决定性因素。

（二）促销组合策略

促销组合（Promotion Mix）是指企业根据促销的需要，把人员推销（Personal Selling）、广告宣传（Advertising）、营业推广（Sales Promotion）、公共关系（Public Relation）与网络营销（Network Marketing）等各种基本促销活动组合成一个策略系统，使企业的全部促销活动互相配合、协调一致，最大限度地发挥整体效果，从而顺利实现企业目标。

促销组合体现了现代市场营销理论的核心思想——整体营销。促销组合是一种系统化的整体策略，五种基本促销活动则构成了这一整体策略的五个子系统。每个子系统都包括了一些可变因素，即具体的促销手段或工具，某一因素的改变意味着组合关系的变化，也就意味着一个新的促销策略。企业在市场营销过程中，要根据产品的特点和营销目标，综合考虑各种影响因素，选择最适宜的促销组合。

二、国际市场人员促销

（一）国际市场人员促销的含义及特点

人员促销（Personal Selling）是一种最古老的推销方式，即指由企业派专职或兼职的推销人员直接进入目标市场与可能的购买者（客户）对话，在对话交流过程中给客户普及产品的优点和作用，达到说服客户进行实际购买的推销活动。人员促销在企业产品销售中应用最为广泛，是最直接的促销方式，具有明显的作用。当面的直接交流能够更好地了解客户的需求，以便更好地推广产品，能够快速回答客户的各种疑问，及时解决问题，促进交易尽快达成。人员促销还有利于树立企业的产品服务形象，便于向客户提供售前售后指导。人员促销通过把销售员送入市场，更加直观准确地掌握市场信息，包括市场环境、竞争对手和发展方向状况，能够帮助企业更好地进行产品策略的制定。

销售人员是企业与消费者或客户之间的桥梁，是人员促销战略中最关键的因素。销售人员的质量好坏直接关系到能否打开市场并且进行市场扩张，因此企业需要加强对销售人才的培养力度，建立强大的销售团队。

国际市场人员促销与其他促销方式相比，具有以下优点：

1. 销售的针对性

与客户的直接沟通是人员推销的主要特征。由于是双方直接接触，相互间在态度、气氛、情感等方面都能捕捉和把握，有利于销售人员有针对性地做好沟通工作，推销人员也可以当场对产品进行示范性使用，增加购买者对产品的了解，解除各种疑虑，引导购买欲望。

2. 信息沟通的双向性和快速性

推销人员可以将企业、产品或服务等的信息直接传达给消费者或客户，同时也可以直接地获取对方的需求和对产品的意见与要求，从而获取更多的商业信息，帮助企业对产品和管理各方面进行改进与优化，也有利于企业管理者对企业的经营方针和计划做出合理的决策。

3. 较强的灵活性

推销人员可以根据产品特点、销售对象等不同的因素灵活选择推销方法，以提高销售的可能性，这样可以在很短时间内促成购买，提高效率。

4. 有利于建立长期的业务关系

通过销售人员与消费者的面对面交流和长期的上门销售，可以增进与消费者之间的感情，从而巩固消费者，有利于与消费者建立较为和谐的长期业务关系。

当然，国际市场人员促销也有一些不足之处：①人员促销的费用较高，增加销售成本，不利于企业在市场中开展竞争；②这种促销方式对推销人员要求较高，推销人员的素质与能力直接决定了促销情况的好坏；③人员促销覆盖的范围有限，通常只能选择试点性的推销。

（二）国际市场人员促销的组织模式

一般来说，国际市场人员促销的组织模式主要包括：

1. 地区型

该种促销模式是指企业主要根据地区来选择和安排促销人员。其主要优点在于：①促销人员之间的责任分工明确，便于任务分配、绩效考核、市场统计；②可以有效降低人员交通费用等，从而提高绩效。这种模式适用于地区范围内产品大类较少的企业，否则如果产品种类过多，不利于促销人员促销工作的开展和后续服务的进行。

2. 产品型

该种促销模式是指企业主要根据产品类别来选择和安排促销人员。这种促销模式适用于产品种类较多、产品专业性较强、关联度较低的企业，主要的缺点在于可能会导致市场跨度较大，由此产生的交通、差旅费用较高。

3. 顾客型

该种促销模式是指企业主要根据客户细分来选择和安排促销人员。这种促销模式适用于客户跨度较大、不同客户群体特点鲜明的产品。其优点在于可以因地制宜、对症下药，针对不同客户的喜好进行促销活动，缺点主要在于执行难度较高，对顾客进行细分存在一定的困难。

4. 混合型

该种促销模式是指企业综合采用以上三种人员促销模式来进行促销人员的选择和安排。这种促销模式主要适用于产品较多、业务地区范围较大、客户覆盖面较广的企业。

（三）国际市场人员促销的管理

1. 国际促销人员的招募

国际促销人员的主要来源包括从本国外派至目标市场所在国或地区、从目标市场所在国家或地区招募和从第三方国家或地区招募等三条渠道。

外派本国人员的优点在于促销人员对于产品的了解程度更高，同时企业与促销人员之间的沟通、交流与管理也更为方便，有利于促销人员从目标市场获取有用的市场信息并及时反馈，缺点主要在于存在不能适应目标市场的风险。

从目标市场所在国或地区招募促销人员的优点是可以使产品更好地适应目标市场，从而取得更好的销售情况，缺点是不利于企业对促销人员的管理。

从第三方国家或地区招募促销人员的招募目标主要是促销专家等有特殊才能的人，他们往往具有较为丰富的促销经验和促销能力，但缺点同样是存在不适应目标市场的风险，同时成本也会更高。

2. 国际促销人员的培训

为了保证国际促销人员的促销工作质量，企业通常需要对促销人员进行一定的培训，针对不同的促销人员开展的培训工作侧重点也会有所不同。如果企业采用外派本国人员或者从第三国招募促销人员来从事促销，培训的内容则以目标市场所在国或地区的文化、礼仪、消费者消费习惯等方面为主；如果企业的促销人员是从目标市场所在国或地区选拔而出，则培训的主要内容应为企业的管理文化、销售模式、产品的相关技术资料以及促销人员的责任和奖励机制等方面。

3. 国际促销人员的激励

国际市场促销人员的工作质量直接决定了企业的销售业绩。为了提高促销人员的工作积极性，企业必须实行一定的激励方案。通过各种有效的手段，对员工的各种需要予以不同程度的满足或者限制，以激发员工的需求、动机和欲望，从而使员工形成某一特定目标并在追求这一目标的过程中保持高昂的情绪和持续的积极状态，充分挖掘工作潜力以达到预期目标。

在企业管理中最普遍使用的激励手段通常包括薪酬奖励、职位晋升等。在国际市场中，可能会存在促销人员来自不同国家或地区的情形，员工之间存在较大的文化差异，同样的激励手段所能发挥的效果很可能是不同的。例如美国员工更注重自由与闲暇，所以针对美国员工可以采取奖励假期的方法；相对的，一些不发达国家的员工会注重薪酬奖励，更高的绩效工资往往会取得更好的激励效果。因此企业要全面考虑促销人员的文化背景、价值取向、行为规则等方面，综合采用多种激励手段以求达到最佳的激励效果。

4. 国际促销人员的评估

国际促销人员的评估也是国际市场人员促销策略中的一个重要环节，这是企业进行市场分析、员工奖惩与激励等环节的前提工作。对促销人员进行有效的评估，决定着企业促销策略实行的效果。

企业在进行促销人员的评估时，应考虑市场特点、产品特性和消费者的情况等方面。国际促销人员的评估分为直接推销效果评估和间接推销效果评估两个方面。直接推销效果评估指标包括推销的产品数量、销售额、推销所耗费的成本、新用户增长情况等。间接推销效果评估主要有顾客的满意程度、市场信息反馈情况等指标。

三、国际市场广告促销

（一）国际市场广告促销的含义和特点

广告（Advertise）顾名思义，就是广而告之，即向社会广大公众告知某件事物。广告就其含义来说，有广义和狭义之分。广义广告是指不以营利为目的的广告，如政府公告、政党、宗教、教育、文化、市政、社会团体等方面的启事、声明等。本书的广告是指狭义广告，即为了某种特定的需要，通过一定形式的媒体，并消耗一定的费用，公开而广泛地向公众传递信息，影响公众对产品的认知和态度，进而吸引其购买产品或接受服务、增进销售的宣传手段。

当企业的产品销往国际市场时，广告的范围就从本国延伸至了国际上。国际广告以本国广告发展为母体，通过进入国际市场的广告宣传使出口产品顺利进入国际市场，为产品在国际市场中赢得声誉，从而实现扩大产品销售的目标。

在国际市场上做广告或进行推销活动，其基本规律与国内市场是相似的，一些做法也是通用的。但由于国际市场的环境比较复杂，各个国家的经济发展水平、民族文化习惯不同，消费者对广告所持的态度也各不相同。因此企业在制订国际广告计划时，必须了解各国的具体情况和对广告的不同态度，采取相应的做法和策略。

（二）国际市场广告的标准化和差异化

企业在国际市场上打广告促销时必须面对的一个问题是选择标准化策略还是差异化策略。标准化策略是指企业在国际上的不同国家或地区市场上使用相同的广告进行宣传。而差异化策略则是指企业针对不同国家市场及不同的市场特性，在不同国家或地区市场使用不同的广告进行宣传。

1. 国际市场广告的标准化

国际市场广告的标准化（Standardization of Advertising in the International Market）是指企业将全球市场看作一个整体市场，忽略不同国家或地区之间的文化、价值取向、经济发展水平等方面的差异，在这个整体市场推行内容和主题大致相同的无差异广告的策略。该策略的优点十分明显：①它可以极大地降低企业广告促销活动的成本，提高企业的效益；②可以向全球消费者展示同样的企业与产品形象，增进消费者对企业和产品的认知，更有利于形成品牌效应。但同时该策略也存在一定的缺陷，其中最主要的是没有针对不同市场的特性进行广告设计，存在不能适应目标市场的风险。

2. 国际市场广告的差异化

国际市场广告的差异化（Differentiation of Advertising in the International Market）是指企业针对各国市场的特性，向其传送不同的广告主题和广告信息。由于不同国家、地区存在着不同的政治、经济、文化和法律环境，消费者对产品需求和动机存在一定的差异。因此，根据不同的市场特点，设计不同的广告主题，传递不同的信息，才能更好地迎合不同消费者的需求。该策略的主要优点是适应性和针对性强，可以更有效地吸引消费者从而促进销售。同时，该策略的缺点也较为突出：广告成本较高，会降低企业效益；降低企业对各国广告的控制程度，容易产生矛盾，甚至影响企业形象。

企业在选择并实施国际市场广告标准化或差异化策略时，主要取决于消费者购买产品的动机。如果不同市场的消费者对同一广告做出的反应程度相同或相近，则企业选择标准化策略无疑是更好的；而当不同市场消费者对广告做出反应差别较大甚至相反时，企业就应当选择差异化策略。

（三）国际市场广告的媒体

在国际市场广告促销活动中，媒体的选择是一个关键性的因素，直接决定了广告促销的效果。目前可供选择的传统媒体主要包括电视、互联网、报纸、杂志、广播、电影等。还有一些较为小众的渠道，比如手机短信、微信、邮件、户外广告牌、出租车顶灯等。此外，随着智能手机、移动互联网的发展，逐渐兴起了全新的广告模式，例如微博、微信公众号等。

不同的媒体在可操作性和效果方面存在很大的差异，因此企业在选择国际市场广告媒体时，需要综合考虑各方面的因素，经过一定的权衡之后选出最适合产品的媒体。选择媒体需要考虑的因素主要包括：媒体的知名度和社会影响力、媒体的影响范围、媒体的主要受众、媒体广告的费用、当地政府的监管情况、法律法规等。

（四）国际市场广告的代理

1. 国际市场广告代理机构类型

国际市场广告代理机构分为本国的广告代理商和国外广告代理商。其中，本国的广告代理商包括兼营国际业务的本国代理商和专业国际广告代理商，而国外广告代理商又可以分为当地广告代理商和合作式广告代理商。

2. 国际市场广告代理机构的选择

国际市场广告代理机构的选择需要考虑的因素主要包括：企业与广告公司的理念一致性、广告公司的作业能力、广告公司的经验与过往业绩、广告的规模大小、广告公司的收费标准等。

四、国际市场公共关系

（一）国际市场公共关系的含义

国际市场公共关系（International Market Public Relations）是企业或其他社会组织为了取得在国际市场上社会公众和消费者的支持与信赖，树立企业在国际市场上良好形象，进而促进销售、建立起与消费者和社会之间良好关系而实施的各种活动的总称。

国际市场上更为复杂的竞争环境和更为激烈的竞争状况使国际市场参与者面临着比国内市场更为复杂的公共关系，因此企业必须针对目标市场的社会文化、生活习俗、政府管理风格等方面针对性地开展国际公共关系活动，与目标市场的消费者、政府、员工等多方建立融洽关系，否则会极大地限制产品在目标市场的发展。

国际市场公共关系相对于国内市场，其对象范围更广，包括消费者、政府组织、国内外供应商、国内外进出口商、营销渠道成员、新闻媒体、银行、证券公司或投资银行、保险公司等。此外，还包括与企业的内部员工的公共关系，因为企业在外国的员工管理的难度更高，企业必须根据具体情况进行经营管理，使员工对企业产生更深厚的感情从而提高员工的工作质量和效率。

（二）国际市场公共关系的职能

国际市场公共关系的职能主要包括信息收集、协调关系和形象塑造三个方面。

1. 信息收集

企业在经营过程中会遇到各种各样的问题，这些问题的解决需要市场需求、产品开发、技术方向、竞争者动向、企业形象等各方面的信息，只有获取了充分的信息，管理层才能更好地做出决策。国际市场公共关系是获取相关信息的一个重要手段。

2. 协调关系

企业在国际市场中处于复杂的关系网络中，且这种关系处于持续的发展、变化过程中。由于企业与公众的利益存在差别，势必导致在公共关系中存在大量的矛盾。另外，企业在生产经营过程中，也难免会与公众发生冲突。上述情况一旦发生，必然会导致公众对企业的不满，让企业处在一个不利和被动的环境之中。如果企业对情况认识不足，处理不当，会产生大量的公共关系纠纷，甚至产生信任危机，对企业形象和经济利益、社会利益产生严重的损害。因此，企业必须建立良好的公共关系处理机制，拓宽与社会公众的了解和交流渠道，消除误会、解决矛盾，从而避免社会纠纷。

3. 形象塑造

企业的形象和声誉属于无形资产，对于企业的经营、长期发展有着举足轻重的影响。国内外由于企业形象受损最终导致经营失败、企业破产的例子不胜枚举，因此企业必须对形象的塑造给予足够的关注。形象塑造和维护的一个重要举措就是国际市场公共关系，通过一定的手段建立良好的公共关系，争取舆论支持和公众信任，才能更好地保护企业的形象。

五、国际市场营业推广

（一）国际市场营业推广的含义与特点

1. 国际市场营业推广的含义

国际市场营业推广（International Marketing Promotion）是指除广告宣传、人员推销、公共关系等手段之外，在一个比较大的国际目标市场上，企业为了刺激消费者购买、提高中间商的销售效率的一种促销活动。营业推广是非定期的活动，往往是在某一定时间内为完成某一特定的目的或任务而进行的。

在国际市场上，广告对消费者购买行为的影响往往是间接的。营业推广的目的通常有两个：一是诱发消费者尝试一种新产品或新牌子，尤其是刚进入国际市场的产品；二是刺激现有产品销量增加或库存减少。通常说来，营业推广可以分为三类：直接对消费者或用户的营业推广，直接对出口商、进口商和中间商的营业推广和鼓励国际市场推销人员的营业推广。

2. 国际市场营业推广的特点

一般来说，国际市场营业推广具有以下特点：①促销效果显著。作为一种促销策略和促销方式，营业推广见效快，可以在短期内刺激目标市场需求，使之大幅度地增长，特别是对一些优质名牌和具有民族风格的产品效果更佳。营业推广可选用的方式多种多样，一般来说，只要能选择合理的营业推广方式，就会很快地收到明显的增销效果，而不像广告和公共关系那样需要一个较长的时期才能见效。②是一种辅助性促销方式。人员推销、广告和公关都是常规性的促销方式，而多数营业推广方式则是非正规性和非经常性的。这种促销方式向国际市场消费者提供了一个特殊的购买机会，它能够唤起消费者的广泛注意，具体，实在，灵活多样，针对性强，对想购买便宜东西和低收入阶层的顾客等颇具吸引力。但它一般不能单独使用，常常作为一种辅助性促销方式配合其他促销方式使用。③有贬低产品之意。采用营业推广方式促销，似乎迫使顾客产生"机会难得、时不再来"之感，进而能打破消费者需求动机的衰变和购买行为的惰性。不过，营业推广的一些做法也常使顾客认为卖者有急于抛售的意图。若频繁使用或使用不当，往往会引起顾客对产品质量、价格产生怀疑。

基于上述特点，企业在国际市场上开展营业推广活动时，除了考虑市场供求和产品性质以外，还应考虑消费者的购买动机和购买习惯、产品在国际市场上的生命周期、竞争状况，以及目标市场的政治、经济、法律、文化、人口和科技发展等环境因素，进行适当的选择。

（二）国际市场营业推广的实施

国际市场营业推广的实施步骤主要包括确定营业推广目标、选择营业推广工具、制订营业推广方案、实施营业推广策略和评价营业推广效果等五个环节。

1. 确定营业推广目标

国际市场营业推广目标是指企业实施国际市场营业推广所希望达到的目的和期望，必须根据企业的发展战略和营销战略来确定。营业推广的目标对营业推广起着领导的作用，针对不同的目标就需要实施不同的营业推广策略。通常的营业推广目标包括促进销售、扩大市场份额、增加产品曝光度等。

2. 选择营业推广工具

营业推广工具主要包括打折促销、赠送样品、销售返利等。企业必须充分考虑营业推广目标、市场特点、产品特性、成本效益等方面因素，选择最适于特定情况的营业推广工具，否则很可能会出现事倍功半的情况。

3. 制订营业推广方案

在确定营业推广目标、选择营业推广工具后，企业就可以着手制订营业推广方案了。营业推广方案主要包括营业推广对象、营业推广的时间与期限、营业推广的方式、营业推广的成本预算等内容。

4. 实施营业推广策略

实施营业推广过程中，企业要对整个过程进行有效的控制，以保证实现既定的营业推广目标。

5. 评价营业推广效果

评价营业推广的效果同样是一个非常重要的环节，这关系到企业后续营销策略的制定。对营业效果的评估主要包括销售业绩和成本效益评估等方面。

（三）影响营业推广的特殊因素

1. 当地政府的限制

各国或地区政府通常会对营业推广方式在当地市场上采取某些限制，例如规定企业在当地市场上进行营业推广活动时要事先征得政府部门的同意，限制企业销售推广活动的规模等。企业进行营业推广之前必须对政府的相应规定进行了解，否则会引起一些不必要的麻烦和支出。

2. 中间商的能力与合作态度

与中间商合作是进行营业推广的有效途径，但这一途径的效果直接取决于中间商的能力。因此，企业如果想通过中间商开展营业推广，必须充分考虑中间商的能力和合作态度。

3. 市场的竞争程度

进行营业推广活动一般有两种情况：一是为了扩大市场份额，二是迫于竞争对手的压力。市场的竞争程度、竞争对手在促销方面的动向或措施，将会直接影响到企业的营业推广活动。比如，当竞争对手推出新的促销举措来吸引顾客时，企业就必须采取相应的对策，否则就有失去顾客而丧失市场的危险。同样企业在海外目标市场进行营业推广活动也会遭到当地竞争者的反对或阻挠，甚至通过当地商会或政府部门利用法律或法规的形式来加以禁止。

六、国际市场网络营销

（一）国际市场网络营销的含义与特点

1. 国际市场网络营销的含义

国际市场网络营销（Internet Marketing in the International Market）是企业市场整体营销战略的一个组成部分，是指以现代营销理论为基础，利用因特网技术，最大限度地满足国际市场目标客户需求，借以实现开拓市场、增加盈利目的的营销活动。

网络营销（On-line Marketing 或 E-Marketing）亦称电子营销，是随着互联网进入商业应用而产生的，尤其是万维网（www）、电子邮件（e-mail）、搜索引擎、社交软件等得到广泛应用之后，网络营销的价值才越来越明显。总体来讲，凡是以互联网或移动互联为主要平台开展的各种营销活动，都可称之为网络营销。由于国际市场的特殊性，国际市场网络营销具有以下三方面的内涵：

第一，国际市场网络营销是为实现网上交易与交换而进行的活动过程，其目的涉及多方面，如提升产品品牌价值、加强与目标市场客户沟通与交流、对外发布有关信息等。国际市场网络营销与网上销售不同，网上销售是网络营销的方式之一。

第二，国际市场网络营销不仅仅局限于网上活动，也不是简单地建立企业网站或者利用网络做广告宣传。一份完整而又完善的网络营销方案，需要借助网络的功能作用进行宣传和推广，但也必须利用传统营销手段和方式进行网下推广和实施。

第三，国际市场网络营销与国际电子商务是一对联系紧密又有明显区别的概念。其中，国际市场网络营销是企业为实现整体经营目标而采用的手段和方式，目的是通过网络拓展国际市场并获得更多客户。而国际电子商务则是指跨国经营企业将国际贸易所涉及的商务活动实现电子化。

2. 国际市场网络营销的特点

与传统的国际市场营销方式相比，国际市场网络营销有其自身的特点：①时空性。网络的无国界性和无限时性，使得网络营销打破了传统营销必须到达营销地，根据当地时间开展营销活动的限制，减少了跨国营销在地域和时差上的障碍。企业营销人员在本国即可开展全球网上营销活动。②互动性。由于地域、时差、通信等方面的限制，国际市场上企业和消费者之间不能得到充分的互动沟通。而在网络环境下，企业可以通过网上调查、在线讨论、电子邮件和展示商品信息等方式，在全球范围内使消费者参与到产品的设计、包装、定价、服务及改进等全过程，可以实现双向互动沟通。③个性化。网络营销是一种以消费者为导向，强调个性化的营销方式，更能体现顾客的中心地位。消费者拥有更大的选择自由，他们可以根据自己的个性特点和需求在全球范围选择所需商品。④高效性。网络营销直接面向消费者，减少了国际市场营销中市场准入、中间商选择、存货管理等一系列中间环节，缩短了供应链，提高了经营效率。⑤经济性。网络简化了信息传播的过程，网站和网页分别成为市场营销的场所和界面。一方面，可以节省大量的店面资金和人工成本，减少库存产品的资金占用，降低在整个产品供应链上的费用；另一方面，可以减少由于迂回交换带来的损耗。

（二）国际市场网络营销的功能

1. 信息功能

信息功能包括信息发布功能和信息搜索功能。前者是网络营销的基本职能。无论哪一种营销方式都是要将一定的信息传递给目标人群。网络营销强大的信息发布功能是任何一种传统营销方式都无法比拟的。网上发布信息不仅传播速度快、扩散范围广、沟通效果好、延伸能力强，而且网络直接将信息传播给浏览者，省去了很多传统信息传播的中间环节，降低了信息传播的错误率。同时，网络营销的互动性又便利了对信息的跟踪沟通。而后者是指在网上搜索信息的功能。对于国际市场来说，由于地域、文化、价值观等差异，实地收集大量二手资料比较困难，而互联网则提供了一个大量收集国际市场二手资料的很好平台。一方面，解决了地域的不便性；另一方面，更新速度快，解决了报纸、杂志等出版物传递信息的相对滞后性。而且，通过搜索引擎、输入关键字，可以达到有目的性和针对性的多语言收集。当然，在互联网上搜集的二手资料和其他方式收集的二手资料一样，在使用前必须加以验证，以确认其真实性和准确性。

2. 网站推广

网站推广是网络营销的基本职能之一。网站推广不等于网址推广，网址推广是网站推广的方法之一。因为大量的用户不是通过记住网址进入网站的，而是通过搜索关键词进入网站内容，然后点击网站其他相关内容或进入首页。

网站推广是一个系统工程，而不仅仅是一些网站推广方法的简单复制和应用。网站推广并不是为了让用户记住网址，而是为了获得更多的潜在用户，从而实现增加企业收益的最终目的。网站结构设计、网站功能、网站内容、网站服务、搜索引擎优化、网络广告、他国民族文化、风俗习惯等都是影响网站推广的主要因素。网站推广必须以网站内在因素和外部环境相结合为基础，制定有针对性的、有效可行的网站推广策略，并对各个阶段的每一环节进行有效控制和管理。

3. 品牌功能

网络营销和传统营销同样追求品牌价值。树立良好的企业网络品牌和网络形象是网络营销的主要任务之一。网络品牌是对传统品牌价值的扩展和延伸，是利用互联网和一系列推广措施建立的网上企业形象标志，是企业的无形资产。

4. 渠道功能

网络营销渠道主要分为两大类：一是通过互联网实现从生产者到消费者的直接营销渠道（简称网上直销）；二是专业的电子中间商提供的网络间接营销渠道。从前，国际市场的各种贸易壁垒，地区封锁和交通、信息、沟通等多种障碍一直是国际市场营销的难题。但网络的产生给企业提供了一种开拓国际市场新的营销渠道，避开了国际市场进入过程中的种种障碍。

5. 客户管理

企业和客户之间的良好关系是网络营销取得成效的必要条件，是企业重要的战略资源。企业可以通过发送电子邮件、聊天室、在线论坛（BBS）、在线咨询、在线订单等对客户进行跟踪管理，收集资料，再通过对客户信息的整理分类、统计分析，建立详细的客户信息数据库，这将是企业巨大的无形财富。

6. 网上调查

借助互联网，传统企业可以通过网上问卷、在线论坛、电子邮件、友情链接等方式实现网上调查。网上调查不仅节省了大量的人力、物力，而且还可以在线生成网上市场调研的分析报告、趋势分析图表和综合调查报告。网络调查效率高、成本低、节奏快、范围大，这就为广大商家提供了一种对市场的快速反应能力，为企业的科学决策奠定了坚实的基础。当然，网上调查也存在一些不足，如客户信息的真实性、目标客户的局限性、重复递交问卷等。随着互联网技术的进一步发展，这些问题有望进一步得以解决。

7. 网上促销

销售量或访问量始终是衡量网络营销效果的重要指标。在进行网络营销时，对网上营销活动的整体策划中，网上促销是其中极为重要的一项内容。网上促销的价值不仅体现在网上销售上，还体现在网下销售上。

8. 网上服务

通过互联网可以实现网上浏览、网上咨询、网上订单、网上确认及与之相配套的物流服务，大大提高了交易的速度及订单的准确性。

此外，还可以通过电子邮件、在线咨询等，结合客户信息数据库，对不同客户进行有针对性的特色服务。

（三）国际市场网络营销的要素和条件

1. 文化知识

文化在网络营销中不能被忽视。比如，网站的主色调，在中国红色代表喜庆，在美国红色和爱情有关，而在西班牙也许会和社会关系联系在一起。美国人很直接、坦率，而日本人则很委婉，比如在产品描述时，不能用"不能在潮湿环境下放置"的表达，而应说"在干燥环境下放置会更好"。大多数的欧洲人都不大喜欢花哨的网站，网站的向导功能对他们来说也许更重要。另外，与宗教有关的图示、标志等最好不要出现在企业网站上。

2. 语言沟通技巧

第一，网站语言。不要认为将网站翻译成英文就万事大吉了。据统计，目前78%的网站所使用的语言都是英文，但35%的互联网用户看不懂英文电子邮件信息。在法国、西班牙、意大利，只有不到3%的人掌握英语。最好的解决办法是将网站翻译成目标市场的语言。例如，戴尔公司的网站使用了12种语言，Smart汽车公司则根据大洲分类和不同国家设计不同的网站。

第二，翻译的准确性与便于记忆性。翻译结果中最重要的是不能产生歧义或不好的联想。例如，"可口可乐"这个中文名字，一直以来被认为是翻译得最好的名字，既"可口"亦"可乐"，不但保持英文的音，还比英文更有意思。但Coca Cola最初到中国的时候被翻译为"口渴口辣"，后来才改为可口可乐；而奔驰（Mercedes Benz）比"默西迪斯宾士"的翻译更能体现汽车的特点，还便于消费者记忆。

3. 实地接触场所

网络毕竟是一个虚拟的空间，存在着极大的非确定性和非真实性，因此实地接触是极有必要的。在有些国家，消费者对能否退换货特别关注，有能力的企业有必要建立供消费者选择和退换货的场所。

4. 合适的产品

网络的发展使消费者面临的选择越来越多，有竞争力的产品是交易的基础。这里所谓的产品竞争力指的是产品的独特卖点，如低廉的价格、优秀的品质、特殊的性能等。国际市场比国内市场大得多，需求差异也大得多，在竞争加剧的同时也为企业提供了更多的创新空间。发掘这样的市场是企业开展国际网络营销的最重要的工作。

（四）国际市场网络营销工具

1. 搜索引擎

搜索引擎是人们查阅资料、发现新网站的最基本方法，它越来越被人们所青睐。在国际市场开展网络营销，对于搜索引擎的选择应是全球性的。搜索引擎排名是影响营销效果的重要因素，适当地购买引擎排名是必要的，有时甚至是必需的。一般情况下，当输入企业名称的关键词时，排在第一位的是企业网站，然后才是其他对于该企业的各种评论。

2. 网站

在互联网空间里，网站是一个企业的窗口。一方面，树立企业网络形象，完成网上业务；另一方面，给消费者以信任和依靠。企业网站上除了网上业务外，一般还有大量关于企业发展过程及事件的信息记载，有的还有其他媒体，如报刊、电视、广播等关于本企业或该行业的转载信息或评论。当浏览者面对舆论的各种评论而产生质疑时，企业网站的信息是其判断的依据。

3. 交换链接

交换链接或称友情链接，是内容相似、相关或互补的网站之间的合作形式，即分别在自己的网站上设置对方网站为超级链接，使得用户可以在一个网站内登录其他链接网站，从而达到互相推广的目的。交换链接的作用主要表现在以下几个方面：获得直接的访问量、增加用户浏览时的印象、在搜索引擎排名中增加优势、增加网站的可信度、获得合作伙伴的认可以及为用户提供延伸服务。

4. 网络广告

网络广告是指在互联网上发布、传播的广告，是广告业务在网络环境下的新拓展，也是网络营销中最先被开发的营销技术。在互联网上发布国际性的网络广告，仍要考虑不同国家的文化差异、风俗习惯、时区差别、目标人群等因素，不能一揽子化。

5. 电子邮件（E－mail）

开展 E－mail 营销的前提是拥有潜在用户的 E－mail 地址。企业可以根据自己的客户建立或通过正常渠道购买他人的邮件列表，此后便可以定期对这些邮件发送产品、促销和广告等信息。由于每个邮件组中的客户都是按某一主题编排的，因此邮件组可以为企业提供精确细分的目标市场。企业有比较准确的客户定位，有目的性地发布信息，能够增强与客户的关系，提高品牌忠诚度。

6. 网上商店

网上商店除了通过网络直接销售产品这一基本功能之外，它还是一种有效的网络营销手段。从企业整体营销策略和客户的角度考虑，网上商店的作用主要表现在两个方面：①网上商店为企业扩展网上销售渠道提供了便利的条件；②建立在知名电子商务平台上的网上商店增加了客户的信任度，从功能上来说，对不具备电子商务功能的企业网站也是一种有效的补充，对提升企业形象并直接增加销售具有良好效果，尤其是将企业网站与网上商店相结合，效果更为明显。

7. 桌面工具

桌面工具是指非浏览器的桌面应用工具，如媒体播放器 Windows Media Player、Real-Player、聊天工具以及文件共享设置等。桌面营销正处于发展期，其优势在于便捷性，不需要页面下载，能够获得较高的客户忠诚度，在定位目标客户方面比网站略胜一筹。

第九章　国际商务财务管理

第一节　国际商务中的融资管理

一、国际融资概述

（一）国际融资的概念

融资（Financing）是企业资金筹集的行为与过程，是指企业根据自身的生产经营状况、资金拥有的状况以及企业未来经营发展的需要，通过科学的预测和决策，采用一定的方式，从一定的渠道向企业的投资者或债权人去筹集资金、组织资金的供应，以保证满足企业正常生产经营及管理活动需要的理财行为。如果融资活动的参与各方均是境内单位，不涉及来自外国的资金，则为国内融资；当企业的融资行为超越国境，涉及了国外资金持有者时，那么就变成了国际融资。

国际融资（Raising Capital Internationally）是指企业在国际金融市场上，运用各种金融手段，通过各种相应的金融机构而进行的资金融通。随着世界经济一体化的日益加深，许多国家的金融市场逐步向非居民开放，这就为国际融资提供了途径。此外，有些国家和地区还允许非居民相互之间融通外币资金，由此便在这些国家和地区形成了"境外货币市场"，即所谓的"欧洲货币市场"，这也成为国际融资的又一重要途径。

（二）国际融资的特点

与国内融资相比，国际融资表现出以下特点：

1. 借助国际金融市场

国际金融市场是金融资产跨越国界、进行国际交易的场所，是国际借贷关系产生的渠道。证券买卖及资金的借贷双方在国际金融市场上直接或间接地接触，从而完成证券交易、资金借贷的行为。

2. 不同国家或地区的融资当事人

融资关系的当事人主要包括资金供给者、资金需求者和中间人，在国际融资中，资金供给者和资金需求者来自不同的国家或地区。

3. 采取货币或实物形态的国际资金转移

国际融资的形式是多种多样的，在大多数情况下以货币资金形态完成，但也包括以实物形态完成的形式，如租赁融资等融资方式。

（三）国际融资的主要方式

1. 国际直接融资

国际直接融资是指资金供给者与资金需求者之间直接进行协议转让或者在金融市场上前者购买后者发行的有价证券，将货币资金提供给所需要补充资金的企业使用，从而完成资金融通的过程。

国际直接融资的基本特点是，拥有暂时闲置资金的企业和需要资金的企业直接进行资金融通，不需要任何中间人牵线搭桥。

国际直接融资主要包括国际证券融资和外国直接投资等。

2. 国际间接融资

国际间接融资是指资金供给者通过存款或者购买银行、信托、保险等金融机构发行的有价证券等形式，将其暂时闲置的资金先行提供给这些金融中介机构，然后再由这些金融机构以贷款、贴现或通过购买资金需求者发行的有价证券等形式，把资金提供给这些企业使用，从而实现资金融通的过程。

国际间接融资主要包括国际信贷融资和国际贸易融资等。

二、国际信贷融资

国际信贷（International Credit），又称国际借贷，是指国际间以多种方式互相提供的信贷，通常是指一个或几个国家的银行、其他金融机构、政府、公司企业以及国际金融机构，在国际金融市场上向另一国的银行、其他金融机构、政府、公司企业以及国际金融机构提供的贷款。

国际信贷反映了国家之间借贷资本的活动，是国际经济活动的一个重要方面。国际信贷促进了国际经济、贸易与投资的发展，缓解了资金短缺的问题，推动了生产国际化和经济全球化。国际信贷按其贷款的来源和性质，可分为外国政府贷款、国际金融组织贷款、国际商业银行贷款、私人银行贷款、联合（混合）贷款等。

（一）外国政府贷款

1. 外国政府贷款的含义

外国政府贷款（Foreign Government Loans）是指一国政府向另一国政府提供的、具有一定赠予性质的优惠贷款。它具有政府间开发援助或部分赠予的性质，在国际统计上又叫双边政府贷款①。它与多边贷款共同组成官方信贷，在形式上是一种主权外债，是政府对外借用的一种债务。按照其优惠程度不同，一般分为：①软贷款，即政府财政性贷款。一般无息或利率较低，还款期较长，并有一定的宽限期。这种贷款一般在项目选择上侧重于

---

① 双边政府贷款是政府之间的信贷关系，由两国政府机构或政府代理机构出面谈判，签署贷款协议，确定具有契约性偿还义务的外币债务。

非盈利的开发性项目，如城市基础设施等。②软贷款＋商业性贷款，即由政府财政性贷款和一般商业性贷款混合在一起，比一般商业性贷款更优惠一些。③赠款＋出口信贷，即由一定比例的赠款和出口信贷混合组成。④政府混合贷款，即由软贷款和出口信贷混合的贷款，其中一般软贷款占 30% ~50% 。这是最普遍实行的一种外国政府贷款。

2. 外国政府贷款的特点

外国政府贷款一般具有以下三个特点：①利息低。外国政府贷款的利率普遍低于国内商业银行贷款，是目前贷款条件最优的贷款。其利率一般在 3% 以下，而同期商业银行贷款利率在 4% ~5% 。②贷款时限长。外国政府贷款周期一般较长（9~33 年），并且有多年的宽限期。而商业银行很少发放 5 年以上的长期贷款，宽限期一般较短或者需要收取高额的费用。并且外国政府贷款有不同的国别选择，其支持领域和还款时限要求也不一样。③贷款金额大。外国政府贷款每一个项目的可贷款金额都比较大，能够一次性满足项目所需资金并保证设备的匹配性。

（二）国际金融组织贷款

1. 国际金融组织贷款的含义

国际金融组织贷款（International Financial Organization Loans）是由一些国家的政府共同投资组建并共同管理的国际金融组织提供的贷款，旨在帮助成员国开发资源、发展经济和平衡国际收支。

国际金融组织贷款的发放对象主要有以下几个方面：对发展中国家提供以发展基础产业为主的中长期贷款、对低收入的贫困国家提供开发项目及文教建设方面的长期贷款，以及对发展中国家的私人企业提供小额中长期贷款。

2. 国际金融组织贷款的特点

与一般商业银行贷款相比，国际金融组织贷款主要有以下三个特点：①贷款条件优惠。国际金融组织的贷款一般具有利率较低、期限较长的特点，如国际开发协会主要是对低收入的贫困国家提供开发项目以及文教建设方面的长期贷款，最长期限可达 50 年，只收 0.75% 的手续费。②审查严格，手续繁多。国际金融组织贷款与一般的商业银行信贷相比具有特殊性，往往会对贷款对象进行严格的审查，在具体操作上会有比较多的审核程序，从而导致贷款前的时间较长。③贷款对象有严格的范围限制。国际金融组织贷款通常只针对组织成员国家或地区，其他国家不能享受。

（三）国际商业银行贷款

1. 国际商业银行贷款的含义

国际商业银行贷款（International Commercial Bank Loans），是指外国商业银行或银团在国际金融市场上发放的贷款。国际商业银行贷款是国际信贷融资中最典型、最普遍的贷款形式，在国际金融市场上占有最大的比重，其贷款的资金来源主要是贷款银行通过商业银行存款业务吸取的存款。

国际商业银行贷款的利率高，一般以国际金融市场的利率水平为基准而定，如美元贷款利率以伦敦银行同业拆放利率为基准，加上一定的加息率计算。贷款多为短、中期贷款，期限在一年或五年以内。中期贷款多是国际银行间贷款，通常称为双边（或多边）

贷款。贷款的附加条件较少，借款人可以自由使用贷款，自由采购。

按照组织放贷方式，可以把国际商业银行贷款分为单独贷款、联合贷款和银团贷款三种：①单独贷款，是指某一商业银行依据贷款协议单独向借款人提供的贷款，其资金来源于单一的银行，贷款金额通常较小。②联合贷款，是由两家或数家银行一起对某一项目或企业提供贷款。联合贷款的组织形式比较简单，没有主牵头行和牵头行之分，一般只有一家银行担任代理行，负责同其他银行的联系，并对贷款进行管理。③银团贷款，是指由两家或两家以上银行基于相同贷款条件、依据同一贷款协议、按约定时间和比例、通过代理行向借款人提供本外币贷款或授信业务并签署同一贷款协议的贷款业务。在银团贷款中，通常会选定一家银行作为牵头行代表银团成员负责管理贷款事宜。

2. 国际商业银行贷款的特点

与国内商业银行贷款相比，国际商业银行贷款通常具有以下特点：①贷款可以自由使用，一般不受贷款银行的限制。②贷款资金供应充沛，允许借款人选用各种货币。在国际市场上有大量的银行同时在提供国际贷款业务，因此市场上存在数额巨大的可供运用闲散资金，只要借款人资信条件优良，就可以筹措到自己所需要的大量资金。③贷款方式灵活，手续简便。外国政府贷款不仅手续相当烦琐，而且每笔贷款金额有限。由于贷款多与工程项目相联系，国际金融组织贷款的借款手续也相当烦琐。相比之下，国际商业银行贷款比较灵活，每笔贷款可多可少，借款手续也相对简便。④融资成本较高，风险较大。国际商业银行贷款的利率由国际金融市场资金供求状况等多种因素决定，一般说来要高于国际金融组织和外国政府贷款的利率。此外，借款人若委托金融机构筹融资，还要负担相当比例的各种费用。国际商业银行贷款条款对宽限期、还本付息等要求更为严格，加之国际金融市场上常常有不可预知因素，使得贷款风险较大。

三、国际证券融资

国际证券融资（International Security Financing）是指一国的资金需求者在国际金融市场通过发行债券、股票、商业票据等不同类型的有价证券的方式进行融资活动。随着生产和资本的国际化，国际证券融资已经成为国际融资的重要组成部分。自20世纪80年代以来，国际融资格局发生了重大变化。国际证券融资的比重逐渐上升，而国际信贷融资的比重不断下降。1984年国际融资总额中，国际证券融资比例首次超过国际信贷融资的比例，国际金融市场出现了所谓的证券化的趋势。证券化融资过程主要表现：股票（国际股票、ADR和GDR），债券（国际债券），商业票据，以及共同基金这些代表着融资发展新趋势的融资工具取代了传统的信贷融资工具，成为国际融资市场的新宠。这既是生产国际化和资本国际化的必然要求，也是全球经济金融一体化的必然结果。证券化的国际融资减少了货币资本运动中的许多中间环节，例如通过证券融资可以避开银行等中介机构，简化了筹资手续，降低了筹资成本。同时，资本证券化使资本的所有权和经营权分离，使资本具有更高的流动性和对经济的渗透能力，减少了资本的闲置和浪费，增加了资本的使用效率。

与国际信贷融资相比，国际证券融资具有以下特点：①资金来源广泛。投资者可以是各国的政府、金融机构、企业，也可以是居民。②期限较长或没有期限，便于长期利用资金。③筹资手续简便，不需经过苛刻的资信评定等程序，资金的使用也较自由，不受贷款银行的严格监督。

发行证券的目的在于筹措长期资本，是一种长期融资方式。国际证券融资包括国际债券融资和国际股票融资两种形式。

（一）国际债券融资

国际债券融资（International Bond Financing）是指一国政府及其所属机构、工商企业、私人公司、银行或国际金融机构等为筹措和融通资金，遵照一定的程序，在国际金融市场上以外国货币为面值发行的债务融资凭证，以筹集外币资金。其主要特征是债券发行人和债券投资者来自不同的国家或地区。

国际债券一般可以分为欧洲债券和外国债券两种。

1. 欧洲债券

欧洲债券（Euro Bond）是指一国政府、金融机构和工商企业在国际金融市场上发行的、以发行市场所在国家货币以外的、可以自由兑换的第三国货币标值并还本付息的债券。欧洲债券最大的特点是票面金额货币并非发行国家当地货币而是第三个国家货币。同时，欧洲债券不受任何国家资本市场的限制，免扣缴税，其面额可以发行者当地的通货或其他通货为计算单位。对多国公司集团及第三世界政府而言，欧洲债券是他们筹措资金的重要渠道。

与一般债券融资相比，欧洲债券融资具有如下主要特点：①管制松散。欧洲债券的发行市场所在货币当局对银行及金融机构、跨国公司、国际金融机构的融资活动管制一般较为宽松，既不需评级机构评级，也不必向任何机构登记注册。②币种多样化。欧洲债券可以有更多的货币种类选择，而且当一些借款人想展期筹集较大金额的资金时，欧洲货币市场不仅能满足货币种类选择的需求，而且还能满足数量方面的需要。③交易集中。欧洲债券市场的债券交易全部集中在证券交易所里进行，没有场外市场，其交易要接受证券交易所规章制度的管理和监督。④资金调拨方便。欧洲金融市场是完全自由的市场，不存在限制和标准。加上在欧洲的一些金融中心，银行林立，业务经验丰富，融资类型多，电信联系发达，银行遍布世界各地，资金的调拨非常方便，若融资后需调换成各种所需货币，可在最短时间内完成调换并调拨到世界各地。

2. 外国债券

外国债券（Foreign Bond）是指外国借款人（政府、私人公司或国际金融机构）所在国与债券发行市场所在国具有不同的国籍并以债券发行市场所在国的货币为面值货币发行的债券。

对发行人来说，发行外国债券的关键就是筹资的成本问题，而对购买者来讲，它就涉及发行者的资信程度、偿还期限和方式、付息方式，以及和投资收益率相关的、如票面利率、发行价格等问题。外国债券既可以公募发行，也可以私募。

与一般债券融资相比，外国债券融资主要有如下特点：①发行外国债券首先要对借款者进行评级。借款者涉及许多机构或公司企业，其信誉程度决定了能否发行债券及借款的数额。资信高的可以获准发行，且发行限额较高。如日本政府规定，发行日元债券，属政府级即 AAA 级，发行额可不受限制；AA 级的，则限定只可发行 300 亿日元；未评级的只能发行 100 亿日元。②外国债券发行额较大且筹资多国化、多样化。美国就规定在美国发行美元债券，规模至少 5000 万美元，从世界发行境外债券筹资额来看，相当可观，约占国际筹资总额的 60%。③资金使用无严格限制，但不得干扰债权国的财政金融政策。发行外国债券筹到的资金，其具体的用途及使用进度，债权国一般没有特殊要求。④外国债券要受外国当地有关金融当局的管理，因此筹资手续相当复杂，比如在美国发行扬基债券要经美国证券交易委员会批准；而且外国债券融资对资信评级、申请手续和报送的资料都要求较严较细，非常复杂。

（二）国际股票融资

国际股票融资（International Equity Financing）是指符合发行条件的企业组织，依照规定的程序，向境外投资者发行可流转股权证券的国际融资方式。国际股权融资在性质上不同于国际债券融资，它本质上是股票发行人将企业现在的和未来的资产权益以标准化交易方式售卖于国际投资人的行为。与此相对应，国际投资人认购股份的行为本质上是一种直接投资，依此交易，认股人将取得无期限的股东权利，其中不仅包括旨在实现资本利益的股东自益权，而且包括旨在控制、监督发行人企业的股东共益权。

与国际债券融资相比，国际股票融资具有以下三个特点：①永久性。这是由股票融资这一方式决定的。由于股票没有期限的限定，股东在任何情况下都不得要求退股，因此，引进的外资能够成为永久的生产性资金留在企业内，而不至于像一般合资或合作企业一样，会因合同到期或意外变故，外方抽回资金而使企业陷入困境。特别是我国企业通过发行 B 股融资，筹集的外资只会增加而不会减少，同时 B 股只能用外币在证券交易所交易。因此，这种方式筹集的外资就国家而言较为稳定，其数量也不会受到游资的冲击。②主动性。通过发现股票吸引外资，筹资的国家可运用法律和政策性手段约束投资者的购买方式、购买种类、资金进出的方式、税率等，并做出相应的规定。同时，还可以自主决定哪些行业、企业允许外商投资，哪些不行，从而正确引导投资方向。③高效性。国际股票融资有利于对外发行股票的企业在更高层次上走向世界。国外股票持有者从自身的利益出发，会十分关心企业的经营成果，有利于企业改善经营管理，提高盈利水平。而企业因股票向外发行，从而提高了国际知名度和信誉，有利于企业开拓产品销售市场，开展国际化经营。

国际股票融资依照其发行与上市结构可分为不同的类型，其中我国的境外股票融资中较普遍采用的类型主要包括境内上市外资股结构、境外上市外资股结构、间接境外募股上市结构和存托凭证境外上市结构等几种。

1. 境内上市外资股结构

境内上市外资股结构（Structure of Foreign Capital Stocks Listed in China）是指发行人通过承销人在境外发行股票募集资金，并将该股票在发行人所在国的证券交易所上市的融资结构。我国《证券法》将依此类结构募集的股份称为"境内上市外资股"，也就是我们常说的"B 股"。

在我国，境内上市外资股的发行人仅限于根据《公司法》合法设立的股份有限公司。有关发行人公司章程、境内上市外资股的发行条件与审批、境内上市外资股的上市和交易制度均适用中国有关法律和法规；境内上市外资股的股票主承销人和上市保荐人应当由中国的证券公司担任，但承销工作通常由国际性金融中介机构按照私募惯例组织；境内上市外资股的发行须依照股票发行地和国际融资惯例的要求采用信息备忘录形式，并应符合其信息披露的要求，经审计的发行人会计报表应当符合股票发行地国家或地区会计准则的要求；此外，境内上市外资股结构在企业发起人责任、同业竞争和关联交易等合同安排上也应考虑满足股票发行地法律和国际融资惯例的要求。

总的来说，我国目前的境内上市外资股在实践中仍处在推广试点和不成熟阶段，影响这一结构有效发挥作用的主要因素包括外汇管制制度的制约、公司法制建设不完善、因私募而形成的股权结构不合理、交易制度和信息披露制度欠缺等。

2. 境外上市外资股结构

境外上市外资股结构（Overseas Listing of Foreign Capital Stock Structure）是指发行人通过国际承销人在境外发行股票募集资金，并将该股票在境外的公开发售地的证券交易所直接上市的融资结构，此类募股通常采取公开发售与配售相结合的方式。我国《证券法》将依此类结构募集的股份称为"境外上市外资股（Overseas Listed Foreign Share）"，即股份有限公司向境外投资者募集并在境外上市的股份。它也采取记名股票形式，以人民币标明面值，以外币认购。在境外上市时，可以采取境外存股证形式或者股票的其他派生形式。在境外上市的外资股除了应符合我国的有关法规外，还须符合上市所在地国家或地区证券交易所制定的上市条件。实践中所称的"H股""N股""S股"等均属于这一类型。

需要注意的是，红筹股不属于外资股，它是指在中国境外注册、在香港上市、但主要业务在中国内地或大部分股东权益来自中国内地的股票。红筹股已经成为内地企业进入国际资本市场筹资的一条重要渠道。

在我国，境外上市外资股结构具有明显的特点：①发行人为根据我国《公司法》设立的股份有限公司，即为中国法人。但规范公司行为的公司章程已根据股票上市地法律进行了必要的补充，因而大体解决了中外法律差异问题。②股票发行与承销通常由国际性金融机构担任主承销人和保荐人，并且按照股票上市地法律的要求采取公募与私募相结合的方式进行。③招股说明书须采取股票上市地法律要求的招股章程和信息备忘录形式，并且须符合该法律要求的必要条款规则和信息披露规则。④经审计的发行人会计报表通过国际调整表须符合股票上市地会计准则，同时应符合中国会计准则。⑤有关发行人公司的发行申请、上市审核等行为实际受到股票上市地和发行地法律的支配，但发行人公司首先须履行中国有关的申请审批手续。⑥有关发行人公司及其股东的持续性责任、上市承诺、同业竞争、关联交易和交易规则等安排应符合股票上市地法律的要求。

境外上市外资股结构充分利用了金融市场所在国的外汇制度、法律制度、证券交易制度相关信息披露制度，采用国际股票融资实践中惯常的组织方式，故其发行效率和股票流动性均优于境内上市外资股。

3. 间接境外募股上市结构

间接境外募股上市结构（Indirect Overseas Offering Structure）是指一国的境内企业通过其在境外的控股公司向境外投资人募集股份筹资，并将该募集股份在境外公开发售地的证券交易所上市的融资结构。依其公司重组方式又可分为通过境外控股公司申请募集上市和通过收购境外上市公司后增募股份两种。我国目前已在境外募股上市的北京控股、航天科技、中国制药等公司均采取此类结构。

在我国，间接境外募股上市（Indirect Listing of Overseas Shares）是依据《中外合资经营企业法》创造出来的融资工具，其基本特点是：①发行人为根据股票上市地法律要求设立或收购的境外有限责任公司，为境外法人，其公司章程与公司设立均适用相应的外国法律。②股票发行申请、上市审核、招股说明书、信息披露责任、股票交易等均适用股票上市地的法律，发行人经审计的会计报表也仅采用股票上市地要求的会计准则。③发行人公司作为境外投资人将通过《中外合资经营企业法》控股境内的企业，该类境内企业为中外合资有限公司或中外合作有限公司，其公司章程、会计准则、利润分配和境外资金投入均适用中国的有关法律。④根据我国目前的法律规定，间接境外募股上市虽不受计划额度制度的支配，但境内机构（特别是国有机构）对境外控股公司的投资须取得商务部的批准和许可，以境内机构控股而实施的间接境外上市还须经证监会批准后方可实施。

间接境外募股上市结构充分利用了境内法规和境外市场所在国法律的条件，使境外投资人对境外上市公司有较强的认同感和法制信心，而其股权利益则由境外上市公司代表股东向境内的合资企业主张。依此类结构组织的国际股票融资在发行效率、股票流动性和市场表现上均优于境外上市外资股结构。

4. 存托凭证境外上市结构

存托凭证（Depository Receipts，DR）又称为存股凭证或存券收据，是指在一国证券市场流通的代表外国公司有价证券的可转让凭证，属公司融资业务范畴的金融衍生工具。存托凭证所代替的基础证券通常为其他国家股份公司的普通股股票，但目前已扩展于优先股和债券。1927 年，J. P. 摩根公司（J. P. Morgan & Company）为了方便美国人投资英国的股票发明了存托凭证。

在实践中最常见的存托凭证主要为美国存托凭证及欧洲存托凭证。我国目前已在境外上市的上海二纺机、马鞍山钢铁等公司均采取 ADR（美国存托凭证）境外上市结构。

以普通股票为例，存托凭证是这样产生的：某国的一家企业为使其股票在外国流通，就将一定数额的股票委托某一中间机构（通常为一商业银行，称为受托银行或保管银行）保管，由该机构通知外国的存托银行在当地发行代表该股份的存托凭证，然后存托凭证便开始在外国证券交易所或柜台市场交易。从投资人的角度来说，存托凭证是由存托银行所发行的几种可转让股票凭证，证明一定数额的某外国公司股票已寄存在该银行在外国的保管机构，而凭证的持有人实际上是寄存股票的所有人，其所有的权力与原股票持有人相同。存托凭证一般代表公司股票，但有时也代表债券。存托凭证的当事人，在本地有证券发行公司、保管机构，在国外有存托银行、证券承销商及投资人。按其发行或交易地点不同，存托凭证被冠以不同的名称，如美国存托凭证（American Depository Receipt，ADR）、欧洲存托凭证（European Depository Receipt，EDR）、全球存托凭证（Global Depository Receipts，GDR）、中国存托凭证（Chinese Depository Receipt，CDR）等。2018 年 5 月 4 日，中国证监会表示，将开展创新企业境内发行存托凭证试点。

存托凭证境外上市结构依其具体内容可分为不同类型，例如在 ADR 中，一级有担保的 ADR 和二级有担保的 ADR 不具有筹资功能，而三级有担保的 ADR 和 144A 私募 ADR 则具有募股筹资功能。在我国公司境外上市实践中，通常采用的 ADR 类型多为三级 ADR 和 144A 私募 ADR。

综上所述，存托凭证境外上市结构（Overseas Listing Structure of Depository Receipt）是指一国的发行人通过国际承销人向境外发行的股票将由某外国的存托银行代表境外投资人统一持有，而该存托银行又根据该股票向该国投资人或国际投资人发行代表该股票的存托凭证，并且最终将所发行的存托凭证在该国证券交易所上市的融资方式。

存托凭证上市结构的当事人除包括发行人和股票承销人之外，还包括存托银行、存托凭证承销人、托管银行等。这一结构的基本特征在于：①发行人通过国际承销人向境外配售的股票由某外国的存托银行代表境外投资人认购，并委托股票市场所在国的托管银行机构负责保管和管理该股票；②存托银行通过承销人向其本国投资人或国际投资人发行代表该股票的存托凭证，每一单位存托凭证依发行价代表一定数量的股票，并将发行存托凭证的筹资用于认购股票的支付；③安排存托凭证在存托银行所在国证券交易所上市，并负责存托凭证的注册和过户，同时保障股票在其市场所在国的可流转性；④由存托银行透过托管银行向股票发行人主张权利，并以此向存托凭证持有人派发股息；⑤存托银行负责向股票发行人质询信息，并负责向存托凭证持有人披露涉及股票发行人的信息和其他涉及存托凭证利益的信息；⑥存托凭证注销的过程通常为，首先由存托银行以回购要约的形式通过市场向存托凭证持有人购回存托凭证，其次由存托银托通知股票市场的经纪商售出股票，再次由存托银行将购回的存托凭证注销，最后将股票售卖收入偿付存托凭证原持有人。由上可见，存托凭证上市结构是由存托银行提供金融服务的某种衍生证券发行与上市结构，存托银行在其中仅提供中介服务并收取服务费用，但不承担相关的风险。

四、国际贸易融资

1. 国际贸易融资的含义

贸易融资（Trade Financing）是指在商品交易过程中，运用短期性结构融资工具，基于商品交易中的存货、预付款、应收款等资产的融资。国际贸易融资（Financing International Trade）是指围绕国际贸易结算的各个环节所发生的资金和信用的融通活动。从历史上看，最初的国际贸易融资表现在国际贸易一方向另一方提供的商业信用，如赊销、寄售等。但由于进出口商本身的资金实力有限，这种商业信用一般金额较小，期限较短。随着国际贸易的迅速发展，贸易金额的不断增大，这种仅由进出口商提供的融资已不能满足国际贸易发展的需要，于是不得不向银行或其他金融机构申请对进出口贸易提供直接或间接的融资，这时就产生了现代意义上的国际贸易融资。

2. 国际贸易融资的特点

与一般贸易融资相比，国际贸易融资有以下两个特点：①融资对象广泛。在国际贸易融资中，提供资金的机构不仅为进口商提供贸易融资，而且还为出口商提供贸易融资。针对前者的贸易融资称为进口贸易融资，而后者则为出口贸易融资。②融资形式灵活。在国际贸易融资中，提供资金的机构不仅可以直接提供货币融资，还可以提供信用融资，例如银行承兑、开具信用证等。

3. 国际贸易融资的业务类型

国际贸易融资既可以按照资金来源、融资的货币和融资有无抵押品进行划分，也可以按照贸易融资的对象：出口商、进口商和中间商进行划分。以下按照后者进行划分。

（1）对出口商的贸易融资。其主要形式有：出口押汇、票据贴现、打包放款，以及无抵押贷款和抵押贷款等。

1）出口押汇。出口押汇（Export Bill Purchase）是出口地银行为解决出口商的资金周转困难而应出口商的请求，以出口商提交的包括货运单据在内的全套出口单据作抵押，向其提供部分或全部货款的融资活动，可具体分为出口信用证押汇和出口托收押汇。

2）票据贴现。票据贴现（Bills Discounted）是票据持有人将未到期的承兑汇票转让给银行以融通资金的行为。贴现银行按票据金额、期限和规定的贴现率，从票面值中扣除贴现息后将票面值余额付给贴现申请人。票据一经贴现便归贴现银行所有，贴现银行到期可凭票据直接向承兑人收取票款。若承兑人不能还款，可以转向出票人追索。汇票贴现与汇票涉及的信用状况紧密相关，如票据承兑人是银行，则银行承兑汇票贴现是贸易融资业务中风险最小的。此时面临的风险主要是同业风险，即承兑银行的信用和还款能力。

3）打包放款。打包放款（Packing Finance）是银行以出口商提供的、由进口商开来的信用证作为抵押品，向出口商提供的一种装船前的资金融通，主要用于生产或采购出口商品及其他从属费用的支出。

4）无抵押品贷款。无抵押品贷款（Unsecured Loan）是在出口商获得外国订单后，银行向其提供的、以其自身信用为担保的、用于生产出口商品的贷款。因为该贷款没有物品作抵押，所以银行面临的风险较大。一般情况下，银行只对信誉好的大中型外贸企业提供此种贷款。

5）抵押贷款。抵押贷款（Mortgage）是为满足出口商生产出口商品而进行采购、积累预订出口商品储备的需求，用其国内货物作抵押而从银行取得的贷款。由于提供这类贷款的多为出口商的往来银行，故此种贷款通常以透支方式办理。出口商如为信用级别低的中小企业，一般必须有抵押才能获得银行贷款。

（2）对进口商的贸易融资。其主要形式有：开证授信额度、进口押汇、假远期信用证和提货担保等。

1）开证授信额度。开证授信额度（Issuing Credit Limit）是开证银行为进口商在开立信用证方面提供的一种信用支持。进口商在向银行申请开立信用证时，通常需向银行交存开证保证金，以备单据到达时付款，或者向银行提供保函或其他抵押品，以保证单据到达时进口商能履行对外付款义务。如果进口商在开证银行开立了账户，往来业务较多而且资信情况较好，开证银行可以为进口商限定一定金额作为进口开证的额度，即开证授信额度。开证授信额度实行余额管理，只要信用证金额在此余额之内，进口商就不必向开证银行交纳保证金，也无须提供担保或其他抵押品。开证授信额度对进口商而言由于免去了保证金，因此缓解了其资金压力，促进了资金周转，实际上是对进口商的一种短期信用融资。

2）进口押汇。进口押汇（Import Bill）是银行帮助进口商解决资金周转问题而向其提供的一种资金融通。它根据所使用的结算工具不同而分为进口信用证押汇和进口托收押汇。

3）假远期信用证。假远期信用证（False Forward Letter of Credit）主要是指进口方银行应进口商的要求而向出口商开出，允许出口商发运货物后提交远期汇票及单据，并由开证银行或其指定银行进行即期支付的一种信用证。假远期信用证融资是进口商通过兑现它所持有的银行远期承兑汇票而实现的融资，融资中远期汇票的贴现费用及利息均由开证申请人负担。假远期信用证下，出口地银行由于银行承兑汇票的安全性和流动性均很好，使进口商获得此项融资较为容易。

4）提货担保。在出口地与进口地之间距离较近、海运和空运的时间差较小、货物和单据同时到达目的地，甚至由于银行审单的原因而使货物先于单据到达的情况下，进口商收到到货通知后，出于对抢占市场或减少仓储费用的考虑希望尽快提货。此时，进口商通过提供一份银行出具的担保，保证船公司凭该银行担保释放货物后，进口商会在合理的时间内向船公司提交正本提单，同时承诺因释放货物给船公司造成的任何可能的损失由担保银行负责，从而进口商就可以提前收货，尽早报关、存仓、保险、销售，尽快取得销售收入。在这种情况下，银行出具的担保就是提货担保（Delivery against Bank Guarantee）。允许进口商在未支付信用证金额的情况下凭银行担保先行提货报关，是银行在贸易项下对进口商提供的一种信用便利。

（3）对中间商的贸易融资。其主要形式有：可转让信用证融资和背对背信用证等。

1）可转让信用证融资。可转让信用证（Transferable Credit）是指信用证的受益人可以要求授权付款、承担延期付款的责任、承兑或议付的银行，或当信用证是自由议付时，可以要求信用证中特别授权的转让银行，将该信用证全部或部分转让给一个或数个受益人使用的信用证。也就是说，受益人有权将信用证的全部或部分转让给一个或数个第三者（即第二受益人）使用。可转让信用证的受益人一般是中间商，第二受益人则是实际供货商。受益人可以要求信用证中的授权银行（转让行）向第二受益人开出新证，新证由原开证银行承担付款责任。原证条款不变，但其中信用证金额、商品单价可以减少，有效期和装运期可以提前，投保比例可以增加，申请人可以变成原受益人。可转让信用证只能转让一次，即第二受益人不能再转让给新的受益人。在使用过程中，当第二受益人向转让行交单后，第一受益人有权以自己的发票和汇票替换第二受益人的发票和汇票，以取得原证和新证之间的差额。

2）背对背信用证。背对背信用证（Back to Back Credit）是指受益人以原证为抵押，要求银行以原证为基础，另开立一张内容相似的信用证。背对背信用证通常由中间商申请开出并给实际供货商，其使用方式与可转让信用证相似，所不同的是：背对背信用证是两张信用证，第一张证的受益人，即中间商为第二张证的申请人，第二张证的受益人是真正的供货方；背对背信用证的开证银行与新受益人之间完全是一笔新的单独的业务关系，原证开证行并未授权受益人转让，因而也不对新证负责。背对背信用证的受益人可以是国外的，也可以是国内的。

五、国际租赁融资

（一）国际租赁融资概述

1. 国际租赁融资的定义

租赁（Lease）是指在约定的期间内，出租人将资产使用权让与承租人以获取租金的行为。也就是说，租赁是一种以一定费用借贷实物的经济行为，出租人将自己所拥有的某种物品交与承租人使用，承租人由此获得在一段时期内使用该物品的权利，但物品的所有权仍保留在出租人手中，承租人为其所获得的使用权需向出租人支付一定的费用（租金）。如果租赁活动的范围超越国界，涉及不同国家的当事人，则该租赁就成了国际租赁。

国际租赁融资（International Leasing Financing）是指一国出租人根据与外国承租人订立的租赁合同，将机器、设备等物品交给承租人，允许承租人在一段时间内使用并向其收取一定租金的融资方式。国际租赁融资业务大都属于长期性的融资租赁，具有租赁期限长、涉及金额大等特点。

2. 国际租赁融资的主要形式

（1）经营租赁（Operating Lease），又称为业务租赁，是为满足承租人临时或季节性使用资产的需要而安排的"不完全支付"式租赁。它是一种纯粹的、传统意义上的租赁。承租人租赁资产只是为了满足经营上短期的、临时的或季节性的需要，并没有添置资产的企图。经营租赁泛指融资租赁以外的其他一切租赁形式，一般具有租期较短、租赁合同可撤销、承租人无优先购买权等特点。

（2）融资租赁（Financial Lease），是指出租人根据承租人对租赁物的特定要求和对供货人的选择，出资向供货人购买租赁物，并租给承租人使用，承租人则分期向出租人支付租金，在租赁期内租赁物的所有权属于出租人所有，承租人拥有租赁物的使用权。租期届满，租金支付完毕并且承租人根据融资租赁合同的规定履行完毕部义务后，对租赁物的归属没有约定的或者约定不明的，可以协议补充；不能达成补充协议的，按照合同有关条款或者交易习惯确定，仍然不能确定的，租赁物所有权归出租人所有。

融资租赁是现代化大生产条件下产生的实物信用与银行信用相结合的新型金融服务形式，是集金融、贸易、服务为一体的跨领域、跨部门的交叉行业。融资租赁通常具有租赁期限长、租金基本覆盖租赁物价款、承租人一般享有优先购买权等特点。

（二）国际租赁融资的运作程序

租赁的程序往往因租赁方式的不同而有所差别，不同的租赁公司也往往有不同的程序，但是各种租赁方式的租赁程序的基本内容是大致相同的。

1. 租赁物的选择

融资租赁中租赁物一般是由承租人自行挑选、出租人代为购买的。承租人按自己的需要挑选供应商，并与其洽谈有关商品的品种、规格、质量、价格以及交换日期等问题。当然，融资租赁也可由出租人代为挑选、推荐或者购买租赁物的。

2. 租赁申请

承租人就租赁的物品与供应商谈妥后，向租赁公司提出租赁申请，告知所洽谈物品的品名、规格，以及自己所要求的租赁方式和租期，并要求租赁公司开出租赁费估价单。

3. 租赁申请的审查

租赁公司接到租赁申请后，可要求申请人提供企业经营状况的说明文件及财务报表，如有必要，还可委托各种信用调查机构对申请人进行调查。租赁公司根据获得的这些资料进行审查并做出是否提供租赁的决定。

4. 租赁合同的签订

申请人接到估价单后如果同意，双方即可洽谈租赁合同的签订。洽谈双方就租赁的具体细节进行磋商，达成协议后双方即可签订合同，双方的代理银行作为见证人也要在合同上签字证明。

5. 租赁物的交接

租赁合同签订后，出租人即根据合同中的约定向供应商订货，由供应商根据其与租赁公司的订货合同向承租人直接供货。承租人必须做好租赁物的报关、提货、运输、保险等手续以便供应商交货。

6. 租赁物的验收

租赁物交给承租人后，经过一段时间的试用，如果各方面均符合合同要求，承租人即行验收，租赁期从验收日正式开始。

7. 支付租金

承租人按合同要求定期支付租金，租金一般按月、季、半年或年为一期进行支付，支付时间大都在每期期初。

8. 租赁物的保险和维修

租赁物的保险、维修责任的归属随租赁方式的不同而有所不同。在融资租赁中，租赁物的保险、维修一般由承租人负责。

9. 合同期满时租赁物的处理

合同期满后租赁物的处理方式随租赁方式的不同而有所区别，一般有以下几种处理方式：将租赁物退还给出租人，承租人续订租赁合同、继续租赁该物品，承租人作价买下租赁物。

第二节　长期资金投放管理

一、长期资金投放管理概述

（一）长期资金投放管理的含义

国际企业的长期资金投放管理又称国际投资（International Investment），是企业为获取预期的效益而将资本或其他资产在国际间进行投入或流动的经济行为。国际投资作为跨国性经济行为，至少涉及两类国家，即投资国和东道国。投资国也称资本流出国或对外投资国，指从事对外投资活动的经济主体所在国家。东道国也称资本流入国、资本接受国或被投资国，是指允许和吸收外国资本在本国进行投资和接受外国长期贷款的国家。因此，国际投资一般由两个部分构成：一是向国外投资；二是引进外国投资。就一个国家而言，参与国际投资既可以对外投资，又可以引进外国投资，即以两种不同的身份出现，既可以是投资国，又可以是东道国。若以投资国身份出现，其行为表现为对外投资；若以东道国身份出现，其行为则表现为引进外国投资，简称引进外资。

从历史发展的角度考察，国际投资是一个动态的概念。最早的国际投资仅仅指长期证券投资，后来随着国际借贷的发展壮大，又逐渐形成了以长期证券和借贷为主的国际间接投资方式。第二次世界大战以后，随着国际投资方式的逐渐发展，国际投资最终形成了以直接投资和间接投资为主体的现代国际投资结构。

若从纯粹的投资性质和目的来界定国际投资，国际投资又有广义和狭义之分：广义的国际投资包括直接投资、国际证券投资和国际信贷等资本跨国流动中的所有经济活动；狭义的国际投资则不包括国际信贷部分，因为国际投资的目的是从中盈利，而有些国际信贷是属于政策性的，有些是为了支付贸易货款而进行的，这就失去了投资本身盈利性的目的。因此，狭义的国际投资仅指国际直接投资和国际证券投资。

（二）长期资金投放管理的特点

与国内投资管理相比，国际企业长期资金投放管理具有以下特点：

1. 投资目的的多样性

与国内投资一样，国际投资的最终目的通常是为了获取利润最大化，实现资本的保值增值。但二者的直接动机却有很大的区别。国内投资的主要目的是为了获利和促进本国国民经济的发展，它的直接目标和最终目标是一致的，即追求盈利的最大化；而国际投资的目的则比较复杂，总的来说包括转移污染、开拓和维护出口市场、降低成本、分散资产风险、学习国外先进技术和获得东道国资源等。但在实现资本保值、增值的总体目标前提下，国际投资的具体目的却具有多样性。如有的国际投资活动在于建立和改善与东道国的双边或多边经济关系，又有的国际投资活动在于带动两国间的贸易往来和其他合作项目的开展，还有一些国际投资活动则带有明显的政治目的。

2. 投资所用资金来源渠道多元化

国际企业可以在当地金融市场、国际资本市场和货币市场上筹集资金，也可以在投资国的资本市场发行股票、债券等金融工具进行融资，还可以利用国际货币基金组织的贷款等国际信贷或者利用海外直接投资的收益进行再投资。其融资渠道呈多元化的特征。

3. 投资环境的差异性

投资环境也叫投资气候，是指影响投资活动整个过程的各种外部条件的综合，它包括东道国的经济环境、政治环境、法律环境、基础设施条件和自然地理环境等诸多因素的有机统一体。进行国内投资，投资者面临的投资环境具有单一性，投资者对本国的政治环境比较熟悉，易于了解，对经济环境具有较大的适应性。然而对国际投资而言，投资者所面临的投资环境往往与国内环境相差极大，而且呈多样性和复杂状态。由于在国际投资中各国的政治环境不同、经济环境差异较大、法律环境也很复杂，同时还会遇到语言不通、风俗习惯各异等方面的障碍，因此，在国际投资中，要在微观和宏观上做好对东道国投资环境的分析与研究。

4. 投资运行的曲折性

国际企业的投资活动是全球性的经济活动，以全球为市场，投资的地域相当广泛，投资运行呈现复杂性和曲折性。一方面，国际投资的前期准备工作需要花费较长的时间，包括对东道国的投资环境进行调查研究、投资项目报批、商务谈判等工作；另一方面，国际投资的生产要素流动可能受到很多因素的限制，既有自然因素，也有人为因素，更要考虑投资必然涉及的金融和财务因素，诸如投资收益、结算货币、税收制度、政治风险等，这些都会影响到货币资本的国际流动。另外，国际投资运行所具有的曲折性还表现在投资项目运作过程中诸多问题的处理上，比如，资金的调动、产品的销售等常受到东道国的种种限制，各种经济纠纷的解决也常会受非经济因素的影响而困难重重。

（三）长期资金投放管理的分类

国际企业长期资金投放按资产所有权和经营权的关系可以分为：国际直接投资和国际间接投资。

1. 国际直接投资

国际直接投资（International Direct Investment）也称为对外直接投资（Foreign Direct Investment，FDI），是指投资者以拥有或控制国外企业部分产权、直接参与经营管理为特征、以获取利润为主要目的的资本对外输出。国际直接投资可分为创办新企业和控制外国企业股权两种形式。创办新企业指投资者直接到国外进行投资，建立新厂矿或子公司和分支机构，以及收购外国现有企业或公司等，从事生产与经营活动。而控制外国企业股权是指购买外国企业股票并达到一定比例，从而拥有对该外国企业进行控制的经济行为。

2. 国际间接投资

国际间接投资（International Indirect Investment）也称为对外间接投资（Foreign Indirect Investment，FII），是指以资本增值为目的，以取得利息或股息或资本利得等为形式，以被投资国的证券为对象的跨国投资，即在国际债券市场购买中长期债券，或在外国股票市场上购买企业股票的一种投资活动。国际间接投资者并不直接参与国外企业的经营管理活动，其投资活动主要通过国际资本市场（或国际证券市场）进行。

国际间接投资和国际直接投资的根本区别在于对筹资者的经营活动有无控制权。因为投资者不可能仅仅依靠购买某国政府的债券而取得对该国政府经济活动的控制权。所以，有人将"非限制性国际贷款"（无控制权）归入国际间接投资内容中，而将"限制性国际贷款"（有控制权）归入国际直接投资内容中。

二、国际直接投资

（一）国际直接投资的特点

国际直接投资是现代的资本国际化的主要形式之一，按照国际货币基金组织的定义，

FDI 是指在投资人以外的国家所经营的企业拥有持续利益的一种投资，其目的在于对该企业的经营管理具有发言权。国际直接投资与其他投资相比，具有实体性、控制性、渗透性和跨国性等重要特点，具体表现在以下四点：

第一，国际直接投资是长期资本流动的一种主要形式，它不同于短期资本流动，它要求投资主体必须在国外拥有企业实体，直接从事各类经营活动。

第二，国际直接投资表现为资本的国际转移和拥有经营权的资本国际流动两种形态，既有货币投资形式又有实物投资形式。

第三，国际直接投资是取得对企业经营的控制权，不同于间接投资，它通过参与、控制企业经营权获得利益。

第四，国际直接投资规模日益扩大，由单向流动变为对向流动，发展中国家国际直接投资日趋活跃，区域内相互投资日趋扩大，国际直接投资部门结构的重大变化，跨国并购成为一种重要的投资形式。

（二）国际直接投资的方式

国际直接投资方式是指投资主体将企业资源直接投到境外，通过运营实现价值增值的具体方式。根据不同的划分标准，国际直接投资可以分成：合资经营、独资经营、合作经营和合作开发四种主要方式。

1. 按照是否在东道国企业中拥有股权或控制权，可分为股权投资与非股权投资

（1）股权投资。股权投资（Equity Investment，EI），是指境外投资主体以直接投资的方法在其海外子公司占有一定的股权比例，以所有权为基础，以决策经营权为途径（持有普通股），以实现对企业有效控制或影响的直接投资方式。这种投资包括以下四种类型：①全部拥有，即母公司拥有子公司股权 100%；②多数占有，即母公司拥有子公司股权在 50% 以上；③对等占有，即母公司拥有子公司股权的 50%；④少数占有，即母公司拥有子公司股权在 50% 以下。

（2）非股权投资。非股权投资（Non－equity Investment）又称非股权形式（Non－equity Mode，简称 NEM）、非股权安排（Non－equity Armmentange），是指投资主体通过与东道国企业签订有关技术、服务或工程承包等方面的合约，以获取利润或取得该东道国企业的某种管理控制权的投资方式。其特点是没有货币资本注入，是一种合约投资。不是通过获取股权的方式获取利润，有控制权，层次高，富有技术含量，有一定的条件，风险较小。

非股权安排的形式很多，具体形式也在不断发展，其中最常见的形式有：许可证合同、管理合同、交钥匙合同、产品分成合同、技术协作合同、经济合作以及订单农业、许可经营、特许经营和战略联盟等。

1）许可证合同：按一定价格向东道国企业转让某种技术的方式，对转让这种技术的补偿采取提成支付的方式，即在一定年限内，对生产的产品产量或产品销售价格，根据协议规定的比例提费用。

2）管理合同：又称经营合同、经营管理合同等，也是一种技术转让，分两大类：全面经营管理和技术管理。

3）交钥匙合同：由国际企业负责整个项目，从设计、建筑施工、为设备安装提供必要的技术和专门的知识、供应成套设备和设施、建造厂房，到全部设施的交付使用和工厂开工的整个过程。

4）产品分成合同：东道国与国际企业在一个预先商定的分配方案的基础上分享企业的产品，外国公司购买的全部设备在一定期限后最终归东道国所有。

5）技术协作合同：国际企业不提供任何资本，不享有产品的所有权和购买权，也不承担销售责任，只是在完成工程的各个方面提供各种技术服务。东道国享有全部的自主权，国际企业派出的技术人员在东道国主管下工作，以取得特别费用作为报酬。

6）经济合作：又称工业合作，是在国际企业与苏联、东欧国家开展所谓的东西方工业合作的基础上发展起来的。工业合作是一种长期合同，合作方式多样。

7）订单农业：国际采购商与东道国农民或农民协会之间的契约关系，该契约规定了养殖业以及农产品市场的条件，也就是一些国际企业或者中介机构和农户或者某个乡村组织之间签订农业产品订单的产销模式。

8）许可经营：指一家国际企业即授权人赋予一家东道国企业即被授权人以相应的权利来使用一种知识产权（包括专利、商标、版权、工业设计、商业秘密等），并以此取得一定的费用而形成的一种契约关系。

9）特许经营：指一家国际企业允许另一家东道国企业按照特许人建立起来的系统模式进行经营，以此换取一定的费用或在特许人所提供的商品或服务上打上某标记的一种契约关系。

10）战略联盟：指两个或两个以上的国际企业为了达成一个共同的商业目标而形成的一种契约关系，参与者可以向该联盟提供产品、分销渠道、生产能力、资本装备、知识、专业技能及知识产权等。通过签订契约而形成的自发的、非强制性的组织形式。

股权投资与非股权投资各有利弊，其比较如表9-1所示。

表9-1　股权投资与非股权投资比较

项目 指标	股权投资		非股权投资
	新建企业	跨境并购	
控制程度	高	中	低
资源投入	高	中	低
进入障碍	小	大	小
进入速度	慢	中	快
文化差异影响	大	大	小
技术扩散风险	低	中	高
投资风险	高	中	低
后续工作	简单	复杂	简单

项目　　　指标	股权投资		非股权投资
	新建企业	跨境并购	
灵活性	小	中	大
创造就业	中	小	大
政策优惠	多	少	不定
引进东道国技术	难	易	不定
竞争效应	大	小	不定

资料来源：卢进勇、郜志雄：《国际投资学》，中国人民大学出版社 2013 年版。

2. 按照企业设立的方式，可分为新建投资与跨境并购

（1）新建投资。新建投资是指投资主体依照东道国的法律和相关政策，在东道国设立分支机构、附属机构、子公司或与东道国合资创办新企业等，这种创建新企业的投资行为也称之为"绿地投资"（Greenfiele Investment）。

新建投资是早期跨国公司海外拓展业务的主要方式。

（2）跨境并购。跨境并购（Cross – border Merger & Acqusitions）是跨境兼并和跨境收购的合称，是跨越国界（关境）的并购，指境外投资主体通过一定的方式、按照一定的法律程序取得东道国某企业的全部或部分所有权的投资行为。其中，跨境兼并是指一国企业购买另一国企业的全部资产，合并组成一家企业；跨境收购是指一国企业通过现金或股票等收购另一国企业的资产或股份的方式，取得另一国企业资产和经营的控制权与管理权。

跨境并购与新建投资相比，既有优点，又有缺点，如表 9 – 2 所示。

表 9 – 2　跨境并购与新建投资优缺点比较

跨境并购		新建投资	
优点	缺点	优点	缺点
1. 建设周期较短 2. 进入市场速度较快 3. 可以利用原有销售渠道和网络，有利于开展当地经营 4. 可迅速扩大经营范围，实现产品或服务的多样化 5. 可以消灭竞争对手，可以获得原企业的品牌、专利、技术等无形资产	1. 涉及对原企业的人员和管理制度等进行整合，难度较大 2. 手续较为复杂 3. 东道国法律和政策限制较多 4. 当数量和金额较大时，常受当地舆论的抵制 5. 资产估价较烦琐，且不易准确，从而存在一定风险	1. 不涉及对原有企业的人员和管理制度整合问题 2. 手续较简单 3. 东道国法律和政策限制较少，且常有优惠政策 4. 当地舆论抵制较少 5. 一般能准确评估资本投入，能够把握主动权	1. 建设周期较长 2. 进入市场速度较慢 3. 需重新构建营销网络，管理成本较高 4. 不利于迅速进行跨行业经营以及实现产品或服务的多样化 5. 易激起竞争对手的报复，设置行业进入壁垒 6. 一般不能获得既有品牌、专利、技术等无形资产

资料来源：卢进勇、郜志雄：《国际投资学》，中国人民大学出版社 2013 年版。

3. 根据合作方式，可分为独资经营、合资经营、合作经营与合作开发

（1）独资经营。独资经营（Sole Proprietorship）是根据有关法律规定在东道国境内设立由境外投资者全部投资并独立经营的企业的国际直接投资方式。

独资经营的优点在于：可以确保公司的控制权和经营管理权不会因为合资或合作经营各方的利益追求不同而产生纠纷，确保投资方的利益；同时，进行国际独资经营可以利用各国税率的不同，通过国际内部价格转移的方式，进行合理避税。

但是，一国政府通常会对外国投资者独资经营进行一定的限制。根据我国外资企业法的规定，设立外资企业必须有利于我国国民经济的发展，并且国家鼓励采用国际先进技术和设备的、产品全部或者大部分出口的外资企业。外资企业的组织形式一般为有限责任公司，也可以是一人有限公司，但不包括外国的公司、企业、其他经济组织设在中国的分支机构，如分公司、办事处、代表处等。此外，独资经营的外国投资者在其经营过程中往往不能很好地融入东道国的社会文化氛围，容易做出错误的决策。

（2）合资经营。合资经营（Joint Venture）又称股权式经营（Equity Joint Venture），是指两个或两个以上的国家投资者（其中至少有一个东道国的投资方）在平等互利的原则基础上共同出资创办企业，并共同经营、共担风险，按照股权比例分享收益的国际直接投资方式。通过合资经营创立的企业，各出资方根据协商的股份对公司的债务负有有限责任。投资各方除了可以货币资金作为投资股份外，也可以以机器设备、原材料等作为股本投入。合资经营是国际直接投资最常见的形式。

合资企业主要分为股份有限公司和有限责任公司两种形式。股份有限公司是指公司的全部资本均分为股票份额，全体股东就其所有的股份尽出资义务，对公司的债务承担有限责任。公司可以通过公开发行股票筹集资金，股票可以自由转让；有限责任公司是指投资者对该公司所负的责任以其出资额为限，公司对债务的责任以其注册资本为限，投资者之间无连带责任。

合资经营的优点在于：由于合资经营的合作一方是东道国的投资者，可以减少因东道国政策变化而面临的风险，因为东道国在实行这种政策时不得不考虑本国投资者或政府在合资企业中的利益；同时，由于共同出资经营，共担风险，就会分散一部分投资者的损失；合资经营往往可以享受到东道国对外国投资者的特别优惠政策，有时由于合资公司中有东道国的利益所在，甚至能够享受到东道国对本国企业的优惠政策；并且在各方的合资经营过程中，外国投资者可以更快融入当地的社会、文化等氛围中，加快对东道国的了解。

然而，国际合资经营寻找合适的合作伙伴、审批手续等都需要较长的时间和复杂的手续，很可能会因此错过有利的商机；另外，很多国家都对合资中外资的比例做了严格的限制，外国投资者不能完全控制所投资的外国公司，往往会造成在管理过程、收益分配过程中的摩擦，不能从跨国公司母公司的角度出发及时转移利润、实行合理的国际间的避税策略。

独资经营与合资经营的利弊比较如表9-3所示。

表9-3 独资经营与合资经营的利弊比较

独资经营		合资经营	
优点	缺点	优点	缺点
1. 投资企业拥有绝对的控制权,可以较好地执行母公司的经营战略,且利润、价格和税收等均由母公司统一控制,可取得最大的总体效益	1. 受东道国法律和政策的严格限制,有时甚至是歧视性待遇;且可能会受到当地舆论的抵制	1. 较易获得当地人的合作,且可规避东道国政府对外国投资者的歧视性待遇	1. 合作双方长短期利益可能不同,故管理决策容易出现冲突,可能阻碍长期经营战略的制定和实施
2. 较好地维护投资企业的技术垄断地位,减少和避免技术泄露	2. 需重新构建销售网络,管理成本较高	2. 可利用当地合作伙伴在销售渠道和销售手段方面的优势,更快地占领当地市场	2. 无法保证技术垄断地位,往往导致技术泄露
3. 独享经营成果	3. 资本投入较多,风险较大	3. 资本投入较少,风险共担	3. 要让利于合作伙伴
4. 避免费力寻找合作伙伴		4. 政策优惠较多	4. 不易找到合适的合作伙伴

资料来源:卢进勇、郜志雄:《国际投资学》,中国人民大学出版社2013年版。

(3)合作经营。合作经营(Cooperative Operation)又称契约式经营,通常是指两个或两个以上国家的投资者通过谈判签订契约(合同、协议)共同投资组成合作企业,共同从事某项产品的研究、制造或销售,或者某个项目的经营的国际直接投资方式。合作者之间依合同的约定投入资金、技术或设备以及劳务,并依合同的约定分享权益和分担风险。合作经营的组织形式不一定是统一的经济实体,所以未必以法人的形式存在。

合作经营通常有法人式和非法人式两种形式。法人式是指合作双方在一国设立的具有法人资格的经营实体,这种企业具有民事权利能力和行为能力,以企业的财产承担民事责任;非法人式是合作双方在一国设立的不具备法人资格的经济组织,合作双方以各自本身的法人资格在法律上承担责任,对企业的债权债务由合作双方按合同规定来承担,合作经营期满后,合作企业的财产一般归东道国同其国内的合作者所有,而外国投资者则完全退出企业。

合作经营和合资经营最大的区别是合作经营企业的投资和服务不计算股份和股权,企业各方的权利和义务不是根据股权确定的,而是通过合同规定;合资经营企业各方的权利和义务则主要是按合资各方的股权比例来确定。

合作经营的优点在于:合作经营的申请、审批程序简便,所用时间较短;此外,国际合作经营形式、管理方式、利润分配、各方权利与义务等各方面都更为灵活。缺点则是不如其他形式规范,合作方之间容易产生争议与纠纷。

(4)合作开发。合作开发(Cooperative Development)是指东道国采用招标方式出售资源开采权,外国资本提供全部或部分开采所需资金、技术和设备,双方按签订的合同开发东道国自然资源的一种国际经济技术合作的经营方式。主要应用于资金投入巨大、生产周期长、设备、技术水平高的一些资源开发项目，如海上石油开采。

合作开发项目通常分为两个阶段：在资源勘探阶段，通常由外方投资，承担全部风险；在资源商业开采阶段，则由合作双方共同投资，分享资源销售收益。

目前我国主要在海上和陆上石油勘探中采用。这是一个新兴的产业，是企业内部之间，个人与个人之间，在现有的条件或现有物资条件下，使其发挥最大的作用，以互利互惠，互相合作的形式存在。

4. 按照投资企业在产品或产业的关联，可以分为横向国际直接投资、纵向国际直接投资和混合国际直接投资

（1）横向国际直接投资（Horizontal International Direct Investment）又称为水平型国际直接投资，指企业在境外投资拥有与母公司生产与经营业务相同或相近的企业，并独立完成产品的生产与销售。

（2）纵向国际直接投资（Vertical International Direct Investment）是指企业把产品的不同生产环节分别配置在成本相对较低的不同国家的一种国际直接投资方式。

（3）混合国际直接投资（Mixed International Direct Investment）是指既有纵向国际直接投资动机，又有横向国际直接投资动机的国际直接投资行为，也包括不相关联行业之间的国际直接投资。

三、国际间接投资

（一）国际间接投资的内涵

国际间接投资一般采用证券投资方式，是指投资者在国际金融市场上购买其他政府、金融机构和企业发行的债券、企业股票以及其他金融衍生工具（如期权、期货、互换）等。这种为获得资本增值而进行的投资活动，由于投资者并不是为了获得公司的控制权和管理决策权，而只是为了获得股票股息或债权利息或资本利得等投资收益，所以被称为间接投资。国际间接投资包括但不限于国际证券投资，还包括国际信贷投资和其他间接投资，当投资者在国外金融市场上购买外国企业的股票进行间接投资时，如果所购买的股票超过一定比例而获得企业的管理及表决权时，间接投资就转化为直接投资。

一般来说，企业进行国际间接投资可以利用企业的闲置资金获取收益，还可以有效利用国际证券投资进行风险管理。

（二）国际间接投资的特点

国际间接投资与国际直接投资相比，其特点如下：

1. 以获利为主要目的，不享有控制权

国际间接投资的主要目的是将由于暂时闲置等原因产生的资金进行投资以获取投资收益，因此对筹资者的经营活动无控制权。而国际直接投资对筹资者的经营活动则寻求拥有控制权。

2. 流动性强、持有时间较短、风险较小

国际直接投资往往是较为长期的、相对固定的投资，投资风险受被投资单位影响较

大，因此具有较大的风险。而国际间接投资与企业生产经营无关，随着二级市场的日益发达与完善，证券可以自由买卖，因此具有流动性强、风险性小等特点。

3. 投资渠道不同

国际间接投资的投资对象通常是规范化、标准化的场内交易产品，因此必须通过相应的交易所才能进行投资。而国际直接投资通常只要双方谈判成功即可签订协议进行投资。

4. 投资内涵不同

国际间接投资又可称为"国际金融投资"，一般只涉及金融领域的资金，即货币资本运动，所运用的是虚拟资本。而国际直接投资是生产要素的投资，它不仅涉及货币资本运动，还涉及生产资本和商品资本运动及其对资本使用过程的控制，运用的则是现实资本。

5. 获取的投资收益不同

国际间接投资获取的投资收益是利息和股息或资本利得。而国际直接投资的投资收益则表现为利润。

6. 自发性和频繁性

国际间接投资受国际间利率差别的影响而表现出一定的自发性，往往自发地从低利率国家向高利率国家流动。

此外，国际间接投资还受到世界经济政治局势变化的影响，经常在国际间频繁移动，以追随投机性利益或寻求安全场所。第二次世界大战以后，随着国际资本市场的逐步完善，国际间接投资的规模越来越大，国际资本的流动速度也越来越快。它具有较大的投机性，在这个领域，投资与投机的界限有时难以划分。

国际直接投资是运用现实资本从事经营活动，盈利或亏损的变化比较缓慢，一旦投资后，具有相对的稳定性。

（三）影响国际间接投资的因素

从事国际间接投资，必须搞清楚有哪些因素会影响到国际间接投资，这样才能把握投资机会，获取稳定的投资回报。一般来说，影响国际间接投资的主要因素如下：

1. 利率因素

利率（Interest Rate）是决定国际间接投资流向的主要因素。正常情况下，资本从利率低的国家流向利率高的国家，而在某些特殊情况下，如政局不稳定，也可能发生短期资本从利率较高而政局动荡的国家流向利率较低而政局稳定的国家。不少国家政府把利率作为宏观调控的手段，使资本向有利于本国经济的发展而流动。

利率的种类较多，有短期利率和长期利率、名义利率和实际利率之分，而对国际间接投资流量和流向较大的是长期利率和实际利率的变化。

2. 汇率因素

汇率（Exchange Rate）是一国货币与另一国货币交换的比率，也是一国货币用另一国货币表示的价格，即汇价。汇率主要决定于外汇的供求，它是一国国际收支状况的反映。汇率的稳定与否会引起国际间接投资流向的变化。如果某国的货币汇率较高而又长期稳定，投资者就会将资金由汇率低、风险性大的国家移入该国。

3. 经济因素

一国的经济发展态势、经济能否可持续发展、行业的发展前景等经济因素（Economic Factors）都将对一国经济的发展速度产生影响，并最终间接影响证券市场的价格波动。此外，一国的通货膨胀、税负等经济因素都会对国际间接投资产生影响。

4. 政治因素

政治因素（Political Factors）也是国际间接投资中的一个重要的影响因素。政局稳定与否、是否存在潜在的政权更替和潜在的战争因素等，这些政治因素都会对证券市场的走势产生很大的影响。

（四）国际间接投资的方式

国际证券投资（International Securities Investment）是指一国企业和公民与他国企业和公民之间进行股票、债券以及其他各种衍生金融工具交易的投资方式，它主要包括股本证券投资和债务证券投资，其中债务证券投资又可以进一步划分为长期债券、中期债券、货币市场工具和其他衍生金融工具等方面的投资。

1. 国际债券

国际债券（International Bonds）是国际资本市场的长期信用工具，购买国际债券是国际间接投资的重要方式之一。国际债券主要分为政府债券、金融债券和公司债券。

（1）政府债券（Government Bonds）又称为公债，是一国政府或政府有关部门为弥补财政赤字、平衡国际收支、支持资源开发和经济规划的实施，以政府信用为保证，在国际债券市场上发行的国际债券。政府债券的安全性、收益性和流通性都优于其他债券，享有的信誉也是最高的。

（2）金融债券（Financial Bonds）是经中央银行或其他政府金融管理部门批准，由银行或其他金融机构发行的债务凭证。凭证上通常标有发行机构的名称、利息、还款期、发行日期等。金融债券的利率略高于同期的定期存款利率，不能提前收回本金。

（3）公司债券（Corporate Bonds）是公司向投资者进行债务融资所发行的债务凭证，代表了公司的长期债务。在清算时，公司债券持有人的债权优先于公司股票持有人的股权。公司债权通常都明确承诺按固定利率支付利息和按确定日期归还本金。公司债权的持有人通常不享有参与公司管理的权利。公司债权持有人承担一定的风险，但是这种风险要小于同一公司的股票持有人。

2. 股票

股票（Shares）是股份证书的简称，是股份公司为筹集资金而发行给股东作为持股凭证并借以取得股息和红利的一种有价证券。每股股票都代表股东对企业拥有一个基本单位的所有权。这种所有权是一种综合权利，如参加股东大会、投票表决、参与公司的重大决策、收取股息或分享红利等。同一类别的每一份股票所代表的公司所有权是相等的。每个股东所拥有的公司所有权份额的大小，取决于其持有的股票数量占公司总股本的比重。股票是股份公司资本的构成部分，可以转让、买卖或作价抵押，是资本市场的主要长期信用工具，但不能要求公司返还其出资。股东与公司之间的关系不是债权债务关系。股东是公司的所有者，以其出资份额为限对公司负有限责任，承担风险，分享收益。

股票也是国际间接投资的主要方式。在开放、自由和发达的资本市场上，投资者可以自由转让和购入不同企业的股票，既可以利用闲置资金在股票投资中获利，又可以在需要资金的时候通过股票交易市场变现。

3. 可转让存单

可转让存单（Negotiable Certificate of Deposit）是可以在市场上转让的在商业银行以特定的期限存放特定数额的存款证明。可转让存单的利息率因金融市场情况、存单的到期日以及发行银行的规模与财务信誉不同而不同，利率比一般的政府债券要高。可转让存单的交易市场比较活跃，流动性较强。

4. 金融衍生工具

金融衍生工具（Derivative Security）又称"金融衍生产品"，是与基础金融产品相对应的一个概念，指建立在基础产品或基础变量之上，其价格随基础金融产品的价格（或数值）变动的派生金融产品。这里所说的基础产品是一个相对的概念，不仅包括现货金融产品（如债券、股票、银行定期存款单等），也包括金融衍生工具。作为金融衍生工具基础的变量则包括利率、汇率、各类价格指数、通货膨胀率，甚至天气（温度）指数等。金融衍生工具是在货币、债券、股票等传统金融工具的基础上衍化和派生的，是其价值依赖于标的资产价值变动的合约。这种合约可以是标准化的，也可以是非标准化的。标准化合约是指其标的资产的交易价格、交易时间、资产特征、交易方式等都是事先标准化的，因此此类合约大多在交易所上市交易，非标准化合约则是指各类交易事项由交易的双方自行约定，因此具有很强的灵活性。目前应用较为广泛的金融衍生工具包括期货交易和期权交易。

（1）期货交易（Futures Trade）是指买卖双方就约定在将来某一时期以约定的价格购买或出售某种证券的交易签订的一个合约。双方在成交后并不是马上进行交割，期货交易包括了商品期货、黄金期货以及证券期货等。这种交易方式在国际证券投资市场中正被越来越多地使用，以达到有效规避风险的目的。

（2）期权交易（Option Dealing）又被称为选择权交易（Option Trading），它不属于实物买卖，而仅仅是一种权利的交易，在期权交易中，期权买方在支付了一笔费用（权利金）之后，获得了期权合约赋予的、在合约规定时间，按事先确定的价格（执行价格）向期权卖方买进或卖出一定数量期权合约的权利。期权卖方在收取期权买方所支付的权利金之后，在合约规定时间，只要期权买方要求行使其权利，期权卖方必须无条件地履行期权合约规定的义务。

在期货交易中，买卖双方拥有对等的权利和义务。与此不同，期权交易中的买卖双方权利和义务不对等。买方支付权利金后，有执行和不执行的权利而非义务；卖方收到权利金，无论市场情况如何不利，一旦买方提出执行，则负有履行期权合约规定之义务而无权利。这种投资方式目前在国际间接投资中越来越流行。

有关国际信贷投资在前面章节多有介绍，在此就不赘述。

第三节 国际营运资本管理

一、国际营运资本管理概述

营运资本（Working Capital）也称营运资金或者运用资金，是企业流动资产和流动负债的总称，它是企业资金结构中最具活力的部分。营运资本的运转效率很大程度上决定了企业的生存与发展。在会计上，流动资产减去流动负债后的余额称为净营运资金。流动资产是指可以在一年内或超过一年的一个营业周期内变现或运用的资产，流动资产具有占用时间短、周转快、易变现等特点。企业拥有较多的流动资产，可在一定程度上降低财务风险。流动资产在资产负债表上主要包括以下项目：货币资金、短期投资、应收票据、应收账款、预付费用和存货。流动负债是指需要在一年或者超过一年的一个营业周期内偿还的债务。流动负债又称短期融资，具有成本低、偿还期短的特点，必须认真进行管理，否则，将使企业承受较大的风险。流动负债主要包括以下项目：短期借款、应付票据、应付账款、应付工资、应付税金及未交利润等。

净营运资金越多，说明不能偿还的风险越小。因此，净营运资金的多少可以反映偿还短期债务的能力。但是，净营运资金是流动资产与流动负债之差，是个绝对数，如果企业之间规模相差很大，绝对数相比的意义很有限。而流动比率是流动资产和流动负债的比值，是个相对数，排除了企业规模不同的影响，更适合企业间以及本企业不同历史时期的比较。

营运资本这个指标主要在研究企业的偿债能力和财务风险时使用。如果营运资本过量，说明资产利用率不高；如果营运资本过少，说明固定资产投资依赖短期债务融资的程度较高，经营上会受到影响。因此，营运资本管理是国际商务管理的重要组成部分。

国际企业在国际市场中开展经营活动，涉及各国不同的政治、经济、法律等背景，所处的环境也极为复杂。在跨国经营的情况下，企业的营运资金会以各种方式遍布在多个国家，企业不可避免地要承受国际金融市场汇率变动以及各国不同的汇率制度、经济政策所带来的影响。因此，国际企业的营运资本管理具有特殊性和复杂性。

国际营运资本管理主要包括现金管理、应收账款管理和存货管理。

二、现金管理

（一）现金管理概述

在企业财务管理中，现金（Cash）泛指可作为支付手段的货币或货币等价物。现金是企业中流动性最强、收益率最低的资产，这意味着如果企业缺乏现金，可能会面临无法正常周转的情形；而当企业持有过多现金时，则会使得企业丧失获得更高收益的机会。因此，企业必须权衡机会成本和现金短缺成本，寻找到最适合企业的现金保有量以将两者之和降至最低。在国际企业的财务管理中，由于企业同时在多个国家开展业务，不同的国家之间外汇、现金管理制度存在一定的差异，同时还存在汇率波动风险，这些情况使得国际企业开展现金管理工作更为困难。

（二）现金管理的目标

国际企业的现金管理与国内企业一样，其目标在于迅速有效地控制企业的现金资源以及将企业的现金额度降低到足以维持正常运转的最低水平。由于国际企业与国内企业在组织结构、经营活动、经营环境等各个方面都存在差异，因此其现金管理与国内企业也存在不同之处。

总的来讲，可以将国际企业现金管理的目标概括为：将企业持有现金降低至可以维持正常运营的最低水平，在保证企业不存在现金周转风险的情况下实现收益最大化和尽可能避免汇率、通货膨胀等风险带来的损失。

（三）现金管理的策略

国际企业进行现金管理的策略主要包括现金集中管理、净额支付系统和加快现金流入策略等。

1. 现金集中管理

现金集中管理（Centralized Cash Management）是指国际企业集团总部在主要货币中心和避税地设立现金管理中心，要求它的每一个子公司及分支机构所持有的当地货币现金余额仅以满足日常交易需要为限，超过此最低需要的现金余额，都必须汇往管理中心，它是国际企业中唯一有权决定现金持有形式和持有币种的现金管理机构，代表集团公司实施对现金的统一调度、管理、运用和监控。

现金集中管理以后，可以使整个国际企业的现金持有量达到最低。这是因为管理中心集中持有各子公司及分支机构出于预防动机而持有的现金余额。这样，管理中心应付各种情况所需的现金余额要远远低于各子公司及分支机构独立控制此种现金余额时所需的总和。多出来的资金就可以进行短期投资。同时，由于现金需求量的减少，降低了流动资产总额，从而降低了筹资成本，提高了整个企业的盈利能力。

由于现金管理中心专门从事现金的调度，所以有充足的时间进行信息的搜集，而且积累了各种货币市场上进行操作的经验。例如，在现金的持有币种方面，管理中心能够全面认识各种货币的相对强弱点，掌握它们趋于坚挺和疲软的可能性，熟知各国货币市场利率的变化，从而做出正确的决策。又如，在资金的筹集和投放方面，管理中心能全方位地获取金融市场的信息，确知何处资金成本最低，何处资金报酬最高，以便在管理中心现金不足或溢余时，做出正确的筹资或投资决策。

现金的集中管理能防止各子公司及分支机构的次优化观点，体现全局性优势。例如，当某地子公司及分支机构发生现金短缺时，管理中心可以通过电汇的方式融通现金，或经由某一世界银行在子公司及分支机构所在国的分行给子公司提供紧急现金援助。又如，设在甲国的子公司有暂时闲置的现金，甲国当地的投资报酬率是8%，而同一时期设在乙国的子公司则急需资金，当地市场的贷款利率是10%，现通过现金管理中心调度后，甲子公司以9%的利率贷款给乙子公司，利息通过管理中心支付，结果设在两国的子公司都得到了好处。

需要说明的是，即使实行现金集中管理，各子公司对现金的处理仍会保留一定程度的自主权，并不是所有现金业务均由管理中心操控。但这一制度也存在一些问题，例如会降低各国子公司、分支机构的自主性和决策灵活性，导致各分部对集团总部产生较强的依赖性。

2. 净额支付系统

国际企业在日常的生产经营中通常会产生大量的内部交易，如母公司、子公司之间购销商品和劳务形成的收付款业务，这种资本跨国流动会产生较大的成本费用与支出。为了降低这些不必要的成本，国际企业可以对内部交易形成的收付款进行双边或多边结算，实现净额支付。

净额支付系统（Net Payment System）是一种各方之间的借款或贷款（例如金融机构），或者应收账款和应付款项（例如集团公司）进行冲抵的机制，在这种机制下，只有未付净余额通过资金转账得到解决。净额支付系统包括双边净额结算和多边净额结算。

双边净额结算（Bilateral Netting）是指两家公司相互交易时，用某种固定汇率把双方的交易额抵销结算的一种结算方式。例如证券登记结算机构对交易双方之间达成的全部交易的余额进行轧差，交易双方按照轧差得到的净额进行交收的结算方式就是典型的双边净额结算。这种结算方式下，交易对手就是交收对手。

多边净额结算（Multilateral Netting）是指多家公司相互之间进行交易时的账款抵销结算。由于涉及多家公司，收支情况复杂，国际企业必须建立统一的控制系统，即设立中央结算中心，由集团总部财务部门牵头订立清算协议，进行多边净额支付的结算方式。例如证券登记结算机构介入证券交易双方的交易关系中，成为"所有买方的卖方"和"所有卖方的买方"；然后以结算参与人为单位，对其所有交易的应收应付证券和资金予以冲抵轧差，每个结算参与人根据轧差所得净额与证券登记结算机构进行交收的结算方式就是典型的多边净额结算。

多边净额结算是在双边净额结算的基础上产生的。双边净额结算是将不同国家的两个子公司之间相互的债权债务进行冲销，这样可以降低交易量，从而降低交易费用。多边净额结算是双边净额结算的延伸，通过财务公司将分布于各个国家的子公司之间的债权债务进行相互抵销，不能抵销的部分再通过银行进行支付。实现了集团公司内部各分支机构方便结算、减少结算次数、降低结算成本、加强对公司间资金收付的控制力度、避免相互拖欠款项现象发生的目的。

3. 加快现金流入策略

加快现金流入策略（Accelerating Cash Inflow Strategy）是指国际企业通过各种方式来加快现金流入企业的速度，从而增加可支配资金进而降低现金保有量的策略，这一策略主要包括锁箱法和借记账户事先授权法。

（1）锁箱法。锁箱法（Lock Box Method）是企业加速流动资金周转的另一种方法。是指收款企业向各有关城市的邮局租用加锁信箱，并委托当地的代理银行开箱收取顾客寄来的支票（收款企业预先通知客户偿付货款的支票投寄某号信箱）。当地代理银行每天开箱若干次，把从信箱中取出的支票存入该企业的账户。代理银行要把这些支票拍摄成缩微照片，记录存档，然后把支票送去清算收款。银行定期用封套把存款单、付款清单以及其他单据送交企业核查。这种办法使企业无须对支票进行内部处理，也无须亲自把支票提交银行了。与企业亲自处理支票并送存银行相比，采用锁箱法能使支票较快地存入银行，较快地成为可提取的银行存款。但其缺点主要是：企业要付出一定的代价。银行除办理一般支票清算业务外，还要提供其他服务，因而要求企业给予相应报酬，通常是要求企业在委托银行保持一定的存款额。

因此，要权衡利弊，看加速收款所带来的收益是否大于锁箱法所支付的成本和费用。

（2）借记账户事先授权法。借记账户事先授权法（Prior Authorization Method for Debit Account）是指付款人事先授权收款企业将其名称、开户银行、应付金额、付款事由等录在磁带或优盘上送交开户银行，通过自动交换系统收账，同时通知开户银行，到期根据收款银行的提示付款。也就是说，资金在确定日期自动由客户的银行账户直接转记到收款公司的银行账户。

三、应收账款管理

（一）应收账款管理概述

1. 应收账款的含义

应收账款（Receivables）是指在正常的经营过程中因销售产品、提供劳务等业务而形成的应收未收的款项，包括应由购买单位或接受劳务单位负担的税金、代购买方垫付的各种运杂费等。它通常是企业短期资产中占比较高的一类资产，对于企业的生产、经营与销售有着非常重要的意义。因此，应收账款管理是企业营运资本管理的一个重要组成部分。对于国际企业而言，其应收账款涉及来自不同国家或地区的客户，且应收账款数额更为庞大，导致了其发生坏账的风险更高，管理难度也更大，因此国际企业更需要重视应收账款的管理。

2. 应收账款的风险与特点

对国际企业来说，应收账款的风险主要来自于国际市场的不稳定。与国内市场相比，国际市场的情况更为复杂，会增加企业应收账款的回收难度。应收账款的风险主要是企业不能够及时或者足额收回应收账款而造成的潜在和实际的损失。在国际市场中应收账款的风险比国内贸易风险相对更大，具体表现出以下几个特点：

（1）周转速度慢。相比于国内交易，国际贸易中买卖双方位于不同的国家和地区。各国的交易制度和法律不同，导致国际贸易面临的问题要比国内贸易更为复杂。在进行国际贸易往来中，不同的国家需要遵守不同的政策制度，容易导致程序复杂、交易活动时间长等各种问题。

（2）客户资料难于收集。由于与海外商家进行贸易往来，客户资料相对于国内更难于正确的收集与审核，导致坏账损失增加、保险赔付率上升。而有时由于种种原因，每当国外企业违约支付或者不愿支付货款时，许多海外商客会选择拖欠、拒付及破产的方式向出口企业转移风险。

（3）汇率风险。汇率风险是国际企业应收账款风险的一个特有方面。随着我国企业开放程度不断提高，走出去战略使得国际企业很容易受到世界经济环境的影响，企业经营环境更为复杂。其中一个主要方面就是国际外汇市场中汇率变动导致的不稳定，这成为企业经营过程中必须要考虑的一个关键因素。外币价值的变化会导致企业应收资产与应付负债的增减变化。如果外汇汇率在支付货款时较签订合同时上涨了，那么企业就要额外多支付上涨的本币。如果本币汇率在收进货款时较签订合同时上涨了，那么企业将少获得本币。

3. 应收账款管理的目标

国际企业的应收账款管理目标与国内企业基本一致。对于一个企业来讲，应收账款的存在本身就是一个供产销的统一体，企业一方面想借助于它来促进销售、扩大销售收入、增强竞争能力，另一方面又希望尽量避免由于应收账款的存在而给企业带来的资金周转困难、坏账损失等弊端。

应收账款管理的目标，就是要制定科学合理的应收账款信用政策，并在这种信用政策所增加的销售盈利和采用这种政策预计要担负的风险与成本之间做出权衡。只有当所增加的销售盈利超过运用此政策所增加的成本时，才能实施和推行使用这种信用政策。同时，应收账款管理还包括企业未来销售前景和市场情况的预测和判断，以及对应收账款安全性的调查。如企业销售前景良好，应收账款安全性高，则可进一步放宽其应收账款信用政策、扩大赊销量从而获取更大利润，相反，则应相应严格其信用政策，或对不同客户的信用程度进行适当调整，确保企业获取最大收入的情况下，又使可能的损失降到最低点。

企业应收账款管理的重点，就是根据企业的实际经营情况和客户的信誉情况制定企业合理的信用政策，这是企业财务管理的一个重要组成部分，也是企业为达到应收账款管理目标必须合理制定的方针策略。

国际企业应收账款的资金占用水平即存量水平取决于赊销金额的大小和平均收款期的长短两个因素，而这两个因素本身主要受企业的信用政策、同行业竞争状况、企业的业绩评价标准、经济环境及其他诸如经济周期、产品质量、需求的季节变化等因素的影响。

对于国际企业而言，应收账款主要由两种交易类型的交易产生的：一是因向企业外部无关联企业销售产品或提供劳务而产生的，反映了企业与客户之间债权债务关系；二是因向企业集团内部关联企业销售产品或提供劳务而产生的，是国际企业内部财务往来的一种形式。对于两种不同的应收账款，管理的模式和方法也有所区别。

（二）外部应收账款管理

国际企业与外部非关联方之间进行交易产生的应收账款属于一般意义上的外部应收账款，它反映了企业的商业信用政策，管理的重点或目标是在保证企业产品市场竞争力和将企业的坏账风险与损失水平控制在一定程度的前提下，尽可能利用商业信用政策来扩大销售以谋求更多的经济利益。对外部应收账款管理主要从以下几个方面入手：

1. 合理的商业信用政策

国际企业执行赊销政策的目的在于扩大销售、减少存货、开辟和扩大市场份额，更宽松的信用政策可以有效地刺激企业的产品销售。但应收账款的存在会给企业带来一些成本，例如应收账款占用资金所产生的资金机会成本，应收账款的管理成本（如收集信息费用、收款费用和核算费用等），以及坏账损失成本。此外还有由于货币贬值而引起的应收账款实际价值的减少等。因此，国际企业在进行商业信用政策制定或修改时，需要综合考虑信用政策变动所带来的相关成本和增量收益，以确保商业信用政策为企业带来更多的资源而非导致企业的损失。

2. 交易币种的选择

在国际企业进行跨国销售时，交易结算货币币种有多种选择：出口商货币、进口商货币和第三方货币。为了规避外汇交易风险，出口商往往倾向于以硬货币进行结算，而进口商则更愿意采用软货币来付款。对于币种选择偏好的差异导致买卖双方在进行交易时，通常会对币种进行讨价还价。在进行交易时，如果交易双方对备选货币的汇率变动趋势有着相反的预期，则通常不需要对交易币种进行讨价还价。当交易双方对备选货币的汇率波动趋势有相同的预期时，国际企业作为出口商应尽可能选择硬货币进行交易结算，但某些情况下选择软货币结算也是可行的选择，例如国际企业对其他企业存在以某种软货币计价的债务，则国际企业可以选用该软货币进行交易结算，因为汇率波动风险可以相互对冲，从而不会对国际企业造成实质性的损失。

3. 应收账款的让售与贴现

应收账款让售（Accounts Receivable Factoring）是指企业将应收账款所有权出让给专门收购应收账款为业的金融公司，从而取得资金的资金融通方式。在应收账款让售中，让售应收账款的企业只能收回部分款项，价差作为金融公司提供应收账款让售服务的手续费。在让售中企业虽然需要付出一定的代价，但是可以有效地化解坏账损失风险，同时还可以加快应收账款的回收，缩短应收账款收账期，提高资金运用效率。实际业务中，应收账款让售还可以分为无追索权让售和有追索权让售两种。

应收账款的贴现（Discount of Accounts Receivable）是指国际企业在应收账款到期前将合法的应收账款凭证拿到商业银行或其他金融机构，以该应收账款作为抵押品申请贴现。商业银行或其他金融机构按照应收账款面额扣除一定的贴现金后返还给贴现企业。如果应收账款到期无法收回，则商业银行或其他金融机构可向国际企业收回该笔款项。所以对应收账款进行贴现后企业仍需承担无法回收应收账款的风险。应收账款的贴现通常用于企业急需资金的情况。

在国外，有许多专门从事应收账款让售与贴现业务的机构，如商业银行中的"让售部"，还有独立的让售公司等。让售公司除让售业务外，还专门从事企业的信用调查和风险评估，效率很高，特别适合于公司遍及全球的跨国公司评估客户信誉、催收账款等业务的代理。

4. 付款期限的确定

国际企业应收账款的付款期限的确定主要应该考虑交易币种、购货方资信等级、东道国政局状况以及企业自身资金状况等因素。付款期限（Term of Payment）是公司准许客户延期付款的时间。显然，在此期间汇率可能会变化，因而直接影响应收账款的实际价值。付款期限越长，这种风险就越大。因此，国际企业在确定付款期限时，必须要考虑汇率变动这一因素。如果购货方资信等级较高，那么，应收账款期限可以长一些；反之，应缩短期限。东道国政局稳定，能够保证应收账款的安全性，期限可以长一些；反之，应缩短期限。国际企业自身资金状况比较宽松，给对方的期限可以长一些。如果自身资金比较紧张，则必须缩短期限。

5. 利用信用保险

为了避免销售日和收款日之间的汇率风险，可以考虑通过保险公司购买货币信用保险，以此来规避或抵补因信用销售可能产生的风险。如果可能，国际企业可以通过政府代理这种形式从事国际赊销活动。政府代理（Government Agency）是一国为了扩大出口，对本国企业向进口商提供的出口支付信贷由国家设立的代理机构担保，当进口商不能按时付款时，由代理机构按担保数额给予补偿。所以国际企业如果能获得这种担保，应收账款的坏账风险和汇率风险就减至较低的程度。

（三）内部应收账款管理

国际企业对关联企业应收账款的管理即为内部应收账款管理，这是国际企业调控内部资金流动的手段之一，目的在于实现企业整体财务资源的最优配置和组合。内部的应收账款管理与外部应收账款管理主要有两点不同：一是无须考虑客户的资信问题；二是付款时间不完全取决于商业习惯。这两点不同决定了内部应收账款管理可以从以下两个方面入手：

1. 提前或推迟结算

提前或推迟结算（Advance or Defer Settlement）实质上是商业贷款期的改变。提前与推迟是在国际企业内部交易结算中，改变以商业信用销售商品时的支付期限。它是国际企业内部资金转移最常见、最灵活和最有效的方法。提前结算即在信用到期之前支付，推迟结算则是信用到期之后延迟支付。提前或推迟结算的指导性原则是使资金流动能充分地为国际企业的综合利益服务。该目标可以通过软货币国家到硬货币国家的加速支付实现，也可以通过硬货币国家到软货币国家的推迟支付实现。

具体操作上，如果国际企业的某个子公司所在东道国政府政局不稳定或者面临较大的货币贬值风险，则可以要求该子公司提前归还款项，起到规避汇率风险的作用；反之，则可以要求推迟结算付款。

2. 设置再开票中心

再开票中心（Reinvoicing Center）是一种由国际企业资金管理部门设立的贸易中介机构，是国际企业的一个资金经营子公司，它专门用于处理各子公司之间内部商品、劳务交易的发票和结算。其主要职责是：当国际企业成员从事贸易时，商品和劳务直接由子公司提供给买方，但有关业务的收支则都是通过再开票中心来进行。

再开票中心处理的是文件而非实际货物，这对国际企业内部交易是非常有优势的。第一，再开票中心的工作相当于将所有的资金往来都集中在了一个机构内，外汇汇率风险完全由再开票中心负担，从而可以在再开票中心中设置单独的外汇风险管理机构来对外汇风险进行统一管理，提高管理效果、降低管理成本。第二，再开票中心的设立有利于各子公司之间的债权债务实现双边和多边净额结算与冲销，及时了解各子公司的资金余额，利用提前付款或推迟付款办法间接实现资金转移，有利于融通资金，提高集团内资金周转效率。而且再开票中心在集中处理资金的同时，还可以充分收集世界各地的商业和金融情报，汇总财务数据，为国际企业制订全球经营计划和财务计划创造有利条件。此外，再开票中心通常设在低税国或免税国或避税地，由于在当地不开展购销业务，因而可以取得非居民资格，不必在当地纳税，使国际企业可以有效地规避税收、减轻税负，获得更多的税后利润。

当然，再开票中心也存在运营成本较高的缺陷，这一缺陷的存在使得只有当企业规模大到一定程度时，设置再开票中心才可能给企业带来经济利益的流入。

四、存货管理

（一）存货管理概述

存货（Inventory）是指企业在日常活动中持有以备出售的产成品或商品、处在生产过程中的在产品、在生产过程或提供劳务过程中耗用的材料或物料等，包括各类原材料、在产品、半成品、产成品或库存商品，以及包装物、低值易耗品、委托加工物资等。存货是企业的核心资产之一，在企业的生产、运营以及销售过程中都占据了非常重要的位置。由于存货在企业资产中占据了很大的比重，存货的质量、运营状况对于企业的日常经营乃至存续都有着关键的意义，因此，对存货进行有效的管理是企业生存、发展壮大的重要环节。

从原则上讲，国际企业的存货管理与国内企业相比并没有特别之处，其存货管理的目标仍然是以最低的成本提供企业日常经营所必需的存货，从而充分发挥存货功能、满足公司生产需求的前提下降低存货成本和提高存货周转率。但是，由于下述原因，国际企业的存货管理比国内企业更为复杂：

第一，国际企业的存货周转、调配可能要跨越国界，操作难度、成本更高，而且还可能涉及关税、进出口壁垒等问题。

第二，国际企业受外汇汇率波动、通货膨胀、东道国政府政局稳定性等因素的影响较大，一旦出现这些情况，会使企业承担很大的风险和成本。

为了规避和解决以上的问题，国际企业通常从存货购置、存货定价与存货控制等方面对存货进行管理。

（二）存货购置决策

一般而言，存货购置决策包括两方面内容：存货超量储备决策和存货超前购置决策。

1. 存货超量储备决策

存货管理中的经济订货量模型是国际企业存货购置决策的理论基础，不过国际企业由于受原材料短缺、汇率波动、通货膨胀、各国管制以及战争和冲突的影响，其往往会经常保持远远高于最优水平的存货量。这种存货管理方式称为存货超量储备决策（Inventory Excess Reserve Policy）。同时，国际企业对于各个子公司因储备存货而占用资金损失的利息通常不予计算，这也给予存活的超量储备激励和奖励。存货超量储备是国际企业面对复杂国际市场环境所做出的适应性反应。一般而言，在进行存货超量储备决策时，国际企业需要遵循以下的原则：

第一，如果海外经营子公司主要依赖进口建立存货，在预期当地货币贬值的情况下，应当提前购置存货并且尽可能多地储备。这是因为当地货币如果出现贬值，会导致企业从境外进口的成本上升。

第二，如果海外经营子公司主要从当地购置存货，在预期当地货币贬值的情况下，应当尽可能降低原材料、半成品等存货储备水平。因为如果当地货币贬值实际发生，则会大大减少以母公司本土货币表示的当地企业储备的存货价值。

第三，如果海外经营子公司同时从当地和海外购进存货，在预期当地货币贬值的情况下，应当尽可能减少当地的进货量，同时尽可能多地通过进口储备存货。如果不能精确地预见货币贬值的幅度和时间，那么子公司应设法保持同量的进口存货和当地存货，以避免外汇风险。

第四，如果海外经营子公司从一个国家或地区进口的存货受进口商政府的限制，在这种情况下，则可以尽可能多地储备存货，从而给企业更多的时间去寻找可供选择的新的货源。

第五，如果汇率波动减轻，存款利率有上升的趋势，东道国外汇管制将放松，运输有保障，或拥有国内货源供应时，就不必进行存货的超量储备了。

2. 存货超前购置决策

对国际企业而言，如果依赖进口来建立存货储备，则存货的供应要跨越国界及长途运输，就将面临通货膨胀的影响和承受外汇风险，为规避可能发生的损失就应根据存货的来源做出提前或推迟购置的选择。国际企业进行存货超前购置决策的情况主要有被动超前购置存货决策和主动超前购置存货决策。

第一，被动超前购置存货决策。一些发展中国家由于其金融市场不发达，有的还不存在完善、活跃的外汇期货市场，同时对外币的兑换也存在一些限制。因此，对于国际企业而言，一个可行的办法是将多余的资金预先用来购置将来要用的货物，特别是进口货物，这样可以防止因当地货币贬值所引起的损失。超前购置存货的机会成本是本来可以用当地货币进行投资所能获得的报酬，如果出现货币贬值的情况，即使在当地进行投资所能获得的报酬数额较大，也会因为货币贬值的存在而消失。所以，在这种情况下，国际企业可以采取超前购置存货决策，将外币转换为存货而规避汇率风险。

第二，主动超前购置决策。当国际企业海外经营子公司在通货膨胀等条件下经营时，对于公司的管理者来说，需要做出存货超前购置或出现需求时进行购置的决策，这就是主动超前购置决策。主动超前购置决策通常需要考虑的因素有包括存货超前购置涉及的、包括投资于存货的资金利息、保险费等在内的业务成本和存货正常购置涉及的、包括通货膨胀等在内的业务成本，企业需要权衡两者的大小进行决策。

（三）存货定价决策

定价决策是国际企业财务管理的重要方面。存货定价是根据市场需求与供给状况，针对产品确定价格的行为。产品定价不仅直接决定公司的整体业绩，而且也是实现国际企业全球经营战略的重要手段。对于国际企业来说，合理的产品定价能够有效地规避汇率、利率和税收风险，取得一定的财务收益。

国际企业原料的购入和产品销售可能跨越不同的两个国家，而两个国家货币汇率的波动必然会影响国际企业存货销售利润的实现。在产品销售国的货币发生贬值的情况下，如果按照原定价格进行销售，则无法实现预期利润，甚至还可能亏本。此时，在销售国未实行物价管制的情况下，如果该种商品的价格需求弹性比较小，有涨价的空间，则企业可以提价销售，以弥补货币贬值的损失。如果该种商品的价格需求弹性较大，售价无法提高或提高的幅度不足以使企业获得正常水平的销售利润，那么就应该停止此种商品的销售。

（四）存货控制决策

与现金、应收账款管理相比，存货管理的显著不同之处在于其责任实际上是由公司财务、生产、供销等多个部门共同承担的。不同部门在存货管理方面的立场有较大的差异：财务部门倾向于保持较小的库存以减轻资金压力，加速资金周转，降低储存成本；采购部门往往倾向于大批量订货借以获得批量折扣，以降低采购成本，而且还希望及早进货以避免承担停工待料责任；生产部门往往倾向于保持大量在产品及半成品存货，以保证生产线不至于停工待料；销售部门则希望保持充足的产成品存货，以避免因脱销而失去市场或客户。为使企业能够顺利实现其存货管理目标，国际企业必须对各部门进行协调，制定出行之有效的管理政策。

第四节　外汇风险管理

一、外汇风险概述

（一）外汇、汇率的含义与分类

1. 外汇的含义与分类

外汇（Foreign Exchange），实际上就是国际汇兑的简称。《英国大百科全书》把外汇定义为：商业国家之间借以清算它们相互之间的债权债务的制度。外汇有静态和动态两种含义。从动态上来理解，外汇是国际清偿债权债务或转移资金的一种货币运动；从静态上来理解，外汇是以国外货币表示的可以用于国际结算的支付手段。这种支付手段包括以外币表示的信用工具和有价证券，如银行存款、商业汇票、银行汇票、银行支票、外国政府库券及其长短期证券等。外汇作为支付手段。必须具备三个特点：①可支付性（必须以外国货币表示的资产）。②可获得性（必须是在国外能够得到补偿的债权）。③可换性（必须是可以自由兑换为其他支付手段的外币资产）。

根据外汇可自由兑换程度来划分，外汇又分为自由兑换外汇、有限自由兑换外汇和记账外汇三种：①自由兑换外汇是指无须货币发行国批准，可以随时动用，自由兑换为其他国家货币或可以向第三者办理支付的外汇。例如美元、港币、加拿大元等。②有限自由兑换外汇，则是指未经货币发行国批准，不能自由兑换成其他货币或对第三国进行支付的外汇。国际货币基金组织规定凡对国际性经常往来的付款和资金转移有一定限制的货币均属于有限自由兑换货币。世界上有一大半的国家货币属于有限自由兑换货币。③记账外汇，又称清算外汇或协定外汇，是指未经货币发行国的批准，不准自由兑换成其他货币或对第三者进行支付的外汇。记账外汇只能根据两国政府间的清算协定，在双方银行开立专门账户记载使用。

除此之外，外汇还可以按来源用途分为贸易外汇、非贸易外汇和金融外汇，按市场走势分为硬外汇（强势货币）和软外汇（弱势货币）等。

2. 汇率的含义与分类

汇率（Exchange Rate）是国际贸易中最重要的调节杠杆。世界各国都有专属于本国的货币，通常称作本位币。本位币不仅是一国流通最广泛的货币，也蕴含着一国的文化，体现了一国的经济实力。在经济全球化的发展趋势下，世界各国都加入到跨国贸易的行列中，出口本国的商品换取他国的货币或者进口他国的商品支付本国的货币。然而问题是，他国的货币在本国流通受限，对方亦然。因此将得到的他国货币兑换为本位币就是必需的，可是世界各国的货币币值是不一样的，两种货币之间有一个兑换率，这种以一国货币兑换另一国货币的比率就是汇率，即用一国货币表示另一国货币的价格。

汇率按照不同的性质划分可分为不同的种类：按国际货币制度的历史演变进程来划分，有固定汇率和浮动汇率；按制定汇率的方法来划分，有基本汇率和套算汇率；按银行买卖外汇的方式来划分，有买入汇率、卖出汇率、中间汇率和现钞汇率；按外汇买卖合同签订后办理交割的时间来划分，有即期汇率和远期汇率；按对外汇管制程度来划分，有官方汇率和市场汇率；按银行营业时间来划分，有开盘汇率和收盘汇率；按银行外汇付汇方式来划分，有电汇汇率、信汇汇率和票汇汇率；按汇率与货币实际购买力关系来划分，有名义汇率和实际汇率。

（二）外汇风险的定义、特点

1. 外汇风险的定义

外汇风险（Foreign Exchange Exposure）是指一个企业的成本、利润、现金流或市场价值因外汇汇率波动而引起的潜在的上涨或下落的风险。也就是说，在外汇市场中由于各种货币相互兑换的汇率的变动所引起的以外币计价的企业资产价值上涨或者下降的可能性。外汇汇率波动既可能给企业带来损失，也可能给企业带来机会。在全球经济一体化的市场中，各国企业不仅在本国从事贸易、经营活动，有雄厚资金实力和优越运营能力的企业更是作为国际企业，从事着对外经济、贸易活动。这种国际企业在海外贸易及投资的经营过程中，通常在国际范围内收付大量外币或持有外币债权债务，或以外币标示其资产、负债价值。由于各国都有在本国流通最广泛的当地货币即本位币，且各国本位币之间的兑换汇率时时变化，因此在国际贸易活动中，有经济往来的企业在国际收付结算时，都无法避免外汇风险的产生。外汇风险对企业经营结果的影响具有两种结果，或是获利，或是遭受损失。

2. 外汇风险的特点

在任何一个拥有对外贸易及投资的国际企业或组织的经营活动、经营结果和预期经营收益中，都存在着由于外汇汇率变化而引起的外汇风险。外汇风险具有时滞性、时变性、敏感性和不对称性等特点：①时滞性是指由于汇率变动对企业收益率的影响并不一定体现在当期，而是需要更长的时间才能体现出来；②时变性是指由于汇率随着时间的推移而不断变化，由此导致的风险也会随着时间的推移不断变化；③敏感性表现在其对多汇率变动的敏感，对于企业而言，其受各种货币汇率的影响各不相同，如果仅仅使用一种汇率去度量企业所有的外汇风险，很可能会导致对企业总体风险的低估；④不对称性是指企业的收益对于汇率的上升和下降所给予的不对称的反应，主要由三种行为导致：市场定价行为、时滞行为和不对称的避险行为。

（三）外汇风险的分类

根据外汇风险的作用对象和表现形式，一般把外汇风险分为三类：交易风险、折算风险和经济风险。

1. 交易风险

交易风险（Transaction Exposure）也称交易结算风险，是指在约定以外币计价成交的交易过程中，由于结算时的汇率与交易发生时即签订合同时的汇率不同而引起收益或亏损的可能性。交易风险属于一种流量风险。交易风险主要表现在：①以即期或延期付款为支付条件的商品或劳务的进出口，在货物装运和劳务提供后，而货款或劳务费用尚未收付前，外汇汇率变化所发生的风险。②以外币计价的国际信贷活动，在债权债务未清偿前所存在的汇率风险。③向外筹资中的汇率风险。借入一种外币而需要换成另一种外币使用，则筹资人将承受借入货币与使用货币之间汇率变动的风险。④待履行的远期外汇合同，约定汇率和到期即期汇率变动而产生的风险。

2. 折算风险

折算风险（Conversion Risk）又称会计风险，是指国际企业在编制母公司同与境外子公司的合并财务报表所引致不同币种的相互折算中，因汇率在一定时间内发生非预期的变化，从而引起企业合并报表账而价值蒙受经济损失的可能性。折算风险属于一种存量风险。同一般的企业相比，国际企业的海外分公司或子公司所面临的折算风险更为复杂。一方面，当它们以东道国的货币入账和编制会计报表时，需要将所使用的外币转换成东道国的货币，面临折算风险；另一方面，当它们向总公司或母公司上报会计报表时，又要将东道国的货币折算成总公司或母公司所在国的货币，同样面临折算风险。折算风险主要有三类表现方式：存量折算风险、固定资产折算风险和长期债务折算风险。

3. 经济风险

经济风险（Economic Risk）又称经营风险，是指非预期汇率变动对以本国货币表示的跨国公司未来一定期间的收益或现金流量现值变化的影响程度。在这里，收益是指税后利润，现金流量指收益加上折旧。经济风险可包括真实资产风险、金融资产风险和营业收入风险三个方面，其大小主要取决于汇率变动对生产成本、销售价格以及产销数量的影响程度。例如，一国货币贬值可能使得出口货物的外币价格下降从而刺激出口，也可能使得使用的进口原材料的本币成本提高而减少供给。此外，汇率变动对价格和数量的影响可能无法马上体现，这些因素都直接影响着企业收益变化幅度的大小。与交易风险不同，经济风险侧重于企业的全局，从企业的整体预测将来一定时间内发生的现金流量变化。因此，经济风险来源不是会计程序，而是经济分析。经济风险的避免与否很大程度上取决于企业预测能力的高低。预测的准确程度直接影响企业在生产、销售和融资等方面的战略决策。

市场经济中的经济风险和经济利益是同时并存的，高风险往往伴随着高收益。因此，经济风险可以说是一把"双刃剑"，既能激励国际企业趋利避险，加强和改善经营管理，改进技术，更新设备，降低消耗，提高经济效益，促进经济迅速发展，又能使国际企业患得患失，顾虑重重，追求盈利的冲动受到可能蒙受的经济风险制约，使国际企业在经济行为理性化的同时，有可能失去发展的良机，由此而使经济运行趋于稳定或停滞。我们必须正视其抑制作用，强化风险制约的功能，同时采取积极的措施，充分发挥其激励作用。

此外，折算风险和交易风险的影响是一次性的，而经济风险的影响是长期的，它不仅影响企业在国内的经济行为与效益，而且直接影响企业在海外的经营效果和投资收益。因此，经济风险一般被认为是三种外汇风险中最重要的。但是由于经济风险跨度较长，对其测量存在着很大的主观性和不确定性，要准确计量企业的经济风险存在很大的难度，所以企业的经营者通常更重视对交易风险和折算风险的管理。

虽然交易风险、折算风险与经济风险都是由于未预期的汇率变动引起的国际企业或个人外汇资产或负债在价值上的变动，但它们的侧重点各有不同。从损益结果的计量上看，交易风险可以从会计程序中体现，通过一个明确的具体数字来表示，可以从单笔独立的交易，也可以从子公司或母公司经营的角度来测量其损益结果，这样便具有客观性和静态性的特点。而经济风险的测量需要经济分析，从国际企业整体经济上预测、规划和分析，设计企业财务、生产、价格、市场等各方面，因而带有一定的动态性和主观性。从测量时间来看，交易风险与折算风险的损益结果，只突出了企业过去已经发生交易在某一时间点的外汇风险的受险程度，而经济风险则要测量将来某一时间段出现的外汇风险。不同的时间段的汇率波动，对各期的现金流量、经济风险受险程度以及国际企业资产价值的变动将产生不同的影响。

（四）外汇风险的衡量方法

对外汇风险进行管理之前需要对外汇风险进行量化衡量，通常情况下，采用方差、标准差等指标对外汇风险进行衡量。一般情况下，国际企业都以本国货币作为记账本位币，因此必须将外币收入折合成本位币进行计量。假设以 R_i 表示国际企业在第 i 种情况下外汇收入所对应的汇率、X_i 表示国际企业在第 i 种情况下外汇收入的外币金额大小、P_i 表示国际企业第 i 种情况出现的概率大小。

1. 方差

根据以上假设，国际企业外汇风险的方差可以表示为：

$$\delta^2 = \sum_{i=1}^{n} (R_i X_i - \overline{X})^2 P_i \qquad (9-1)$$

其中，$\overline{X} = \sum_{i=1}^{n} R_i X_i P_i$。

国际企业将外汇收入 X_i 依据相对应的即期汇率 R_i 兑换成本国货币，外汇的汇率变动会导致国际企业收入产生不确定性。汇率的波动幅度越大，国际企业收入的不确定性就越大，表现为国际企业收入与收入的期望值偏离越大，也就是方差越大；反之，汇率波动幅度越小，国际企业收入的不确定性就越小，表现为国际企业收入与收入的期望值偏离越小，也就是方差越小。

因此，可以用方差大小来衡量国际企业所面临外汇风险的大小，方差越大，表明国际企业的外汇风险越大；方差越小，表明国际企业的外汇风险越小。

2. 标准差

根据以上假设，国际企业外汇风险的标准差可以表示为：

$$\delta = \sqrt{\sum_{i=1}^{n}(R_i X_i - \bar{X})^2 P_i} \tag{9-2}$$

其中，$\bar{X} = \sum_{i=1}^{n} R_i X_i P_i$。

和方差一样，标准差越大，反映汇率变化使国际企业收入与预期收入的差距越大，即外汇风险更大；反之，标准差越小，反映汇率变化使国际企业收入与预期收入的差距越小，即外汇风险越小。当国际企业的外汇收入一定（假定为 X）时，标准差的计算公式可以表示为：

$$\delta = X\sqrt{\sum_{i=1}^{n}\left(R_i - \sum_{i=1}^{n} R_i P_i\right)^2 P_i} \tag{9-3}$$

通过此公式可以更清楚地看出汇率变动幅度对国际企业外汇风险标准差的影响大小。

3. 标准离差率

标准离差率的计算公式可以表示为：

$$V = \frac{\delta}{\bar{X}} \tag{9-4}$$

式中：δ——标准差，$\bar{X}$——预期收入，即 $\bar{X} = \sum_{i=1}^{n} R_i X_i P_i$。

利用方差和标准差可以反映出国际企业所面临的外汇风险大小，但不能反映出国际企业收入所面临的外汇风险，而标准离差率可以解决这个问题。标准离差率越大，表示国际企业外币收入承担的外汇风险越大；标准离差率越小，表示国际企业外币收入承担的外汇风险越小。从这个指标可以看出国际企业预期收入与外汇风险之间的关系。

二、外汇风险管理

（一）外汇风险管理的含义

随着我国外汇业务的蓬勃发展，人民币升值力度不断加大，汇率屡创新高，我国的货物贸易顺差也进一步扩大，这一切的事实说明，外汇风险已经悄然而至，国内从事与外币相关业务的国际企业将暴露在汇率变动的风险之下，外汇风险管理已经迫在眉睫，成为国际企业经营管理的重要组成部分。

外汇风险管理（Foreign Exchange Risk Management）是指外汇资产持有者通过风险识

别、风险衡量、风险控制等方法，预防、规避、转移或消除外汇业务经营中的风险，从而减少或避免可能的经济损失，实现在风险一定条件下的收益最大化或收益一定条件下的风险最小化。在实际工作中，诸如改变国际企业所面临的汇率风险状况而采取一系列的管理行为，包括辨识其面临何种汇率风险，评估这些风险对其的影响程度如何；决定哪些风险必须回避，如何回避；哪些风险必须接受，如何接受；如何控制风险产生的后果等。这些措施和方法也是属于外汇管理的范畴。

（二）外汇风险管理的目标

设定正确合理的外汇风险管理目标，并随之设立管理程序及保障措施才能增加国际企业的价值。因此，外汇风险管理目标是国际企业外汇风险管理战略的起始和根本所在。

国际企业进行外汇风险管理的目标在于通过合理控制并管理外汇风险，锁定企业的风险成本，从而有效地降低企业价值波动。具体来说，国际企业外汇风险管理的短期目标是降低企业现金流波动，长期目标是提升企业的整体价值。

首先，要对国际企业外汇风险进行全面管理，从总量上进行控制。由于国际企业是很多要素相互作用形成的综合体，所以国际企业外汇风险管理就不能仅仅对单独的项目进行管理，还要把国际企业看作整体，在国际企业内达到最优配置。

其次，在管理过程中要主次分明。并不是所有的外汇风险都要进行管理，国际企业应区别对待风险，对于重点的风险进行针对性的控制，对于非重点的风险，自然不能投入太多的资源。这样一来资源得到合理分配，风险管理也能更加有效率。

再次，外汇风险管理是一种经济行为，要遵守经济学基本原理和成本收益原则。如果进行风险管理的成本远远高于收益，那么从经济学角度来看就不应当进行这样的管理。因此，在进行外汇风险管理过程中，国际企业必须考虑成本与收益匹配，选取适当的管理方法。

最后，国际企业在进行外汇风险管理时，一定要做好战略管理和战术管理的配合。战略管理层在完成战略规划后，交由战术管理层去执行，并对战术管理层进行领导、协调、监督和控制。从战略管理来看，国际企业的外汇风险管理包括了营销、生产、财务各个方面；从战术管理来看，不仅要考虑相关战略规划的要求，还要考虑各战术计划的横向联系，将各项战术看作有机整体，从而更有效实现战略规划目标。

（三）外汇风险管理的意义

随着经济全球化的发展，国际企业在全球范围内进行的活动越来越多，其受外汇波动风险的影响也在逐渐加大，因此，国际企业进行外汇风险管理具有重要的意义。

1. 避免或减少外汇风险损失

外汇汇率出现波动可能会导致国际企业的利润减少，甚至使国际企业发生亏损，因此，国际企业通过一定的方式检测、度量存在的外汇风险并加以管理，可以有效地避免或减少所承担的外汇风险损失。

2. 增加国际企业收益

汇率的波动存在很大的不确定性，它会给国际企业带来损失，也有可能会带来意料之外的收益。对外汇风险进行管理在一定程度上可以帮助国际企业避免外汇波动所带来的损失，同时还可能给国际企业增加收益。例如当国际企业利用期货市场对冲所承担的汇率风险时，如果期货市场获得收益且波动大于现货市场，就能给国际企业带来一定的收益。

3. 创造稳定的经营环境

汇率波动会给国际企业带来很大的不确定性，潜在的汇率波动可能带来巨大的损失，也可能会带来一定的收益，因此会增加国际企业整体的不稳定性。国际企业确立了适当的外汇风险管理方法和制度后，这种不确定性就相应降低甚至消失了，从而为国际企业创造更为稳定的经营环境。

三、外汇风险管理的方法

（一）外汇风险管理的原则

外汇风险管理是国际企业日常经营中的一个重要环节。国际企业在进行外汇风险管理的过程中，需要遵循一些基本的原则。

1. 全面性原则

国际企业必须对经营过程当中各个环节可能出现的所有外汇风险都给予足够的重视，对风险进行准确的测量、合理的应对，及时把握风险的动态变化情况，避免因为遗漏而使企业蒙受损失。

2. 多样化原则

国际企业在进行外汇风险管理时，需要针对外汇风险的不同形成原因、风险头寸和结构，以及自身的风险管理能力，充分考虑国家的外汇管理制度、金融市场发达程度、避险工具的功能，以及完善程度等外部制约因素，选择最合理的外汇风险管理办法，从而对外汇风险进行灵活多样的管理。

3. 收益最大化原则

收益最大化原则要求国际企业对外汇风险管理的成本和收益进行精确的计算，以综合收益最大化为出发点，制定具体的风险管理战术。当国际企业应用金融市场当中的各类风险管理工具进行风险管理时，都需要付出一定的成本和代价，如果规避外汇风险所减少的损失金额小于为此支付的成本，外汇风险管理就是没有意义甚至失败的。因此，国际企业在进行外汇风险管理时，必须注意投入与产出之间的比较，在不影响避险效果的前提下将耗用成本降至最低。

（二）外汇风险管理的策略

国际企业的外汇风险管理的策略一般有三种：风险消除、风险转移和风险自留。对于由国际企业自身行为引起的风险，可以通过自我完善得以消除；对于国际企业外部客观存在的风险，企业无法通过自我改良来消除风险，在企业成本允许的前提下，可以通过一定的合约，将风险转移给对手；对于因成本过高而无法转移给对手的风险，或者对国际企业影响不大的风险，企业可以选择风险自留，不对风险进行处理。

国际企业在制定外汇风险管理策略时，可选择经营性套期保值和金融性套期保值两种策略。

1. 经营性套期保值

经营性套期保值（Operational Hedging）是指国际企业用来规避外汇风险的除金融工具外的其他所有方法，包括市场策略和财务策略的运用。此种套期保值的主要实现方式是将国际企业资源在其分布于不同地区的生产、销售和财务机构间转换，以使生产成本降到最低，在不同市场中套利。经营性套期保值主要运用于外汇风险的战略性管理中。

2. 金融性套期保值

金融性套期保值（Financial Hedging）通过金融衍生工具的使用来调整国际企业外汇风险水平，即通过在金融市场上持有一个相反的头寸来抵销企业可能面临的交易风险。金融性套期保值主要用于管理国际企业短期的外汇交易风险和折算风险，而经济风险因为是长期存在的，很难在短期用金融工具来规避，只能用经营性套期保值来管理。

第十章 国际商务战略管理

第一节 战略管理概述

一、战略管理的含义

（一）战略概念的演变

战略一词由来已久，在我国古代，最早可以追溯到 2500 年前的著名军事学家孙武所著的《孙子兵法》，但在当时并未明确提出"战略"一词，而是使用计、谋、画、策、略等词代替，虽然用词不同，但其包含的意义已经接近于现代"战略"的含义。可以说在古代，战略在中国源远流长，并具有比较完善的理论形态和存在形式。西方国家的"战略"（Strategy）一词，来源于希腊文的 strategicon，这个词的语根为 strategos，相当于现在的"将军"。在这个概念的基础上，逐渐发展出"战略"一词，而在欧洲国家的语言中真正出现"战略"一词是在 18 世纪。

1960 年以前，企业管理领域还没有明确提出"战略"一词，当时商学院的课程中将之称为"企业经营政策"。由于社会生产力水平的提高，科学技术的发展，企业的竞争日益激烈，因此，许多企业产生了研究和运用战略的需要，于是就提出了企业战略。1965年，美国战略鼻祖伊戈尔·安索夫发表了成名作《公司战略》，"战略"这个概念就进入了企业领域，从此，制定和实施企业战略，被看作企业成功的关键。

（二）战略的含义

较早在商业领域引入"战略"一词并下定义的学者是约翰·冯·诺依曼和摩根斯特恩（Morgenstern），他们在所著的《博弈理论与经济行为》（1947）一书中将企业战略定义为"一个企业根据其所处的特定情形而选择的一系列行动"。然而，大部分学者认为第一个真正为企业战略下定义的人是艾尔弗雷德·D. 钱德勒，他在其 1962 年出版的《战略与结构》书中将企业战略定义为"确定企业基本长期目标，选择行动途径和为实现这些目标进行的资源分配"。1965 年，安索夫在提出，战略是一条将企业活动的四个方面——产品与经营范围、成长方向、竞争优势以及协同作用——连接起来的决策规则。1996 年，战略管理大师迈克尔·波特在其发表的《战略是什么》一文中提出，战略的本质在于选择，它是企业活动的终点，战略基于自身资源和能力提供独到的价值，将一个企业与其环境建立联系，并通过独特的定位，使企业建立与保持竞争优势。魁因（J. B. Quinn）认为，战略是将一个组织的主要目的、政策与活动按照一定的顺序结合成一个紧密整体的一种模式或计划。加拿大麦吉尔大学的明茨博格教授对战略的各种定义概括为"5P"，他认为战略不仅是计划（Plan），它也是计谋（Ploy）、模式（Pattern）、定位（Position）、观念（Perspective）。应该说，不同管理学派由于研究视角和侧重点的差异，对战略的定义也不相同，每一种理论都有其独到之处，都能给我们一些有益的启示。

（三）战略管理的含义

对于战略管理的含义，学术界有着两种不同的理解：一种是狭义的战略管理，另一种是广义的战略管理。狭义的战略管理认为，战略管理（Strategic Management）是对企业战略的制定、实施、控制和修正进行的管理。其主要代表美国学者斯坦纳（Steiner），在他1982年出版的《管理政策与战略》一书中指出，企业战略管理是确立企业使命，根据企业外部环境和内部经营要素设定企业组织目标，保证目标的正确落实并使企业使命最终得以实现的一个动态过程。广义的战略管理则认为，战略管理是运用战略对整个企业进行管理，从宏观整体上对企业进行管理。其主要代表安索夫认为，企业战略管理是将企业日常业务决策同长期计划决策相结合而形成的一系列经营管理业务。

综上所述，本书认为战略管理是对制定、实施、评估、调控和变革企业战略的全部活动的总称，它是一个全面的、复杂的管理过程，是一门综合性、多功能决策的科学和艺术。企业战略管理是企业适应环境和环境影响企业互动的过程。因此，战略管理不仅仅是制定战略，还包括战略的分析与制定、评价与选择、实施与控制，从而形成一个个完整的、相互联系的过程。同时，它是一个无止境的过程，不是通过一次性工作就能够完成的，而是需要不断循环往复，螺旋式上升的过程。最后，它既是科学也是艺术，既反映客观规律，又重实践与运用。

二、战略管理的作用、要素与层次

（一）战略管理的作用

对国际企业而言，战略管理是指企业确定其使命，基于企业外部环境和内部条件设定企业的战略目标，为保证目标的正确落实和实现进度谋划，并依靠企业内部能力将这种谋划和决策付诸实施，以及在实施过程中进行控制的一个动态管理过程。因此，其重要作用主要包括以下几个方面：

1. 确定主营业务和发展方向，帮助国际企业塑造自我

国际企业要想适应未来发展的环境，需要找到正确的、具备市场前景的、可行的主营业务，寻找主营业务和国际企业发展方向的过程是国际企业塑造自我，形成自身独特性和市场竞争力的过程。强化战略管理，就是要迫使国际企业积极寻求发展方向，推动内部变革，主动塑造自身。对于国际企业管理者来说，战略管理就是良好的塑造企业的工具。

2. 提高员工对国际企业的责任心，增强凝聚力

实施战略管理可以使国际企业全体员工了解企业当前和未来面临的经营形势，企业要进一步解决的重大问题，企业下一步的发展目标和措施，企业各部门、各单位应当完成的任务，每个员工个人应当担负的责任，以及员工个人在企业发展过程中可能获得的成长和利益。通过制定企业战略，特别是通过让员工参与企业战略的制定，能够使员工了解企业情况，从而提高了员工工作主动性，增强了员工的责任心。

3. 综合考虑国际企业环境，提高应对能力

战略管理可以促使国际企业将内部资源条件与外部环境因素结合起来考虑，对影响国际企业经营的种种重要的变化能有高度的警惕性，出现问题后，不仅可以马上予以处置，而且可以预防某些不利问题的发生。

4. 提高决策科学度，增强国际企业核心竞争力

通过战略管理可以使国际企业的决策更加科学，促进企业自主创新的积极性，使企业保持长期的核心竞争力优势，从而不断提高企业的效益。在经济全球化的今天，我国的企业要想应对海外国际企业的竞争，必须在战略上优化布局，才能够提高决策的准确度，增强企业竞争力，从而在国际市场上赢得一席之地。

（二）战略管理的要素

探究战略管理的构成要素可以帮助国际企业理解不同要素对企业效率的影响，也可以让管理层认识到各个要素在战略层次中的地位。根据安索夫（Ansoff）的战略四要素理论认为，企业战略可由经营范围、成长方向、竞争优势和协同作用等四要素构成。这四种要素可以产生合力，成为国际企业的共同经营主线。有了这条经营主线，企业内外的人员都可以充分了解企业经营的方向和产生作用的力量，从而扬长补短，充分发挥自己的优势。

1. 经营范围

经营范围（Scope of Business）是指国际企业从事生产经营活动的领域，它反映出国际企业目前与其外部环境相互作用的程度，对于大多数企业来说，他们应该根据自己所处的行业、自己的产品和市场来确定经营范围。

2. 成长方向

成长方向（Direction of Growth）又可称为增长向量（Growth Vector），它说明国际企业从现有产品与市场的结合向企业未来产品与市场的结合的方向移动的态势。成长方向可以用表 10 - 1 加以说明：

表 10 - 1　国际企业战略成长方向矩阵

	现有产品	新产品
现有市场	市场渗透	产品开发
新市场	市场开发	多种经营

其中，市场渗透是通过促使本企业产品的市场份额增长，从而达到企业成长的一种战略模式；市场开发是企业寻找新的消费群，从而使现有的产品承担新的发展使命，以此作

为企业成长的增长点；产品开发是指企业推出全新的产品，以逐步替代现有产品，从而保持企业成长的态势；多种经营企业通过实施此战略步入一个新的经营领域。

3. 竞争优势

竞争优势（Competitive Edge）是指国际企业通过其资源配置的模式与经营范围的决策，在市场上所形成的与其竞争对手不同的竞争地位。竞争优势既可以来自企业在产品和市场上的地位，也可以来自企业对特殊资源的正确运用。

4. 协同作用

协同作用（Synergism）是指国际企业从资源配置和经营范围的决策中所能寻求到的各种共同努力的效果，就是说，分力之和大于各分力简单相加的结果。一般来讲，国际企业的协同作用可以分为四类：投资协同、作业协同、销售协同和管理协同。

战略管理四要素相辅相成，共同构成战略的内核。其中，经营范围指出国际企业寻求获利能力的范围，成长方向指出这种范围扩展的方向，竞争优势指出国际企业最佳机会的特征，协同作用挖掘国际企业总体获利能力的潜力。

（三）战略管理的层次

战略管理不仅仅是国际企业高管的任务，不同职务、不同级别的管理人员都应当参与到战略管理之中。根据逻辑性、层次性、过程性的原则，战略管理可以被分为企业层战略、业务层战略和职能层战略三个层次。

1. 企业层战略

企业层战略又称总体战略，是国际企业战略的总纲，一般由企业最高管理层制定，是企业最高管理层指导和控制整个国际企业的一切行为的最高行动纲领，同时它也是其他战略决策的基础。国际企业总体战略包括企业战略决策的一系列最基本的因素：国际企业宗旨与使命、国际企业资源与配置、国际企业组织结构与组织形式、国际企业从事的行业或业务、国际企业发展速度与发展规模、国际企业的投资决策，以及其他有关国际企业命运的重大决策因素。在大型国际企业中，企业层战略通常包括一体化战略、多元化战略、联盟战略和国际化战略等。

2. 业务层战略

业务层战略又称经营战略，是国际企业内部各部门在其总体战略指导下的一个特定经营单位的战略计划。国际企业经营战略的重点是要改进一个经营单位在它所从事的行业中，或某一特定的细分市场中所提供的产品和服务的竞争地位。国际企业经营战略涉及国际企业在自己的经营领域中扮演什么角色，以及在经营单位内如何分配资源的问题。从国际企业外部来看，经营战略的目的是为了使国际企业在某一特定的经营领域取得较好的成果，寻求竞争优势，划分消费者群体，使自己的产品区别于竞争对手的产品，实现企业的市场定位，使国际企业市场经营活动适应于环境变化的要求。从国际企业内部来看，经营战略是为了对那些影响国际企业竞争成败的市场因素的变化做出正确的反应，需要协调和统筹安排国际企业经营中的生产、销售、财务、研究与开发等业务活动。业务层战略包括竞争战略、合作战略和竞争合作战略等。

3. 职能层战略

职能层战略是国际企业为贯彻和实施企业总体战略与企业经营战略，在国际企业特定的职能管理领域制定的战略。其重点是提高国际企业资源的利用效率，使其最大化。与总体战略和经营战略相比较，职能战略更加详细、具体。它是由一系列详细的方案和计划构成的，涉及企业管理和经营的所有领域，包括财务、生产、销售、研究与开发、公共关系、采购、储运、人事等各个部门。实际上，职能层战略是国际企业经营战略的具体化，使得国际企业的经营计划更为可靠、充实与完善。

三、战略管理的过程

国际企业战略管理是一个连续的过程，即通过一定的程序和技术，争取达到最优效率和结果的过程，不是通过一次性工作就能够完成的，而是一个需要不断循环往复才能够达到螺旋式上升的过程。一般来说，国际企业战略管理的过程包括国际企业战略的三个核心领域：战略分析、战略规划和战略实施。

（一）战略分析

国际企业在制定战略的时候首先必须明确一系列问题：企业面临的主要的、关键的问题是什么？威胁企业生存的关键因素有哪些？企业能够有效利用的机会在哪里？企业具有优势的领域是哪些？企业的主要竞争对手是谁？等等。如果国际企业在制定战略的时候，对面临的问题并不十分清楚，就不可能制定出符合企业实际情况的战略，制定的战略也就不可能真正得到贯彻执行。如果国际企业对自身面临的问题不仅十分清楚而且加以认真总结，那么企业战略的制定就会水到渠成，战略的实施就具有较强的可行性。因此，战略分析作为整个战略管理过程的起点，对跨国公司未来的发展具有至关重要的作用。战略分析一般从以下三个方面进行：

1. 分析企业的愿景、使命与战略目标

国际企业的愿景是企业向往实现的未来景象，是企业所期望达到的一种状态。企业的使命，又称为企业的宗旨，是指企业存在的理由和目的。国际企业的战略目标是企业按照愿景和使命的要求，依据企业内外条件与可能，所确定的对企业发展方向和前途有决定性影响的、企业在战略期内所要达到的理想成果。企业的愿景、使命与战略目标是战略制定和评估的依据，代表企业内部演变趋势和效益趋势。

2. 外部环境分析

深入分析国际企业的外部环境是正确制定战略的基础。外部环境分析主要包括：①宏观环境分析，包括对宏观的政治环境、经济环境、法律环境、技术环境、人口环境、自然环境和社会文化环境的分析；②行业环境分析，包括对行业内竞争对手的竞争态势、行业潜在进入者的威胁、替代品的威胁、供应商和购买者的议价能力等方面的分析，以及对行业所处发展阶段的分析等；③竞争者分析，包括竞争者的确定、竞争者的战略目标分析、竞争者的现行战略分析、竞争者的假设及其能力分析等。

3. 内部环境分析

除了外部环境分析之外，国际企业还需要对其自身情况进行分析，包括企业独特竞争

力分析、优劣势分析、管理能力分析、财务资源分析、市场营销能力分析、人力资源状况分析、生产运作分析、行业地位分析以及企业文化分析等。

对国际企业内外部环境分析可以采用多种分析方法，如 SWOT 分析态势分析矩阵、波士顿咨询集团（BCG）矩阵、行业生命周期（ILC）矩阵等。

（二）战略规划

战略规划是指在对国际企业内部、外部环境综合分析的基础上，提出一个能够达到企业愿景与目标的中长期发展思路与方案。在战略选择过程中形成多种战略方案是战略评价与选择的前提，因此，国际企业高层领导在制定战略规划时，应要求战略制定人员尽可能多地列出可供选择的方案，不要只考虑那些比较明显的方案。任何一个备选方案都有其优缺点，因此，高层管理人员对每个战略方案按一定标准逐一进行分析研究，以决定哪一种方案最有助于实现战略目标。标准的确定除了考虑到国际企业的整体利益与长远发展外，还取决于管理者对风险、发展速度等的态度，包含一定的主观性。最后，国际企业应围绕确定的战略规划制定企业的政策，即指导人们实施战略的细则。

（三）战略实施

战略实施就是要将确定下的国际企业战略转化为行动。战略制定需要考虑的问题包括：资源如何配置、组织结构需要进行哪些调整、企业制度如何优化、如何进行文化管理、利益如何分配、各层次战略如何协调等。战略制定过程与战略实施过程相比，前者在很大程度上取决于战略决策者的洞察力与判断力，而后者在很大程度上依赖于管理者的经营管理艺术和有关员工的一线工作能力。因此，即使一个在理论上看上去非常完美，且充分考虑外部环境、内部实力与使命目标三方面协同一致的战略方案，若日常管理上不到位或存在各种失误，也可能达不到预期的结果。因此，在战略实施过程中，必须进行战略控制与反馈，即对战略制定、实施的过程及其结果进行适当的评价与监控，从而确保所制定的国际企业战略能有效地执行并取得预期成果。战略控制可以划分为四个步骤：建立业绩标准、衡量实际业绩、进行差异分析、采取纠偏行动。

第二节　国际商务战略分析

国际商务战略分析作为整个战略管理过程的起点，对国际企业未来的发展具有至关重要的作用。战略分析从企业的愿景、使命和战略目标开始，在此基础上，具体分析国际商务的外部环境和内部环境。在具体分析时，可以选用 SWOT 分析矩阵等多种分析方法。

一、愿景、使命与战略目标

（一）企业的愿景

愿景又称为远景，它是根据企业使命，在汇集企业每个员工个人心愿基础上形成的全体员工共同的未来景象，它提示着组织成员未来的方向，解释组织的长远目标和工作计划，使得全体成员的活动具有方向感。愿景能够呈现出组织想要达到的清晰光景，从而能够激发出强大的力量，使每个员工都渴望能够归属于一项重要的任务和事业。愿景指出企业的生存领域，以及未来一段时间内应该成为什么样的企业，它能够促使企业的经营资源形成一体，并就未来的前程达成共识。愿景是团队行为的精神和动力，企业只有依据愿景制定出切实的团队执行目标及战略，才能够促使组织的团队与个人朝着共同的方向迈进。

1. 愿景的特征

一个有效的企业愿景，必须满足清晰、持久、独特和服务等主要特征。因此，愿景首先类似于一种可实现梦想。其次，它能够起到鼓舞人心的作用。

2. 愿景的要素

愿景描述了企业想要实现的目标，表示企业期望实现的状态。通常来说，愿景包括以下几个部分：①企业未来的发展方向；②企业未来经营业务的范围；③企业力求达到的产业或市场目标；④衡量企业效益的标准；⑤实现发展规划的具体步骤。事实上，企业的愿景并非一成不变，不同行业企业的愿景不同，同一行业里不同企业的愿景也不相同，同一企业在其不同的发展阶段也都有不同的愿景。

3. 愿景的作用

愿景为企业提供了广阔的视野，使得组织在面对未来时得以由消极被动变为积极主动。具体来说，愿景的作用有：①提高企业把握机会的能力；②将个人愿景与企业愿景相结合，提升企业凝聚力；③指导企业战略的制定和执行；④激励鼓舞员工。

（二）企业的使命

企业的使命就是企业在社会进步和社会经济发展中所应担当的角色和责任，它描述企业的远景、共享的价值观、信念以及存在的原因，是对企业力图实现的结果带有哲理性的正式说明，是企业的座右铭，它是企业管理者确定的企业发展的总方向、总目的、总特征和总的指导思想。它反映企业的价值观和企业力图为自己树立的形象，揭示出企业与其他企业在总体上的差异。

1. 使命的主要内容

使命宣言的形式多种多样，总体上，我们可以将企业使命归类为两个方面内容，即企业宗旨和经营哲学。企业宗旨是企业准备为什么样的顾客服务，以及将来成为什么样的组织或者所期望的企业类型是什么，这就集中反映了企业的发展方向和战略意图，它对企业经营思路的拓宽和经营业务的展开具有积极的指导作用。经营哲学又称经营理念，是对企业经营活动本质性认识的高度概括，是包括企业的基础价值观、一致认可的行为准则及共同信仰等在内的管理哲学，是企业在社会活动及经营过程中起何种作用或如何起这种作用的一个抽象反映。经营哲学主要通过企业对外界环境和内部环境的态度来体现，如处理顾客、社区、政府等关系时的指导思想，或处理与员工、股东、债权人等关系时的基本观念。

2. 使命的作用

企业的使命对其在宏观经济环境中实现某种特殊的社会目的或满足某种特殊的社会需要具有重要的作用。使命的作用主要可以概括为：①界定企业的经营领域；②指导企业的经营资源配置；③形成企业总的基调或组织气候；④激励企业员工，形成凝聚力；⑤为企业战略制定和实施提供前提基础。

3. 使命的制定

企业使命所体现的是企业发展的大方向，在界定企业使命时不能太过狭隘，但也不应太过广阔。具体来说，企业使命的界定应当在对自身业务清晰界定的基础上进行，同时将股东、顾客、经销商等有关方面的意见综合考虑。一个良好的企业使命应当富有想象力，应当清楚企业的关键目标，应当阐明企业的主要价值观，应当兼顾各相关利益者的要求，同时必须切实可行。

（三）企业的战略目标

制定正确的企业战略仅有明确的企业远景和使命是不够的，必须把这些共同的远景和美好的构想转化为企业战略目标，企业战略才具有操作性。所谓战略目标是指企业在一定的时期内，根据其外部环境变化和内部条件的可能，为完成远景和使命所预期达到的成果。战略目标是企业战略的重要内容，它指明了企业的发展方向和操作标准。

1. 战略目标的主要内容

企业的战略目标是多元化的，一方面，有关企业生存的各个部门都需要有目标，从不同侧面反映企业的自我定位和发展方向；另一方面，战略目标还受最高管理层的社会价值体系的影响。具体来说，大多数企业在建立长期战略目标时可以考虑如下具体目标的组合：①赢利能力；②生产效率；③市场竞争地位；④产品结构；⑤财务状况；⑥企业成长；⑦研究开发和技术领先程度；⑧人力资源；⑨员工福利；⑩社会责任。

2. 战略目标的作用

企业战略目标是企业使命的具体化与明确化，是企业在实施其使命过程中所追求的最终结果。具体来说，战略目标具有如下作用：①战略目标能够帮助实现内外环境与企业目标之间的平衡，使企业获得长期、稳定和协调发展。②战略目标为具有不同价值观的管理者制定协调一致的决策提供了基础。③战略目标为战略方案的制订和实施提供了评价标准和考核依据。④战略目标能够激励员工充分发挥自己的积极性和创造性。

3. 战略目标的表达

战略目标的表达一般遵循 SMART 原则，即具体性（Specific）、可衡量性（Measurable）、可实现性（Attainable）、相关性（Relevant）和时间性（Time－bound）。企业为了更好地表达战略目标，往往将其形成企业战略目标体系。常见的战略目标体系有以市场占有率为重点的战略目标体系、以创新为重点的战略目标体系和以生产率为重点的战略目标体系。

二、外部环境分析

物竞天择，适者生存。在当今社会，任何商业组织都无法脱离社会和市场环境而独立生存，环境始终是企业经营活动的背景和制约条件，企业想要发展，必须适应环境和顺应环境。战略管理的外部环境分析就是要通过对宏观环境的洞察，了解社会发展的趋势；通过对行业环境的判断，预测行业未来的发展态势；通过对产业结构的分析，掌握产业当前的竞争局势。在进行国际商务的过程中，只有对外部环境做出正确的判断，才能制定适应环境的政策与策略来获取竞争优势。

（一）宏观环境分析

宏观环境分析是国际商务战略分析的一项重要工作，是会对企业经营和前途产生重大影响的关键性因素，是外部环境因素中一个比较广泛的方面。宏观环境分析中的关键因素包括政治和法律环境、经济环境、社会和文化环境与技术环境因素，因此，宏观环境分析也被称为 PEST 分析，具体如图 10 - 1 所示。

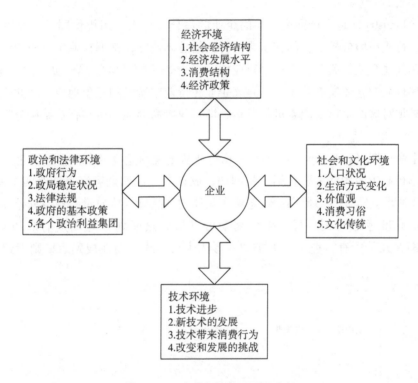

图 10 - 1 宏观环境的 PEST 分析

1. 政治和法律环境分析

政治和法律因素是指对企业经营活动具有现存的和潜在的作用与影响的政治力量和对企业经营活动加以约束和要求的法律和法规条文等。政治法律环境因素对企业来说是不可控的，带有明显强制性的约束力，必须使企业适应国家的政治路线、法律法规的要求，才能推动企业稳步发展。

2. 经济环境分析

经济环境是指一个国家的宏观经济的总体状况，指国民经济发展的总概况，是构成企业生存和发展的社会经济状况及国家经济政策。企业经济环境是一个多元化的动态系统，主要由经济发展水平、消费结构、社会经济结构和经济政策四个要素构成。

3. 社会和文化环境分析

社会和文化环境的范围很广，包括人口状况、消费习俗、生活方式、文化传统、价值观等。任何企业都处于一定的社会文化环境中，国际商务的开展也必须针对不同的文化环境制定不同的战略。

4. 技术环境分析

科学技术是第一生产力，是社会生产力中最活跃的因素。科学技术可能会增加市场对企业产品的需求，为企业开辟新市场，或者降低企业的生产成本；但也有可能使本企业产品失去市场，引入新的生产效率更高的竞争对手等。因此，在进行国际商务战略分析时，技术环境分析是不可或缺的。

（二）行业环境分析

行业（Industry）是生产同类产品的企业的集合，是指一组提供同类相互密切替代商品的企业。行业环境分析的目的在于弄清行业的总体情况，把握行业中企业的竞争格局以及本行业和其他行业的关系。在一个行业中，一个企业的经营状况取决于两个重要因素：一是它所在行业的整体发展状况；二是该企业在行业中所处的竞争地位。因此，要进行行业分析就必须对这两个重要因素进行分析，即行业生命周期分析与行业结构分析。

1. 行业生命周期分析

行业生命周期（Industry Life Cycle）指行业从出现到完全退出社会经济生产活动所经历的时间。行业生命周期主要包括：初创期、成长期、成熟期和衰退期等四个发展阶段，如图 10－2 所示。行业生命周期曲线忽略了具体的产品型号、质量、规格等差异，仅仅从整个行业的角度考虑问题。行业生命周期可以从成熟期划分为成熟前期和成熟后期。在成熟前期，几乎所有行业都具有类似 S 形的生长曲线，而在成熟后期则大致分为两种类型。

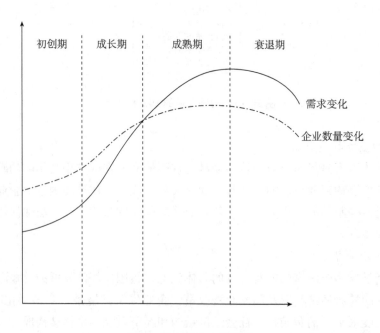

图 10－2　行业生命周期

在不同阶段，不仅市场需求会发生变化，而且顾客的需求特征、波特五种竞争力之间的关系，以及竞争的游戏规则和关键成功因素都可能发生变化。特别是在行业从一个阶段过渡到另一个阶段时，如果企业依然沿用旧的战略方针，就难免在战略决策中步入误区。因此，认清行业演变的过程以及行业在不同阶段的主要特征，可以使企业更好地识别出行业演变中隐藏的机遇和威胁，对战略做出必要的调整。

2. 行业结构分析

行业结构分析的主要内容是分析本行业中的企业竞争格局以及本行业和其他行业的关系，行业结构决定着行业的竞争原则和企业可能采取的战略。因此，行业结构分析是企业制定战略最主要的基础。波特从行业组织理论的角度，提出了行业结构分析的基本框架——五种竞争力分析。波特认为，在每一个行业中都存在五种基本竞争力量，即潜在进入者、替代品、购买者、供应者与现有竞争者之间的抗衡（见图10-3）。这五种基本竞争力量的状况及综合强度，决定着行业的竞争激烈程度，从而决定着行业中获利的最终潜力。

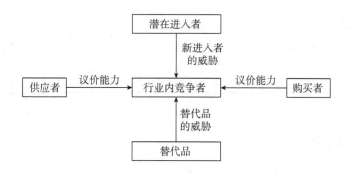

图10-3 波特五种竞争力模型

（三）竞争者分析

在波特五力模型中，企业最主要、最激烈的竞争来自企业的同业竞争者。它们与企业提供相同或相似的服务，争夺同一个市场，企业与竞争对手的实力对比决定了企业的盈利水平和未来发展空间。通常来说，企业的直接竞争对手是指那些向相同的消费者销售基本相同的产品或提供相同服务的竞争者。但是，企业除了要关注直接竞争对手之外，还要关注将来可能与企业战略定位相同或相似的企业，即行业外的潜在进入者。

在对竞争者的分析中，一个实用的工具是竞争态势矩阵（CPM）。它通过对行业关键战略要素的评价分值比较，展示出行业内各竞争者之间相对竞争力量的强弱，所面临的机会与风险的大小，为企业制定经营战略提供一种用来识别本企业与竞争对手各自竞争优势、劣势的工具。

（四）战略集团分析

战略集团（Strategic Groups）又称战略集群、行业内战略群，是指一个产业内执行同样或类似战略并具有类似战略特征的一组企业。在一个产业中，如果所有的企业都执行着基本相同的战略，则该产业中只有一个战略集团。如果每个企业都奉行与众不同的战略，则该产业中有多少企业便有多少战略集团。在正常情况下，一个产业中仅有几个战略集团，它们采用着性质根本不同的战略。每个战略集团内的企业数目不等，但战略雷同。

对战略集团的分析通常采用战略集团图的方法。它通过选取战略集团中的两三个关键因素，将产业内所有企业列在一张双因素变量图上，将落在大致相同区间的企业归于一个战略群组，从而对战略群组进行分析。可选的关键因素包括产品多样化程度、销售渠道、地理覆盖度、品牌数目、产品质量、技术水平、成本水平、产品价格等，如表 10 - 2 所示。

表 10 - 2   竞争态势矩阵

关键因素	权重	本企业		竞争者 1		竞争者 2	
		评分	加权分	评分	加权分	评分	加权分
市场份额	0.2	3	0.6	2	0.4	2	0.4
价格竞争	0.2	1	0.2	4	0.8	1	0.2
财务状况	0.4	2	0.8	1	0.4	4	1.6
产品质量	0.1	4	0.4	3	0.3	3	0.3
用户信誉	0.1	3	0.3	3	0.3	3	0.3
合计	1	13	2.3	13	2.2	13	2.8

三、内部环境分析

企业在制定战略之前，除了必须做全面的外部分析之外，还需对企业所面临的内部环境进行深入的分析。外部环境分析是制定国际商务战略的基础，但是，外部环境中某些因素的变化对不同企业的影响是不一样的。因此，企业必须通过内部分析认清自身资源与能力方面的优势与劣势，从而扬长避短，有效利用自身资源，制定针对性的战略，从而培育起企业的核心竞争力。

（一）资源分析

企业资源是指贯穿于企业经营、技术开发、生产制造和市场营销等各个环节的一切物质和非物质要素。就资源本身而言，它不具有任何生产能力，只有通过企业的生产活动才能使资源发挥效用。企业资源主要包括有形资源和无形资源两大类。

有形资源是比较容易确认和评估的一类资源，可以从企业的财务报表上查到，也可以从市场上获得，可以用货币加以测度。有形资源主要包括物质资源和财务资源两类。当考虑有形资源时，不应仅关注会计报表上的数目，而应注重其能产生的潜在竞争能力。

无形资源是企业不能直接从市场上获得，不能用货币度量的一类资产，主要是包括人力资源、文化资源、企业形象等非物质形态的资源。无形资源虽然不能直接转化为货币，但同样能够给企业带来效益。在企业经营过程中，不应只关注有形资源，更应关注无形资源。

（二）能力分析

企业能力是指企业协调整合资源以完成预期的任务和目标的技能，这些技能存在于企业的日常活动中，存在于企业决策和管理以达到目的的方式中。在当今的竞争格局中，传统的资源条件虽然仍然是企业获取竞争优势的来源，但其重要性已经大大减弱，一个重要原因在于，资源优势会迅速被生产要素国际化所抵消。在这种情况下，企业要想在竞争中胜出，必须修炼内功，发展出独特的资源整合能力，这样才不会轻易被竞争对手所模仿。企业的能力主要包括财务能力、营销能力、生产能力、研发能力、文化能力等。其中，财务能力分析是指对企业的现金流量、偿债能力、获利能力、运营能力等进行分析。营销能力分析是指对企业营销管理、市场定位、营销有效性等进行分析。生产能力分析是指对企业的加工工艺、生产流程、库存管理、劳动力水平、产品质量等进行分析。研发能力分析是指对企业的研发成果、研发组合、研发经费水平等进行分析。文化能力分析是指对企业的文化现状、文化建设、文化特色、文化与战略一致性等进行分析。

（三）价值链分析

资源利用效率很大程度上取决于企业将它们整合的能力，这种能力是指在整个价值链活动中使资源不断增值的能力。价值链分析就是从企业内部环境出发，将企业经营活动的价值创造、成本构成同企业自身的竞争能力相结合，与竞争对手的经营活动相比较，从而发现企业目前及潜在的优劣势的方法。价值链分析的关键是认识到企业不是人、资金、设备等资源的随机组合。波特认为，企业每项生产经营活动都是其为顾客创造价值的经济活动，企业所有的互不相同但又相互关联的价值创造活动叠加在一起，便构成创造价值的一个动态过程，即价值链。目前得到广泛应用的价值链模型包括麦肯锡公司价值链模型、波特价值链模型等。

1. 麦肯锡价值链模型

为评估企业的能力，麦肯锡将组织活动的顺序进行分类，包括技术开发、产品设计、制造、营销、分销和服务六种行为。不同行业、不同企业在不同阶段的增值幅度可能会有巨大的差别，因此，企业应当根据自身行业的特点和自身的条件来制定针对性的资源增值过程和价值链，如图 10-4 所示。

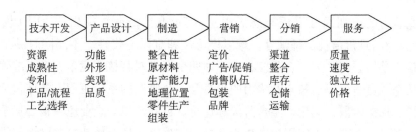

图 10-4　麦肯锡价值链模型

2. 波特价值链模型

波特在他的《竞争优势》一书中，将价值创造活动划分为两大类：基本活动和支持活动。基本活动是指生产经营的实质性活动，这些活动直接与商品实体的加工流转有关，是企业的基本性增值活动，主要包括进料后勤、生产运营、发货后勤、市场销售、服务。辅助活动是指用以支持基本活动而且内部又相互关联的活动，包括一般管理活动、人力资源、研究开发、采购等。基本活动和支持活动构成了企业的价值链（见图10-5）。不同企业的价值活动中，并不是每一个环节都能创造价值，只有特定的环节才能够创造价值。企业要想保持竞争优势，就要在价值链的某些特定环节上多下功夫。

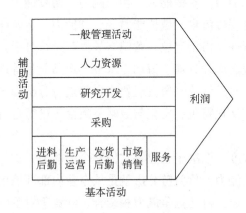

图 10-5　波特价值链模型

（四）核心竞争力分析

企业核心竞争力是指决定企业生存和发展的最根本因素，它是企业持久竞争优势的源泉。核心竞争力最早起源于美国管理学家普拉哈德拉和哈默（Prahalad and Hamel）发表的《企业核心竞争力》一文。核心竞争力是某一企业内部一系列互补的技能和知识的组合，它是企业特有的、为消费者带来特殊效用、使企业在某一市场上长期具有竞争优势、获得稳定超额利润的内在能力资源。应该说，积累、保持、运用核心竞争力是企业生存和发展的根本性战略，也是企业经营管理的永恒目标。计划、组织、协调、控制等各类管理职能都应围绕企业核心竞争力展开，生产、营销、财务等各个管理领域都应以企业核心竞争力为中心。

核心竞争力的识别通常采用杰恩·巴尼（Jay B. Barney）提出的 VRIO 模型。所谓 VRIO 模型，指的是价值性、稀缺性、难以模仿性和难以替代性。不能同时满足这四个标准的能力就不是核心竞争力。企业应参照上述四个标准对其核心竞争力做出准确的识别和分析，助长企业竞争优势。核心竞争力的培育是一个复杂的系统工程，具体包括以下三个阶段：认知、挖掘阶段，运用、整合阶段和保持、创新阶段。企业应将核心竞争力放到战略的高度来考虑，在企业中牢固树立核心竞争力的概念，使全体成员共同参与维护企业的核心竞争力。

四、国际商务战略分析方法

战略的选择是科学也是艺术，它既需要采用科学的方法通过定量分析，也需要凭借以往的经验、判断和直觉来进行定性分析。一般情况下，定性分析的方法包括座谈会、专家评议、类比法等。定量分析的方法包括 SWOT 矩阵分析法、BCG 矩阵法、GE 矩阵法、SPACE 矩阵法等等。下面主要介绍战略分析中的定量分析方法。

（一）SWOT 矩阵法

SWOT 矩阵法是通过综合考虑企业面临的外部环境和内部环境因素，得出企业的优势（Strength）、劣势（Weakness）、机会（Opportunity）和威胁（Threat），将内外部环境相匹配得出的战略行动方案。其中，优、劣势分析注重企业自身的实力及其与竞争对手的对比，而机会和威胁分析则注重外部环境的变化及其对自身的影响。SWOT 矩阵可以分为四种战略，即 SO 战略、WO 战略、ST 战略和 WT 战略。其中，SO 战略注重发挥企业内部优势并把握外部机会，WO 战略通过外部机会弥补企业不足，ST 战略主张利用本企业优势回避外在威胁，WT 战略是弥补劣势并规避威胁的防御性战略，如表 10 - 3 所示。

表 10 - 3 SWOT 分析矩阵

SWOT 矩阵	优势（Strength）	劣势（Weakness）
机会（Opportunity）	SO 战略	WO 战略
威胁（Threat）	ST 战略	WT 战略

SWOT 矩阵能够给出每一个匹配的可行方案，但是，如何选择方案作为企业自身最佳战略选择还需要进一步分析。

（二）波士顿矩阵法

波士顿矩阵（BCG）是波士顿咨询集团公司创始人提出的用以规划企业产品组合的方法。该方法通过设计一个具有四象限的矩阵图，横轴是经营单位相对于其主要竞争对手的市场占有率，代表经营单位的相对竞争地位；纵轴是市场增长率。这两个参数决定了经营单位应采取何种战略。其中，金牛型业务利润高、投资低，通常会产生大量的利润；明星型业务产出高但投资也高，具有最佳投资机会；问题型业务需要大量投资提高市场占有率从而获取利润；瘦狗型业务应清算或放弃（见图 10 - 6）。

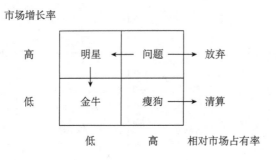

图 10 - 6 BCG 矩阵

注：——— 表示业务转换方向。

（三）行业吸引力——竞争能力矩阵法

美国通用电气公司（GE）与麦肯锡咨询公司共同开发的行业吸引力——竞争能力分析方法，相对于 BCG 矩阵法有很大的改进，其在坐标轴上增加了中间等级，同时增多了战略变量，使其适用范围更广。该矩阵中的行业吸引力三等级和竞争能力三等级共构成一个九象限矩阵，企业的各个经营业务都可以放置在九象限矩阵中的某一个位置，从而对各个业务制订不同的方案（见图 10 – 7）。

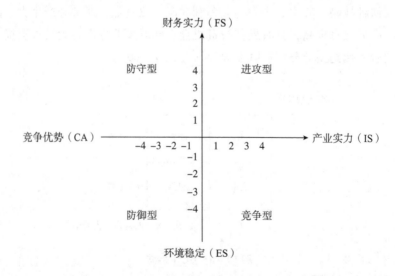

图 10 – 7　行业吸引力——竞争能力（GE）矩阵

（四）战略地位与行动评价矩阵法

战略地位与行动评价矩阵（SPACE 矩阵）主要分析企业外部环境和应采取的战略组合，其两数轴分别代表企业的两个内部因素——财务实力（FS）和竞争优势（CA），以及两个外部因素——环境稳定（ES）和产业实力（IS）。矩阵的四个象限分别代表进攻、防守、防御和竞争四种战略模式。矩阵数轴代表因素的重要程度（见图 10 – 8）。

图 10 – 8　战略地位与行动评价矩阵（SPACE）矩阵

第三节　国际商务战略规划

国际商务战略的规划是国际商务战略的重要组成部分之一，是否做出了合适的战略规划是国际企业经营能否取得成功的关键，因此，在实际工作中，国际商务战略就具体表现为国际企业战略规划。国际企业究竟应当做出什么样的战略规划取决于其企业所处的外部环境和内部环境。本节将对国际企业的不同战略选择进行介绍，企业应当根据自身内外环境因素进行正确的战略选择。

一、国际企业总体战略

国际企业总体战略主要解决国际企业的经营范围、方向和道路问题，是对国际企业全局的长远谋划，一般由其最高管理层负责制定和组织实施。国际企业总体战略主要考虑以下几个方面：企业是集中从事现有业务、相关业务的经营，还是要涉足于其他产业；企业是否要进行扩张，如果要扩张，是通过内部发展，还是通过外部合并、并购来实现这一目的；企业是否应该收缩防御或撤退，从而收回投资或避免遭受更大损失等。国际企业总体战略可以分为发展型战略、稳定型战略和紧缩型战略三种。

（一）发展型战略

发展型战略是指使本企业在现有的战略基础水平上向更高一级的目标发展的战略。具体包括密集型发展战略、一体化战略、多元化战略、并购战略和国际化战略等五种类型。

1. 密集型发展战略

密集型发展战略（Intensive Strategy）又称加强型发展战略（Reinforcement Strategy），是指国际企业在原有业务范围内，充分利用在产品和市场方面的潜力来求得成长发展的战略。在实际业务中，采取密集型发展战略的企业通过将全部或绝大部分的资源集中于最能代表自己优势的某一项业务上，以求取得在该业务上能够最大化解决消费者的问题，从而取得最优的企业业绩。该战略要求国际企业必须在生产技术、市场知名度、对客户需求的把握及对市场的敏感度上都强于进行多元化生产的竞争对手。采取该战略意味着企业的活动范围相对较小，企业必须采取科学的管理方式，以最高的效率和最低的价格提供高质量的产品。实行密集型发展战略的国际企业发展目标明确，具有风险较小、对追加资源的要求较低、最能发挥企业现有能力、能充分利用管理人员的专业知识和学习效应较强等优点。密集型发展战略主要有以下三种具体类型：

第一，市场渗透。市场渗透（Market Penetration Strategy）是指国际企业在利用现有产品和市场的基础上，通过改善产品和服务等措施，逐渐扩大销售，增加市场份额，提高产品的市场占有率的方法。在实际业务开展中，市场渗透主要有三条具体途径实现：①通过各种促销努力（诸如增加销售人员、增加广告投放、加强公关宣传等），尽可能使原有顾客多购买本企业的现有产品。②采取各种措施，把竞争者的顾客吸引过来，使之购买本企业的现有产品。③寻找新的顾客，即把产品销售给从未用过本企业产品的顾客。市场渗透战略具有简单易行、风险小、有利于提高企业竞争能力的优点，但会增加企业销售费用，且对企业的快速扩张促进作用不大。

第二，市场开发。市场开发（Market Development）是指国际企业在市场范围上的扩展，将现有产品和服务打入新的市场，以求市场范围不断扩大，增加销售量。它是在现有的产品在原来的市场上无法进一步渗透的情况下采取的一种发展战略。实行市场开发战略的国际企业，将现有产品进行某些改变（主要是外观上的改变）后，经过其他类型的分销渠道、不同的广告或其他媒介销售给新的相关市场用户，即在新市场上销售现有产品。企业可以通过寻找新的经销商、设置片区经理、特许经营等方式来进行市场开发，以期望达到增加不同地区的市场数量、进入其他细分市场的目的。市场开发战略能够提高市场份额、扩大企业知名度，但需要增加销售费用和渠道管理的难度。

第三，产品开发。产品开发（Product Development）是指国际企业改进老产品或开发新产品，使其具有新的特征或用途，以满足顾客需要的战略。企业实行产品开发战略的目的是延长现有产品的生命周期，或是充分利用现有产品的声誉及商标，以引起对现有产品有好感的用户对新产品的关注。这也是由于人们的需求经常变化和提高，企业只有不断改进产品，增加花色和功能，提高产品质量，改进外观包装装潢，才能适应消费者不断变化的需求。总之，产品开发是在现有市场上出售新产品。企业可以通过自行开发研究、引进新技术、提高产品附加值等方法来进行产品开发，以期望达到开发新的产品特征、形成产品和服务质量差别和开发新产品的目的。产品开发战略有利于提高产品的市场竞争地位和提高企业核心能力，但需要大量的研发费用。

2. 一体化战略

任何产品或服务的生产都会涉及从原材料的获取到最终产品的分配和销售的多种相关活动，我们可以将之称为业务经营链条。一体化战略（Integration Strategy）是指企业充分利用自己在产品生产、技术、市场等方面的优势，沿着业务经营链条的纵向或横向水平方向，使企业不断向深度和广度发展壮大的战略。一体化战略可以是全线一体化或部分一体化，前者指企业参与行业价值链的所有阶段，后者指企业仅进入整个行业价值链的某些阶段。一体化的方式可以是企业独立创办新的经营业务，也可以是兼并一家已经开展相关业务的企业。一体化战略分为纵向一体化和横向一体化两种类型。

第一，纵向一体化（Vertical Integration），也称为垂直一体化，是指企业将生产与原料供应，或者生产与产品销售联合在一起的战略形式，即企业在两个可能的方向上扩展现有经营业务的一种发展战略。在国际企业的生产经营过程中，从获取原材料到最终产品的销售和分配过程，称为纵向链条或垂直链条。纵向链条中的活动，包括与生产产品直接相关的加工和处理活动，也包括专业性的支持活动，如财务会计、信息系统、战略规划等。国际企业战略的一个中心问题是如何组织纵向链条，也就是要确定纵向链条中哪些活动由自己完成，哪些活动交给其他厂商完成。实现纵向一体化就是替代以前由供应商或分销商承担的功能，是企业经营在纵向链条上的延伸。这样做可以降低成本、控制稀缺资源、保证关键投入的质量以及获取新客户。按物质流动的方向，纵向一体化可以分为前向一体化和后向一体化。其中，前向一体化（Forward Integration）是指企业以初始生产经营的产品（服务）为基准，将生产经营范围沿着生产经营链条向前延伸，使企业的业务活动更加接近最终用户，即发展原有产品的深加工业务，提高产品的附加值后再出售，或者直接涉足最终产品的分销和零售环节。后向一体化（Backward Integration）是指企业将生产经营范围沿着生产经营链条向后延伸，发展企业原来生产经营业务的供应项目，即发展企业原有业务所需的原材料、配件、能源等业务。

第二，横向一体化（Horizontal Integration），又称水平一体化，是指把与本企业处在生产——营销链上同一个阶段具有不同资源优势的企业单位联合起来形成一个经济体。实质是资本在同一产业和部门内的集中，目的是实现扩大规模、降低产品成本、巩固市场地位。横向一体化的实现途径包括收购、兼并、基于契约关系的分包经营和许可证及特许权经营、基于产权关系的合资经营等。横向一体化可以扩大企业的规模，增加了产品的销量，提高了盈利水平，避免重复投资，提高社会生产率。但是，却可能会使企业背上沉重的财务包袱，引起企业间的冲突。

3. 多元化战略

多元化战略（Diversification Strategy）又称多样化战略或多角化战略，最初由安索夫提出，是指企业为了更多地占领市场和开拓新市场，或避免经营单一事业的风险而选择性地进入新的事业领域的战略。也就是说，企业的发展扩张是在现有产品和业务的基础上增加新的、与原有产品和业务既非同种也不存在上下游关系的产品和业务，从而同时在两个或两个以上的行业中进行经营。企业进行多元化战略的动因包括外部环境的促使和内部环境的驱使两大因素。

根据安索夫的分类，企业多元化战略可分为以下四种类型：横向多元化、纵向多元化、同心多元化和混合多元化。安索夫之后，很多学者进一步完善了多元化战略的分类，后来逐渐形成了将多元化战略分为相关多元化和不相关多元化的分类，其中相关多元化包括集中多元化和横向多元化，不相关多元化主要指混合多元化。集中多元化（Concentrated Diversification）是指增加新的，但与原有的业务相关的产品与服务的经营战略，有时又称为同心多元化。它所强调的是市场、产品和技术等方面的共性。集中多元化可以分散单一经营的风险，可以发挥企业原有专长，形成协同效应，且其扩张难度较小，但是由于力量较分散，有可能影响主导产品和服务的发展。在相关多元化战略中，若是采取与用户相关，与产品和服务不相关的多元化战略，就是所谓横向多元化（Horizontal Diversification），即向现有用户提供新的、与原业务不相关的产品或服务的经营战略。有时也称为水平多元化或相关多元化。横向多元化具有了解现有用户、利用现有销售渠道、风险小、费用低的优点。但是企业需要进入陌生的业务领域，因此不确定性较大。不相关多元化（Unrelated Diversification）是指增加新的、与原有业务不存在实质的相似性产品或服务的经营战略。即不强调多种业务共享企业的技术和价值链活动，而是强调每种业务都能为企业提供有吸引力的盈利机会。不相关战略可以分散企业的财务风险，利用协同效应来提高企业的总体盈利能力和灵活性，增加新的投资机会和盈利点，克服主业下滑给企业造成的损失。但是跨入新行业会加大企业的经营风险和管理难度。

4. 并购战略

企业发展总体上可以分为内部生长型发展与外部扩张型发展两种战略途径。内部生长型发展（Internal Growth Type Development）指企业通过投资建立新的生产经营设施，包括在原有的业务内扩大规模和投资开展新的业务。外部扩张型发展（External Expansion Development）是指企业通过并购方式获得已有的生产经营资源和能力。并购主要分为吸收合并、新设合并和收购控股三种形式。

企业并购具有很多的优点，如可以扩大企业规模，增加产品品种，提高竞争力。此外，还可以利用被并购公司生产线、设备、人员和销售渠道等，实现低成本扩张，使现有资源得到合理利用。但同时，并购之后，并购双方也可能会发生利益、心理、文化等方面的冲突，若处理不当可能发挥不出规模效应，甚至出现亏损以至破产。

5. 国际化战略

国际化战略（International Strategy）是指企业在本国市场以外销售产品或服务的战略。随着企业实力的不断壮大以及国内市场的逐渐饱和，有远见的企业家们开始把目光投向本土以外的全球海外市场。企业国际化战略是企业在国际化经营过程中的发展规划，是企业为了把企业的成长纳入有序轨道，不断增强企业的竞争实力和环境适应性而制定的一系列决策的总称。企业国际化战略的一个主要原因是国际市场存在新的潜在机会。企业实行国际化战略的动因包括获取规模经济和垄断优势，获取重要资源降低生产成本，获取发展中国家快速发展的行业周期优势，将交易费用内部化等。企业在实施国际化战略时，必须做好以下工作：

第一，国际化战略环境分析。国际化战略需要对别国的经营环境进行分析，分析的内容主要包括：①国际贸易体制，如关税和非关税壁垒、国际贸易支付方式等；②政治环境，如政局稳定性、政府经济发展战略、对待外国投资者的态度和政策、贸易政策、税收政策等；③法律环境，如东道国法律体制、法律健全程度、司法程序完善程度等；④经济环境，如经济体制、经济发展水平、国际收支、国内生产总值总量及其分布等；⑤技术环境，如东道国整体科技水平、企业准备涉及的经营领域的技术水平、工业生产技术水平，以及相关的所有影响经营项目发展的技术因素等；⑥社会、人文环境，如人口状况、基础设施、教育水平、宗教信仰等；⑦自然环境，如地理位置、面积地形、城市分布、自然资源、气候条件等。

第二，国际化战略分类，即国际化战略的四种基本模式（见图10-9）。

国际化战略为企业提供进入和参与国际市场竞争、获得竞争优势的指导方法。在国际商务竞争中，国际企业往往要面对两种竞争压力：降低成本的压力和地区调适的压力。降低成本的压力要求企业尽量将其单位成本最小化，地区调适的压力则要求企业对不同的国家提供差异化的产品与营销策略，以满足各国不同的市场环境。根据降低成本的压力和地区调适的压力的程度差异，企业的国际化战略可分为国际战略、多国本土化战略、全球战略、跨国战略四种。

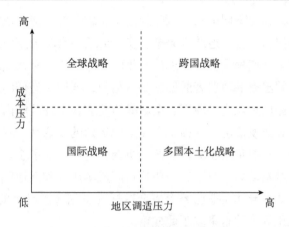

图 10 – 9　国际化战略的四种基本模式

国际战略（International Strategy）是国际企业特别注重母公司创新和全球范围的知识扩散的战略，其主要特点是关注全球基础上的知识创新和利用，利用母公司的创新来提高海外子公司的地位。国际战略其实现在很大程度上依赖于母公司在新产品、新技术、工艺流程，甚至战略方面向子公司的转移。这种战略的核心是确立母公司在产品研发与技术创新上的竞争优势，以及在产品生命周期的哪个阶段采用何种方式将产品的销售与生产转移到国外市场。国际战略能够确立母公司向海外分支机构及子公司的产品、技能及专业知识的输出和控制，使母公司在全球价值创造、产销决策及技术水平上处于领导者的地位。国际化战略可以加强集中管理，节约成本，但以母公司为核心的战略决策也会造成海外分支机构和子公司对当地市场的低回应，以及产品和服务的本土化水平较低。一些具备核心竞争力、产品和服务较易满足普适需求的国际企业往往采取这一战略，如施乐、微软、宝洁等公司。

多国本土化战略（Multinational Localization Strategy）是指根据不同国家的不同市场，提供更能满足当地市场需要的产品和服务。多国本土化战略的重点是最大限度地考虑东道国市场差异，对企业产品或服务依据当地市场消费偏好进行调整，以刺激当地需求的增加，从而获得规模效应。多国本土化战略的核心是确定各个东道国市场的需求特征，以此为中心调整当地分支机构或子公司的组织结构、人力资源、经营方式等，增强分支机构或子公司对东道国经营环境的适应能力。实施多国本土化战略的企业首先在其自己的国内市场开发产品，然后把产品提供给国外的子公司进行销售或改造。多国本土化战略的益处在于国际企业对东道国市场需求的适应能力强、市场反应速度快，可以较好地适应当地需求，其品牌易被东道国接纳。但是，多国本土化战略会使得企业整体资源分散化，产生大范围的管理、设计、生产、营销活动的重复，造成运营成本上升。同时，子公司在战略决策中的自主性增强，还可能对国际企业全球价值链的协调产生负面影响，损害国际企业形象的统一性。如果国际企业回应本地需求的能力强、对全球整合降低成本的要求低，则适合使用本战略。

全球化战略（Globalization Strategy）又称全球战略，是指国际企业向全世界市场推广标准化产品和服务，并在较有利的国家集中进行生产经营活动的战略。全球化战略从全球资源整合的角度出发，利用不同国家和地区的区位比较优势，把价值链上的各个环节和职能加以分散和配置，使它们有机地结合起来，实行综合一体化经营，努力降低运营成本，以获得长期、稳定的全球竞争优势，实现最大化的全球效率。全球化战略将世界看成一个统一的市场，认为不同国家的消费者的偏好基本相似，强调用最低的成本创造适合世界市场的产品和服务，遵循成本领先的原则。全球战略能够在全球范围内按照区位优势配置价值链中的生产、营销和研发活动，增强了企业全球运营的灵活性，有效地降低了成本。但在这种战略下，母公司需要负责全球价值链的协调，这就增加了企业的管理成本，同时也会损害当地子公司的经营动力。目前，一些具备高成本压力和低地区调适压力的国际企业正在实施全球战略，如半导体工业已经形成全球标准，创造了巨大的市场需求，英特尔、德州仪器、三星、联想等公司都采取了此战略。

跨国战略（Transnational Strategy）是在全球激烈竞争的情况下，形成以经验为基础的成本效益和区位效益的战略。该战略可以看成是国际战略、多国本土化战略与全球化战略三种战略的综合。它既注重成本的节约，又注重当地市场的差异化需求，要求国际企业能够充分挖掘不同国家或地区的区位优势，协调和配置价值链，获得核心竞争力，并保证价值链能够直接对当地市场需求做出回应性调适。国际企业的核心是合理配置资源以及各种生产、管理和经营能力，同时在适应能力、全球性经营效率和创新能力三个方面建立竞争优势。采取该种战略的企业通过区位经济、规模经济和学习效应获得低成本，通过区域市场方案解决地方差异化问题以实现产品差异化，通过母子公司及子公司之间的技术交流获得技术扩散效应。跨国战略既协调价值链活动以发挥企业核心竞争力，又关注回应当地市场的压力，但是由于标准化生产以获得规模经济和差异化生产以适应当地需求的两难冲突，跨国战略在具体实践中存在诸多困难，一些面对成本控制和回应本地市场双重压力，而又有较强的核心竞争力的国际企业较为成功地采取了这种战略，如通用汽车等。

第三，国际化战略的市场进入方式。国际化战略的市场进入方式包括出口进入方式，含通过设立国内出口商或代理商的间接出口和通过设立国外代理商或子公司的直接出口；通过许可证、特许经营、合作生产的契约式市场进入方式等。不同的进入方式对子公司的控制程度不同，其投资风险程度也不同（见图 10－10）。

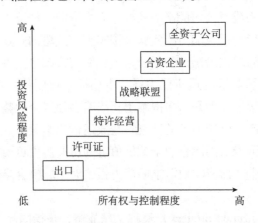

图 10－10　国际化战略的市场进入方式

出口（Exit）是投入资源数量最少的国际化战略市场进入方式，是国际企业最初进入一国市场时常采用的方式。由于很多外国市场受到国家管制，因此企业常常需要与当地分销商合作，以此逐步了解当地市场。许可证（Licence）与特许经营（Franchise）是将企业的商标、专利、商业机密或其他有价值的资产的使用权作交换，以换取特许权使用费。这种方法风险很小，但企业也会丧失潜在的收入和利润。战略联盟（Strategic Alliance）与合资公司（Joint Venture Company）是国际企业进入外国市场非常有效的方式，这种方法可以帮助企业分散风险、分享潜在收入和利润，且通过接触新知识和新技术，可以帮助企业发展核心能力和培养竞争优势。最后，全资子公司（Wholly Owned Subsidiary）是费用和风险最高的方式，但也可能产生最高的收益。

（二）稳定型战略

稳定型战略（Stable Strategy）是指企业遵循与过去相同的战略目标，保持一贯的成长速度，同时不改变基本的产品或经营范围。它是对产品、市场等方面采取以守为攻，以安全经营为宗旨，不冒较大风险的一种战略。采取稳定型战略的公司，其经营方向、核心能力、产品领域、企业规模及市场地位等都大致保持不变或以较小的幅度增长或减少。企业采取稳定型战略，可能是因为企业高层对过去的经营业绩感到满意，希望保持与过去大体相同的业绩目标，或是因为企业不愿意冒改变现行战略而带来的风险，或是因为企业外部环境相对比较稳定，或是因为企业内外部环境限制，或是因为寡头垄断行业内竞争格局已经形成。

稳定型战略主要有以下几种类型：无变化战略、近利战略、暂停战略和谨慎前进战略。采取无变化战略的企业基本不发生改变；近利战略是以短期利润为目标，甚至牺牲长期利润；暂停战略注重放慢速度、内部休整、加强内部管理；谨慎前进战略用于应对外部某一条件的剧烈变化。总体来说，采用稳定型战略可以提高企业内部管理水平，使企业得以休养生息，保存实力，避免经营风险和发展过快的弊端。但是，稳定型战略也可能导致企业发展速度缓慢，风险意识较弱，当环境变化时难以改变。

（三）紧缩型战略

紧缩型战略（Retrenchment Strategy）是指企业从目前的战略经营领域和基础水平收缩和撤退，且偏离战略起点较大的一种经营战略。与稳定型战略和增长型战略相比，紧缩型战略是一种消极的发展战略。这种收缩和撤退可能出于多种原因和目的，但主要原因是企业现有经营状况、资源条件以及发展前景不能应对外部环境变化，难以为企业带来满意的收益，以至于威胁企业生存，阻碍企业发展。只有采取收缩和撤退措施，才能抵御对手的进攻，避开环境的威胁，保存企业实力，以保证企业的生存；或者利用外部环境重新组合资源，进入新的经营领域，实现企业的长远发展。企业采取紧缩型战略可能是因为国际或国内宏观经济衰退，出现严重通货膨胀；或由于产品或行业处于衰退期，出现亏损；或由于企业投资失败，战略决策失误；或由于企业为谋求更大的发展，主动调整战略。

紧缩型战略主要有以下几种类型：转向战略、放弃战略和清算战略。转向战略是指企业现有经营领域趋向衰退，或企业发现更好的投资机会，因而转移业务领域所实行的收缩。放弃战略是指将企业的一个主要部门转让、出卖或者停止经营。清算战略是指企业通过将资产转让、出卖或者停止经营业务从而结束企业的生命。采用紧缩型战略，虽然会使企业陷入消极状态、使职工士气低落、威胁企业生存，但及时而果断地采用撤退战略能够挽救企业生命，使企业转危为安，总结失败教训，从而在今后的市场竞争中活力更强。

二、国际商务竞争战略

国际商务战略是一个体系，其中包括竞争战略、发展战略、技术开发战略、市场营销战略、信息化战略、人才战略等，因此，竞争战略只是国际企业战略的一个组成部分。竞争战略（Competitive Strategy）又称业务战略，是在企业总体战略的制约下，指导和管理具体战略经营单位的计划和行动。竞争战略最早由美国哈佛商学院著名战略管理学家迈克尔·波特（Michael E. Porter）提出。企业竞争战略要解决的核心问题是如何通过确定顾客需求、竞争者产品及本企业产品这三者之间的关系，来奠定本企业产品在市场上的特定地位并维持这一地位。迈克尔·波特认为的企业竞争战略主要有三种：成本领先战略、差异化战略和集中化战略。

（一）成本领先战略

成本领先战略（Overall Cost Leadership）又称低成本战略，是指企业强调以低单位成本为用户提供低价格产品的策略。这是一种先发制人的战略，它要求企业在较长时期内，在价值链的各环节上实现产品成本领先于行业水平，从而使企业获得同行业平均水平以上的利润。成本领先的优势来源会因产业结构不同而异，可能是由于规模经济、专利技术、原材料优惠等不同的因素。这里要注意，尽管一个成本领先的企业是依赖其成本上的领先地位取得的竞争优势，但它要成为经济效益高于平均水平的超群者，必须与竞争厂商相比，在产品别具一格的基础上取得成本领先的有利地位。因为一旦成本领先企业的产品在客户眼里被视为与其他产品不相上下，企业就被迫削减价格以增加销售额，这就可能抵消成本领先的好处。成本领先战略要求一个企业本身就是成本领先者，而不只是争夺这个位置的众多厂商中的一员。当渴望成为成本领先者的厂商不止一家时，它们之间的竞争通常会很激烈。除非一个企业能够在成本上领先，并"说服"其他厂商放弃该战略，否则，激烈竞争所产生的后果可能是灾难性的。

成本领先并不等同于价格最低。如果企业陷入价格最低，而成本并不最低的误区，换来的只能是把自己推入无休止的价格战。因为，一旦降价，竞争对手也会随着降价，而且由于比自己成本更低，因此具有更多的降价空间，能够支撑更长时间的价格战。

根据上面的分析，我们可以得出，成本领先战略的适用条件包括：市场上有很多对价格敏感的用户；实现产品差别化的途径很少；购买者不太在意品牌间的差别，转换成本很低；顾客具有较大的议价能力；企业有持续的资本投资、较高的市场份额和良好的原材料供应，能够依靠规模经济和经验曲线效应来降低产品成本。

实行成本领先战略的企业必须进行成本控制。成本控制（Cost Control）是企业根据一定时期预先建立的成本管理目标，基于估算对实际成本进行检测，标记实际或潜在偏差，进行预测准备并保证成本在预算估计范围内的相符的措施。主要包括：①监督成本执行情况及对发现实际成本与计划的偏离；②将一些合理改变包括在基准成本中；③防止不正确、不合理、未经许可的改变包括在基准成本中；④把合理改变通知项目涉及方。在成本控制时，还必须和其范围控制、进度控制、质量控制等相结合。成本控制按照成本形成的过程可以分为产品投产前的控制、制造过程中的控制和流通过程中的控制，按照成本的构成可以分为原材料成本、工资费用、制造费用和管理费用控制。

（二）差异化战略

差异化战略（Differentiation Strategy）又称差别化战略或特色优势战略，是指企业自己的产品、服务、企业形象等与竞争对手有明显的区别，从而获得竞争优势的战略。它既可以是先发制人的战略，也可以是后发制人的战略。差异化战略在本质上是通过提高顾客的效用来提高商品的价值。差异化战略可以降低顾客对价格的敏感性，回避与竞争对手的正面竞争，有利于建立市场壁垒，提升顾客忠诚度，有可能获得高于同行业平均水平的利润。但同时，差异化战略有时会与争取占有更大市场份额的目标相矛盾，容易提高成本，使产品价格过高，从而失去客户，影响市场份额的扩大。差异化战略对公司的生产能力、营销能力、产品设计和加工能力、创新能力和研发能力等要求较高。

实现差异化的方法主要有两种：一是产品内在因素的差异化，即在产品性能、设计、质量及附加功能等方面为顾客创造价值，创造与竞争对手相区别的独特性。二是产品外在因素的差异化，即企业利用产品的包装、定价、商标、销售渠道及促销手段，使其与竞争对手在营销组合方面形成差异化，因而开创独特的市场。

企业选择实行差异化战略时，应该注意以下一些问题：首先，最主要的问题是要维持差别化的形象。竞争者的模仿会对差别化战略形成巨大威胁，除此之外，技术的重大变革和顾客需要的变化也会削弱差异化战略的效用。其次，要处理好差别化与市场份额之间的关系，实现产品差别化有时会与争取占领更大的市场份额相矛盾。

（三）集中化战略

集中化战略（Centralization Strategy）也称专一化战略（Focus Strategy）、目标集中战略、目标聚集战略、目标聚集性战略等，是指通过满足特定消费者群体的特殊需要，或者集中服务于某一有限的区域市场，来建立企业的竞争优势及其市场地位的策略。与成本领先战略和差异化战略不同的是，集中化战略最突出的特点是专门服务于总体市场的一部分，针对某一类型的顾客或某一地区性市场做密集型的经营。集中化战略有利于实力小的企业进入市场，有利于小企业避开强大的竞争对手，稳定客户，同时企业的收入也相对比较稳定。但是，实行集中化战略的企业规模不易扩大，企业发展速度较慢，不易抵抗强大竞争对手对细分市场的竞争。

集中化战略是主攻某个特定的顾客群、某特定产品的一个细分区段或某一个地区市场的战略。根据迈克尔·波特的观点，成本领先战略和差异化战略都是雄霸天下之略，而集中化战略则是穴居一隅之策。其原因是，对一些企业而言，由于受到资源和能力的制约，它既无法成为成本领先者，也无法成为差别化者，而是介于两者其间。如果这种公司能够约束自己的经营领域，集中资源和能力于某一部分特殊顾客群或者是某个较小的地理范围，那么，企业也可能在这样一个较小的目标市场上获得竞争优势。集中化的结果是，企业或者通过较好满足特定对象的需要而实现了差异化，或者在为这一对象服务时实现了低成本，或者二者兼得。尽管从整个市场的角度看，集中化战略未能取得低成本或差异化优势，但它的确在其狭窄的目标市场中获得了一种或两种优势地位。

集中化战略的实施方法包括单纯集中化、成本集中化和差别集中化等。单纯集中化是企业在不过多地考虑成本和差别化的情况下，选择一种产品和服务为某一特定顾客群体创造价值。成本集中化是企业采用低成本的方法为某一特定顾客群体提供服务，从而在细分市场上获得比成本领先战略者更强的竞争优势，如可以选择生产某些难以发挥规模经济效益或经验曲线效应的产品。差别集中化是企业在集中化的基础上突出自己产品和服务的特色，差别集中化与差异化战略的区别在于，集中化战略只服务狭窄的细分市场，而差异化战略要同时服务于较多的细分市场。

第四节　国际商务战略实施

一、国际商务战略实施

国际商务战略实施是为了实现国际商务战略目标而对国际商务战略规划的执行。一项成功的战略规划并不意味着战略的成功实施，要想让战略规划创造出其应有的经营效益需要国际企业投入大量的时间、人力和物力等资源用于战略的实施。对战略的实施往往比战略的制定要困难得多。

（一）战略实施概述

战略规划与战略实施有着根本的区别：战略规划是在行动之前的一种谋划，而战略实施是将战略谋划变为战略行为，是运用各种资源将战略变为现实并最终达到战略目标的过程；战略规划是一种分析思维的过程，而战略实施是一个实际行动的过程；战略规划需要有好的直觉与分析技能，而战略实施需要有特殊的激励和领导技能；战略规划只需要对几个人进行协调，而战略实施却需要对全体高管、员工进行协调。战略规划与战略实施的关系如图 10 – 11 所示。

战略规划

		坏	好
战略实施	好	挽回或失败	成功
	坏	失败	收效甚微

图 10 – 11　战略规划与战略实施的关系

一项成功的战略规划并不能保证战略实施的成功，图 10 – 11 说明了战略规划与战略实施之间的关系。当制定了良好的战略规划且能够有效实施时，企业往往能够比较顺利地实现战略目标；当企业没能完善地制定出良好的战略规划，但企业执行战略时却非常有效地实施该战略，这时企业有可能会在战略执行过程中发现原有战略的不足并在执行过程中采取措施弥补了原战略的缺陷，从而会因此取得一定的业绩，也有可能因为认真执行该不良战略而加速企业的失败；当企业制定了很好的战略，但没有很好地贯彻实施导致使企业处于艰难境地时，管理人员往往会从战略本身找问题，结果是重新修订的战略仍按旧方法实施，最终使得企业战略收效甚微，甚至以失败而告终；当企业面临很不完善的战略又没有很好地执行，企业管理人员很难把战略扭转到正确的轨道上来，最终使得企业遭到重大损失而失败。因此，只有既制定了良好的战略又能有效地实施该战略，才能使得企业取得成功。

1. 战略实施的原则

在国际商务战略实施的过程中，很可能出现战略规划时未预计到的问题，因此，战略实施必须遵循以下三个原则：

第一，适度合理性原则。由于现实情况的复杂性，企业最初制定的战略目标不可能是最优的，因此只要主要战略目标基本达成，就应当认为该战略规划和实施是成功的。战略的实施过程不可避免需要进行必要的创新，创新也是战略实施成功的重要因素，因此战略中某些规划的适度改变应当被允许。同时，管理层在将战略在各部门间分配时，应尽量公平合理。

第二，统一领导与统一指挥原则。战略的实施应当在拥有更多信息资源的高层管理人员的统一领导与统一指挥下进行，这样才能够进行合理的资源分配、组织机构调整、企业文化建设、信息沟通控制和激励制度建立。同时，要实现统一指挥原则，绝对不允许出现多头领导的问题。

第三，权变原则。权变理论认为什么都不是一成不变的，组织应随着客观环境的变化相应地做出改变。一旦企业的内部和外部环境发生较为重大的改变，改变的程度使得原定战略不可能完成时，就有必要对原有战略进行较大幅度的调整。权变理论要求企业识别战略实施中的关键变量，并对它做出灵敏度分析，当这些关键性变量的变化超过企业承受范围时，原定战略就应当做出相应的调整。

2. 战略实施的模式

一般说来，国际商务战略实施主要有五种模式：

第一，指挥型。指挥型模式的特点是由企业总裁或总经理考虑制定最佳战略的问题。确定战略之后高管人员宣布企业战略，下层人员必须无条件接受并执行。这种模式容易实施，推行速度快，缺点是容易造成下层管理者缺乏工作动力和创新精神。

第二，变革型。在这种模式下，企业战略的具体实施方案成为企业经理们考虑的重点，在具体实施过程中，企业总裁或总经理会在外部市场干预下主导一系列改革。较之指挥型模式，变革型模式在企业实际运行中更为有效。

第三，合作型。在这种模式下，企业总裁或总经理会同其他高层主管就企业战略问题进行磋商和讨论并达成共识。这种形式能够使得集体智慧进一步发挥，制定出的战略会得到整个企业的认可，从而使企业中高层管理人员在企业战略制定实施的全过程中都能发挥自己的一份力量。

第四，文化型。在这种形式下企业总裁或总经理主要考虑的是怎样才能将企业全部人员都纳入战略实施中来。总裁或总经理不断向企业员工传递企业战略核心思想，建立共同的利益链、价值观和行为准则，使全体员工都能在同一个文化思想基础上实施企业战略活动。

第五，增长型。在这种形式下企业总裁或总经理主要考虑怎样进一步提高战略管理者和实施者的积极性和创造力，为扩大企业的整体利益服务。这种模式一反以往企业战略自上而下推行的特点，采用自下而上推行的方式。

3. 战略实施的阶段

在企业战略实施过程中，有四个相互联系的阶段：

第一，发动阶段。在此阶段，企业总裁或总经理主要将战略理想变成现实，使大多数员工拥护并且投身于实现新战略。因此，要对企业员工进行战略培训，这样才能让多数员工逐步接受新战略。

第二，规划阶段。该阶段主要负责将经营战略分为具体几个阶段加以实施，每个阶段都有各自的目标，与之配套的还有各个阶段的政策措施、部门政策和其他相应方针等。

第三，运作阶段。该阶段应当主要做好企业各级主管的素质和价值观、企业文化、公司组织人事机构、信息沟通、资源结构分配、控制和激励制度等方面。

第四，控制和评估阶段。该阶段通过做好控制系统、绩效监控和偏差评估来加强战略的控制。

（二）战略实施的计划与方法

计划是正确地决定组织如何实现自己目标的一种结果，是对未来行动方案的一种说明。战略实施计划（Strategy Implementation Plan）告诉管理者和执行者，企业未来的战略目标是什么？要采取什么样的行动来达到目标，在什么期限内达到这一目标，以及由谁来执行这一行动。首先，战略实施计划是指导战略管理的重要过程；其次，战略实施计划是推动全员管理的重要过程。一般来说，战略实施计划的制订方法有以下四种：

1. 自上而下的方法

实施集权制的企业在采用这种方法制订计划时，一般由企业总部的高层管理人员制订企业总体战略计划，然后各个部门再进一步发展该计划。实行分权制的企业一般是由企业总部向各事业部提出计划指导书，要求他们制订详细计划提交企业总部修改，企业总部检验与修改这些计划后，再返还各事业部去执行。

2. 自下而上的方法

在这种方法下，企业总部高层管理人员对事业部的计划不给予具体指导，只要求各事业部提交计划，各事业部根据所掌握的环境和市场信息以及内部资源情况，制订具体的事业部计划。

3. 上下结合的方法

这种方法要求企业在制订计划的过程中，总部的管理人员以及事业部的管理人员共同参与战略计划的制订，以此改变或调整原定的战略目标或战略。这种方法往往能产生较好的协调效果。

4. 小组计划的方法

这种方法要求企业的高层管理人员组成一个战略计划小组，向总经理负责，共同研究企业所面临的问题。该小组的工作内容与成员构成都有很大的灵活性，可以因企业遇到问题的不同而采取各异的措施。

（三）战略实施的资源配置

在国际商务战略实施的过程中，战略资源的优劣也直接影响战略实施的效果。战略资源的配置要着眼于资源的使用过程，将企业资源和使用这些资源的战略联系起来。企业总部既要考虑满足每个事业部对资源的要求，也要有全盘的考虑，确保资源的总体平衡。

1. 战略资源的内容

战略资源（Strategic Resources）是指对战争全局起重要作用的人力资源与自然资源等的统称，这其中也包括时间和信息。国际商务战略资源是战略转化行为的前提条件和物质保证。具体来讲，国际商务战略资源包括以下几种采购与供应实力、生产能力与产品实力、市场营销与促销实力、财务实力、人力资源的实力、技术开发的实力、管理经营的实力、时间信息等无形资源的把握能力等。

2. 战略与资源的关系

企业在实施战略的过程中，必须对所属资源进行优化配置，才能充分保证战略的实现。战略与资源的关系主要表现在如下几个方面：

第一，资源对战略的保证作用。战略与资源相适应的最基本的关系，是企业在战略实施的过程中，应当有必要的资源保证。

第二，战略促进资源的有效利用。过度滥用战略资源，会使企业丧失既得利益和本应得到更多利益的机会。企业采用正确的战略，可以使资源得到有效的利用，最大化发挥其效用。战略可以促使企业充分挖掘并发挥各种资源的潜力，尤其是那些在人、财、物上体现不出来的无形资源。

第三，战略可以促使资源的有效储备。所谓有效储备，是使必要的资源以低成本、快速度，在适宜的时机进行储备。由于资源是变化的，因此在企业实施战略的过程中，通过现有资源的良好组合，可以在变化中创造出新资源，从而为企业储备资源。

3. 战略资源的配置方法

企业拥有的战略资源按其性质和表现形态可分为有形资源和无形资源两大类。前者是具有物质形态的、可用货币度量的资源，后者则是非物质形态的、其价值难以用货币精确计算的资源。对战略资源的配置应该遵循与战略方向一致、确保重点和确保关键少数等三项原则。一句话，就是资源的配置应集中于能给企业带来持续高额利润的经营活动领域。对战略资源进行配置的方法主要包括：

第一，规划预算法。即以规划的项目为对象来安排预算，而不是按职能部门和单位安排预算。

第二，零基预算法。即为了防止"预算无效"，预算的编制不是根据上年度的预算，而是采用成本——效益分析方法对所有的项目进行重新排序，优选效益好的项目，通过预算优先保证这些项目所需的资源。

第三，灵活预算法。即在编制预算时根据不同的产量或销量水平，对所需原材料、人工和费用制定不同限额，允许费用随产出指标而变动。

第四，产品生命周期预算法。即根据产品在其生命周期的不同阶段的特征来编制各项资金支出计划，并据此加以考评。

（四）战略实施的组织结构

作为战略实现的一个重要途径，企业组织结构与战略适应才能发挥其应有的作用。因此，企业组织结构应该为方便企业战略实施而设置，且随着战略的变化不断调整。从发展动态的角度看，企业在不同时期应该设置不同的组织结构，结构本身也随着企业业务的发展而不断更新、进化，并保持正常运行。所以，我们不能单靠静态的形态理解企业组织结构的战略意义，而要从企业发展动态过程分析其更新过程，以及在不同阶段表现出的繁复的形态。

组织结构与战略的关系表现为：组织结构追随战略，以战略为导向，当战略变化时，组织结构需要发生相应的变化来适应战略；同时，组织结构也会影响战略，如影响战略目标、资源配置，引起战略变革等。一般来说，当外部环境发生变化时，首先是战略先发生变化，其次是组织结构的改变，即存在战略的前导性和组织结构的滞后性。同时，企业规模的大小也会对组织结构产生影响。总体说来，组织结构通常有如下几种：

1. 直线型

直线型组织结构（Line Organization）是最早使用也是最为简单的一种组织结构，其主要特点是组织中各种职位是按垂直系统直线排列的，各级主管负责人执行统一指挥和管理职能，不设专门的职能机构。该组织结构便于管理，但不适用于企业规模较大时的情况。

2. 职能型

职能型组织结构（Functional Organization Structure）又称多线型组织结构，其特点是在各级主管负责人之下按专业分工设置相应的职能机构。这些职能机构在各自业务范围内有权向下级下达命令和指示。该组织结构可提高管理的专业化程度，但易造成多头领导的问题。

3. 直线职能型

直线职能型组织结构（Linear Functional Organization Structure）将直线型和职能型结合起来，以直线型为基础，在各级主要负责人之下设置相应的职能部门，分别从事专业管理，作为该级领导者的参谋。职能部门拟订的计划、方案统一由直线领导批准下达，职能部门无权直接进行指挥，只起业务指导作用。该组织结构会限制下级部门积极性，反应速度较慢。

4. 事业部制

事业部制组织结构（Department System Organizational Structure）亦称 M 型结构（Multidivisional Structure），简称 M - form，或多部门结构，有时也称为产品部式结构或战略经营单位。其特点是在总公司的领导下，按产品或地区分别设立若干事业部，总公司只保留预算、人事任免和重大问题决策等权力，并运用利润等指标对事业部进行控制。每个事业部在经营管理上拥有很大的自主权，各事业部对总公司负有完成利润计划责任，各内部经营管理具有较大的独立性。

5. 模拟分权制

模拟分权制组织结构（Simulated Federal Structure）是一种介于直线职能制与事业部制之间的组织形式。其特点是，组织内部划分成不同的部门，但这些部门不是独立的事业部，而是相互联系的各个生产阶段。模拟分权制组织结构吸收了直线职能制和事业部制的优点，但其权力和责任都是模拟的，界限比较含糊，评估和考核也比较困难。

6. 超事业部制

超事业部制组织结构（Organization Structure of Super Business Department）是在总公司与各个事业部之间增加了一层管理机构——超事业部，协调各事业部之间的活动，增强企业经营的灵活性。超事业部使管理体制在分权的基础上又适当集中，进一步减轻最高领导层的日常行政事务工作，有利于加强企业最高层领导决策。

7. 矩阵式

矩阵式组织结构（Matrix Organization Structure）是为了适应在一个组织内同时有多个项目需要完成，每一个项目又需要具有不同专长的人在一起工作才能完成这一特殊需要而形成的组织形式。其特点是既有按管理职能设置的纵向组织系统，又有按产品、项目、任务等划分的横向组织系统。矩阵式有利于加强各部门间的配合和信息交流，便于集中各种专门知识和技能，但是由于各成员隶属于不同部门，容易产生临时观点，不安心工作，因而组织的稳定性较差。

8. 委员会

委员会（Committee）可分为两种类型，一种是为了某种特定目的而组成的临时委员会（Interim Committee），在完成特定目的后即解散；另一种是常设委员会（Permanent Committee），作为一个常设机构，促进协调、沟通与合作，行使制定和执行重大决策的职能。委员会制可以集思广益、便于协调，但是却可能导致委曲求全、责任不清、少数人支配等问题。

随着社会的迅速发展，企业需要对顾客需求的变化、市场和竞争的变化以及科技的变化做出迅速的反应，这样才能够在激烈的市场竞争中生存。于是，许多企业开始了对新的组织结构模式的探索和创新，具体表现为组织结构的扁平化、柔性化、分立化和网络化四大趋势。所谓组织结构的扁平化是指管理层次的减少和管理幅度的扩大，组织结构形态由金字塔形向椭圆形转化。组织结构的柔性化是指将组织结构分为两个组成部分：一部分是为了完成经常性任务而建立的组织机构，这部分组织机构比较稳定；另一部分是为了完成一些临时性任务而设立的组织机构，如项目小组、临时团队和咨询专家等。组织结构的分立化是指从一个大企业里再分离出若干小的企业，把企业总部与下属单位之间的内部性上下级关系变为外部性的企业与企业之间的平等关系。网络化是指由若干相互独立的组织通过外包、分立、联合、并购等途径形成的成员不断变动的网络状组织结构。

二、国际商务战略评价

国际商务战略评价是战略管理的重要组成部分，其目标是通过检测战略实施进展，评价战略执行业绩，不断修正战略决策，以期达到企业战略制定的预期目标。战略评价对企业战略目标的实现至关重要，企业所在的内外部环境影响因素的不确定性，决定了要保证战略管理过程的顺利实现，必须通过战略评价对制定并实施的战略效果进行评估，以便采取相应的矫正措施，保证企业战略目标的实现。国际商务战略评价包括战略目标评价、战略实施方案评价和战略实施结果评价。

（一）战略评价的标准

战略评价（Strategy Evaluation）是检测战略实施进展，评价战略执行业绩，不断修正战略决策，以期达到预期目标。它包括三项基本活动：考察企业战略的内在基础，将预期结果与实际结果进行比较，采取纠正措施以保证行动与计划的一致。企业战略作为企业员工行动指南应该既具备方向引导功能，又具备价值判断标准的功能，因此，必须设定一系列定性和定量的标准作为战略评价的依据。学者们在从事战略研究时提出了一些战略评价的标准。

日本战略学家伊丹敬之提出了优秀战略评价标准。他认为，优秀的企业战略是一种适应战略，它要求战略适应外部环境因素，包括技术、竞争和顾客等；同时，企业战略也要适应企业的内部资源，如企业的资产、人才等；再者，企业战略还要适应企业的组织结构。企业家在制定优秀的战略时应该权衡以下七方面的战略思想，即战略要实行差别化、要集中、要把握好时机、要能利用波及效果、要能激发士气、要有不平衡性、要能巧妙组合。

美国战略学家斯坦纳·麦纳（Steiner miner）提出了战略评价六要素标准，即战略要有环境的适应性、目标要具有一致性、目标要能体现企业优势、要能使得预期收益最大、企业资源要与战略相配套、要具有风险预警及应对能力。

英国战略学家理查德·努梅特（Richard Rumelt）提出了战略评价的四条标准：一致、协调、优越和可行。协调（Consonance）与优越（Advantage）主要用于对企业的外部评估，一致（Consistency）与可行（Feasibility）则主要用于内部评估。具体来说，一致性是指一个战略方案中不应出现不一致的目标和政策；协调性是指评价时既要考察单个因素的变化趋势，又要考察多因素组合的变化趋势；可行性是指一个好的经营战略必须做到既不过度耗费可利用资源，也不造成无法解决的派生问题。

（二）战略评价的方法——平衡记分卡

企业战略评价的方法有很多种，常用的有 SWOT 分析法、波士顿矩阵（BCG）法、内部要素评价矩阵（IFE）法、大战略矩阵、竞争地位——生命周期矩阵、平衡记分卡等。下面主要介绍平衡记分卡法。

平衡记分卡（Careersmart Balanced Score Card）是哈佛大学商学院教授罗伯特·卡普兰（Robert Kaplan）与诺朗顿研究院（Nolan Norton Institute）的执行长大卫·诺顿（David Norton）于 1992 年设计的，是一种包括财务指标和非财务指标相结合的、全方位的战略评价绩效评价体系。平衡计分卡是从财务、客户、内部运营、学习与成长四个角度，将组织的战略落实为可操作的衡量指标和目标值的一种新型绩效管理体系。设计平衡计分卡的目的就是要建立实现战略指导的绩效管理系统，从而保证企业战略得到有效的执行。平衡计分卡主要是通过图、卡、表来实现战略的规划。平衡计分卡的基本框架如图 10 - 12 所示。

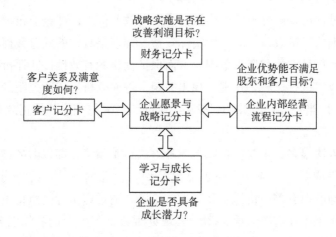

图 10 - 12　平衡记分卡的基本框架

平衡记分卡的具体实施流程包括：以公司的共同愿景与战略为内核，依据组织结构，将企业的愿景与战略转化为下属各责任部门在财务、客户、企业内部经营流程、学习与成长四个方面的系列具体目标，并设置相应的四张计分卡；依据各责任部门分别在财务、客户、企业内部经营流程、学习与成长四方面计量可具体操作的目标，设置一一对应的绩效评价指标体系；由各主管部门与责任部门共同商定各项指标的具体评分规则。

平衡记分卡突破了财务作为唯一指标的衡量方法，有利于为企业战略管理提供支持，提高企业整体管理效率、提高激励作用、降低企业信息负担，目前，平衡记分卡已广泛用于国际商务战略分析中。

三、国际商务战略控制

企业战略管理的一个基本矛盾是战略计划与变化的环境之间的矛盾，企业战略实施的结果并不一定与预定的战略目标相一致。因此，为了保证战略控制的实际效果符合预先制定的目标要求，一个完整的战略管理过程必须具有控制环节对战略实施进行修正、补充和完善。战略控制是战略管理不可或缺的重要环节，它保证了战略管理活动的连续一贯性和动态适应性。

战略控制（Strategic Control）是指企业管理者依据战略计划的目标以及战略控制方案，评价实施企业战略后的企业绩效，把它与既定的战略目标与绩效标准相比较，发现战略差距，分析产生偏差的原因，纠正偏差，使企业战略的实施更好地与企业当前所处的内外环境、企业目标协调一致的经济活动。战略实施的控制与战略实施的评价之间既有区别又有联系：战略实施必须先通过评价才能实施有效的控制；战略实施评价是实现战略实施控制的基础，评价本身并不是根本目的，而是战略实施控制的手段，发现问题对战略进行控制才是目的；战略控制着重于战略实施的过程，战略评价着重于对战略实施过程结果的评价。

（一）战略控制的过程和方法

1. 战略控制的过程

战略控制的过程可以被分为四个步骤：①制定效益标准，即企业根据预期的目标或计划制定出应当实现的战略效益；②衡量实际效益，即搜集具体的效益数据，这需要公司管理人员制定具体的衡量方法和衡量范围，从而保证衡量的有效性；③评价实际效益，即将实际效益与计划效益进行比较，发现并找出差距，进而分析形成和差距的原因；④纠正措施和权变计划①，即当外部环境威胁到战略结果时，应采取相应的纠正或补救措施。

2. 战略控制的方法

战略控制的方法很多，主要包括以下三种方法：①预算，即以财务指标或数量指标表示有关的预期成果或要求，预算同时也可以起到在企业内各单位之间分配资源的作用；②审计，即客观地获取有关经济活动和事项的论断，通过评价弄清所得论断与标准之间的符合程度，并将结果报知有关方面；③个人现场观察，即公司的各层管理人员（尤其是高层管理人员）深入到生产经营现场进行直接观察，从中发现问题并采取相应的解决措施。

（二）战略控制的种类

1. 按控制时间划分，可以分成事前控制与事后控制

第一，事前控制。在战略实施之前，设计的战略计划要得到企业高层领导人的批准后才能执行，其中有关重大的经营活动必须通过企业的领导人的批准同意才能开始实施，所批准的内容往往也就成为考核经营活动绩效的控制标准。

第二，事后控制。这种控制方式发生在企业的经营活动之后，将战略活动的结果与控制标准相比较，重点是要明确战略控制的程序和标准，把日常的控制工作交由职能部门人员去做，即在战略计划部分实施之后，将实施结果与原计划标准相比较，由企业职能部门及各事业部将结果向企业高层领导汇报，由领导者决定是否有必要采取纠正措施。

2. 按控制方式划分，可以分成避免型控制与开关型控制

第一，避免型控制。即采用适当的手段，使不适当的行为没有产生的机会，从而达到控制的目的。

第二，开关型控制。即在战略实施过程中，按照既定的标准检查战略行动，确定是否执行。

3. 按控制的切入点划分，可以分成财务、生产、销售规模、质量与成本控制

第一，财务控制。这种控制方式覆盖面广，是用途广泛的控制方式，包括预算控制和比率控制。

---

① 权变计划（Contingency Planing）是指为在特定关键时间未能按照预期设想发生时可以生效执行的替代计划。

第二，生产控制。即对公司产品品种、数量、质量、成本、交货期及服务等方面的控制，可以分为产前控制、过程控制及产后控制等。

第三，销售规模控制。销售的规模不宜过大或过小，销售规模过小会影响经济效益，过大会占用较多的资金，也影响经济效益，为此要对销售规模进行控制。

第四，质量控制。包括对公司工作质量和产品质量的控制。

第五，成本控制。通过成本控制可以使各项费用降低到最低水平，达到提高经济效益的目的。

参考文献

［1］C. 恩伯. 文化的变异——现代文化人类学通论［M］. 沈阳：辽宁人民出版社，1988.

［2］保罗·埃文斯等. 国际人力资源管理［M］. 北京：机械工业出版社，2007.

［3］保罗·克鲁格曼，茅瑞斯·奥伯斯法尔德. 国际经济学（上下册，第6版）［M］. 北京：中国人民大学出版社，2006.

［4］查尔斯·W. L. 希尔. 国际商务［M］. 北京：中国人民大学出版社，2005.

［5］查尔斯·希尔. 国际商务（第9版）［M］. 王蓄等译. 北京：中国人民大学出版社，2014.

［6］常叶青，吴丽梅. 国际财务管理［M］. 北京：清华大学出版社，2014.

［7］陈信康，王春燕. 国际市场营销［M］. 北京：北京师范大学出版社，2012.

［8］崔新健等. 跨国公司管理［M］. 北京：中国人民大学出版社，2016.

［9］大卫·李嘉图. 政治经济学及赋税原理［M］. 北京：商务印书馆，1979.

［10］董飞. 国际市场营销学［M］. 北京：北京大学出版社，2013.

［11］弗雷德·卢森斯，乔纳森·多. 国际企业管理——文化、战略和行为［M］. 赵曙明译. 北京：机械工业出版社，2009.

［12］甘碧群. 国际市场营销学（第2版）［M］. 北京：高等教育出版社，2006.

［13］格里芬·普斯泰. 国际商务（第5版）［M］. 北京：中国人民大学出版社，2008.

［14］郭国庆. 国际营销学［M］. 北京：中国人民大学出版社，2008.

［15］韩晶玉. 国际市场营销［M］. 北京：对外经济贸易大学出版社，2014.

［16］韩玉军. 国际经济学［M］. 北京：北京大学出版社，2010.

［17］韩玉军. 国际贸易学［M］. 北京：中国人民大学出版社，2010.

［18］韩玉军. 国际商务［M］. 北京：中国人民大学出版社，2011.

［19］汉斯·米尔鲍尔. 国际营销（英文版）（第3版）［M］. 北京：中国人民大学出版社，2008.

［20］杰夫·马杜拉. 国际财务管理［M］. 张峻瑞译. 北京：北京大学出版社，2010.

［21］金润圭. 国际商务［M］. 上海：上海立信出版社，2006.

［22］凯特奥拉，吉利，格雷厄姆．国际市场营销学［M］．赵银德等译．北京：机械工业出版社，2013.

［23］李辉等．国际直接投资与跨国公司［M］．北京：电子工业出版社，2013.

［24］梁毕明，卢相君．国际财务管理［M］．大连：东北财经大学出版社，2013.

［25］林季红．新编国际商务教程［M］．北京：中国人民大学出版社，2008.

［26］林学军，刘霞．国际商务［M］．北京：清华大学出版社，2017.

［27］刘宝成．国际市场营销［M］．北京：机械工业出版社，2013.

［28］刘苍劲，罗国民．国际市场营销［M］．大连：东北财经大学出版社，2012.

［29］刘胜军，徐怡红．国际财务管理［M］．北京：科学出版社，2007.

［30］刘重力，邵敏．国际市场营销学［M］．天津：南开大学出版社，2015.

［31］卢进勇，杜奇华，赵圆圆．国际经济合作理论与实务［M］．北京：高等教育出版社，2013.

［32］鲁晓东．国际直接投资［M］．北京：经济管理出版社，2011.

［33］陆克斌．市场营销［M］．上海：上海财经大学出版社，2012.

［34］罗伯特·J. 凯伯．国际经济学［M］．原毅军，陈艳莹译．北京：机械工业出版社，2002.

［35］迈克尔·R. 钦科陶，伊尔卡·A. 隆凯宁，迈克尔·H. 莫菲特．国际商务［M］．北京：机械工业出版社，2011.

［36］迈克尔·R. 钦科陶，伊尔卡·A. 隆凯宁，迈克尔·H. 莫菲特．国际商务基础［M］．北京：北京大学出版社，2005.

［37］迈克尔·R. 钦科陶等．国际商务（英文版）（第7版）［M］．北京：机械工业出版社，2010.

［38］迈克尔·波特．国家竞争优势［M］．李明轩，邱如美译．北京：华夏出版社，2002.

［39］苗润生，岳彦芳．国际财务管理［M］．北京：清华大学大学出版社，北京交通大学出版社，2011.

［40］苗润生．国际财务管理［M］．北京：清华大学出版社，2011.

［41］裴长洪．中国国际商务理论前沿［M］．北京：社会科学文献出版社，2011.

［42］綦建红．国际投资学教程（第3版）［M］．北京：清华大学出版社，2012.

［43］任淮秀．国际投资学［M］．北京：中国人民大学出版社，2011.

［44］时秀梅．国际金融理论与实务［M］．北京：国防工业出版社，2010.

［45］时秀梅．跨国公司管理——理论、实务、案例［M］．北京：经济管理出版社，2014.

［46］时秀梅．跨国公司跨文化管理研究［M］．北京：经济管理出版社，2013.

［47］时秀梅．商务英语教程：国际金融知识［M］．北京：经济管理出版社，2014.

［48］时秀梅．商务英语教程：国际投资知识［M］．北京：经济管理出版社，2015.

［49］时秀梅．商务英语教程：国际组织机构［M］．北京：经济管理出版社，2016.

［50］时秀梅．商务英语教程：经济学与管理学经典定律［M］．北京：经济管理出版社，2014．

［51］时秀梅．商务英语教程：经贸报刊选读［M］．北京：经济管理出版社，2014．

［52］时秀梅．中美跨国公司成长外部环境的比较研究［M］．北京：经济管理出版社，2016．

［53］孙国辉．国际企业管理［M］．北京：中国财政经济出版社，2011．

［54］孙国辉等．国际市场营销［M］．北京：中国人民大学出版社，2012．

［55］王朝晖．跨文化管理［M］．北京：北京大学出版社，2009．

［56］王建华．国际商务——理论与实务（第2版）．北京：清华大学出版社，北京交通大学出版社，2012．

［57］王明辉．国际市场营销学：原理与案例［M］．大连：东北财经大学出版社，2011．

［58］王炜瀚，王健，梁蓓．国际商务［M］．北京：机械工业出版社，2013．

［59］王亚星，王文潭．国际商务［M］．北京：中国人民大学出版社，2010．

［60］王耀中．国际贸易理论与实务［M］．长沙：中南大学出版社，2010．

［61］王奕俊．市场营销策划［M］．北京：中国人民大学出版社，2011．

［62］魏素艳．企业财务分析［M］．北京：清华大学出版社，2011．

［63］翁凤翔．国际商务导论［M］．北京：清华大学出版社，北京交通大学出版社，2006．

［64］翁凤翔．国际商务概论［M］．重庆：重庆大学出版社，2016．

［65］吴丽华．外汇业务操作与风险管理［M］．厦门：厦门大学出版社，2010．

［66］闫国庆．国际市场营销学［M］．北京：清华大学出版社，2013．

［67］闫敏．国际投资学［M］．武汉：武汉大学出版社，2010．

［68］杨培雷．跨国公司经营与管理［M］．上海：上海财经大学出版社，2012．

［69］尹美群，陈咏英．国际财务管理［M］．北京：旅游教育出版社，2010．

［70］约翰·怀尔德等．国际商务（第4版）［M］．陈焰译．北京：北京大学出版社，2009．

［71］张继康．跨国公司与直接投资［M］．上海：复旦大学出版社，2011．

［72］张晓英．国际商务［M］．北京：对外经济贸易大学出版社，2012．

［73］赵春明，李宏兵，乔文军．国际商务［M］．北京：北京大学出版社，2016．

［74］赵春明，魏浩，蔡宏波．国际贸易（第3版）［M］．北京：高等教育出版社，2013．

［75］赵春明．国际贸易（第2版）［M］．北京：高等教育出版社，2007．

［76］赵有广，魏彦杰．国际商务［M］．北京：高等教育出版社，2013．

［77］中国银监会网站 http：//www．cbrc．gov．cn．

［78］中国证监会网站 http：//www．csrc．gov．cn．